やわらかアカデミズム・〈わかる〉シリーズ

よくわかる
宗教学

櫻井義秀・平藤喜久子 編著

ミネルヴァ書房

はじめに

■よくわかる宗教学

　21世紀の日本や世界はどのような方向に進んでいくのだろうか。その趨勢を見きわめることが難しい時代である。また，人間の安全保障や世界平和が求められながら，すべての人の人権が守られ，最低限の生活が保障され，生きがいを得られるような社会になってはいない。そのために現代社会では性急に社会が進むべき方向を示したり，人生の意味や目的はここにあると言い切る言説や人物が現れたり，社会のわかりやすい解説が求められたりもする。しかし，このような時代にこそ，私たちは人間や社会の複雑さに向き合い，歴史を丹念にふりかえり，慎重に歩を進めていく必要がある。

　宗教とは，人類進化の過程においてきわめて早くから登場し，現代まで強い影響力を保持してきた自己・他者・世界にかかわる理解の方法や形式である。宗教は私たちが生きる意味や歴史の目的についても説いてきた。もちろん，世俗化が進行した現代社会において，宗教的信念だけで行動する人々は少数派に属する。しかしながら，科学技術の進歩や経済生活の向上だけでは誰もが願う幸福や安心できる世界の実現ができないことが確かであり，宗教が再び公共的世界に参与することに積極的な意義を見いだそうという人々も現れている。

　さて，日本では7割がたの人々が無宗教・無信仰を自認し，宗教制度・組織が社会に果たす役割を認めたがらない人々が多数派である。しかしグローバル化，高度情報化が進むなかで，仕事で海外に赴任する日本人も多くなり，外国人定住者や外国人観光客の数も増加している。この状況は日本人にとって異なった宗教に接する機会を格段に増やし，その宗教的象徴や儀礼に敬意をはらい，宗教的信念をもった人々と適切に付き合うことが必要な時代になったと言える。世界の諸宗教を理解することが時代の求める教養になった。

　2006年の教育基本法の改正では，宗教教育について，第15条第1項が「宗教に関する寛容の態度，宗教に関する一般的な教養及び宗教の社会生活における地位は，教育上尊重されなければならない」と，あらたに「宗教に関する一般的な教養」という文言が加えられた。このことも多文化共生社会の実現に向け，宗教を知り，理解することが求められていることを示している。

　宗教学は，これまで人類史上に現れた宗教の原初形態から歴史上世界の各地に出現した諸宗教までを研究の対象とし，宗教の文化的特性，宗教制度や組織の特徴，宗教と社会との関係について考察してきた。宗教とは無縁だと考える現代日本人にとって，信仰心を前提とせずに宗教を理解する宗教学の方法はなじみやすいものと思われる。

　宗教を研究する日本宗教学会と「宗教と社会」学会に所属する研究者によっ

て，宗教の歴史的展開，文化と宗教の関わり，現代社会における宗教の役割について教養・実用的知識を身につけてもらう契機にしてもらおうと，2011年に宗教文化教育推進センターが設立され，宗教文化士の資格がもうけられた。大学での宗教文化関連科目を16単位分取得している学生，大学院生，あるいは宗教に関連する分野での教育歴を有している現職の中学校・高等学校の教員に受験の資格が与えられ，認定試験を受けて合格することで宗教文化士の資格が認められる。詳しくは宗教文化教育推進センターのホームページを参照していただきたい（http://www.cerc.jp/）。

　本書では，宗教文化を学ぶために宗教史を踏まえた基礎知識と現代的な宗教研究の動向にもふれる応用的な内容も学ぶことができる。全体は100の項目で執筆されているが，宗教学の基礎理論に23項目，世界の諸宗教にかかわる宗教史の説明に50項目，そして現代宗教の動向と課題に25項目，それに地図と年表が加わる。各項目は，①概説，②理論的展開，③現代的動向を容易につかむことができるようコンパクトに記述され，必要に応じて参考書も提示される。

　これまで刊行されてきた定評のある宗教学のテキストの多くは，宗教学の学説に基づいて宗教という文化現象の解説を試みてきた。それに対して，本書は宗教学の理論に関わる解説は全体の4分の1にとどめ，4分の3を宗教現象，宗教組織，宗教制度，宗教運動の記述にあて，宗教史と現代宗教の動態を対比させながら理解を深めるような構成になっている。その意味で，よりダイナミックな宗教の動きを追うことができ，現代宗教の動向を知るために読んでもらっても面白いものになるのではないかと考えている。

　さらに，宗教文化の地誌や宗教史を広範に扱っているので，宗教文化士認定試験の範囲をおおよそカバーしたものとなっていることも本書の特長のひとつである。

　執筆者は60名を数え，当該領域で精力的に研究活動を進めている中堅の研究者を中心に依頼した。現代的な宗教研究の動向もある程度おさえる発展的な記述も含まれている。宗教学や現代宗教に関心をもつ学生や社会人のみならず，宗教学を教える教員にとってもテキストとして活用してもらえるものと考えている。

櫻井義秀
平藤喜久子

もくじ

■よくわかる宗教学

I 理論

1. 宗教文化とはなにか ……… 2
2. 宗教を学ぶとは ……… 4
   宗教文化士
3. 宗教の定義 ……… 6
4. 宗教学のはじまり ……… 8
5. 宗教学の展開 ……… 10
6. 宗教学の現代的課題 ……… 12
7. 日本の宗教学 ……… 14
8. 宗教の起源と進化 ……… 16
9. 宗教の分類 ……… 18
10. 神話 ……… 20
11. 儀礼 ……… 22
12. 教典 ……… 24
13. 象徴 ……… 26
14. 巡礼 ……… 28
15. 教祖 ……… 30
16. 信者 ……… 32
17. 回心 ……… 34
18. 信仰実践 ……… 36
19. 布教 ……… 38
20. 宗教組織 ……… 40
21. 祖先崇拝 ……… 42
22. 自然崇拝 ……… 44
23. シャーマニズム ……… 46

II 世界の諸宗教

1. 古代宗教(1) ……… 48
   古代オリエント
2. 古代宗教(2) ……… 50
   ギリシア・ローマ
3. 古代宗教(3) ……… 52
   ゾロアスター教・マニ教
4. ユダヤ教(1) ……… 54
   歴史
5. ユダヤ教(2) ……… 56
   理念と慣習
6. キリスト教(1) ……… 58
   キリスト教の成り立ち
7. キリスト教(2) ……… 60
   カトリック（修道会）
8. キリスト教(3) ……… 62
   正教・地域
9. キリスト教(4) ……… 64
   プロテスタント
10. キリスト教(5) ……… 66
    キリスト教の現代的展開
11. イスラーム(1) ……… 68
    イスラームの成り立ち

12　イスラーム(2) …………… 70 　　中東のイスラーム	32　朝鮮の宗教 ………………… 110
13　イスラーム(3) …………… 72 　　アジアのイスラーム	33　台湾の宗教 ………………… 112
14　イスラーム(4) …………… 74 　　ヨーロッパ・アメリカのイスラーム	34　神道(1) …………………… 114 　　古代
15　古代インドの宗教 ………… 76	35　神道(2) …………………… 116 　　中近世
16　ヒンドゥー教(1) ………… 78 　　ヒンドゥー教の成り立ち	36　神道(3) …………………… 118 　　近現代
17　ヒンドゥー教(2) ………… 80 　　ヒンドゥー教の現代的展開	37　日本の仏教(1) …………… 120 　　古代
18　ジャイナ教 ………………… 82	38　日本の仏教(2) …………… 122 　　中近世
19　スィク教 …………………… 84	39　日本の仏教(3) …………… 124 　　近現代
20　インド仏教 ………………… 86	40　神仏習合・修験道 ………… 126
21　仏教(1) …………………… 88 　　仏教の成り立ち	41　日本のキリスト教(1) …… 128 　　中近世
22　仏教(2) …………………… 90 　　上座仏教	42　日本のキリスト教(2) …… 130 　　近現代
23　仏教(3) …………………… 92 　　大乗仏教	43　日本の民俗信仰 …………… 132
24　仏教(4) …………………… 94 　　中国の仏教	44　アイヌの宗教 ……………… 134
25　仏教(5) …………………… 96 　　チベット仏教	45　新宗教 ……………………… 136
26　中国の宗教 ………………… 98	46　近世・明治の新宗教 ……… 138
27　儒教 ……………………… 100	47　昭和の新宗教 ……………… 140
28　道教 ……………………… 102	48　現代の新宗教 ……………… 142
29　ラテンアメリカの宗教 …… 104	49　アメリカ・ヨーロッパの新宗教 … 144
30　アフリカの宗教 …………… 106	50　アジアの新宗教 …………… 146
31　オセアニアの宗教 ………… 108	

III 宗教と現代

1 現代宗教への視座(1) ……… 148
　宗教の世俗化とグローバル化

2 現代宗教への視座(2) ……… 150
　宗教市場と政教関係

3 現代宗教への視座(3) ……… 152
　宗教とソーシャル・キャピタル

4 ファンダメンタリズムと宗教 ‥ 154
　アメリカ・イスラーム

5 震災と宗教 ……………… 156

6 宗教の社会貢献 ………… 158

7 政治と宗教(1) …………… 160
　アメリカ・ヨーロッパ

8 政治と宗教(2) …………… 162
　日本

9 ナショナリズムと宗教 ……… 164
　血と土への信仰

10 教育と宗教 ……………… 166

11 カルト問題 ……………… 168

12 ジェンダーと宗教 ………… 170

13 宗教と経営 ……………… 172

14 移民と宗教 ……………… 174

15 慰霊 …………………… 176

16 スピリチュアリティ ……… 178

17 進化論 ………………… 180

18 いのちと宗教 …………… 182

19 ケアと宗教 ……………… 184
　スピリチュアルケア

20 文学と宗教 ……………… 186

21 美術と宗教 ……………… 188

22 音楽と宗教 ……………… 190

23 映画と宗教 ……………… 192

24 観光と宗教 ……………… 194

25 ポップカルチャーと宗教 …… 196

世界の宗教地図 …………… 198

世界の宗教年表 …………… 199

宗教文化士試験問題例と解説 …… 202

資料 ……………………… 205

さくいん ………………… 207

やわらかアカデミズム・〈わかる〉シリーズ

よくわかる
宗　教　学

I 理論

 宗教文化とはなにか

1 翻訳・合成概念としての「宗教文化」

　日本語としての「宗教」も「文化」も，近代日本が明治初期において，欧米の文物を移入するにあたり，既存の言葉に新しい意味を付与しつつ翻訳概念として用いるようになったものである。したがって，これらに対応する欧米語が存在するわけであるが，それらの意味内容は，翻訳された日本語の意味内容とは必ずしも一致していない。宗教や文化特に宗教という概念を日本社会で用いるにあたっては，このことを十分に意識しておく必要がある。

　「宗教」と「文化」が結びついた「宗教文化」という概念の生成と流布も，翻訳にあたってのこのずれと無関係ではない。もちろん欧米諸言語にも，「宗教文化」に相当する表現がないわけではない。しかし神道や仏教を中心とする日本の宗教世界においては，この表現は一段と現実になじみやすい。それに対して外来宗教である日本のキリスト教においては，宗教文化という言葉は必ずしも好意的に受け入れられない。その論拠として，欧米キリスト教神学における文化の相対的位置づけが引き合いに出されたりするが，それがそのまま日本文化にあてはまるわけではない。

2 「宗教」概念再検討の動向の中で

　20世紀後半以降，欧米諸言語で「宗教」概念の再検討をめぐる議論が盛んになった。そのきっかけは，グローバル化する世界における人間の多様なあり方を理解するためには，キリスト教的色彩の強い「宗教」という表現だけでは不十分であるという認識が広まったことである▷1。特にイスラームをめぐる研究の進展は，この議論を推し進めた▷2。日本でもその流れを受けて研究が進み，「宗教文化」という概念の見直しもその中から浮かび上がってきた。もちろん従来の宗教概念が不要になるわけではないが，これを宗教文化に置きかえることによって新たに見えてくるものがあるのではないかと考えられるにいたったのである。用いられる言語によって多少ニュアンスの差はあるが，従来の宗教概念は特定の宗教集団もしくはそこで成立していく教説を中心にイメージされることが多かった。それらは確かに宗教現象を理解する際の重要な要素ではあるが，それだけで人間のこの種の営みをとらえきることはできない。なかんずく既成宗教集団同士の融合や分裂による流動化が盛んになった現代においては，そも

▷1　学界レベルでの最初の問題提起は，イスラーム研究者 W. C. スミスによってなされた。Smith, W. C., 1962, *The Meaning and End of Religion*, Macmillan. スミスによれば，ひとつの拘束力のある組織に具体化された特定の信念体系を，のちに日本語で「宗教」と訳されたヨーロッパの原語で呼ぶようになったのは近世（17～18世紀）以降のことであった。

▷2　その中で最も注目すべきものは，スミスの死後出版された T. アサドの論文であった。欧米の宗教論の根底には，キリスト教神学に由来する本質主義があった。近代の「宗教」論はそれを批判するところから出発したが，アサドによれば，スミスの議論にはやはりある種の本質主義への執着が認められる。アサド, T., 中村圭志訳, 2006,「比較宗教学の古典を読む――W. C. スミス『宗教の意味と目的』」磯前順一・T. アサド編『宗教を語りなおす――近代的カテゴリーの再考』みすず書房, pp.24-50。

そも実体的イメージだけではこれらをとらえきれない。

　宗教をめぐる議論においては，長らく聖俗二分法が用いられてきた。しかしこれも，現代世界における宗教現象を説明するための概念装置としては不十分であることが次第に明らかになってきた。本質的概念として想定されることの多い聖と俗は，現実には明確な境界をはさんで対置されるわけではなく，相互に入り混じっている事態が見えてきたのである。教説はさまざまな形をとった思想との折衝を通してたえず変容しつつ形成されていくし，宗教集団は他の宗教集団のみならず，政治団体のような非（反）宗教的社会集団とも積極的に折衝する。現代世界の潮流をどのように受け止めようとするにせよ，聖俗の区分はますます流動化せざるをえないのである。

　そこで世俗のイメージを文化というレベルでとらえなおし，これを宗教概念と接続して，宗教文化という一段と普遍化の進んだ概念に置きかえるならば，「信」の動機に基づく人間固有の営みを，一段と実態にそくしてとらえかえすことが可能になるであろう。宗教文化論は一種の文化論として，思想的レベルで考えられうるとともに，思想・文学・美術・音楽・建築・演劇等々の具体的な文化活動の場に沿って，その展開を歴史的広がりの中でたどることもできる。それによって，人間理解にあたって必須の要素であるにもかかわらず特殊扱いをされてきた「信」の契機を，社会的信頼関係を最終的に担保する公共的テーマとして呼び戻すことができるのではないかと思われる。

③ 宗教教育への適用の可能性

　日本社会において宗教教育は，最も扱いにくい問題のひとつとして，その都度主要な論議からは外されがちであった。宗派教育・宗教知識教育・宗教的情操教育という宗教教育の三分法も，その行き詰まりが指摘されてからすでに久しい。宗教教育の欠を補うかのように強調される道徳教育は，決して宗教教育にとって代わりうるものではない。宗教を単なる道徳感覚に還元することでは，人間同士の根本的なつながりを支えている，はかないが不可欠の「信じる」という可能性を説明しきることはできない。こうした可能性は，真偽・善悪を越えた多様な宗教現象として，人類文化の中に歴史的な形をとって現れてきた。

　それらを理解するにはまず何よりも，現実的・具体的な多様性を知識として身につけなければならない。しかしこれがさほど容易でないことは，現に用いられている日本の教科書における記述の問題点を見れば明らかであろう。そこでさしあたり日本における宗教教育の課題は，狭く限定されがちであった従来の宗教概念を，宗教文化の広がりの中でとらえなおし，知識を媒介としてそれを教育の地平へ載せることであろう。そのためには，学校教育・社会教育を取り巻く環境の中から，宗教文化に対する人々の関心を掘り起こし，それを積み重ねていくことが必要になると思われる。

（土屋　博）

▷3　「俗」と対照的な「聖」を宗教と結びつける考え方で，É. デュルケム，R. オットー，M. エリアーデ等によって理論化されたが，彼らの説はそれぞれ若干ニュアンスを異にしている。

▷4　國學院大學日本文化研究所編，井上順孝責任編集，1997，『宗教と教育──日本の宗教教育の歴史と現状』弘文堂，p.19。

▷5　藤原聖子，2011，『教科書の中の宗教──この奇妙な実態』岩波書店。

参考文献
土屋博，2013，『宗教文化論の地平──日本社会におけるキリスト教の可能性』北海道大学出版会。
工藤庸子，2013，『近代ヨーロッパ宗教文化論──姦通小説・ナポレオン法典・政教分離』東京大学出版会。

I 理論

宗教を学ぶとは
宗教文化士

　一言で宗教を学ぶといっても，その目的と学び方は一様ではない。その中でも，ある宗教の価値を前提としての学びと，価値から離れて学問的に向き合おうとする学びの違いは重要である。自分の信仰が正しいことを確信するために宗教を学ぼうという人もいるが，大学における宗教の学びは，基本的にそれとは異なる。ある特定の宗教の価値観に立ち，そこで真理とされていることを前提として宗教を学んでいくというわけではない。自分の身の回りに数多く存在する宗教運動や宗教団体，あるいは各人が無意識のうちに行っている多様な宗教的習俗や慣習，そうしたものに偏見なく向かい合うことから学びがスタートする。もちろん，そうする中で自分なりの価値観，宗教を判断する態度も養われる。それは学びの結果として得られることのひとつである。

　現代世界には多様な宗教があり，日本でもグローバル化や情報化はますます進行している。そうした中での宗教の学びは，以前と比べてもより複雑になり，また難しいものになっている。神社，寺院，教会，モスクといった宗教施設における人々の活動から宗教を学べるのは言うまでもない。だが日常の社会的慣習，生活習慣といったものの中にも，宗教が伝えてきた観念，価値観，行動様式が織り込まれている。さらに，多様な宗教文化の中に育った人々が互いに友人となったり，職場の同僚となったり，結婚したり，あるいはビジネスでつきあうことになったりする機会が，確実に増加しているという現実がある。

1　生活の中での宗教の学び

　グローバル化そして情報化と呼ばれる現象は，とりわけ20世紀の最後の四半世紀あたりから顕著になった。このことが宗教の学び方にも関係してきている。日本のように島国という地理的環境にあった国でも，多くの国籍をもった人々との交流が急速に盛んとなった。1970年代半ばまでは日本に入国した外国人の数は年間で100万人に達していなかったが，1980年代以降，急速に増え，2013年には1000万人を超え，1125万人余となった。同じく国外を旅行したり国外に住む日本人も増えた。国際結婚も増えた。

　1990年代半ば以降は，インターネットが急速に普及したことによって，世界中の情報が簡単に得られるようになった。それまで，国外の情報は主に国内のマスメディアを介して得られていたが，国外のメディアに個人がアクセスしたり，個人がインターネット上に発する情報によって知識を得る機会が増えた。

▷1　日本の中等教育における宗教についての知識教育は，歴史的な事柄に関するものがほとんどで，現代宗教についての教育は非常に稀である。
しかし，歴史を学ぶのは現代を知るためであるから，現代宗教を知らなければ，歴史的宗教を学ぶ視点が生まれてこない。
宗教文化教育が宗教についての「生きた」教育を目指すとしているのは，この点を重視することによる。

▷2　宗教文化教育推進センター
日本宗教学会と「宗教と社会」学会というふたつの全国学会が連携機関になって設立された。全国の大学から数十人の教員が運営委員・連携委員となって運営されている（http://www.cerc.jp/）。

これは当然ながら宗教の学びに影響を与える。人的交流の深まりは多様な宗教との出会いをもたらすので、相互の宗教文化の違いについて基本的な知識を得ておかないと、思わぬトラブルを招きかねない時代になったのである。

❷ 宗教文化士制度

　2011年1月に**宗教文化教育推進センター**が設立されたが、これは大学での教育を中心に宗教文化教育を推し進めていくための機関であり、宗教文化士という資格の認定を行う。宗教文化士の資格は大学で一定の関連単位を修得した人や初等・中等教育での教員経験のある人が、認定試験に合格することで得られる。資格を得た人には定期的にセンターからメルマガが送付されるなど、資格取得後も宗教文化について学び続けられるような仕組みになっている。

　宗教文化教育は、なによりも「生きた宗教」についての学びを目指している。宗教を学ぶということは、教典ができた年号を覚えたり、有名な宗教家が記した書の名称を記憶したり、重要な概念の辞書的な意味がなんであるかを丸暗記することで終わりというものではない。人間の心のあり方や、社会の変化、あるいは文化との関わりといったことの理解に役立つ学びでなければならない。

　2010年代にはいった頃、日本でもハラールという概念が次第に広く知られるようになったが、食の戒律の違いに関する知識などは、これからは非常に重要になる。日常生活に直結するからである。ユダヤ教徒にはムスリムよりも細かな食の戒律がある。ヒンドゥー教徒にはベジタリアンが少なくない。ジャイナ教徒は基本的にベジタリアンである。プロテスタントの宗派の中には酒を飲むことを慎む派があるし、末日聖徒イエス・キリスト教会（モルモン教）の信者は酒だけでなく、コーヒーや紅茶も飲まない。

　食以外にも衣服、あるいは身体の露出度合いに関する戒律もある。上座仏教の僧侶が、女性の体に接触することは戒律違反である。僧侶が結婚したり飲酒したりというのは、日本ではありふれているが、上座仏教であれば守るべき基本的な戒律を犯したことになる。戒律らしい戒律のない日本の宗教に接していると、宗教によっては戒律が重要な意味をもつという感覚が養われにくい。これからはそうした差異に配慮する態度が求められるようになる。

　他方、日本の宗教文化についての素養があれば、自分の行動や考え方について、外国人に理解してもらいやすくなることもある。そのためには日本の宗教文化についての基礎知識が必要となる。初詣に行ったり、僧侶を呼んで先祖供養をするということは多くの日本人が行っているが、その歴史的背景も踏まえておいた方がいい。宗教文化士制度は広く宗教文化に関する基本的な素養やものの見方、心構えを養うことに重点が置かれている。

　　　　　　　　　　　　　　　　　　　　　　　　　　　　（井上順孝）

▷3　このメルマガは宗教情報リサーチセンター（1998年設立）が季刊で刊行している『ラーク便り』に掲載された最近の宗教ニュースの記事の一部を参照し、さらに解説を付したものである。日本や世界の宗教動向とその背景について簡潔に知ることができる。

▷4　個人的なトラブルの他に、企業が関係したトラブルもすでにいくつか起こっている。有名なものとして、2000年に味の素インドネシアが起こした事件がある。製品に関わる酵素を作る際に、豚の膵臓から抽出した部分を使った。これをインドネシアのイスラーム導師評議会がハラールではないと指摘し、製品回収を求められた。

（参考文献）

井上順孝, 2011,「グローバル化・情報化時代における宗教教育の新しい認知フレーム」『宗教研究』369。

聖心女子大学キリスト教文化研究所編, 2013,『宗教なしで教育はできるのか』春秋社。

世界宗教百科事典編集委員会編, 2012,『世界宗教百科事典』丸善出版。

土屋博, 2013,『宗教文化論の地平』北海道大学出版会。

Ⅰ　理論

宗教の定義

1 宗教の諸定義

　宗教とはなにか。その定義は宗教学者の数だけあるといわれる。1961年に当時の文部省調査局宗務課が刊行した『宗教の定義をめぐる諸問題』には，「宗教の定義集」として古今の研究者たちの宗教の定義が104ほど掲載されている。それでも数多くの定義のごく一部にすぎない。

▶1　文部省調査局宗務課編，1961，『宗教の定義をめぐる諸問題』。

　岸本英夫は，宗教学の概説書である『宗教学』の中で，定義について詳しく論じ，その膨大な宗教の定義を3つの類型に分けた。第1の類型が「神の観念を中心として，宗教を規定しようとする」立場である。確かに神は，宗教を考える上で中心的な概念であるが，仏教のように神をたてない宗教もあることを考えると，この定義では不十分となる。第2の類型は，「人間の情緒的経験の上に，宗教としての特徴を見いだそうとする」もので，神々しさや畏敬の念のような経験に注目する。しかしこれも民俗信仰のようなものには当てはまらないことがある。そこで岸本が提示するのが第3の類型で，「人間の生活活動を中心として，宗教をとらえようとする立場」である。岸本は作業仮説として宗教を次のように定義した。

　　宗教とは，人間生活の究極的な意味をあきらかにし，人間の問題の究極的な解決にかかわりをもつと，人々によって信じられているいとなみを中心とした文化現象である。宗教には，そのいとなみとの関連において，神観念や神聖さを伴う場合が多い。

▶2　岸本英夫，1961，『宗教学』大明堂，p.17。

　抽象的ではあるが，この定義は『日本国語大辞典』（小学館）の宗教の項目にもほぼ同じ形で掲載されており，現在でもよく知られた定義となっている。
　このように，宗教がどのようなものであるか，についての定義を実体的定義という。他方，宗教はどのように機能するものか，についての定義を機能的定義と呼ぶ。代表的な機能的定義として，宗教社会学者É.デュルケムによるものを挙げておきたい。デュルケムは，『宗教生活の原初形態』のなかで，個人と「聖なるもの」としての「社会」とをつなぐ神話や儀式，教義，祭式などの複雑な体系が「宗教」であるとし，次のように定義づけた。

宗教とは，神聖すなわち分離され禁止された事物と関連する信念と行事との連帯的な体系，教会と呼ばれる同じ道徳的共同社会に，これに帰依するすべての者を結合させる信念と行事である。^{▷3}

　文化現象として宗教をとらえる，あるいはその社会的機能に注目してとらえる宗教の定義は，そのまま宗教をどのような方法で見るか，という視点と関わっている。

❷ 宗教という言葉

　さて，このように多様な定義や理解がある一方で，宗教という言葉は多くの人々にとって説明を要さずとも一般的につかわれている。しかしいまのわれわれが思い描くような意味で「宗教」が使われるようになったのは，それほど古いことではない。宗教はもともとは仏教用語であったが，幕末から明治期にかけて，西洋語の religion の訳語として使用されるようになり，定着していったものである。定着するまでには「宗旨」や「宗門」，「信教」といったさまざまな訳語が試みられていたという。鈴木範久の研究によれば，「宗教」が広く抵抗感なく使われるようになったのは，明治10年代に入ってからである。^{▷4} そして日本仏教や神道も宗教として語られるようになるが，religion＝宗教で，はたして日本の伝統的な宗教文化を把握できているかは疑問である。初詣や墓参りのために社寺を訪ねる日本人の行為を宗教という言葉で表現するときの違和感は，宗教という概念に起因すると考えられる。

❸ 宗教概念の見直し

　いったいなにが宗教でなにが宗教ではないのか。それは日本人の伝統的な習俗をどう表現するかという問題にとどまらない。占いやお守り，癒やしやスピリチュアリティと称されるものと宗教の境界も曖昧である。そもそも宗教という概念から見直す必要があるのではないか，という議論すらある。

　宗教という概念は，すでに西洋のキリスト教を背景にもつという点で角度のついたフレームといえよう。宗教という切り分けをすることは，ひとつのイデオロギーに拠っているともいえる。人類学者の T. アサドは，宗教を定義し，世俗とは異なる固有のカテゴリーとしようとする研究者を批判し，宗教は定義しえないものであると述べた。^{▷5} それは，宗教が政治や公共性と切り離しえないイスラームをみるときの西洋のまなざしに対する批判でもあろう。

（平藤喜久子）

▷3　デュルケム, É., 古野清人訳, 1941,『宗教生活の原初形態』岩波書店, pp.86-87。2014年に山﨑亮による新訳『宗教生活の基本形態』ちくま学芸文庫が刊行された。原題からすると「原初」より「基本」形態がふさわしい。

▷4　鈴木範久, 1979,『明治宗教思潮の研究——宗教学事始』東京大学出版会。そのほか磯前順一, 2003,『近代日本の宗教言説とその系譜——宗教・国家・神道』岩波書店も参照。

▷5　アサド, T., 中村圭志訳, 2004,『宗教の系譜』岩波書店。ほかに島薗進・鶴岡賀雄編, 2004,『〈宗教〉再考』ぺりかん社など。

I 理論

宗教学のはじまり

▶1 アヴェスター
ゾロアスター教の聖典。口承で伝えられていた神話や祭儀書を神官たちが作り出したアヴェスター文字で残した。

▶2 ロゼッタストーン
1799年にエジプトのロゼッタで発見された石碑。同じ文章がギリシャ語，民衆文字，ヒエログリフで記されていたことから，未解読だったヒエログリフ解読のきっかけとなった。現在では大英博物館に展示されている。

▶3 ヒエログリフ
神聖文字（聖刻文字）という意味。古代エジプトの象形文字で，遺跡など数多く見られたが，フランスのシャンポリオンが解読するまでは謎の文字であった。

▶4 ギルガメシュ叙事詩
シュメールに実在した王のギルガメシュの活躍を描く古代メソポタミアの文学作品。粘土板に楔形文字で記された。十二の書板からなり，そのうち第十一の書板に旧約聖書のノアの方舟の話とそっくりな物語が記されていることで注目を浴びた。

▶5 キッペンベルク，H. G.，月本昭男・渡辺学・久保田浩訳，2005，『宗教史の発見』岩波書店．

① 諸宗教へのまなざし

　仏典の研究を中心に展開した仏教学や国学者たちによる神道学，また聖書文献学などを含むキリスト教学のように，信仰の拠り所となっている文献の研究や教えの本質を理解するための研究は古くから行われてきた。こうしたいわば内側からの研究ではなく，客観的に宗教をとらえようとするのが宗教学の姿勢といえよう。そのはじまりは19世紀ヨーロッパに見いだすことができる。

　ヨーロッパはキリスト教文化が深く根付き，人々の思考や生活に強い影響力をもっていた。しかし15世紀の宗教改革以降，キリスト教の権威は揺らいでいく。科学技術が進展し，啓蒙主義が広まり，さらに大航海時代以降，ヨーロッパには非西欧文明が次々に紹介され，キリスト教は相対化されていった。19世紀半ばには，進化論で知られるダーウィンの『種の起源』が発表される。生物は環境に適応して変化をし，人間も環境に適応していまのような姿になったのだとする考えは，神が人間をいまある姿でつくったのだとする聖書の記述が信じられていた社会にとっては，大きな衝撃であった。進化論は批判を受ける一方で，生物学だけではなく社会学などさまざまな学問の展開も促した。人間について，キリスト教的世界観から自由な研究が可能になったのである。また18世紀から19世紀にかけて，聖書に記されていない古代文明，文化の存在も人々の関心を呼び，その解読が進められた。1771年にはゾロアスター教の**アヴェスター**▶1が翻訳され，1822年にはシャンポリオンによって**ロゼッタストーン**▶2の解読が試みられ，古代エジプトの**ヒエログリフ**▶3が解読された。1854年にはニネヴェ（現在のイラク北部のモスル）でアッシリアの王アッシュルバニパルの図書館と大量の粘土板が発見されたが，そこには『**ギルガメシュ叙事詩**▶4』の書板も含まれていた。これらの資料の解読によって明らかにされた宗教の姿は，当然のことながら聖書との関係を考えさせることとなり，キリスト教との比較，さらに他宗教間の比較を促すことになった。▶5

② 近代宗教学の誕生

　宗教を比較することを研究方法の中心に位置づけたのは M. ミュラー（Friedrich Max Müller, 1823-1900）である。インド学が専門であったミュラーは，比較言語学の影響のもと，印欧語族の宗教，神話の比較を行った。そして神の

名称の語源を比較研究し、自然現象を表現する言葉が次第にその意味を忘れられていくなかで宗教や神話が発生したと論じ、1873年にはその研究を『宗教学入門』としてまとめた。ミュラーは1879年からは『東方聖典集』全50巻を刊行し、仏教、道教、ジャイナ教などアジアの諸宗教の聖典の英訳を世に送り出し、宗教学の基礎資料を整備した。ミュラーには「たったひとつの宗教しか知らない者は、宗教を知らない者である」という有名な言葉がある。宗教学と比較宗教学が同義であった19世紀の宗教学の立場を約言したものであろう。こうした功績からミュラーを宗教学の祖と位置づける研究者も多い。

19世紀には、ヴェーダやアヴェスターといった古代文明の宗教だけではなく、同時代に生きるいわゆる当時「未開」とされていた文化の研究もはじまる。ミュラーと同じくオックスフォード大学で教鞭をとっていたE. タイラー（Edward Burnett Tylor, 1832-1917）は、キューバ旅行をきっかけに人類学的な関心を抱くようになり、また進化論にも影響を受けて研究をすすめ、1871年には『原始文化』を著し、アニミズム論を展開した。タイラーは生物、無生物を問わず自然界のあらゆるものに霊魂の存在を見いだす有り様をアニミズムと呼び、その「霊的なものへの信仰」が宗教の基本的な姿であり、そこから神の観念が生じ、多神教、さらには一神教へと進化するとした。一方向的な宗教の進化の図式については批判もあるが、タイラーはミュラーと並んで近代宗教学を切り開いた人物といえよう。

③ 宗教へのさまざまなアプローチの誕生

19世紀後半には、宗教学、人類学（民族学、民俗学）のほか、社会学や心理学も草創期を迎え、宗教をめぐる社会学的な研究、心理学的な研究が生まれていく。

神学者でもあったW. R. スミス（William Robertson Smith, 1846-1894）は、『セム族の宗教』（1889）で、旧約聖書に依拠しながらヘブライ人やアラブ人などセム系の古代宗教の儀礼を研究した。特に供犠に注目をし、供犠、そして神と人との共食は、社会的なつながりを象徴する社会的な行為であると分析した。儀礼の社会的機能を論じたこの研究は、デュルケムの宗教社会学に大きな影響を与えた。

他方で、人はどのようにして信仰をもつようになるのか、突然信仰に目覚めるときにどのような心の動きがあるのか、という回心についての問いに答えようとしたのがアメリカのE. D. スターバック（Edwin Diller Starbuck 1866-1947）である。1899年の『宗教心理学』は、質問紙法による回心の調査を行い、その心の動きを客観的に記述しようとしたものである。

こうして誕生した宗教学は、人類学や社会学、心理学といった隣接領域の成果を取り入れつつ展開を続けていくことになる。

（平藤喜久子）

▷6 原題は *Introduction to the Science of Religion* であり、日本では Science of Religion が宗教学と訳された。この著書は日本語ではミュラーに師事していた南条文雄が翻訳し『比較宗教学』と題して明治40年に博文館から刊行した。

▷7 原題は *Sacred Books of the East* である。*Sacred Books* と複数で表されていることも、聖典の相対化であるといえよう。

▷8 この言葉はゲーテの「たったひとつの言語しか知らない者は言語を知らない者である」を踏まえている。ひとつの宗教をいかに深く信仰していたとしても、その宗教の特徴は他と比較しなければわからないということである。

▷9 タイラー、E. B.、比屋根安定訳、1962、『原始文化』、誠信書房。

▷10 スミス、R. W.、永橋卓介訳、1941、『セム族の宗教』（上・下）岩波書店。

▷11 スターバック、E. D.、小倉清三郎訳、1915、『宗教心理学』警醒社書店。

I 理論

宗教学の展開

1 宗教人類学・宗教社会学：進化主義から機能主義へ

　19世紀末から20世紀前半にかけて人類学と社会学という学問が創始され，学者たちは大学という制度で後進を育てることになった。人類学の父とも呼ばれるE. タイラー，その系譜に連なり，王殺しや呪術，精霊崇拝の膨大な民俗宗教的史料を蒐集して『金枝篇』に結実させたJ. フレイザーの時代には，歴史的に文明が「未開」の段階に留まっている社会から「文化」「社会」の原型を考えようという研究が主流であった。▷1

　社会学ではÉ. デュルケムが『宗教生活の原初形態』を著し，野生の動植物を祖先と関連づけるトーテム表象や集団儀礼が社会的表象としての宗教の起源であると考察した。この研究自体は，呪術から宗教へという文化の進化論的発想よりも宗教表象や儀礼による社会統合に着目する機能主義的着想が強く，人類学・社会学双方に大きな影響を与えることになった。▷2

　イギリスではA. R. ラドクリフ・ブラウンやB. K. マリノフスキーが社会人類学を創始し，社会や文化を構成する諸要素は相互に関連すると考え，それぞれの役割を検討していく機能主義を創始した。彼らの後継者は，アフリカやアジアといった「未開社会」において民族誌を記述する文化人類学者のスタイル（フィールドワーク）を確立したのである。▷3

　また，社会学ではT. パーソンズによる構造機能主義理論が1960年代に全盛期をむかえ，宗教は社会システムを複製する文化体系の象徴的形態であると考えられたのである。▷4 しかし，社会学では1970年代以降，文化人類学でも1980年代以降，機能主義的な理論は鋭い批判にさらされた。

2 機能主義からポストコロニアル批判へ

　部族社会では親族構造と政治・経済構造や文化体系が，現代社会でも政治・経済・文化が相互に連関しているという前提は思い込みではないのか，あるいは現存の宗教文化は機能がなくとも慣習として残存していることもあるし，心理的安定や人生の意味を与えていないこともあると考えると，宗教と社会構造の機能的連関よりも，社会秩序や権力を正当化する宗教のイデオロギー性を問題にした方がよいという批判が社会学・文化人類学双方から出た。

　社会学では構造機能主義理論は体制擁護の学問として批判され，人類学では

▷1　フレイザー, J., 2002, 永橋卓介訳『金枝篇』全5巻, 岩波書店。

▷2　デュルケム, É., 古野清人訳, 1975, 『宗教生活の原初形態改訳版』（上・下）岩波書店。

▷3　ラドクリフ・ブラウン, A., 青柳まちこ訳, 1975, 『未開社会における構造と機能』新泉社；マリノフスキー, B. K., 泉靖一・増田義郎編訳, 1967, 『西太平洋の遠洋航海者』（『世界の名著59　マリノフスキー／レヴィ＝ストロース』所収），中央公論社；エヴァンズ＝プリチャード, E. E., 向井元子訳, 1982, 『ヌアー族の宗教』岩波書店。

▷4　パーソンズ, T., 佐藤勉訳, 1974, 『社会体系論』青木書店。

旧植民地宗主国と植民地との支配・従属の関係が「未開」「宗教の原初形態」「文化の進化」という発想に埋め込まれていると批判された。こうしたポストコロニアルの批判を受けて宗教研究でも研究者の立場性（誰が誰のために研究を行うのか）が鋭く問われることになったのである。

③ 宗教心理学の展開

ところで，19世紀末にスターバックが先鞭をつけた回心研究は宗教心理学のひとつの主要なテーマとなった。アメリカのW. ジェイムズは，日記や自伝などを分析する手記的手法によって回心を類型化して分析した。回心研究はその後も新宗教への入信過程や教祖の回心などに展開していった。

精神分析学も宗教心理学とは深く関わる。S. フロイトは人間の無意識には同性の親を排除し異性の親との結合を望むエディプス・コンプレックスがあると考えた。そして一神教の成立には，この権威的な父の殺害という欲求が関わったとし，神を無意識の産物とするような考えを提起した。またC. G. ユングは，無意識を個人的な無意識と普遍的無意識（集合的無意識）に分け，後者にはイメージを生み出す「元型」があるとした。その元型にはグレートマザーや老賢者，アニマなどがあり，人は元型が生み出すイメージを他者に投影したりする。つまり人々が求める神や宗教的指導者のイメージ形成には，この元型が関わるということである。こうした心の問題として取り組まれてきた研究の一部は，現在は脳科学が引き継ぎ，脳のメカニズムの問題として研究されている。

④ 宗教現象学

客観的に宗教を研究するときに，いったいその宗教とは何か，ほかの現象とは違う，宗教固有の意味とは何かを考えることも必要になる。その問いに向かい合う学問として宗教現象学がある。その主要な研究者にはドイツのR. オットー，オランダのファン・デル・レーウ，ルーマニア出身のM. エリアーデがいる。先駆者であるオットーは，聖なるものに含まれる合理的な要素と非合理的な要素を峻別する必要があると論じ，その非合理的な要素を「ヌミノーゼ」と呼んだ。そして聖なるものには魅了する側面と畏怖を呼び起こす側面があり，どちらも合理的には説明しえず，直接感じるものだと述べた。

エリアーデは，オットーを踏まえ，神話や儀礼などの宗教現象の比較研究により，その普遍的な意味を追求した。エリアーデによれば，もともと人は宗教的であり（ホモ・レリギオーサス），もともと人は聖なるものとともにある。その聖なるものの現れを「ヒエロファニー」と呼ぶ。例えば外形上単なる石や木にすぎなくても，それがヒエロファニーを帯びるときには，崇拝の対象となるということである。彼の研究は日本でも人気があり，著作の多くが翻訳されている。

（櫻井義秀・平藤喜久子）

▷5 サイード, E. W., 板垣雄三・杉田英明監修, 1993,『オリエンタリズム』（上・下）平凡社；川橋範子・黒木雅子, 2004,『混在するめぐみ——ポストコロニアル時代の宗教とフェミニズム』人文書院.

▷6 ジェイムズ, W., 桝田啓三郎訳, 1969,『宗教的経験の諸相』（上・下）岩波文庫.

▷7 フロイトの宗教に関わる著作としてはフロイト, S., 2009,『フロイト全集 12 1912-1913年 トーテムとタブー』岩波書店；フロイト, S., 渡辺哲夫訳, 2003『モーセと一神教』ちくま学芸文庫がある.

▷8 ユング, C. G., 河合隼雄訳, 1975『人間と象徴——無意識の世界』（上・下）河出書房.

▷9 芦名定道・星川啓慈ほか, 2012,『脳科学は宗教を解明できるか』春秋社.

▷10 オットー, R., 久松英二訳, 2010,『聖なるもの』岩波書店.

▷11 エリアーデ, M., 久米博訳, 1974,『太陽と天空神』せりか書房；エリアーデ, M., 久米博訳, 1974,『豊饒と再生』せりか書房；エリアーデ, M., 久米博訳, 1974,『聖なる空間と時間』せりか書房；エリアーデ, M., 風間敏夫訳, 1969,『聖と俗』法政大学出版局.

Ⅰ　理論

宗教学の現代的課題

宗教学の認識論的問い直し

　現代の人文学では，研究対象が眼前に在るのではなく，私たちの日常生活の認識や制度化された知識によって対象化されるということを自覚しておくことが重要である。宗教という近代の概念も諸宗教とキリスト教との比較において西欧で構築され，近代以降にアジア社会にもち込まれた概念である。政教関係において宗教と公認されるものとされないもの，諸宗教ごとに異なる宗教と世俗の区分，あるいは現代における宗教とカルトの相違などもまた常に構築と揺らぎ，変質を余儀なくされる概念と言える。宗教学が対象としてきた「宗教」は，歴史上そこに在ったものではなく，近現代の学術的・政策的認識や教団の伝承（教典・経典，教祖伝・教団史の編成）の中で記述されてきたものである。歴史宗教の研究のみならず，現代宗教の研究においても「宗教」が構築されることに変わりはなく，対象となる教団当事者と認識する研究者やマスメディア，市民との間において実像をめぐる葛藤は常に生じている。

　こうした認識を前提とすれば，従来の宗教学が宗教現象として分類し，類型化し，抽象的な概念において表象してきた種々のカテゴリーを，自明なものとして扱うのではなく，概念が構築された歴史的経緯を丹念に跡づけ，現代宗教であれば葛藤状況を適切に記述し直していくことこそ学問的課題となる。

　歴史学，人類学，社会学では構築主義的観点からの研究が進められているが，宗教学においても T. アサドや磯前の研究によって宗教学によって構築された「宗教」の意識化が進められている。しかしながら，学問の認識を問い直す研究は認識が入れ子状態（再帰的）になりすぎ，それだけにこだわると自家中毒的な認識論だけで終わってしまい，他の人が利用可能な学術的資料の発見や記録といった現実的な貢献ができなくなる。したがって，本書のコンセプトのように「よくわかる」ためには，既存の概念をある程度自明のものとして語ることは方便として受け入れてもらい，さしあたり既存の概念の歴史をたどる方法論がトピックとなっていることのみおさえてもらいたい。

　以下では，なにが宗教学の課題となるのかを考える上で認識論上の問題ではなく，「現実社会」と宗教学が接点をもつ種々の問題から探求すべき問題を設定していくことにしたい。このやり方でも「宗教」を対象とした学問の地平を拡大する必要性があることを十分理解してもらえると思う。

▷1　アサド，T.・磯前順一編，2006，『宗教を語りなおす――近代的カテゴリーの再考』みすず書房。

2　現代宗教の課題と宗教学の課題

　端的に言えば，既存の宗教概念や宗教制度，宗教団体を直接研究対象とし，研究成果をアカデミズムや宗教界のみで討議するような学問からの脱却が宗教学には求められている。「宗教」側ではなく，宗教を包含する社会を含めて「宗教」の諸問題を再考した方が実りある。カルト問題と震災の研究を例に出そう。

　1995年のオウム真理教事件は日本社会を震撼させ，宗教研究の土台を切り崩した。オウムとはなにか，カルトはなぜ生まれ，犯罪をなすのか，信者はマインド・コントロールされているのか，といったマスメディアや市民の疑問に対して，宗教研究者はオウムの教説や新宗教の特性を語ったが，説得力を欠いた。オウムをはじめカルト視される教団は，メディア戦略を駆使し，研究者を利用しさえする。そのしたたかさと，教団の利害に反する研究成果を公表した際の示威的反応を前に多くの研究者は沈黙した。従前の伝統宗教や新宗教研究では，教団と友好的な関係を築き，教団出版物からの引用や信者の聞き取りによって教団像を構築していったが，そのやり方の限界が露わになったのである。オウムや統一教会のような社会問題化する教団には，元信者の証言や事件を扱う裁判資料含め外堀を埋めていくアプローチが必要となる。

　1995年の阪神・淡路大震災，2011年の東日本大震災において，宗教団体がどのような被災者支援を行い，それが継続されているのか，宗教が災禍をどうとらえたのかについて研究がなされてきた。地震・津波による罹災者と福島第一原子力発電所の炉心溶解と放射能汚染により避難生活を余儀なくされている人々の数はあまりにも多く，また東北地方の過疎化はいっそう進行している中で宗教に何ができるのかという問いかけ自体不遜と言えるかもしれない。

　震災直後に地域の宗教施設は避難所として機能し，既成宗教・新宗教を問わず支援活動を継続した。その際に注目すべきは，①多数の教団は宗教色を控え（布教と誤解されないよう），被災者に必要とするものを届け，寄り添おうと苦心したこと，②慰霊のプロである僧侶が宗派の垣根を越えて慰霊を行い，傾聴の訪問・カフェの設営においても宗教性の発露を戒めた。③そして，自治体の追悼祈念式や被災地モニュメントの保存・巡礼においても，市民の悼む気持ち，死者への誓いの気持ちを重視し，宗教的教説や儀礼は見送られるか，付属的な扱いにされたということである。

　現代日本において宗教的行為は，宗教者や教団で完結せず，一般市民の宗教意識や規範意識との関わり，日本社会にどのような公共的秩序をこれから構築していくのかという問いかけのなかで評価され，宗教者・宗教研究者からの応答も期待されている。宗教学の課題は宗教の社会的課題と接続するし，そこにおいて研究方法の刷新も求められているのではないかと思われる。

（櫻井義秀）

▷2　1995年当時，新宗教研究やスピリチュアリティ研究に関わっていた研究者は無力感にさいなまれた。対象者との共同作業によって対象者の内面を対象者の言葉で記述するという生活史やフィールドワークの方法は使えないし，従来の新宗教研究は教団がお膳立てしたセッティングの中でなされたものではないかという疑問さえ出てきた。カルトはもとより新宗教を研究する若手研究者も減ったが，事件から十数年を経てようやく研究方法論が構築されつつある。カルト問題に関しては，次の書籍がある。井上順孝責任編集・宗教情報リサーチセンター編，2011，『情報時代のオウム真理教』春秋社；櫻井義秀・中西尋子，2010，『統一教会──日本宣教の戦略と韓日祝福』北海道大学出版会。

▷3　実際に，ふたつの教団に関して第1次資料を集積した人々は教団でも研究者でもなく，警察，弁護士，一部のジャーナリスト，脱会者支援のカウンセラーたちだった。その資料を参照し，教団の実像を内部と外部から多面的に描き出す研究がようやく成果を結びつつある。

▷4　三木英，2001，『復興と宗教──震災後の人と社会を癒すもの』東方出版；稲場圭信・黒崎浩行編，2013，『震災復興と宗教』明石書店。

I 理論

日本の宗教学

1 日本における宗教学のはじまり

明治期になり西洋の学問が日本へ次々と輸入されるなか，宗教学の祖とされるM.ミュラーの研究もいくつかのルートで紹介された。はじめにミュラーの学問にふれたのは仏教学である。真宗大谷派からイギリスに派遣された南条文雄と笠原研寿は，1879年からミュラーのもとでサンスクリット語を学び，ミュラーと仏典の共同研究を行っている。南条はのちに日本における文献学的仏教学の基礎を築くことになった。日本で活動する自由キリスト教の諸会派も比較宗教学を重視する立場から，盛んに雑誌でミュラーを紹介した。例えば岸本能武太（1866-1928）はハーヴァード大学留学から帰国した1894年以降，ミュラーの説を取り上げながら宗教の分類や研究方法を積極的に論じた。その岸本と比較宗教学会を設立したのが姉崎正治（1873-1949）である。彼は『比較宗教学』，『宗教学概論』などを著し，宗教学の研究方法など多様なテーマを論じた。1905年，東京帝国大学文化大学（現在の東京大学）に日本で最初の宗教学の講座が開かれたとき，その初代の教授に任命されたのは姉崎であった。その後各帝国大学，私立大学にも宗教学の講座は開かれるようになり，1930年には姉崎を初代の会長として日本宗教学会が設立された。

2 西欧宗教学の影響と対象の広がり

日本の宗教学は，はじまりからそうであったように，主に西欧の宗教研究の強い影響のもとに展開をしていく。また，日本のアジア進出に伴い，宗教学の研究対象も広がっていく。宗教人類学，社会学分野では，古野清人がÉ.デュルケムをはじめとするフランス社会学派の業績を多く日本に紹介する一方でインドネシアの慣習法辞典の編纂や台湾高砂族の民族調査などに関わっている。ヨーロッパの宗教民族学を学んだ宇野円空（1885-1949）は，マレーシアや北ボルネオ，セレベス島などの調査を行った。B.マリノフスキーに学んだ秋葉隆（1888-1954）は，京城帝国大学に赴任し，赤松智城とともに朝鮮シャーマニズムの研究を行い，日本における朝鮮宗教研究の基礎を築いた。なお，日本の植民地主義に宗教学が学問としてどのように関わっていたのかについては現在まで十分な調査，研究がなされてきたとは言いがたく，今後の課題のひとつであろう。

宗教哲学では京都大学の西田幾多郎（1870-1945）が，仏教思想と西洋哲学を

▷1　姉崎正治，1898，『比較宗教学』東京専門学校；姉崎正治，1900，『宗教学概論』東京専門学校。

▷2　鈴木範久，1979，『明治宗教思潮の研究』東京大学出版会。

▷3　古野清人，1945，『高砂族の祭儀生活』三省堂。

▷4　宇野円空，1944，『マライシアに於ける稲米儀礼』日光書院。

▷5　赤松智城・秋葉隆，1937，『朝鮮巫俗の研究』（上・下）大阪屋号書店。

結びつけ，神や宗教についての議論を展開した。岸本英夫（1903-1964）は，父能武太と同じくハーヴァード大学に学び，帰国後は東京大学に勤め，第2次世界大戦後はGHQの宗教政策，神道政策に助言し，戦後の日本の宗教政策に影響を与えた。彼が晩年がんを患う中で死についての考察を深め，一冊にまとめた書物は，死と向き合った宗教学者のエッセイとして高く評価されている。また宗教学の概説書として『宗教学』も執筆している。

3　宗教人類学・宗教社会学・宗教民俗学の展開

　宗教社会学は，西欧の文化・社会理論の影響を強く受け，ウェーバーやデュルケムの著作を翻訳して学説を解説することに生涯をかけた研究者が少なくなかった。1970-80年代には，T.パーソンズの下で学んだ井門富二夫が世俗化・近代化論を踏まえた現代宗教論を展開したり，P.バーガーやT.ルックマンの研究が紹介され，新宗教運動が戦後一貫して拡大してきた日本の宗教状況をどうとらえるのか，世俗化論争が生じたりもした。
　その一方で内藤莞爾による近江商人の研究や安丸良夫による民衆宗教研究，およびR.ベラーの『徳川時代の宗教』のように，ウェーバーのエートス論（社会階層と社会倫理の関連に焦点化）を実証的な歴史社会学的研究に応用した研究も現れた。
　東アジアの宗教民俗学的な研究はもともと，宗教学・人類学・民俗学にまたがる領域であり，M.エリアーデの研究を紹介するとともに民間信仰を研究した堀一郎，徹底した現地調査により東北と沖縄のシャーマニズムを研究した櫻井徳太郎の研究の射程は歴史学とも交錯するものだった。
　こうした調査研究は家族や村落を調査する社会科学とも関連していたが，大方の社会科学者の問題意識は封建遺制としてのイエ・ムラの批判と近代化にあった。歴史的に射程を拡大して日本の家族・共同体の制度的頑健さを分析したのが，親子関係に擬制された天皇制国家を論じた伊藤幹治，宗門の本末関係および新宗教の本部支部関係を分析した森岡清美，あるいは佐藤誠三郎・村上泰亮・公文俊平の文明論的日本社会研究である。
　この中で，実証的宗教社会学の確立に大いに貢献したのが，欧米の家族理論を積極的に摂取し，イエ・ムラ理論に拘らなかった森岡清美と門下の社会学者たちである。日本の宗教社会学は新宗教研究に牽引されてきた面が多いが，1980年代には新宗教の多角的調査研究が進められ，その成果は『新宗教事典』に結実した。ただし，新宗教研究は1995年のオウム真理教事件以降，研究方法論や研究者の立場性の問題など多くの課題を抱えることになった。この時期に若手研究者が主導した宗教社会学研究会（1975～90年）は，1993年に「宗教と社会」学会として発展的に再編し，人類学・歴史学の研究者を巻きこみながら宗教社会学分野の有力な学会に成長している。

（櫻井義秀・平藤喜久子）

▷6　西田幾多郎，1979，『善の研究』岩波文庫。

▷7　岸本英夫，1964，『死をみつめる心』講談社。

▷8　岸本英夫，1961，『宗教学』大明堂。

▷9　内田芳明，2008，『ヴェーバー「古代ユダヤ教」の研究』岩波書店。

▷10　井門富二夫，1974，『神殺しの時代』日本経済新聞社。

▷11　内藤莞爾，[1941] 1978，「宗教と経済倫理──浄土真宗と近江商人」『日本の宗教と社会』お茶の水書房；安丸良夫，1974，『日本の近代化と民衆思想』青木書店；ベラー，R. N.，池田昭訳，1996，『徳川時代の宗教』岩波書店。

▷12　堀一郎，1982，『堀一郎著作集第8巻──シャマニズムその他』未来社；櫻井徳太郎，1988，『櫻井徳太郎著作集第5巻・第6巻──日本シャマニズムの研究』（上・下）吉川弘文館。

▷13　森岡清美，1978，『真宗教団における家の構造』お茶の水書房；佐藤誠三郎・村上泰亮・公文俊平，1979，『文明としてのイエ社会』中央公論社；伊藤幹治，1982，『家族国家観の人類学』ミネルヴァ書房。

▷14　文献については II-45　II-47 参照。

▷15　井上順孝ほか編著，1990，『新宗教事典』弘文堂。

I 理論

宗教の起源と進化

　宗教の起源の問題について，19世紀末から20世紀前半にかけて大きな関心が生じた。宗教がなぜ起こったのか，あるいは，最も古い形態はどのようなものであったのかについて，いくつかの学説が出された。

1　宗教の起源への関心

　15世紀から16世紀にかけて，航海術が発達したことで，ヨーロッパ人の交易の範囲が広がり，宣教師が布教に赴く地域も拡大した。地中海沿岸や陸続きのユーラシア大陸各地に加え，アフリカ中部や南部，東南アジア，極東そして南北アメリカとの人やモノの交流が広がり，キリスト教以外の宗教，あるいは民俗信仰についての情報も増えていった。さまざまな土着の宗教についての知識の増加は，世界の宗教について体系的に考えることを促した。

　そのひとつが人類の歴史の中で宗教がいつ，どのような形で起こったかという関心である。世界の宗教習俗を原始宗教と呼んだり，その形態によってアニミズム，プレアニミズム，祖先崇拝などの名称が付されたりした。またそのうちのどれが最も古い形態かという問いが生じた。宗教も進化してきたという考え方は，18世紀の啓蒙主義がさかんな時代に影響力をもつようになった。特にイギリスのD. ヒュームは『宗教の自然史』(1757年)で，超越的な観念が原始的な宗教にあり，それがしだいに洗練されて一神教にいたったという考えを示して，広く影響を与えた。19世紀前半のフランスでは，ド・ブロスが18世紀後半に唱えた呪物崇拝（フェティシズム）を，最も古い形態の宗教とする考えが広まっていた。

　こうした考えに拍車をかけたのは，19世紀半ばに登場したダーウィンの進化論である。彼の『種の起源』が刊行された12年後の1871年，E. B. タイラーは『原始文化』の中で，宗教進化論という考えを示した。彼が使ったアニミズムという概念は，宗教の原初的形態を示す用語として，その後広く用いられるようになった。

2　宗教の進化への関心

　宗教の起源を論じる中で一時期さかんに議論されたのが，宗教と呪術と科学の三者関係である。呪術と宗教とどちらが古い起源をもつかという問いも起こった。このとき，科学と呪術を近いとみる考えと，宗教と呪術を近いとみる

▷1　デイヴィッド・ヒューム（David Hume, 1711-1776）
イギリスの哲学者，思想家。多神教から一神教へという見取り図を描いた。ヒューム, D., 福鎌忠恕ほか訳, 2011,『宗教の自然史』法政大学出版局。

▷2　Ⅲ-17 参照。

▷3　エドワード・タイラー（Edward B. Tylor, 1832-1917）
イギリスの人類学者。アメリカやキューバへの旅行体験を踏まえ，『未開文化』（原題 Primitive Culture, 1871）を著した。人間の発展段階には野蛮，未開，文明の三段階があるとした。

▷4　タイラーが考えた宗教進化の図式は次のようなものである。
アニミズム→マニズム→フェティシズム→多霊教→多神教→一神教

考えが生じた。『金枝篇』を記したことで知られる **J. フレーザー**[5] は，科学と呪術の親近性を指摘した。ともに観念連合によって物事の因果関係を類推するが，科学が正しい類推なのに対し，呪術は違った類推だとする。そうすると宗教の起源は別の理由に求められ，呪術に先行して存在していたと考えた。これに対し，**R. R. マレット**[6] は呪術と宗教との近さを指摘し，両者は科学とは異なった原理をもつと考えた。呪術が宗教に先行して存在したと考え，タブーとマナという観念をその基礎に置いた。

3 宗教の心理的起源

宗教の起源については，歴史的由来を考えるのとは別に，人間の心理的な特性からなぜ宗教が生まれたかと考える視点がある。タブーやマナについての議論はこれにも関係する。人間が不安や恐怖によって，ある人物，モノ，行為などを忌避したり（タブー），あるものの背後に強い力の存在を認めて畏怖や威力を感じる（マナ）というのは，現代でもごく普通に観察される。そうした人間の心の特性が宗教を生むことになったという見方である。また死に対する恐怖を起源とする説は古くから注目されている。

深層心理学は独特な宗教起源説を提起した。フロイトは個体発生は系統発生を繰り返すという生物学の見解を心理にも適用し，父親殺し（原父殺害）がもたらした罪意識が一神教の形成にいたったという説を提起した。この原父殺害は実際に歴史的に起こったかどうかは問題ではなく，心理的な出来事として無意識的な影響力をもつことを強調した。無意識という概念を使って，人間の罪意識の生まれる理由を説明したわけだが，当時は強い批判にさらされた。

4 宗教の発展・展開

宗教も時代とともに発展ないし展開するという考えは，宗教社会学では一般的である。**R. N. ベラー**[7] は宗教の発展段階を次の5つに分けた。①原始宗教，②古代宗教，③歴史宗教，④前期近代宗教，⑤近代宗教。これは宗教のあり方は全体社会の展開に応じて展開するという発想から生まれている。原始宗教では，宗教は独自の組織をもたず，社会と未分化の状態にある。古代宗教では，神話がより具体的に理解され，自然や社会の秩序（身分制度）に対応させて宗教が考えられ，具体的な神々への祭祀儀礼がみられる。歴史宗教になると，超越的で普遍的な宗教的世界が描かれるようになるのが特徴である。前期近代宗教は，個人が超越者と向かいあうことが特徴になる。そこでは個人が自分の意志によって加入する教団があり，それが国家，社会と独立した存在として社会変革にかかわる。最後の近代宗教は，道徳的規準が壊れ，価値が多元化していく社会における個人主義的傾向の強まりを特徴とする。進化というより，宗教の社会からの分化の度合として考えると，よりわかりやすくなる。　　　　（井上順孝）

▷5　**ジェームズ・フレーザー**（James Frazer, 1851-1941）
『金枝篇』（原題 *The Golden Bough*，初版1890年）は，世界各地の民俗，習俗，民間信仰に関わる資料を収集し，それに基づき宗教と呪術の関係について論じた書である。この中で呪術の原理として類感呪術と接触（感染）呪術のふたつを提起した。

▷6　**ロバート・マレット**（Robert R. Marett, 1866-1943）
イギリスの社会人類学者。タイラーの弟子であるが，彼の説はプレアニミズムと呼ばれている。マナという用語はメラネシアの現地語からとったものである。

▷7　**ロバート・ベラー**（Robert N. Bellah, 1927-2013）
近代化と宗教の関わりについての研究が多くある。日本にもたびたび来て日本の近代化にも関心を寄せた。

参考文献
古野清人，1971，『原始宗教の構造と機能』有隣堂出版。
脇本平也，1997，『宗教学入門』講談社。
ベラー，R. N.，池田昭訳，1962，『日本近代化と宗教倫理——日本近世宗教論』未來社。

I 理論

 宗教の分類

1 宗教の分類

　数多くある宗教をさまざまな特徴によってまとめ，分類するという試みは，宗教という複雑な現象を理解するための方法としてよく行われている。分類の視点としては，信仰対象となる神の有無や数，広がり方，成り立ちなどがあり，特に宗教学の草創期には宗教の原初形態や進化の研究とも関わっていた。

2 有神的宗教・無神的宗教

　多くの宗教にとって神は中心的な概念であるが，すべての宗教が神概念を有するわけではない。仏教では，神に祈ることはない。日本では「神仏」と一括りにされることもあるが，本来仏は「覚った人間」であって，神とは区別される。つまり仏教は神を立てない宗教だということができる。これを無神的宗教と呼び，キリスト教やイスラーム，神道などの神を立てる有神的宗教と分けて考えることができる。ただし無神的とは，神の存在そのものを否定する無神論とは異なる。脇本平也は，神は信じないけれども「宗教的なもの」は人類にとって必要であるとする「ヒューマニズムの宗教」も近代的な無神的宗教であるとし，その代表的論者として『誰でもの信仰』の著者 J. デューイや，精神分析の E. フロムを挙げている。◁1

3 一神教・多神教

　神を立てる宗教には，唯一の神を信仰する一神教と複数の神をもつ多神教がある。ユダヤ教◁2，キリスト教◁3，イスラーム◁4などは一神教とされ，神道◁5，古代ギリシャの宗教◁6，古代エジプトの宗教，ヒンドゥー教◁7などは多神教とされる。

　宗教学の草創期には一神教と多神教のどちらがより古いのかが議論された。古くは，18世紀の D. ヒュームと J. J. ルソーが，多神教と偶像崇拝が古い宗教の姿であると論じた。◁8 19世紀の E. B. タイラーは，アニミズムと呼ぶ霊的なものへの信仰を宗教の原初形態と考え，そこから神の観念が生じ，多神教から一神教へと進化すると考えた。つまり無神的宗教から有神的宗教へ，簡略化すればアニミズム→多神教→一神教という流れである。◁9 アニミズムや多神教をいわゆる「未開社会」の宗教ととらえ，キリスト教を進化した宗教の姿とすることで，近代社会に生きる自分たちに重ね合わせたのであろう。

◁1　脇本平也, 1997, 「四　宗教の諸類型」『宗教学入門』講談社学術文庫参照。

◁2　Ⅱ-4 Ⅱ-5 参照。

◁3　Ⅱ-6 Ⅱ-7 Ⅱ-8 Ⅱ-9 Ⅱ-10 参照。

◁4　Ⅱ-11 Ⅱ-12 Ⅱ-13 Ⅱ-14 参照。

◁5　Ⅱ-34 Ⅱ-35 Ⅱ-36 参照。

◁6　Ⅱ-2 参照。

◁7　Ⅱ-16 Ⅱ-17 参照。

◁8　ヒューム, D., 福鎌忠恕・斎藤繁雄訳, 2011, 『宗教の自然史』法政大学出版局；ルソー, J. J., 今野一雄訳, 1962, 『エミール』岩波書店。

◁9　タイラー, E. B., 比屋根安定訳, 1962, 『原始文化』誠信書房。

他方で一神教こそが原初的な姿であるという議論もあった。原始一神教という考え方である。19世紀イギリスの人類学者A. ラングは、タイラーの影響を受け、当時「未開」とされていたオーストラリアの先住民社会などの研究を行っていたが、彼はそこに天の至高神への崇拝がみられることに注目し、唯一の最高神への崇拝こそが宗教の原初形態であるとした。

　19世紀末から20世紀にかけてウィーンでは膨大な資料を収集し、文化の歴史的な展開を跡づけようとする歴史民族学が盛んであった。その中心にいたシュミットは、『神観念の起源』(1912-54)で、世界中の至高神の事例から原始一神教説を唱えた。唯一神への信仰を最古のものと考えることは、カトリックの聖職者であったシュミットにとっては神学的にも重要であった。

　一神教を進化した姿ととらえることも、また最古の姿ととらえることも、いずれも一神教（すなわちキリスト教）を多神教よりも上位に置く価値観が働いていた。そのことへの批判もあり、現在では一神教、多神教の分類をもとに宗教の起源を論じる研究はあまり見られないようである。

4 世界宗教・民族宗教

　宗教の広がり方や成り立ちに注目した分類として、世界宗教と民族宗教、民族宗教と創唱宗教を対比させる方法がある。

　世界宗教にはキリスト教やイスラーム、仏教がある。地域や民族を超えて信者がいることが特徴である。広まり方は多様で、キリスト教の場合、古代にローマ帝国の国教になってヨーロッパのほぼ全域に拡大し、アメリカへは移民によって、さらにヨーロッパの国々の植民地拡大や宣教活動によって中南米など世界中に広まった。一地域の宗教が世界宗教となる過程には、政権による公認や国教化、帝国の拡大や植民地化による宗教文化の伝播があることがわかる。

　他方、民族の歴史と深く結びついた宗教文化としてユダヤ教や日本の神道がある。特定の創始者をもたず、自然発生的に民族の中で生まれた宗教である。民族が伝えてきた神話や慣習も含む。そのため民族としての生活と宗教は分けがたい。神社で行われる年中行事や人生儀礼に参加するのは、神道の信者としてというよりも、日本人としての営みととらえられているだろう。

　このような民族宗教と対比させ、起源が明確で創始者をもつ創唱宗教という区分がある。キリスト教、イスラーム、仏教のほか、近代に生まれた新宗教のほとんどが創唱宗教、日本でいえば天理教、金光教などがそうである。しかし、ユダヤ教社会からキリスト教が生まれ、天理教や金光教が神道などの民族宗教の影響を受けて生まれたように、創唱宗教といってもその土地の宗教文化を背景にするものが多い。このように分類はあくまでも宗教の大まかな特徴をつかむためのものであり、厳密な分類は難しい。

▷10 Ⅱ-46 Ⅱ-47 Ⅱ-48 参照。

(平藤喜久子)

I　理論

神話

 神話とはなにか

　世界はどのようにしてできあがったのか。人間はどのように誕生し，なぜ死ぬのか。死んだあとはどうなるのか。こうした問いは，人類にとって普遍的なものだ。これらの問いに対し神や英雄といった超人間的な存在の働きを通して説明を与える物語が神話であるといえよう。神話をもたなかった文化はかつて存在したことがなく，神話は人類の歩みとともに存在してきたとされる。

　神話を伝える人々にとって，その物語は神聖なものであり，歴史的な事実かどうかということよりもなんらかの「真実」を伝えていると認識される。この点で，主人公の実在性や歴史性を前提とする「伝説」や世俗的な物語である「昔話」といった物語のジャンルとは区別されて使用される。

　日本語の「神話」は，明治期に西洋から神話や神話学が紹介された際に，神話の個々の話を指すときに使う myth（英語）／ mythos（独）／ mythe（仏）や「日本神話」，「ギリシア神話」といった神話体系，神話学を表す mythology（英語）／ mythologie（独，仏）の訳語として使われるようになって明治20年代に定着したと考えられる。その後「神話」は，中国や韓国など東アジアの漢字文化圏でも使用されるようになっている。なお myth，mythology は古代ギリシャ語の，語られた言葉，物語を意味する μυθος（ミュートス）に由来する。

さまざまな神話

　あらゆる文化，社会に神話は存在するが，その伝わり方などは，それぞれで異なる。例えば日本神話というと8世紀に編纂された「古事記」（712），「日本書紀」（720）によって伝えられたとするのが一般的である。いずれも壬申の乱を経て即位した天武天皇が，歴史を描くことを企図して編纂させた，世界のなりたちや神々から天皇につながる系譜を中心とする神話である。インド神話を伝える最古の作品は，前12世紀から10世紀の神々を讃える歌を収める「リグ・ヴェーダ」である。聖職者バラモンに与えられた天啓によって生み出され暗誦で伝えられた。このうちの「プルシャの歌」は，巨人の死体から世界が生まれる様子や，ヴァルナ（種姓）という四種の身分の誕生などが語られている。

　ギリシア神話を伝える最も古い作品は，前8世紀後半，詩人ホメロスによる「イリアス」と「オデュッセイア」である。前者は英雄アキレウスを主人公と

するトロイア戦争の物語，後者はその後日談でオデュッセウスを主人公とする。また農民詩人ヘシオドスは，世界のはじまりから神々の系譜，物語などを伝える「神統記」や労働の起源などを伝える「労働と日々」を著わした。そのほか悲劇詩人たちによる劇作にも神話は伝えられた。ローマ時代には，オウィディウスが「変身物語」でラテン語によってギリシャ神話を伝えた。

同じ神話といっても，日本では天皇に関する政治的な意図をもつのに対し，インドでは経典として伝えられ，ギリシア神話は文学作品のなかに残された。伝え手も各々，役人，宗教者，詩人と異なっている。これ以外の地域には文字化されず儀礼の中で口承によって伝えられた神話も少なくない。神話を学ぶ際にはこうした成立の背景や伝承の形態を踏まえる必要がある。

３　神話学の歴史と現状

神が結婚をして島を生んだとか，英雄が竜を退治するとか，神話では現実には起こりえないような奇想天外な話が展開する。その神話がいったいなにを意味するのか，という疑問は古代ギリシアから存在し，代表的な考え方がふたつ示されてきた。寓意説とエウヘメリズムである。寓意説とは，神話を自然や倫理的原理の寓意（アレゴリー）だと解するもので，英雄の竜退治は正義と悪の対立である，というように解釈する。エウヘメリズムは，実在の人物への賞賛，崇拝の話が，神の話になったと考える。前300年頃のエウヘメロスが代表者で，神話に歴史の痕跡をみようとするものである。近代的な学問としての神話学は19世紀ヨーロッパにはじまるが，この寓意説とエウヘメリズムは近代的学問にも受け継がれているといえる。比較宗教学，神話学の祖とされる M. ミュラーは，神話について，太陽の動きを中心として自然現象を表現する言葉が，次第に本来の意味が忘れられ，誤解される中で発生したと考えた。まさに寓意説ともいえるその方法は，自然神話学と称され人気となった。他方，神話とは実際に行われていた儀礼を説明するために生まれたとする考えも登場し，残されている神話からかつての儀礼を探る試みも盛んであった。

また他地域間に似た神話があることも注目されてきた。伝播説が代表的な説明だが，伝播の可能性が想定しにくい地域間にも似た話はある。20世紀になり人間の心の研究が進むと，無意識が神話を生み出すとする視点も提示された。さらに個人を越えて共有される無意識もあるという考えも登場し，個人の夢や空想が，はるか古い時代の神話や遠く離れた地域の神話と似る理由とされた。近年は人類史との関係が重視され，例えば人類の「出アフリカ」のルートや時期の研究を踏まえた神話研究もある。共通の先祖を有するなら人類が世界に分散していく中で，遠く離れた地域に共通の祖をもつ神話が残されていても不思議ではない。加えて進化生物学や脳科学を踏まえた，人が神話を必要とする理由や最も古い神話についての研究も注目される。

（平藤喜久子）

▷1　神話と儀礼を論じた代表的な研究者としては，J. G. フレーザーが挙げられる。その著作『金枝篇』（岩波文庫，ちくま学芸文庫など）は，宗教学，神話学，人類学などに大きな影響を与えた。

▷2　オーストリアの精神科医 S. フロイトは，夢も神話も無意識にある欲望を象徴的に表わしていると考え，神話の分析に注目した。

▷3　C. G. ユングは，無意識の層に個人的無意識と集合的無意識があるとし，さらに集合的無意識にある人類共通の普遍的無意識は，イメージを生み出す元型によって構成されるとした。これが神話や夢を生み出すと論じている。

▷4　代表的な研究者として，マイケル・ヴィッツェルがいる。

参考文献

大林太良，1966，『神話学入門』中央公論社。
平藤喜久子，2004，『神話学と日本の神々』弘文堂。
松村一男，1999，『神話学講義』角川書店。

I　理論

儀礼

1　「儀礼的」は良くないことか？

　儀礼的，形式的，型通り。現在これらの表現は「決められたことをその通りにする」という否定的な意味で用いられがちである。私たちが価値を認め正しいと感じるのは，それとは反対の，多くの選択肢と「自己決定権」だと思われる。だが儀礼的であることこそ正しく，社会生活を維持するのに儀礼が欠かせない社会は現在も存在している。このふたつの社会・価値観の違いを理解するのに役立つのが，A. ファン・ヘネップが唱えた通過儀礼論である。

2　不変であるべき世界と，正しく定められた変化

　ここでは儀礼を，「ある社会集団において，厳格に定められた時間・空間・機会に，厳格に定められた（資格を認められた限定的な）参加者により，厳格に定められたルールに則って身体・言語行為を遂行する，ルール違反が絶対にあってはならない，『宗教事象』に分類されてきた営み・場」と定義しておく。ファン・ヘネップは社会の近代化が急速に進んだ20世紀初頭に，伝統社会においてさまざまな機会に行われていた儀礼が果たしてきた役割には共通点があると指摘した。彼は，「一般社会はおそらくいずれも，各部屋と廊下に分かれた一種の家のようなものと考えることができ」(p.39) そこでは人は「ある特定のステイタスから別の，やはりある特定のステイタスへ」(p.14) 常に「身の置き所」(p.25) を変えなければならず，その移動を正しく安全に実現するために行われるのが「分離（今までの部屋から退出）／過渡（廊下を移動）／再統合（新しい部屋に転入）」という3つの局面からなる通過儀礼だと考えた。日本でもお宮参り・成人式・葬式などのステイタス変更に関わる通過儀礼がいまでもみられるが，このような人生の転機（beforeとafterの境目）に行われる儀礼を人生儀礼と呼ぶこともある。現在，通過儀礼論は人生儀礼を中心に語られ，新年のような年中行事もそれにあてはまる，と付け足しのように解説されがちだが，通過儀礼を個人のライフサイクル論としてとらえるこのような態度自体，すでに近代的であるといえる。伝統社会において異なる目的で行われてきたさまざまな儀礼には「通過」という共通の関心がある，というファン・ヘネップの指摘の意義は，「世界の正しい姿（家の構造）は決して変化せず，そこで起こる変化は，部屋の住人の定期的な正しい移動という，コントロールされたあるべき

▶1　ファン・ヘネップ, A., 綾部恒雄・綾部裕子訳, 2012, 『通過儀礼』岩波文庫。（なお，名前が「アーノルド・ヴァン・ジュネップ」と表記されることもある。）

▶2　ファン・ヘネップは，社会的身分，社会的範疇，帰属先などの意味で用いている。

▶3　お宮参り
新しい住人（新生児）の家（共同体）への転入を，「家主」である土地の氏神に承認し祝福してもらう通過儀礼と考えられる。

▶4　「コントロールされたルールに従った無秩序状態」を作り出すカーニバルのような祭も，最後にはすべてが正しい位置に収まる（べき）強化儀礼の一種である。

変化だけである」（型どおりの変化によって世界秩序の不変性は守られている）という世界観を示した点にある。儀礼の主な関心は，人間社会を含めた世界全体を構成するすべての要素を，その時々に相応しい定位置に正しく位置づけ直し続け，逸脱的変化を迅速かつ適正に処理することにあり、その背後には，世界全体に対する「定位置感覚」があるのである。

❸ 「私たちの家」と「各部屋の住人の務め」を，なぜ尊いと感じるのか

É. デュルケムは「個人と社会の対立」という近代的観点から，なぜ人は自分の欲望に対して抑圧的な社会のルールに自ら喜んで従うのかという問いをたてた。彼は宗教を「集合的実在（特に「社会」という，個人を超越する「聖なる力」）を表明する集合表象」とみなし，儀礼は，その力（社会）を現出させて力への崇敬の念をかき立て，高揚の中で人々に社会の一員としての一体感と喜びと誇りを与えることによって，人々を束ね秩序に従わせると考えた。その後V. ターナーは「儀礼は厳格な規則に則ってさまざまなモノ（儀礼象徴）を用いながら，社会を脅かしかねない人間の本能的衝動を社会化する」という儀礼象徴論を展開した。儀礼象徴は，イデオロギー（社会の侵すべからざる規範）を想起させると同時に，においや色などで五感を刺激し身体に直接働きかけることで，正しい世界・秩序を参加者に心身で生きさせ，それによって，世界とはどのような場所でそこに生きる私たちは何者なのかを同定するというのである。このとき儀礼は，世界のあるべき正しい姿（法）を参加者の正しい行為遂行（方法）によって具体化・顕在化させるとともに，正しい法と方法を伝授する立場にある者と，行為遂行のための技術を習得し自分の勤めを見事に果たした正しい執行者の，双方の社会的地位・威信を強化する。このような儀礼のもつ「法（権威）」の強化機能を強調するのが，T. アサドの儀礼論である。

❹ 「定位置世界」と「位置自由な世界」での，通過儀礼の違い

このような伝統社会に対し，近代化とは，変化や革新が正しく良いものとなった，世界の「流動化」と考えられる。世界は普遍的・決定済み・変更不可能などでは決してなく，これから作り上げるものになったのである。人間についても，伝統的な世界観のもとでは人が「何者なのか」は「どの社会的位置にいるのか」と同じだったが，近代化によってそのような「位置との同一化」の価値が失われ，位置に縛られない自由と，どこにあっても変わらない本質・真正性の価値が高まった結果，「アイデンティティ」概念が生まれ，自己同一性が求められるようになったと考えられる。かつて集団のアイデンティティを保全していた通過儀礼は，いまや当事者が自己プロデュースする（できる）ものとなり，オリジナルな「私らしさ＝アイデンティティ」を選び取り社会に開示する機会へと変化したのである。

（寺戸淳子）

▷5　デュルケム，É., 古野清人訳，1975，『宗教生活の原初形態』（上・下），岩波文庫。

▷6　Turner, Victor, 1967, *The Forest of Symbols*, Cornell University Press.

▷7　例えば和歌山県新宮市神倉山のお燈祭では，男性の荒々しい衝動が，「家を守る神（＝イデオロギー）が宿る松明（＝夜空に赤々と燃えさかる熱く煙たい危険物＝感覚刺激）」を，白装束にしめ縄姿（「神の領域内の存在」を意味する＝イデオロギー＋感覚刺激）で危険を冒して持ち帰るという，社会を維持するのに必要不可欠な勤めを果たすために，無くてはならないものとなる。これによって，衝動が「社会を支える力」として社会化され，男性の社会的地位が上がる。

▷8　アサド，T., 中村圭志訳，2004，『宗教の系譜』岩波書店。

▷9　18世紀のロマン主義以降の思想・芸術の特徴も，この観点から理解できる。

▷10　最近では葬儀まで，エンディングノートによる自己プロデュースが奨励されるようになった。

▷11　儀礼が社会的機能を果たさなくなった後の「衝動の社会化」の問題に関わる議論として，N. エリアスをはじめとするスポーツの社会的機能論や，自我の形成過程としての無意識のコントロールを論じるJ. キャンベルの英雄神話論をとらえることができるだろう。

Ⅰ 理論

 教典

1 「教典」という呼び方

　人間の宗教的営みを構成する重要な要素として，宗教集団特有の諸文書が存在する。そこには，教義・教説を生み出すきっかけとなった教祖もしくはそれに準ずる人物の教えが，その生涯や活動とともに記されていることが多い。しかしそれらの伝承は，必ずしも詳細にわたって史実と一致するわけではなく，また，伝承相互の内容的食い違いも少なくないので，そこに基礎をおく教義・教説は，ともすれば一致せず，その教団の活動も多様化せざるをえない。時間的・空間的に広がりをもつ既成教団の歴史は，政治・経済等人間の現実的営みとも重なり合うので，ここからさまざまな形で多彩な宗教文化が生み出されていくことになる。

　このように一種の規範的役割を担うものとして教団に伝承されていく諸文書は，従来多くの場合「聖典」と呼ばれてきた。これは，宗教現象を聖俗二分法で説明しきろうとする発想からもたらされた言い方であるが，これらの諸文書の中には明らかに世俗的出自のものがあるし，また，家系図や格言集のような世俗的文書が宗教的機能を賦与されていくこともある。そもそも「教え」というものは，宗教的でもあり世俗的でもある。したがってこれらの文書を包括的にとらえるためには，「聖典」（Sacred Book）よりも「教典」（Scripture）の方が適切であると思われる。仏教では伝統的に「経典」を用いているが，これはその言葉の由来からしても，インドの宗教にのみ当てはまると言えよう。▷1

2 教典の正典化

　教典には規範的性格が要請されるが，類似した成立動機と内容をもつ諸伝承全体から規範を確定することは決して容易ではない。そこでまず，伝承を書き記した諸文書の中から，一定の規範に合うと考えられたものを選び出し，他は除外していくという作業が行われることになる。作業を行うのは，すでに組織化されていた教団である。歴史的教団の中で，そうした努力を最も熱心に行ったのはキリスト教会であった。選び出された諸文書である旧・新約聖書は「正典」（Canon）と呼ばれ，選ばれなかった類似の諸文書は「外典」（Apocrypha）・「偽典」（Pseudepigrapha）と呼ばれた。▷2 しかし実際には，最も厳密に正典にこだわったのはプロテスタント系の教団で，カトリック教会では，外典の中の特

▷1 「経」（sūtra）は元来「糸」・「ひも」等を意味し，このように呼ばれた教典は，限定された文書ではなく，連続的に作り出されていく諸文書を指したものと思われる。この考え方は，正統的な文書を選び出そうとする宗教集団には当てはまらず，さしあたりインドの宗教の特徴をあらわすものと考えてよいであろう。

▷2 旧約聖書は39，新約聖書は27の文書で構成されており，それらの文学類型は，神話・歴史記述・詩歌・伝記・教説等々多岐にわたっている。「約」は「契約」の意。旧約聖書は，ユダヤ教の教典が新たにキリスト教の教典の一部として採用されたもの。

定の文書にも「第二正典」という地位が与えられた。

　キリスト教と同じ系統に属するユダヤ教の**トーラー**やイスラームの**クルアーン**も，特定の文書が正典的に位置づけられたものと言えないわけでもない。しかしここでも，ユダヤ教の**タルムード**や**ミシュナ**，イスラームの**ハディース**のような周辺の関連文書もそれなりに重んじられており，除外されているわけではない。また仏教の経典は初めから限定されておらず，歴史の推移に伴って拡張されていく。そのためおのずから複数の宗派の運動が生まれるわけであるが，キリスト教においても，実は事情は変わらない。教団が歴史を重ねていくと，教典は多様に解釈されるようになり，教派の発生を食い止めることは難しい。しかしまた，ここから地域文化に対応した宗教文化が，特に思想的な面で厚みをもって展開することになる。正典を定める目的は組織維持であるが，それにもかかわらず異なった見方を誘発することは避けがたい。

③ 教典の使用

　教団における教典の機能は，まずなによりも教義・教説を作り上げていくための材料を提供することであった。教団指導者はそれに基づいて理論的に信念体系を構成していき，歴史的教団ではそれらが集大成されて，神学・教学が成立する。その場合には，教団外の一般的な思想的伝統との折衝も課題となる。さらに教団の現場からの要請に対応して，教義・教説のエッセンスが抜き出され，信条や朗誦文が作成されることもある。また教典に由来する処世訓やことわざもあるが，それらはそれぞれの地域の日常文化と融合している。このように教典には，教団のアイデンティティを理論的に確立するための根拠となることが期待されているわけであるが，必ずしも常にそれがひとつの方向で達成されるとは限らない。

　宗教集団は，時折誤解されるように，教説のみで成立するわけではない。宗教的な教えは，観念的に理解された思想的内実を指すだけでなく，語られ聞かれ応答される一連の行為を伴う。教団ではその行為は儀礼となり，それを共有することによって教団は共同意識を養い，そこから組織としての維持・発展が可能になる。教団固有の形をとった祈祷・頌栄・説教・音楽・美術等々が組み合わされた礼拝や定期的に行われる各種の祝祭が儀礼の中心であり，教典はその都度さまざまな方法で用いられる。教えられた内容に必ずしもこだわらず，教典それ自体が物として儀礼の中で用いられる場合もある。初期の宗教史学では，「教典宗教」と「非教典宗教」の区別が説かれ，前者は後者に対して優位に立つものと考えられた。しかしこれは，キリスト教を宗教の頂点におく進化論的動機に基づく学説で，今日ではもはや用いられない。重要なことは，教典の欠如をも含んだ教典のあり方全体が，宗教文化として結実していったという歴史的事実であろう。

（土屋　博）

▷3　トーラー
トーラーは「律法」を意味しており，ユダヤ教における中心概念である。ユダヤ教教典としての狭義のトーラーは，現在ではキリスト教の旧約聖書の冒頭に置かれることになった5つの文書すなわち「五書」を指す。

▷4　クルアーン
日本語では「コーラン」とも呼ばれてきた。預言者ムハンマド（マホメット）に与えられた神（アッラー）の啓示で，「読まれる（誦まれる）もの」を意味する。その意味のように，本来朗誦されるべきものと考えられている。

▷5　タルムード，ミシュナ
トーラーに関する賢者たちの注解や議論を編集したもの（ミシュナ）に，さらに後の解説者たちの議論を付け加えた膨大な文書群をタルムードと呼ぶ。

▷6　ハディース
ムハンマドの言行録。この言葉の原義は「話」・「語り」。教派によっては，多少文書の範囲が広がることもある。

参考文献
土屋 博，2002，『教典になった宗教』北海道大学出版会。

I 理論

13 象徴

1 宗教と象徴

　2003年にアメリカで発売され，日本でもベストセラーとなったミステリー小説『ダ・ヴィンチ・コード』の主人公は，ハーヴァード大学で「宗教象徴学」を講ずる教授という設定だった。実際には，この名称の学問は存在しないが，宗教と象徴が深い関係にあることは確かである。

　ここでは象徴の定義には深入りしないが，さしあたり，あるもの（多くの場合，見ることも触れることもできないなにか）を別なもの（見たり触れたりできるなにか）によって間接的に示す媒体，とおさえておこう。いわゆる神をはじめとする信仰対象にせよ，それを信じる人の心の内面にせよ，通常は目に見えず，じかに触れることもできない。それらがなにほどか具体的な表現へともたらされるには，諸々の象徴が不可欠なのである。

2 創唱者の象徴

　一般に創唱者（開祖）が特定される宗教を創唱宗教と呼ぶ。歴史的存在としての創唱者はかつて生身の人間であったに相違ないが，死後はもはや目に見えない存在でありながら，諸々の象徴を通して人々の信仰対象として生き続ける。キリスト教の創唱者たるナザレのイエスは，その肖像が描かれるよりもはるか以前から，十字架はもちろん，魚，子羊，獅子など多様な象徴と結ばれてきた。釈迦もまた，長らくその肖像は描かれず，遺骨を納めたとされるストゥーパ（仏塔）や，彼の足跡をかたどった石（仏足石）などが人々の尊崇の対象とされた。肖像の忌避は，広義の偶像崇拝の忌避とともに，創唱者に対する畏怖の反映でもある。イスラームにおいても16世紀以降，ムハンマドの顔を描くことが強く忌避され，写本に付された挿絵でも彼の顔は白い布で覆い隠されている。この布は単なる遮蔽物ではなく，光背や頭光とともに，そこに描かれた人物が誰であるかを象徴するものでもある。

　これらの事例において，創唱者は諸種の象徴を通してその存在を示すとともに，その姿を象徴の陰に秘してもいる。示しつつ秘するという両義性は，聖なるものにまつわる象徴全般に見られる傾向と言える。

▷1　「神の子，救世主，イエス・キリスト」というギリシア語の銘を構成する単語の頭文字をつなげると，同じくギリシア語の「魚」にあたる単語になることから。詳細はフイエ，M., 武藤剛史訳，2006，『キリスト教シンボル事典』白水社。

▷2　イスラームでは偶像崇拝への否定から，成立時より一貫して絵画的表現が退けられてきたとの印象もあるが，近年の研究にはこれを修正する要素も認められる。桝屋友子，2014，『イスラームの写本絵画』名古屋大学出版会；桝屋友子，2007，『すぐわかる・イスラームの美術』東京美術。

26

3　自然および身体の象徴性

　太陽を生命の象徴と見なす慣習は，古代エジプトの太陽信仰をはじめ古くから見られる。キリスト教もまた，古代ローマの「不滅の太陽」への信仰との習合を通してキリストを太陽のごとき存在と見る伝統を形成した。他方，月はその満ち欠けにより，古来，自然の運行の確かな秩序を示すものとされる。太陰暦を基本とするイスラームでは特に三日月と星を組み合わせた図案が共同体（ウンマ）の絆の象徴とされ，トルコやマレーシアなどイスラーム圏の国々の国旗にも数多く取り入れられている。

　諸種の動植物もまた，さまざまな象徴性を帯びる。エリアーデが強調したように，ある種の樹木（多くの場合，常緑樹）を「生命の樹」として神聖視する慣習はきわめて広範囲に見られ，クリスマスに飾られるモミの木や，釈迦の悟りの象徴としての菩提樹にも，その命脈が認められる。特定の動物がその形態・生態の特徴から，善悪の両極を示す媒体となることもある。羊がキリストあるいはキリスト者の象徴として親しまれてきたのに対し，貪欲や淫蕩と結び付けられる山羊は罪の象徴とされ，時には悪魔のイメージをも担ってきた。

　人間の身体もまた，そのさまざまな体勢や運動とともに多様な象徴となる。ヒンドゥー教や仏教（特に密教）の儀礼的所作には両手の指をさまざまに組み合わせて諸種の観念を表現する伝統（印，印相）が見られ，諸々の神像・仏像にも同様の表現がある。他方，東方正教では聖職者が祝福にあたって手指をキリストの銘を示すモノグラム（組み字）の形状に整える伝統があり，同様のしぐさがイコン（聖画）にも認められる。これらの所作は諸々の意味を伝えるのみならず，人知を超えた力を伝える媒体とも見なされている。意味と力の一体性もまた，宗教的象徴に広く見られる特質である。

4　現代文化における象徴の再浮上

　さまざまな宗教的伝統の中で形成され，伝えられてきた象徴には，歴史的・地理的に限定された枠組みに即してのみ，その意味が理解される側面と，それを超えて多くの人々になにかを訴えかける側面が混在している。宗教的慣習が多面にわたって影響力を減じる傾向にある現代においては，象徴は「忘れられた言語」となりつつある。しかしながら，その忘却によって，象徴の「秘する」側面がかえって人々の興を誘う傾向も見られる。夢の内容を宗教的象徴との類推で読み解く試みは占いからユング派の心理分析まで広く見られる。諸種の象徴の解読をストーリーの鍵とする小説や映画も次々と現れている。さまざまな形に秘められた意味や力を求める人々の欲求は，いまも失われてはいない。

（堀　雅彦）

▷3　キリスト降誕祭，つまりクリスマスは多くの地域で12月25日に行われるが，これは古代ローマでこの日に行われていた冬至の祭り（太陽の復活祭）との習合によるものと考えられている。歴史的人物としてのイエスの出生の日付は不明である。

▷4　エリアーデ，M.，風間敏夫訳，1969，『聖と俗』法政大学出版局。

▷5　キリスト教において悪魔と結び付けられてきた動物には他にも猫や狼，蛇，ヒキガエルなどがある。もちろん，これらの動物が常にキリスト者にとって憎悪の対象となってきたわけではない。

▷6　フロム，E.，外林大作訳，1971，『夢の精神分析――忘れられた言語』東京創元社。

▷7　Ⅲ-23　Ⅲ-25参照。なお，洋の東西を越えて世界各地の象徴を総覧することは難しいが，その多様性の一端は以下の事典で知ることができる。シュヴァリエ，J. ゲールブラン，A.，金光仁三郎ほか訳，1996，『世界シンボル大事典』大修館書店；ビーダーマン，H.，藤代幸一ほか訳，2000，『世界シンボル事典』八坂書房。

I　理論

14　巡礼

世界中で巡礼が流行しているという。12世紀に盛んに行われたキリスト教の聖地サンティアゴ・デ・コンポステラを目指す巡礼や，日本の四国遍路など，過去の宗教実践と思われていたものの復興だけでなく，「アニメの聖地」巡礼などの新しい現象も起きている。巡礼は現代人のどのようなニーズに応えており，伝統的な巡礼とどのような点で異なっているのだろうか。

1　誰がどのような目的でどこを目指すのか

ここでは巡礼を，「商用などの世俗的必要を満たす旅とは区別される，自分たちが『聖地』と思い定めた場所に向かう，宗教実践と考えられてきた旅」と定義しておく。聖地エルサレムを具体例にみていこう。紀元前10世紀頃に，ユダヤ教徒の父祖アブラハムが神との契約を果たした場所とされる巨大な岩の上にエルサレム神殿が建てられ，毎年重要な祭儀の日に訪れるべき聖地となった。紀元1世紀に，イエス・キリストがエルサレムで最期の日々を過ごし十字架刑で亡くなると，その死を人類の罪を贖う救いの業とみなすキリスト教徒が，神と人との新しい関係の原点の地として訪れるようになった。7世紀になると，預言者ムハンマドが天上世界をめぐるために旅立った場所として，イスラム教徒がエルサレム神殿跡に岩のドームを建てた。このように，自分たちのグループが成立するきっかけとなった決定的な出来事や，それに準じる重要な出来事が起きた「原点」，自分たちのグループにとって重要な人物に縁の地などが，聖地となって人々を惹きつけてきた。巡礼は，そのような原点に立ち返ることで，自分たちが何者であり，どのような世界に生きており，なにを守りなにに従うべきなのかを確認・実感する，日常生活圏で行われる「儀礼」と同じ役割を果たす儀礼的行動なのである。多くの場合，服装・時期などに関する決まりがあり，ハッジ（メッカ大巡礼）のように戒律で定められた義務として行われるものもある。また大がかりな遠距離巡礼は，交通網・宿泊施設・通行証などのインフラが整えられて初めて可能であり，政治的権力機構と宗教的権威・組織の協力がないと実現できない。社会集団の統合と秩序維持を担う為政者は，巡礼が人々を束ねる力とネットワークを作り出す働きに注目して積極的に奨励したり，人々の移動を領地内の秩序を脅かす危険な動きと考える時には抑制したりした。巡礼には，人・モノ・情報の流通圏を形成し「私たち」のテリトリーを作り出す作用があり，だからこそエルサレムを目指す十字軍やコンポス

▷1　星野英紀・山中弘・岡本亮輔編，2012，『聖地巡礼ツーリズム』弘文堂。

▷2　エルサレムのように，複数のグループの聖地が「重なり合う（上書きされる）」のはめずらしくない。また巨岩など，自然景観に特徴のある場所が聖地になることが多い。

▷3　Ⅰ-11 参照。

テラへの巡礼は，11世紀にヨーロッパのキリスト教社会がイスラム社会に対抗して勢力拡大を目指した時期に起きたのである。

集団的アイデンティティの確認と強化のための巡礼がある一方で，社会で支配的な価値観や体制に異を唱える批判的・対抗文化的な巡礼もある。V. ターナーの考察は，そのような社会変動を志向する活動の分析に関わる。

2 分析の枠組み

「巡礼者」（英語の pilgrim など）の語源となったラテン語の peregrinus は，その土地に本籍をもたない一時的滞在者や異邦人を意味していた。ターナーは，そのような日常的社会関係を離れる行為としての巡礼の分析に，ファン・ヘネップの通過儀礼論を適用した。巡礼も通過儀礼と同じように3つの段階から構成されるが，日常生活世界で定期的に行われる通過儀礼では危険な「変化」が手際よく引き起こされるのに対し，巡礼では変化の過程が引き延ばされている。ターナーはこの過渡期に社会変革を可能にする創造力を認め，新しい価値・規範の発生と発展の現場として注目した。彼は，そこでは個々人の自由・平等・非構造的な結びつきによって，友愛関係という「普遍化された社会的絆」（p.128）が生まれると考え，それを「コミュニタス」と名づけた。コミュニタス論は巡礼研究を活性化したが，同時に，あまりにも理想主義的で，巡礼の現場で実際に起きている関係諸グループ間の駆け引きや覇権争いといった現実を分析できないと批判されてきた。実際，コミュニタス論は分析概念である以上に，「定位置が撤廃された（自由）ことで立場の違いがなくなり（平等），社会的に規定された関係がなくなったところで，人々はなにによって結びつくのか（愛）」に関する，ターナー自身の社会観の表明であるといえるだろう。

3 現代の巡礼の特徴

巡礼の目的・動機として，自分や他者の心身の治癒，罪の赦し，現代では癒しや人生の転機における自分探しなどがあげられる。これらは，逸脱状況を元に戻し，正しい状態に復帰するために望ましい変化を起こそうとすることや，「正しい状態」を探し出してそこに至ろうとすること，とまとめられる。現代によみがえったコンポステラ巡礼やお遍路さんのような長期にわたる徒歩巡礼の研究では，癒される感覚の重要性が指摘されている。それは，人や自然と触れあうことによる「つながり」の回復の経験として語られるという。これは，自分を位置づけ直すこと，居場所の再発見といえるだろう。「位置同一性」という形で世界の安定が保障されなくなり，自分の位置は自分で選択すべきものになった近代以降，「変化」の自己プロデュースを可能にする儀礼的行動として巡礼が見直された，と考えることができるのではないだろうか。

（寺戸淳子）

▷4 他方で，日常的な願いごと（捜し物，病気快癒など）を叶えるために近隣の聖域（キリスト教の諸聖人の聖地，イスラムの聖者廟など）へ参詣する，ローカルな巡礼もある。

▷5 例えば同じキリスト教の「聖母マリアの出現地」でも，メキシコのグアダルーペは強化儀礼的，フランスのルルドは対抗文化的という違いがある。

▷6 「日常生活世界からの離脱／移動／日常生活世界への帰還」。巡礼では3つめの段階が「人生の終着点＝生命の帰還場所」としての聖地への到達という場合もある。

▷7 ターナー, V., 冨倉光雄訳, 1976,『儀礼の過程』思索社.

▷8 Eade, J. and Sallnow, M., eds., 1991, *Contesting the sacred: the ahthropology of Christian pilgrimage*, Routledge.

▷9 主人公が旅をする中でさまざまな経験を重ね，変化していく姿を描く「ロードムービー」という映画ジャンルの登場と人気は，流動性が「意味のあること」になり，自分の帰属先・目的地が，自分で探すべきものになったことと関係していると考えられる。

I　理論

 ## 教祖

1　教祖とはなにか

　一般的に教祖とは，特定の宗教的伝統の創始者（創唱者）のことを指し，それぞれの伝統内において分立した宗派の創始者を含める場合もある。前者を狭義の教祖，後者を広義の教祖ととらえることも可能であろう。さらに，狭い意味での教祖の場合，特に新宗教の創始者を指す場合が多い。ここで注意しておきたいのは，誰が教祖であるかが常に明確とは限らないということである。まず，その宗教集団が独立した宗教伝統と言えるかどうかという問題があり，さらに，「教祖」が誰であるかについて，教団内部，一般社会や他宗教の人々，さらに研究者などの立場の違いによって，見解が異なる場合もありうるからである。

　上述したような問題を含むとはいえ，一般に教団内外において創始者として認められている例を挙げれば，仏教のブッダ，キリスト教のイエス・キリスト，イスラームのムハンマドがすぐに思いつくであろう。さらに，ゾロアスター教のゾロアスター（ザラスシュトラ），ジャイナ教のマハーヴィーラ，スィク教のナーナク，バハーイー教のバハーオッラーなども教祖の定義にあてはまるし，日本に目を向ければ，真言宗の空海，天台宗の最澄，浄土宗の法然，浄土真宗の親鸞などの「宗祖」や「高祖」も，広い意味での教祖に含まれるだろう。しかし，とりわけ「教祖」と呼ばれることが多いのは，新宗教の教祖たちであり，黒住教の黒住宗忠，天理教の中山みき，金光教の金光大神に始まって，大本の出口なおと出口王仁三郎，世界救世教の岡田茂吉，生長の家の谷口雅春，真如苑の伊藤真乗など，枚挙にいとまがない。

2　教祖の特性

　ここでは特に典型的な「教祖」として，新宗教教団の教祖たちを中心に論じてみたい。日本では，1970年代半ばから90年頃にかけて，宗教社会学の分野を中心に教祖研究が盛んに行われた。例えば，島薗進は，典型的な教祖には次のふたつの要素が伴っているとしている。すなわち，ある宗教者を絶対的な指導者として仰ぐ集団が存在していること（教祖と信者の間の情緒的関係の形成）と，その指導者がまったく新しい理念や信仰形式を創出したと見なされていること（宗教伝統の創始者に関する認知的枠組みの形成）である。

　前者に関連して，しばしば教祖に共通する特性としてそのシャーマン（巫

▷1　新宗教をはじめ，すべての教団でその創始者が「教祖」と呼ばれているわけではない。教団によって，「開祖」「宗祖」「祖師」「派祖」など，さまざまな呼称をもつが，ここではすべて「教祖」として扱うことにする。

▷2　もっともこれらの創始者たちが教団内で「教祖」として意識されることはほとんどない。むしろ，「覚者」「神の子」「預言者」などと呼ばれるが，それは，宗教伝統を「創始」したという人間的営みに信仰的には重みを置かないからであると考えられる。

▷3　宗教社会学研究会編，1990，『教祖とその周辺』雄山閣；井上順孝ほか編，1990，『新宗教事典』弘文堂など。

▷4　島薗進，1990，「教祖と宗教的指導者崇拝の研究課題」宗教社会学研究会編『教祖とその周辺』雄山閣，pp.11-35。

者)的な側面が指摘されている。しかし，シャーマンがすべて教祖になるわけではない。その違いは，教祖が，霊能や霊威によって人々の個別の願いに応えるだけでなく，人間と世界のあり方について説くことを通じて人々に正しい生き方を指し示し，また，自ら率先してそのような生き方を示すことで，新しい宗教運動を創出する点にある。その過程においては，霊能や霊威が教祖自身に一元化されていき（教祖の神秘化），同時に教えという形で言語化されて広まっていく（教えの普遍化）。

　霊威が教祖に一元化されることは，信者にとって教祖が神霊的存在との絶対的な回路となることを意味するが，この点を説明する上でしばしば用いられたのがカリスマ概念である。主に宗教社会学の分野で展開されたカリスマ論は，教祖とその教団（帰依者＝信者の集団）との社会的な関係性についての考察を深めることに貢献した。さらに川村邦光は，カリスマの対立概念としての「スティグマ」（マイナスの刻印を帯びたものとされる非日常的資質）を積極的に受容（自己スティグマ化）することで，逆に神から選ばれた存在として社会的評価を逆転させる（カリスマ化）弁証法的な過程を論じてみせた。

　これらの宗教社会学的なアプローチに対し，宗教現象の統合的理解を追究する荒木美智雄は，金光大神など教祖たちの宗教体験を重視し，その体験に基づいて，社会構造の周縁に留まって構造の外なる神と構造の内なる人間とを媒介することで「新しい世界・新しい人間」のあり方を可能にする教祖の創造性を論じた。荒木はまた，民衆宗教の担い手としても教祖をとらえたが，このような民衆宗教論からのアプローチは，村上重良に始まって，安丸良夫や小澤浩などが展開させてきたものでもある。

3　生み出される教祖

　先述した宗教伝統の創始者に関する認知的枠組みに関していえば，いずれの教祖もその宗教的営みの開始時からすでに教祖であったわけではない。そのカリスマ性や聖性が真正なものであり，模倣ないし崇拝の対象にふさわしいと不特定多数の人々に認められ，指導者として受容されることではじめて教祖となりうる。その意味で，「教祖」はその信者が生み出すといってもよい。このような構築主義的立場を積極的に取り入れた近年の研究としては，教祖と信者や一般社会とを媒介し，教祖のイメージを創造し，維持し，再創造する営みとしての「教祖伝」（物語）に注目したものがある。この観点に立てば，聖なる人間（教祖）亡きあと，その記憶をもとにして信者たちが救済史的物語を紡ぎ出し，それを共有することでひとつの宗教共同体が維持されていくことになる。そこに〈教祖〉が誕生するのである。同時に，〈教祖〉を構築しようとする営みは，当の〈教祖〉自身によって絶えず脱構築される可能性があることも見逃せない。

（宮本要太郎）

▶5　ドイツの社会学者マックス・ウェーバーは，支配の三類型として，「合法的支配」，「伝統的支配」，および「カリスマ的支配」を唱え，その中で「カリスマ」を，ある個人に備わった非日常的・超自然的な資質の意味で用いている。

▶6　川村邦光，1982，「スティグマとカリスマの弁証法──教祖誕生をめぐる一試論」『宗教研究』253：pp.67-94。

▶7　荒木美智雄，2001，『宗教の創造力』講談社（初出は，『宗教の創造』法藏館，1987年）

▶8　村上重良，1958，『近代民衆宗教史の研究』法藏館；村上重良，1975，『教祖──近代日本の宗教改革者たち』読売新聞社；安丸良夫，2013，『出口なお──女性教祖と救済思想』岩波書店（初出は，朝日新聞社，1977年）；小澤浩，1988，『生き神の思想史──日本の近代化と民衆宗教』岩波書店など。

▶9　幡鎌一弘編，2012，『語られた教祖──近世・近現代の信仰史』法藏館。

I　理論

信者

1　日本には2億人の「信者」がいる？

　文化庁が毎年発行している『宗教年鑑』によると，日本国内の宗教団体の「信者」数は，それぞれ，神道系が約1億90万人，仏教系が約8510万人，キリスト教系が約190万人，諸教が約910万人で，合計するとほぼ2億人となる。[1] もちろん，この数字が実態を反映しているとは考えにくい。ではなぜ，このような数字が政府機関から公表されているのだろう。実はこの数字は，各宗教団体の自己申告であって，実際にその宗教の信者としての自覚がある人の数をかなり上回っている可能性が高い。さらに，神社神道の場合は各地域の氏子が，仏教寺院の場合はその檀家が，それぞれ「信者」とみなされており，本人の信仰の有無に関係なく，計上されている場合も多い。

　上の数字を聞いて私たちが等しく違和感を覚えるのは，そのような事情が働いているのである。そうなると，そもそも「信者」とはなんだろうか。「氏子」や「檀家」も信者とみなしてよいのだろうか。一般に信者とは，ある宗教を信じている人という意味で理解されよう。このような意味での信者は，日本でも，例えばクリスチャンや新宗教の信者であれば，その意味に近い人が多いだろう。しかし，神社神道や伝統仏教の場合，はたして氏子や檀家の構成員はそれぞれ，神道や仏教を「信じている」という自覚がどれほど明確であろうか。

2　信者のイメージと実像

　あらためて「信者」とはなにかを考えてみよう。とりわけ地下鉄サリン事件が起こった1995年以降，マスコミの報道などにおいてこの言葉が使用されるとき，オウム真理教などのいわゆる「カルト」教団の「信者」のイメージが喚起され，「なにかの教えを信じて（信じ込んで）いる者」として受け取られることが多い。しかし，一般的に言って，先に述べた「2億人」の大半はもちろんそのような意味での「信者」ではないだろう。また，自覚的に信仰を実践している人たちの間でも，熱心に取り組んでいる者もいれば，誘われて入信はしたものの，実質的な活動はほとんどしていない者も多い。現代日本において「信者」という用語に付随しがちなマイナスのイメージは，もっぱら新宗教やキリスト教などに限定されがちで，そこには，異質なものや未知のものに対する漠然とした不安や警戒心が暗黙の裡に働いているようである。[2]

[1] 2012年（平成24）12月31日現在。

[2] 対馬路人ほか，1994，「信者」『新宗教事典　本文篇』（縮刷版）弘文堂，pp.179-210；米山義男，1996，「教祖と信者たち」『新宗教時代5』大蔵出版，pp.5-53。「宗教」そのものに対しても同様のことが言えるだろう。また，キリスト教徒や新宗教の信者が，一般社会から浮いてしまいがちなのは，ある人間を「神の子」や「絶対的な救い主」など，すなわち「教祖」として認めている点が受け入れがたいという事情が働いていよう。

3 信者となるには

そもそも信者になるには、どのような条件が必要なのであろうか。キリスト教の場合、洗礼（バプテスマ）という儀式を受けて信者となるのが一般的である。洗礼を受けることは、クリスチャンになりたいという本人の意思の表明でもあるが、カトリックや正教会のように、子どものうちから洗礼を施す場合もあり（幼児洗礼）、その場合、成長してからあらためて本人の信仰を確認する。

イスラームの場合はもっと簡単であり、親のどちらかがムスリム（イスラーム教徒）であれば、その子はムスリムとみなされる。そうでない場合はシャハーダ（信仰告白）を行うことになる。注目されるのは前者の場合で、現在、世界中で16億人のムスリムがいるとされるが、その大半は生まれつきの「ムスリム」（アラビア語で「（神に）帰依する者」の意味）と考えられる。生まれたときは「アッラー」の意味も「ムスリム」の意味もわからないが、成長していくうちに次第にその意味を学んでいく。つまりムスリムに「成っていく」のである。その過程で大きな差が生まれてくる。というのも、ムスリムには「六信・五行」が課せられており、なかでも1日5回の礼拝（サラー）やラマダーン月の断食（サウム）など厳しい戒律があるのだが、実際のムスリムの中には、熱心な信者だけでなく、名ばかりのムスリムも多数含まれているからである。

この点で、神道の氏子や仏教寺院の檀家と類似している。すなわち、本人の意志とは関係なく、生まれ（場所や家系）によって宗教的所属が決定されてしまい、そのまま自動的に「信者」とみなされるという点である。もちろん、中には信仰を重視して、信者としての自覚を強くもって生きている人たちも少なからず存在するが、年に1回初詣に参拝するだけで十分と考える神道「信者」や、葬式や法事の時だけ僧侶と出会う仏教「信者」も多数いるわけである。

そもそも仏教の場合は、なにをもって信者と見なすのかという基準が曖昧である。僧侶となるための儀式としては得度がある。また、初期仏教の頃から、具足戒を受けた出家修行者たちは比丘・比丘尼と呼ばれていた。これに対し、出家していない在家の信者は、男性は優婆塞、女性は優婆夷と呼ばれる。本来は、「側近く仕える、敬う、礼拝する」という意味をもち、「三帰依」（仏と法と僧の三宝を信じて従うこと）を受持して「五戒」（不殺生・不偸盗・不邪淫・不妄語・不飲酒）を守り、出家者に対して布施を行って功徳を積む。現代の日本仏教においてこのような「信者」は果たしてどれほど存在するだろうか。

どうやら「信仰」を前提とするかのような「信者」（believer）という概念自体に問題がありそうである。とはいえ、「氏子」も「クリスチャン」も「ムスリム」も包含するような言葉は容易に見つかりそうにないのが現実であろう。

（宮本要太郎）

▷3 通常は水を使って行うが、全身を浸す、頭部に水をそそぐ、頭部を濡らすなど、教派によっていろいろな形式がある。また、公衆の面前で行うこともあれば、プライベートに行われることもある。

▷4 堅信という儀式を行い、聖餐（聖体拝領）を受ける資格が認められる。

▷5 2人以上のムスリムの前で、「アッラーの他に神はなく、ムハンマドはアッラーの使徒である」ということをアラビア語で唱えるだけである。また、日本のようにムスリムが少ない場合、1人で行っても有効だとする考えもある。

▷6 島田裕巳、2005、『宗教常識の嘘』朝日新聞社。

▷7 このようにいわゆる聖職者と一般の信者を分ける宗教伝統も多数存在する。例えばカトリックにおいては、「信者」と「信徒」という言葉を、前者はカトリックの教えを信じ、教会に属している人全体を指すために用い、後者は聖職者を除く信者に対して用いる。これに対し、プロテスタントの場合は、万人司祭の考えから聖職者と一般信徒を厳密に区別しない傾向が強い。また、新宗教教団の多くでも、違いを重視しない場合が見られる。

▷8 『岩波仏教辞典』「在家」の項を参照。ちなみに「檀家」の語も、もともとは施しや布施を意味するサンスクリット語に由来する。

I　理論

17　回心

1　急激な変化をどう取り扱うか

だらしなかった人が急に生まれ変わったように勤勉になったり，悪い習慣がすっとやめられたりして，しかもそこに宗教的な力が働いたとうかがわれる，このような現象は回心と呼ばれたり悟りと呼ばれたりする。

回心の研究は，19世紀末から20世紀初頭にかけてのアメリカにおいて宗教の心理学的研究で流行したテーマである。社会の改革を積極的に担おうとするキリスト教会が多く現れ，労働者の待遇改善，選挙権の拡大，女性保護，禁酒運動などに取り組んだ。個人も道徳的に改革される現象として回心が期待され，研究の対象となった当時のアメリカ社会がかいまみえる。当時の心理学者 W. ジェイムズは，「回心」を心理現象として定義し，道徳的な是非や宗教的な信念と切り離して研究する必要と意義を説いた。

2　パウロの回心

神秘的な力が人の日常に突然介入してきて，それまでの生活を一変させてしまう，という回心の典型例が，これから言及するパウロの回心である。

イエスが磔刑を受けたあとのこと。彼の弟子たちを迫害していた人々の中にサウロという人物がいた。彼は，ダマスカスを目指して旅する途中，強い光を体験して，視力を失う。落馬して地に倒れ，「なぜ，私を迫害するのか」と呼びかけられるという経験をする。同行者はサウロをダマスカスに連れて行ったのだが，ある日目が見えず飲食もしないままのサウロのもとに，アナニアというイエスの弟子が，イエス（もちろん故人）の指示で送られてくる。アナニアがサウロのために祈ると，「たちまち目からうろこのようなものが落ち，サウロは元どおり見えるようになった」。迫害者だったサウロは，この体験を経て熱心な説教者パウロとなる。パウロは，地中海を3回めぐり，迫害を受け殉教するが，彼の伝道の旅の結果，キリスト教の国際化・多民族化の基盤がつくられた。

圧倒的な力に揺すぶられ「目からうろこが落ち」，有無を言わさず別人に変えられてしまう体験は神秘的だ。

3　サーリプッタの出家

釈迦の最初の5人の弟子の1人・アッサジが托鉢をしている姿を，サーリ

▷1　ジェイムズ, W., 1977,『宗教的経験の諸相』（上）岩波文庫, p.287。

▷2　『新約聖書』中の『使徒言行録』9章1節～22節。パウロの回心はカラヴァッジオやブリューゲルなど多くの宗教画にも描かれている。なお，『使徒言行録』22章6節～21節，26章16節～18節にも同じ体験が違う形で語られていて，比較すると，パウロ自身の理解の深化がうかがえる。

▷3　ただし体験の性質や変化の緩急にはバリエーションがあり，もっと理知的な変化の体験もありうる。

プッタは見かける。サーリプッタは別の師匠についていた修行者であったが，師匠の教えに満足していなかった。アッサジの端正な姿に心打たれて，誰を師と仰ぎ，どのような教えを受けているかとサーリプッタは尋ねる。アッサジは，「自分は釈迦の弟子である」と答え，「もろもろの事柄は原因から生じる」ことと，その原因を停止することによる「それらの止滅」を釈迦は説く，と言う。すでに瞑想修行を重ねていたサーリプッタはこれを聞いただけで，「汚れなき真理を見る目が生じ」て，その瞬間にある種の悟りを開く。サーリプッタが友人モッガラーナにアッサジの話を語ると，モッガラーナも聞いただけで悟りを開いた。2人は誘い合って釈迦の弟子になった。

ここでいう「もろもろの事柄」の例として仏教で説かれるのは「苦」だ。苦には原因があって，その原因を止めれば苦も消すことができると，釈迦は説く。不安や苦の原因をとことん突き止めようとする人は少なく，私たちはしばしばただ振り回されるだけで終わる。原因となるものを取り除けば結果もなくなる，というのはあたりまえのようだが，苦の克服についてながく考えてきたものにとっては大きな心境の変化をもたらすものだったのかもしれない。[4]

④ 「回心」以外のconversion

「回心」と訳されているconversionという英語は，質的な変化だけでなく位置や役割の変更を含む。そのため，宗教を研究する諸学においては，conversionは，近年，「回心」以外にも「入信」「改宗」と訳しわけられている。また，回心の時間的経緯や社会的文脈が研究された結果，急激で神秘的な変化に見えても，合理的に理解できる長期間の過程であることが多いとわかっている。

1960年代から70年代のアメリカでは，既成の価値観に疑問を覚える若年層が関わった新宗教運動（New Religious Movements）に関心が向いた。調査を行うと，新宗教への入信（conversion）は，一定の時間をかけ，本人の内面のみならず社会的にも積み上げられてきた結果が徐々に形をなした結果と示された。既成の価値観に代わるものの探究が精神的な危機や新宗教との出会いをもたらすが，入信は必ずしもすぐに起こるわけではない。メンバーとの相互作用が，新宗教への理解や共感をもたらし，既成の価値観や所属する共同体への疑念が深まり，集団間の移行が生じ，徐々にコミットメントが深まっていく――このようなモデルが，実際の入信事例に沿って検討された。[5]

conversionの概念は，第三世界におけるキリスト教の世界伝道の成功について検討する研究でも登場する。ここでのconversionは，個人心理の中で生じる道徳的変化というより生存戦略に近い。第三世界の支援事業を行う教会との関係など，社会的諸条件を含めて改宗（conversion）のメリットが算定され，キリスト教に改宗するという現象が生じていると指摘されている。

（葛西賢太）

▶4　渡辺照宏訳, 1938, 『南伝大蔵経　第三巻　律蔵3』大蔵出版, pp.71-79。あるいは, 宮元啓一, 2005,『仏教かく始まりき――パーリ語『大品』を読む』春秋社, pp.198-210。

▶5　伊藤雅之, 2003,『現代社会とスピリチュアリティ――現代人の宗教組織の社会学的研究』渓水社, 第3章；ランボー, L. R., 渡辺学ほか訳, 2014,『宗教的回心の研究』ビイング・ネット・プレス, pp.21-61。

I 理論

18 信仰実践

1 文字化できない信仰実践が意味するもの

　信仰実践は，教義や制度，担い手，さまざまな宗教用具などと並ぶ，宗教の構成要素である。信仰実践は文字だけで表現することが難しい。その教義的説明に関心をもつとともに，身体活動が信者にもたらす体験効果にも注目してみたい。

　例えば，イスラーム圏を旅行すると，林立するモスクのスピーカーから礼拝の呼び掛けがあり，街路に男たちがきれいに横並びして礼拝を始める，という場面によく遭遇する。外部の者にとっては奇異感を生みもするのが，信仰実践だ。その一方，真摯な所作の美や，各宗教のユニークさが実感される部分でもある。礼拝には，神に向かい，身を低くし，天からの恵みを受け，左右の隣人と挨拶を交わし合う，といった要素が含まれている。

2 信仰実践の体験効果

　多くの寺院や教会は観光客にも開放されている。近年，ただの見学ではなく，また文字で学ぶだけでもなく，実体験の機会が提供されている。早朝のおつとめで読経したり，写経したり，朝がゆや精進料理をいただいたり，掃除したり，参禅したりしてみる。「朝活禅」（曹洞宗）や，蓮華入峯（金峯山寺），あるいは韓国の寺院で数日間滞在して行われるテンプルステイなど，さまざまな体験企画に，信者でなくても参加することができる。寒いものは寒いし，眠いものは眠いだろうが，汗をかき声を出し身体を動かすことで，あるいは忙しく動き回っている心身をしばし止めることで，食事や睡眠がとても新鮮に感じられるだろう。宗教者の体験に思いを馳せ，さらに，1日，1週間，1ヶ月，1年のスケジュールを確認してみることで，彼らの生きる世界を想像できるだろう。

3 信仰治療

　多様な信仰実践のなかで，現代の心理学や医学と接し，私たちの関心を引くものとして，信仰治療，告解（告白），瞑想をとりあげよう。そして，現代社会や文化と，信仰実践との関わりを考えよう。

　身体のどこかが痛むとき，そこに手を当てるのは自然なふるまいだ。けれど，他人の痛みの場所に手を当てたりかざしたりするのは，宗教的信念からのふる

▶1　神仏に捧げる蓮華を背負って峯（峰）をめぐっていくので蓮華入峯の名がある。現代韓国の仏教の「復興」はホットな領域。木村文輝編，2010,『挑戦する仏教──アジア各国の歴史といま』法藏館が読みやすい。

まいだ。文化人類学者は，世界のさまざまな「信仰治療」に出会うが，「信仰治療」実在の報告ではなく，例えば，呪医のどのような工夫で病者が納得し安心するかに注意が払われる。呪医が「病因となる呪物」を取り出したりすると（たとえそれがあらかじめ呪医によって仕込まれたものであったとしても）驚いて信じ込んでしまうだろう。現代でも，不定愁訴と呼ばれる，医学で特定できない身体のさまざまな不調には，原因がわからない苦しさがあるので，呪医が病因を断定することで安心を与えられることもあるのだろう。こんな呪医を信じることは，悪いことばかりではない。世界保健機構（World Health Organization）は，予防接種などを普及させるのに，このような信仰治療を行う呪医たちのネットワークを活用したりする。医療と宗教との間には明確な一線があるようだが，境界は意外に曖昧でもある。

4　告解（告白）

告解（confession）は，カトリックの信者が，神父に対して自分の内面にある「罪深い」考えや反省すべき行為（悩みや細かな性癖から，大小の犯罪にまで及ぶ）について私的に告白する儀式である。カトリック教会をめぐると，小さな窓口のようなところに顔を寄せ，小声でなにかを語っている人があるが，それが告解である。神父には，弁護士などと同等の厳格な守秘義務が課される。告解は苦しいものを吐き出して楽になるという単純なものではなく，言葉に表現することによって，1人1人に内省をうながし自己点検・自己管理をさせるしくみとして働く。告解の仕組みは現在のカウンセリングや宗教的体験談へとつながっていく。自己が変化したあとに体験談が語られるのではなく，体験談を語るから自己がつくられ変えられていく側面に気づかれるだろうか。

5　瞑想

ヨーガや仏教の瞑想法はインドにて発展し世界各地に広がり，特に欧米で心理学とであう過程で実践的な効用が確認され，美容法や健康法のようにも行われている。瞑想が心身をくつろがせることを確認した諸研究は，さまざまな精神的課題や慢性疾患への応用が試みられている。刑務所入所者の瞑想実践が（単純な反省でなく）人生を冷静に観察する能力を伸ばす可能性があると注目されている。マサチューセッツ大学医学部で進められた，マインドフルネスストレス低減法（Mindfulness-Based Stress Reduction）は，医学的に検証可能なデータをひろく提供し，瞑想を活用してストレスとつきあっていく方法を提案する。また，瞑想を習慣にする人が大脳の前頭前野（社会性に関わる）を発展させることや，また扁桃核（怒りや突発的な行動を司る）の働きを抑制できるようになると，近年の研究で主張されている。

（葛西賢太）

▷2　このような「信仰治療」の（真偽証明ではなく，そのような信仰実践が存在する）報告は，文化人類学や精神医学の論文に事例がある。たとえば中井久夫，1990，『治癒文化論』岩波書店，pp.97-99, pp.132-135, pp.173-174。

▷3　フーコー，M.，渡辺守章訳，1986，『性の歴史』（全3巻）新潮社。

▷4　「世話になったこと」「迷惑をかけたこと」などを1週間の合宿でふりかえり感謝の中に思考枠組みの変化をもたらそうとする心理療法として，吉本内観がある。

▷5　ワレス，R. K.，児玉和夫訳，1991，『瞑想の生理学』日経サイエンス社；カバットジン，J.，春木豊訳，2007『マインドフルネスストレス低減法』北大路書房；井上ウィマラ・葛西賢太・加藤博己編，2012，『仏教心理学キーワード事典』春秋社。

Ⅰ 理論

 布教

1 伝えたい気持ちと布教・伝道・宣教

　突然の来訪者に「○○（教）を信じませんか？」と言われたら，多くの人は驚くと同時に，直ちにドアを閉めて，以後，無視するのではないか。宗教人口が全体の2～3割という現代日本で無宗教を自称する人からすれば，なにかを信仰している人は「変わった人」であり，その宗教を押し付けられるのは迷惑千万に思える。ある宗教の篤信者（強い信仰心をもった人）だとわかった友人に対しても，宗教の話をしないのがマナーだと考えている人も多いだろう。

　だが，例えば，偶然発見した美味しい店や，街角で有名人を見かけたときなどは，すぐさまSNSなどに投稿したり，友人や家族に話したりするだろう。同じように，ある宗教的な教えを信じ，その信仰に基づく実践（ある経典を毎朝唱え続けたなど）を続けた結果，長く苦しみ悩んでいたことから解放されて幸せになったと感じたならば，それを誰かに伝えたくなる気持ちも生じよう。自分が得た良い体験を，他者に伝え，喜びを共有したい。自らがもつ信仰を誰かに伝えることは，それと同じと考えられる。

　さて，布教の類語に伝道と宣教がある。いずれも広義の意味は，宗教の教えを広め，それを知らない人々に伝えることである。布教を仏教用語と見なせば，仏菩薩による衆生教化のわざの意味となる。伝道は13世紀以降，布教・宣教は19世紀以降から文献に見られ，現代日本のキリスト教では，伝道より宣教が一般的に用いられているという。▶1

　信仰をもつ経緯やその転機について，信者たちが他者に語る機会は少なくない。宗教組織内では，体験談や証などと呼ばれ，語り手も聞き手も，各々の信仰を強化する契機となる。宗教を，同じ教説を信奉する人々による共同主観的世界観だと考えるならば，これは，このような語りの積み重ねによって形成される。

　宗教組織外の未信者に布教することは，その宗教を知らない人に良い知らせを伝えることになる。福音（gospel）の語義は「良い知らせ」である。自らの信仰を語り，新たな信者に布教することは，その布教者自身の信仰心を強める。仏教の場合，布教の姿勢は「接受」「折伏」と呼ばれることがある。特に後者は日蓮によって重視されたこともあり，日蓮宗系新宗教で用いられている。このような新しい宗教運動において，しばしば積極的に非信者への布教が行われ，

▶1　土屋博，2013，『宗教文化論の水平』北海道大学出版会。

▶2　芳賀学・菊池裕生，2007，『仏のまなざし，読みかえられる自己』ハーベスト社。

その熱心さが社会問題化することもある。新宗教における入信や回心の説明には，個人的志向性・教団による働きかけの両面があるだろう。

2 布教の展開と方法

　大航海時代とも呼ばれた15～16世紀，ローマ・カトリック教会の宣教師たちは，宗教的情熱をもって命がけで，ヨーロッパ諸国からアメリカやアジアへ渡り，キリスト教を伝えた。伝道（mission）は「派遣する」というラテン語（mitto）に由来し，神からこの世界につかわされ働くという意味である。この時代，日本にはイエズス会のフランシスコ・ザヴィエルが来訪し，多くの信者を得た。

　その後，18～19世紀にプロテスタント諸教派では信仰復興（リバイバル）運動がおこり，全世界への布教がなされた。これによってキリスト教は世界宗教となる一方，イスラームや仏教，ヒンドゥー教など他宗教と対立するケースも続いた。幕末の日本では鎖国が解かれると多くの信者が活動し，プロテスタント諸教派の宣教師たちは，西洋文化や教育をもたらし，カトリックの宣教会は社会福祉事業を展開した。また聖公会はアイヌ民族への伝道も行った。

　仏教伝来を含め，海外から日本へという布教とは逆に，日本から海外への布教もハワイや南米へ渡った仏教や新宗教などで個人的にも組織的に展開された。このような異文化における布教の課題として，ホスト社会との衝突・葛藤を解決し，孤立・埋没せず独自性を保持し，いかに異文化の信者を獲得維持するかという適応性の問題が挙げられ，教団ごとにさまざまな対応がなされている。▷3

　布教は，主に対面状況の中で行われる。礼拝やミサにおける牧師や神父の説教，法事や通夜葬儀後の住職の説教もそのひとつと言えよう。同様に，経典や教法を講説・唱導する説教（説経），仏教を説いて人々を教化する唱導もある。▷4 布教にはさまざまなメディアが利用される。宗教施設内外の文書掲示，教えに関する手紙，寺院や教会で出す寺報・週報，あるいは新聞もよく用いられる。これらは文書伝道と呼ばれる。曼荼羅による仏・菩薩の図示，十字架など象徴もメディア利用の例である。さらに，ラジオ・テレビも20世紀以降利用され，アメリカでのテレビ伝道は一世を風靡した。保守派のプロテスタント諸教派のテレビ伝道は，1970年代に好視聴率を挙げ，多額の献金も集め，政治的に大きな影響を与える伝道師まで出現した。その後，現代ではインターネットの普及により，新たなツールを用いた方法も，それぞれの宗教組織において試みられている。

　人権を侵害し，社会秩序を破壊する組織カルトの所属者が，集会等の参加を他の人々へ呼びかけるとき，その所属を隠し，不安をあおって勧誘することが，昨今話題になっている。人権侵害的な布教は許されない。長年この問題を追究した櫻井義秀は，大学の対策不備なども指摘している。▷5 ITを駆使した展開と同時に，宗教組織の布教について，今後も注視したい。

（川又俊則）

▷3　三木英・櫻井義秀編，2012，『日本に生きる移民たちの宗教生活』ミネルヴァ書房；高橋典史，2014，『移民，宗教，故国』ハーベスト社。

▷4　前者は民間芸能化した。後者は，浄土真宗で節談説教として，七五調の節をつけて語る形で残っている。浄土真宗本願寺派には布教使という職位があり，全国の檀家や一般の人々に法話を語っている。

▷5　櫻井義秀・大畑昇編，2012，『大学のカルト対策』北海道大学出版会。

参考文献
渡邊太，2009，「入信過程モデル」櫻井義秀・三木英編『よくわかる宗教社会学』ミネルヴァ書房，pp.16-17。
渡辺雅子，2001，『ブラジルの日系新宗教の展開』東信堂。

I 理論

20 宗教組織

1 宗教者と信者，宗教法人

　教え・儀礼・施設・信者（および宗教者）が宗教の要素であることは，研究者たちにほぼ共有されているが，宗教組織にとっても不可欠の要素である。
　地縁や血縁など非宗教的な集団において，集団に関連する宗教を受け入れることは，古代社会でも未開社会でも見られた。日本でも「家」の永続を願う先祖祭祀などが営まれた。やがて，これに対し，個別の宗教を信仰する集団が展開する。信仰が個人内にとどまらず，宗教共同体となっていくのは，キリスト教のエクレシア，仏教のサンガに限らない。指導者（や教祖）と組織者，信者などその宗教集団内で役割体系ができ，組織化されたものを宗教組織と呼ぶ。
　現在の日本では，1951年に制定された宗教法人法が2006年改正された[1]。認証を受け，法人格を取得した宗教法人は18万超ある。各寺院や教会が1つの宗教法人となるケース（被包括団体）も，教派ごとに宗教法人となるケース（包括団体）もある。法人格を取得しない宗教団体も含め，最新の『宗教年鑑』（平成24年末現在）から，包括する団体の数が1000以上もしくは信者数100万人以上の包括団体名を集約したのが表 I-20-1 である。この統計は届出団体の自己申告に基づくため参考に過ぎないが，65年積み重ねてきた資料として，一定の宗教状況が示されている。日常生活で気づかないだけで，実際は数多くの神社（約8万5000社）・寺院（約7万7000ヶ寺）が，地域社会に存在していることを注意しておきたい。

2 欧米の類型論：チャーチ，セクト，デノミネーション，カルト

　欧米のキリスト教世界について，M. ウェーバー，E. トレルチらを嚆矢とし，B. ウィルソンらの宗教組織の類型論をごく簡単に紹介しよう[2]。中世ヨーロッパの宗教組織は，社会の支配層と結び付いた公認宗教ローマ・カトリック教会が全体を包摂し，地域に生まれたすべての人が加入するチャーチと呼ばれる。これに対し，カトリックへ反抗，異議を唱えて成立したプロテスタント諸教派は，自発的な集団であり，厳格な加入資格，万人祭司主義が原則で，平等主義的結社セクトと呼ばれる。さらに，特定の支配的な宗教集団がない政教分離のアメリカ社会では，セクトが変容し自発的に参加し他教派と共存するデノミネーションと呼ばれる組織が形成された。また，個人主義的に神秘を探求する

▷1　近現代日本の宗教法は，1939年に宗教団体法が，1945年に宗教法人令が施行され，その後，1951年に宗教法人法が施行された。

▷2　ウェーバー，M.，中村貞二訳，1988，「プロテスタンティズムの教派と資本主義の精神」『宗教・社会論集［新装版］』河出書房新社；トレルチ，E.，住谷一彦ほか訳，1981，『トレルチ著作集7巻』ヨルダン社；ウィルソン，B.，池田昭訳，1991，『宗教セクト』恒星社厚生閣。

▷3　森岡清美，1986，「宗教組織」宮家準ほか，『リーディングス社会学19 宗教』東京大学出版会，pp.164-175。

人々による緩やかな結合たるカルトもある。それぞれの組織は監督制・長老制・会衆制で統治されている。監督制はローマ・カトリック教会や聖公会などが代表的で，中央集権化された組織，階層制度による権威のもと統治される。長老制はルター派が代表的で，聖職者と一般信者双方がともに統治を行う。多くのプロテスタント諸教会は会衆制で，メンバーたる信者が聖職者を召還・免職する権限をもつ。

これら組織的集団を制度的宗教と呼ぶならば，現代では非制度的宗教にも注目すべきであろう。特定の集団への帰属意識が希薄化していることや，特定の集団に所属せず多様な宗教的文化資源を個人的に取捨選択する「信者」の存在は，「宗教の個人化」として注目されている。

表Ⅰ-20-1　代表的な宗教団体

系統	包括団体名	宗教団体数	信者数（万人）
神道・神社神道系	神社本庁	79,051	9,026
同・教派神道系	出雲大社教	211	126
同・同	金光教	1,530	43
仏教・天台系	天台宗	3,338	153
同・真言系	高野山真言宗	3,660	384
同・同	真言宗智山派	2,907	30
同・同	真言宗豊山派	2,650	136
同・浄土系	浄土宗	7,063	602
同・同	浄土真宗本願寺派	10,369	780
同・同	真宗大谷派	8,743	324
同・禅系	臨済宗妙心寺派	3,367	35
同・同	曹洞宗	14,571	156
同・日蓮系	日蓮宗	5,208	390
同・同	霊友会	2,887	139
同・同	佛所護念会教団	14	124
同・同	立正佼成会	622	311
キリスト教・旧教	カトリック中央協議会	1,783	44
同・新教	日本基督教団	1,715	12
諸教	天理教	33,428	121

出所：文化庁編『宗教年鑑（平成25年度版）』

3　日本の組織

第1次産業たる農林漁業に多くが従事していた時代，ムラには氏神を祀る神社があり，地域住民は氏子としてそれを守り，四季折々に祭りを行ってきた。明治維新以降に国家神道化が進むも，第2次世界大戦後，国家神道が解体され，地域社会の神社は個別に維持され，現在では，多数の神社を1人の神職が兼務するケースもある。6世紀に渡日した後の仏教は，国家鎮護の存在として政治体制との結びつきが強かった。鎌倉時代に起きた宗派は武士・農民等へ浸透した。やがて，江戸時代に寺檀制度が定着し，現在まで葬祭の中心的存在となった。

このような歴史をもつ日本でキリスト教はマイノリティに過ぎず，欧米の類型で組織を説明しにくい。日本型宗教組織の適切な説明として，「いえモデル」「おやこモデル」「なかま−官僚制連結モデル」は，多くの研究者が用いている[3]。仏教教団の本山と末寺の関係が「家」の関係に相応していることに着目した概念が「いえモデル」である。布教者と受容者の関係「導きの親子」に基づくタテのつながりを強調するのが「おやこモデル」，宗教組織が巨大化し，組織の合理化が求められ，地区ごとのまとまりと官僚制で統括された組織が「なかま−官僚制連結モデル」である[4]。

インターネットの津々浦々までの普及や，組織へ所属せず非制度的宗教に接点をもつ人々がいる現在，どのような組織（あるいは非組織）が，今後展開するのか注目される。

（川又俊則）

▶4　現代日本である程度の信者を集めている新宗教教団の展開を見ると，教団の初期段階はタテのつながり「おやこモデル」中心だったのが，その後，ヨコのつながりの「なかま−官僚制連結モデル」を採用しながら拡大していることは指摘しておきたい。

参考文献

ニーバー，H. R.，柴田史子訳，1984，『アメリカ型キリスト教の社会的起源』ヨルダン社。

Stark, R. and Bainbridge, W. S., 1985, *The Future of Religion*. University of California Press.

マクガイア，M.，山中弘ほか訳，2008，『宗教社会学』明石書店。

I 理論

 祖先崇拝

1 祖先崇拝とはなにか

　祖先崇拝は主に文化人類学で用いられる用語であり，歴史学や民俗学では先祖祭祀と言われることもある。祖先に感謝し供物を供えて祈願すれば，祖先は超自然的な力によって子孫に加護を与えるという観念は世界各地にあった。とりわけ東アジアやアフリカでは祖先崇拝の儀礼が根強く残っている。ただし，中国・韓国では祖先崇拝を儒教の祭式で行うのに対して，日本では仏教が追善供養ということで先祖祭祀と習合した。

　日本の仏教では死後四九日の法要を済ませるまでの間，死者があの世に旅立つ準備をなすと考える（中有ないしは中陰）。その後，遺族が墓参や年忌法要（百ヶ日，一周忌，三回忌から，七，一三，一七，二三，二五，二七，三三回忌，五〇回遠忌〜）を通して功徳を死者に送る（回向）。三三回忌を弔いあげとする地域が多く，死者の霊が祖霊として里山に帰り，田の神となったり盆正月に来訪する神となったりすると民俗学では考えられている。鎌倉新仏教の祖師には近年七五〇回大遠忌が執り行われた。

　死霊の依り代である位牌は元来が儒教の霊牌（神主）であり，回忌の数え方には道教の考えも入っている。要するに，日本の先祖祭祀には中国の儒仏道の祭式や神仏習合的な観念が入り交じっているのだが，なぜ私たちの先祖はこのような複雑な宗教儀礼を作りあげ，今日まで継承してきたのだろうか。

2 祖先崇拝と親族構造

　祖先崇拝の社会人類学的研究は，祖先崇拝と家父長制の関係を明らかにしてきた。家父長制とは，家族成員への統制権（家長の地位）と家産が父から子へと世襲される家族の仕組みを指す歴史学や社会人類学の言葉であり，日本の家（イエ）制度も家父長制のひとつである。

　アフリカのタレンシ族における祖先崇拝を研究した M. フォーテスによると，至高の「孝」としての祖先崇拝は両世代の潜在的な対立を宥和する。父と息子は本質的に互恵関係にあるが，父の死によってしか子が家長の地位を得られないという緊張関係は，子が常に父への尊崇の念を現すことで緩和される。祖先崇拝とは，このような世代間関係が宗教的世界に儀礼化されたものである。

　先祖祭祀の権利を保持することで家長としての地位が共同体に確認されるこ

▷1　柳田国男，1969，「先祖の話」『定本柳田国男集第10巻』筑摩書房。

▷2　フォーテス，M.，田中真砂子編訳，1980，『祖先崇拝の論理』ぺりかん社。

とは確かである。しかし，日本の家制度や先祖祭祀にもアフリカの祖先崇拝と同じことが言えるかどうかは，父権の特徴（家の継承予定者にエディプスコンプレックスがあるかどうか）や家父長制の特徴（中韓のように血縁重視か，日本のように非血族からの養子を可能と考える能力重視か）を併せて考えなければいけない。

また，日本の先祖祭祀は明治期に制度として確立されたことにも注意が必要である。明治31年に成立した民法では，江戸時代の武士階級の家族をモデルに家制度を作り，戸主に家族成員統制の権限と家督として前戸主の財産をすべて継承できる権利を与えた。このような家父長制下において，先祖祭祀が権利や能力と一体化された。だからこそその家墓（家族成員がみなおさまる○○家の墓）が発達した。

3 先祖になれない時代

日本における祖先崇拝の研究では，祖先崇拝を家や同族という社会構造との関係で考察した。しかし，現在では農林漁業の第1次産業や家人だけで経営する工場や商店が減り，都市の核家族や単身世帯が増加している。都市部でも地方でも家の跡継ぎを想定できる家庭はよほどの名家・旧家や伝統芸を継承する一部の家庭しかないだろう。祖先崇拝も現代家族の変化に合わせてその機能を変えつつ存続し，1970年代から80年代には祖先崇拝の変容が論じられた。

R. J. スミスが先祖として祀られている仏壇の位牌に注目し，農村部と都市部，世帯主の世代ごとに位牌の属性を調べ，「祖先崇拝」(worship)から「供養主義」(memorialism)」へという祖先崇拝変化の仮説を提起している。

また，孝本貢は，位牌以外に都市家族において誰が墓をつくり供養するのかを調べることで，規範的な継承（跡取り，長男等）から親族の都合や状況に応じた継承（次男や兄弟の共同管理等）に変わってきていると述べた。

現在は位牌や墓で死者を供養することさえしない人が出てきており，遺灰や遺骨の一部を粉砕して故人のゆかりの地や海・山にまく散骨，墓の代わりに墓所に木を植える自然葬，遺骨を墓や納骨堂に納めずに自宅に置く手元供養といった新しい葬祭の形態が出現している。死者を祀る行為は家族・親族の紐帯を宗教儀礼で確認する行為だったが，現在は自分にとって親密な他者を追慕・確認する行為へと変容している。葬儀でも町内会・隣組，職場関係者にあえて知らせず，家族葬（近親者のみの密葬）や直葬（火葬だけで葬儀をしない）を希望する人々が増えている。しかも，葬儀の大半は葬祭業社のホールで行われる。

日本の寺院仏教は「葬式仏教」（葬儀・法要に経済基盤を有していた）と呼ばれてきたが，今後この数十年で大きな転換期を迎えるのではないか。

（櫻井義秀）

▷3 スミス，R. J. 前山隆訳，1983，『現代日本の祖先崇拝』御茶の水書房。わかったことは，没年が近年の人ほど，都市部や核家族世帯ほど，傍系親族の位牌が多いということだった。傍系親族というのは自分の兄弟姉妹，オジオバ，甥姪のことであり，直系親族の祖父母，父母，子，孫のラインから外れた親族を指す。家系の意識が強い家では，位牌は直系親族に限り，本来外で家を構えられたはずの傍系親族の位牌を故あってあずからなければいけない場合（未婚・離婚その他の理由で祀り手がない），仏壇に入れるか，寺院の永代供養に出すかを判断したものだという。ところが，近年では自分にとって近しい親族であれば，場合によっては他人であってもその人の位牌を仏壇に入れている家が見られたという。

▷4 孝本貢，2001，『現代日本における先祖祭祀』御茶の水書房。

▷5 井上治代，2003，『墓と家族の変容』岩波書店。

参考文献
竹田聴洲，1961，『祖先崇拝』平楽寺書店。
前田卓，1965，『祖先崇拝の研究』青山書院。
櫻井義秀，2010，『死者の結婚——祖先崇拝とシャーマニズム』北海道大学出版会。

I 理論

 自然崇拝

1 自然崇拝とはなにか

　自然物，あるいは自然現象への尊敬や畏敬の念からくる信仰を自然崇拝という。太陽，月，大地，海，山川草木から，雨や雷，風，さらには人間以外の動物に霊的な力を認め，人間になんらかの影響を及ぼすとする観念は，広く世界中に認められる。人類の宗教的観念の最も古い姿は，こうした自然への崇拝であったとも言われている。

2 日本の自然崇拝

　日本の神道は，自然宗教であるといわれ，古来太陽の神や山の神を祀り，岩などに神が宿るとしてきた。いまでは，神は神社の本殿に坐すとするところが多いが，古くは建築物もなく，神は祭りのときだけにやってくるものと考えられていた。やってきた神は，大きな岩や山，巨木や青々とした常緑樹を**依代**[1]として宿る。その神が宿る山を神奈備，神体山と呼び，岩を磐座，磐境，木を神籬という。そして祭りのときには，臨時でこれらの依代の周囲や上部に祭場を設けていた。こうした祭祀が繰り返されていく中で，依代そのものが常に神聖視されるようになり，また祭場の建物は常設になっていった。これが現在の神社へとつながっていく。[2]

3 自然崇拝をめぐる視座

　宗教学の祖とされる M. ミュラーは，古代インドの「リグ・ヴェーダ」にインド・ヨーロッパ語族の古い言語，宗教，神話が残されていると想定し，研究した。「リグ・ヴェーダ」には，雷の神インドラや暁の神ウシャス，風の神ルドラなど自然現象を神格化した神が多く登場することなどから，ミュラーは神や神話は自然現象を表す言葉が誤解されていく中で生まれたとした。つまり自然崇拝を宗教や神話の起源としたのである。

　聖書では，自然は神が創造したものとされるため，特にキリスト教社会において神の被造物である自然を崇拝対象とすることには後進的な文化というイメージがあった。そのこととも関わり，自然崇拝については，特に未開社会の観察のなかで研究がなされ，そこからいくつかの重要な研究視点が提示されている。アニミズム論はそのひとつである。アニミズムとは，太陽や天，山や川，

▷1　依代
依代とは，祭祀のときに神が宿る物，あるいは場をいう。山や木，岩などのほか，御幣や幟なども依代となる。人間が依代となる場合は「よりまし」という。

▷2　例えば奈良県の大神神社はいまでも，三輪山を神体山とし，本殿はなく山を神として拝む。山中には磐座の祭祀遺跡などもあり，古代の神祭りの姿をいまに伝えている。

鳥など生物か無生物かを問わず人間をとりまく自然界のあらゆるものに霊魂が宿るとする考えで，ラテン語で「霊魂」や「気息」を意味する「アニマ」に由来する。太陽神，山の神，海の神，木の神，風の神などを信仰対象としてきた日本の自然崇拝は，アニミズムと特徴付けられることが多い。

メラネシアでは，神，人間，祖霊や川，石，武器など，自然界のものや人工物など，さまざまなものに含まれている超自然的な力を「マナ」と呼んだ。このマナは移動するとされ，人は自然や物からマナを得て，狩猟などの生活に生かすことができるとされる。こうしたマナの呪力への信仰をマナイズムという。パワースポットと称されるところへ行き，力を得ようとする行為は，マナイズムということもできるだろう。

物そのものがもつ呪力への信仰を呪物崇拝（フェティシズム）というが，その物には，人工物だけではなく，樹木や石，太陽，月といった自然物も含まれる。もともとは西アフリカで人々が木，山，石，象，羊といったものを神としていることが注目されたが，古代エジプトでも猫や鷹，犬，植物などが崇拝されたことと比較され，広く観察される観念であるとされた。

太陽や月，雨，または動植物など，自然界のある特定の種が，自分たちの集団と特別な関係にあるとする信仰もある。その種をトーテム（totem）と呼び，その信仰，また信仰に基づく制度をトーテミズムという。例えば，東南アラスカのトリンギット族は，大鴉とオオカミ（もしくは鷲）というふたつのトーテム集団によって構成されている。トーテム動植物と自分たちとの関係を語る神話や儀礼をもつ集団も少なくない。デュルケムは，トーテムを社会との関係を認識するために必要とする表象であるとし，儀礼は，トーテムそのものへの崇拝ではなく，表象している社会に向けられているのだと論じた。

これらの自然崇拝に関わる議論は，宗教の起源にかかわる問題として，特に宗教学の草創期に盛んに論じられた。進化論的な視座から自然崇拝に注目し，人類の宗教の起源を問うという研究は下火といえる。しかしそれは決着した問題であることを意味するわけではない。進化心理学，進化生物学の近年のめざましい展開を踏まえつつ，人が自然をどう理解し，崇拝といえるようなものを抱いてきたのかについて，あらためて考える時期に来ているのではないだろうか。

さらにアニミズムやマナという言葉は，日本宗教の特徴をあらわすものとして使われ，またスピリチュアルブーム，パワースポットブームのなかで目にすることも多い。これらの言葉がどのような研究のなかから，なにを論じるために使用されたのかも確認しておくことが必要だろう。

（平藤喜久子）

図Ⅰ-22-1　日光東照宮の杉の木

撮影：平藤喜久子

▷3　タイラー，E. B.，比屋根安定訳，1962，『原始文化』誠信書房。

▷4　マレット，R. R.，竹中信常訳，1964，『宗教と呪術——比較宗教学入門』誠信書房。

▷5　ド・ブロス，C.，杉本隆司訳，2008，『フェティシュ諸神の崇拝』法政大学出版局。

▷6　トーテム（totem）とは，北米のオジブワ族で，「彼はわたしの一族のものである」という意味で使われる「ototeman」という語に由来する。

▷7　デュルケム，É.，古野清人訳，1975，『宗教生活の原初形態』（上・下）岩波書店。

I 理論

23 シャーマニズム

1 シャーマニズムとはなにか

　シャーマン（shaman）とは北東アジアのツングース族にいるサマン（saman）という役割を担う人を起源とする説が有力である。シャーマンは，超自然的な神霊，精霊，死者の魂などと交渉できるとされる。シャーマニズムは宗教職能者とその依頼者・信者，世界観や儀礼からなる宗教現象を広くとらえた概念であり，先史時代から現代まで世界各地で広がっている宗教現象と考えられる。

　シャーマンは独自の祭式・儀礼によって変性意識状態（trance）に入り，没我的状態で諸霊と交流し，時に霊の人格と自分の人格を入れ替えることもあるとされる。前者は，自分の霊魂が身体を脱して天上界や地上界に飛翔し，そこにいる霊たちと直接交わるやり方であり，脱魂（ecstasy）型と言われ，北東アジアに多い。後者は自分の身体に霊たちを招き入れて交流するやり方であり，憑霊（possession）型と言われる。[1]佐々木宏幹によれば，この憑依のあり方も，霊と自我が入れ替わる憑入（霊が語ったことを覚えていない）型，憑霊した神霊と交わりながら語る憑着（語りは記憶している）型，神霊のイメージを追いながら自ら語る憑感（自覚的で統御も可能）型に分かれるという。[2]

　いずれにせよ，シャーマンは神霊の言葉を語り（託宣），未来を予見し（予言やト占），災禍の原因（祟りや障り，邪視など）を取り除く治病を行う。このようなシャーマン的要素は，歴史宗教の創始者や現代の新宗教指導者にも見られるが，制度化され組織化された宗教団体においては否定的に見られることが多い。つまり，誰もが自由に神霊と交流し，予見や治病をなすことが可能であれば，教団宗教の教義・組織階梯・権力構造などが無意味化されるからである。

2 東アジアと日本のシャーマン

　東アジアでは，韓国にムーダン（巫堂）と呼ばれる女性のシャーマンがおり，クッという儀礼において死者の口寄せや祈願を行う。台湾や東南アジアの華人社会ではタンキー（童乩）と呼ばれる男性の巫者が儒仏道の神霊を憑依させ，託宣や治病を行う。

　日本のシャーマンは東北地方と南西諸島に顕著であり，死霊を憑依させ口寄せを行うイタコ（青森・津軽地方），ミコ（岩手）・ワカ（宮城），オナカマ（山形）が知られている。初潮前の盲目の少女がシャーマンの師匠に弟子入りし，祓い

▶1　エリアーデ, M., 堀一郎訳, 1974, 『シャーマニズム——古代的エクスタシー技術』冬樹社。

▶2　佐々木宏幹, 1989, 『聖と呪力』青弓社。

や祭文を習った後，カミツケ（成巫式で守護神霊を憑ける）に成功すると稼業を始める例もある。新潟や北陸には瞽女（ごぜ）と呼ばれる三味線で弾き唄い門付巡業する稼業もあったが，現在，どちらも視覚障がい者の職業ではなく，盲目のシャーマンは高齢化が著しい。他方，カミサン（女性）・ゴミソ（男性もいる）と呼ばれる青森・津軽地方の健常者のシャーマンは，神霊や死霊の語りと自身の宗教的見解を交えて顧客に解説し，沖縄のユタ（女性）に近い。

　ユタは中年期の精神・身体の異常な状態をカミダーリの体験ととらえ，沖縄の宗教文化や家族観で自己を再構築することに成功した女性である。御願（ウガン）に通じたモノシリと認知されるようになれば顧客がつく。東北地方や沖縄では民俗文化がシャーマニズムの土壌であるが，日本の他地域では「拝み屋さん」として神霊と交感している宗教職能者もいる。

　こうしたシャーマンのなかで民俗宗教の枠に留まらず，自身で既成宗教を学んで独自の教説を説き，儀礼を考案して顧客を信徒集団にまとめ上げていく者もいる。修験道の行者や木曽御嶽講の御座立てを行う職能者，あるいは祈祷・祈願や占い・霊断を行う既成仏教の僧侶たちも，教義・儀礼・教団の枠の範囲でシャーマン的働きをしていると考えられる。そして，この枠を独自に作りあげるようになれば，新宗教としての教団化が始まる。新宗教では，教祖がシャーマン的素質をもち，独自の神観念と神霊との交感，祖霊や死霊と対話しながら，独自の災因論や世界観を構築し，不幸せからの救済を説いた例が多い。

③ シャーマニズムの今後

　シャーマニズムは伝統的なシャーマンのなり手がいないと考えれば絶滅寸前かもしれない。しかし，既成宗教や新宗教では霊能が依然として重要な位置づけをもつ。顧客を取って生業とする伝統的シャーマンから組織宗教内部へのシャーマン的効能の取り込みという流れは宗教の近現代化・脱魔術化であったかもしれない。しかし，現代では，教団宗教は嫌いだが宗教は好きだ（believing without belonging）という人々が西欧社会を中心に先進国で増えており，個人の霊性に着目するスピリチュアリティ・ブームも生じている。その場限りで霊能に対価を払い享受できるシャーマン・クライアントの関係は，現代人の需要に合致していると言えなくもない。ニューエイジやスピリチュアリズムという装いでシャーマン的働きを行う宗教職能者は逆に増えている

　塩月によれば，ユタの土着性や神霊カウンセリングに魅惑される一般の人たちが交流するネットのサイトもあり，ユタとアイヌ民族，精神世界の人々とのカミダーリ・ネットワークは拡大の動きがあるとされる。東北のカミサマにもメディアに登場して透視という霊能を披露するものが現れ，シャーマニズム的世界の現代化が，観光ブームやネットユーザーたちの手を借りて進んでいるのである。霊能が人々を魅了する時代は終わりそうにない。

（櫻井義秀）

▷3　櫻井徳太郎，1974-1977，『日本のシャーマニズム』（上・下）吉川弘文館。

▷4　塩月亮子，2012，『沖縄シャーマニズムの近代——聖なる狂気のゆくえ』森話社。

▷5　ひとつ懸念されるのは，テレビ霊能者と小池が呼ぶ霊能エンターテイナーである。元来がサブカルチャー的存在だった霊能師をテレビ局が担ぎ出し，視聴率を稼いだ。その結果「守護霊」「前世」「因縁・業」といった言葉が茶の間に日常化され，特定教団が勧誘や商品販売にテレビ番組を活用し始めた。2007年に全国霊感商法対策弁護士連絡会は「占師や霊能師が未来やオーラを断定的に述べ，出演者がそれを頭から信じて感激する番組」を是正するよう放送倫理・番組向上機構に申し入れた。小池靖，2007，『テレビ霊能者を斬る——メディアとスピリチュアルの蜜月』ソフトバンククリエイティブ。

参考文献

竹田旦，1990，『祖霊祭祀と死霊結婚——日韓比較民俗学の試み』人文書院。

飯田剛史，2002，『在日コリアンの宗教と祭り』世界思想社。

櫻井義秀，2010，『死者の結婚——祖先崇拝とシャーマニズム』北海道大学出版会。

Ⅱ 世界の諸宗教

  古代宗教(1)
古代オリエント

1 古代メソポタミアの宗教

古代メソポタミアの宗教は，いわゆる自然宗教であり，多くの神を崇拝する多神教と特徴づけられる。地政学的に異民族が侵入しやすいメソポタミア地域では，宗教を取り巻く環境も常に変化した。

紀元前3000年から2500年の間，メソポタミア南部に都市国家を建設したシュメール人（民族系統不明）の思想は，豊穣を象徴するイナンナやドゥムジ，地下の水を司るエンキ，大気を支配するエンリルなど，地上世界を取り巻く神世界に特徴づけられる。また，母神が多く存在するのは，シュメールが農耕社会であったことを反映するとも考えられている。これに対し，紀元前3000年紀後半に成立したセム系のアッカド人国家においては，太陽神シャマシュ，月神シン，嵐神アダド，金星を象徴するイシュタルなど，天界を司る神々が神話世界を主に形成した。紀元前2000年紀のバビロニアでは太陽神マルドゥクが，紀元前1000年すぎに広大な領土を有したアッシリアでは大気神アッシュルが，国家神として崇拝された。

王朝交代や近隣国家の影響を受けたメソポタミアの宗教世界を特徴づけるのは，宗教混交と統合である。性質が類似する異なる神々の同一視はその一例である。例えば，イシュタルはイナンナの属性を継承した上，戦いの女神として崇拝されるようになった。また，これとは逆に，ある特定の神の多様な性格が，都市ごとに異なった形で崇拝されることもあった。複雑な変遷をたどったメソポタミアの神話世界には多くの物語が存在したが，旧約聖書につながる系譜の源泉と考えられるものは少なくない。特に，洪水伝説を記録するギルガメシュ叙事詩は著名である。

メソポタミアで最も重要な祭礼は，第一月に収穫を祝う新年祭であった。なかでも，バビロンで行われたマルドゥクの祭礼は一部ではあるが，詳しい式次第が知られている。このとき，神と神が結ばれる聖婚儀礼が行われたことが推測されている。

呪術も広範に行われ，呪文，祈願，除災，治癒，代替儀礼などに認められる。儀礼と呪術は不可分であり，先に触れたマルドゥクの新年祭でも言及が随所に見られる。また，民衆レベルで，除災などを目的とした卜占文書も知られている。

▷1 有史以前から存在する信仰体系であり，創始者をもたない宗教。

▷2 伝説的な王であり，半神のギルガメシュが経験する，友情，冒険譚。

2 古代エジプトの宗教

　古代エジプトの宗教も，メソポタミアと同様，自然宗教であり，多神教と特徴づけられ，紀元前3000年すぎから実に3000年にわたって，王権と密接に結びついて持続した[3]。この間，信仰体系は変容を続けたが，ナイル渓谷沿いの閉鎖地域に存在したエジプトでは，伝統宗教がまったく異質な信仰体系によって置き換えられることがほとんどなかった。

　エジプト神話と教義を体系的に理解することは，困難である。自然界に存在するあらゆるものが信仰対象となり，それぞれの地方では異なった神が信仰された。そして，国土が統一される過程で，地方の信仰は吸収，統合された。その結果，できあがったのが，主にヘリオポリス（主神：ラー），メンフィス（主神：プタハ），テーベ（主神：アメン）で成立した3つの神話体系である。これに地方の有力神が加わったのが，エジプトの神話世界である。

　初期の王は隼神ホルスの化身と考えられたが，古王国時代（紀元前2600年頃～）後半から太陽神ラーが信仰を集めたように，エジプトの主神の系譜は変遷した。新王国時代（紀元前1550年頃～）にはアメンが絶大な権勢を誇り，事実上の国家神となった。アメンは個性をもたない神であったが，ラーと習合したアメン・ラーとして信仰された。途中，第18王朝のアクエンアテン王が断行した宗教改革によって，アテンを崇拝した一神教が登場したが，いずれの神も太陽の一位格として見做すことができる。

　エジプト宗教に通底するのは，ホルスが父オシリスの仇敵であるセトを追放して，エジプトの支配者として返り咲く物語である。オシリスは，混沌と無秩序を象徴するセトによって身体を切り刻まれて殺された。その後，妻であるイシスの努力によって蘇ったが，支配者の座を息子のホルスに譲って，自身は冥界の神になったのである。これが，エジプトの死生観を特徴づけた。例えば，王の交代は，オシリスの死とホルスの継承に比定された。また，すべての死者はオシリスとなり，太陽が沈む西方に下ると考えられた。

　神や時間もこの死生観と無縁ではない。神は衰えた力を常に更新することを要した。これを実現したのが，死と生を儀礼化した祭礼である。年や季節の変わり目のみならず，月，週，日毎に儀礼は行われ，理論的には，あらゆる瞬間が「再生」の概念を内包した。特に，太陽の運行に加え，シリウスの発現（新年祭）やナイル川の増減（コイアク祭）などの顕著な自然現象は，再生の象徴としてオシリス神話を可視化し，全土で祝われた。

　メソポタミアと同様に，呪術信仰も盛んであった。また，複数の巡礼地が知られており，民衆による奉納物や落書きが数多く発見されている。

（深谷雅嗣）

図Ⅱ-1-1　オシリス

撮影：平藤喜久子

▷3　マケドニア系のプトレマイオス朝やローマ帝国に支配された時代でも，支配者はエジプト古来の宗教様式を踏襲した。

参考文献

古代オリエント学会編，2004，『古代オリエント事典』岩波書店。

チェルニー，J.，吉成薫，吉成美登里訳，1988，『エジプトの神々』六興出版。

Ⅱ 世界の諸宗教

古代宗教(2)
ギリシア・ローマ

一般的に，古代ギリシア・ローマの宗教は聖典や教義をもたず，また特定の開祖や教祖に帰されることもない。多神教を特色とし，儀礼を中心とする宗教であった。儀礼のなかでも中心をなすのは動物犠牲である。ここではローマの事例を紹介しよう。まず羊や豚などの犠牲獣が祭列によって神殿前の祭壇に運ばれる。祭司はトガ（ローマ市民の正装）で頭を覆い，祈禱文を唱え，ワインや香を祭壇に供える。祭司が塩をまぜた粗びき麦とワインを犠牲獣にふりかけると，奴隷身分の助手が犠牲獣を屠殺する。臓占師が犠牲獣の内蔵を調べ，異常がないことを確認すると，犠牲獣は解体され，獣肉の一部は神に捧げられ，残りは参列者に供された。

このように，ギリシア人・ローマ人は神々に祈りを捧げ，供犠を行うことによって，神々との友好的な関係を維持しただけでなく，自分たちの共同体の再生産も行った。したがって，古代ギリシア・ローマの宗教は社会ないし共同体と密接に結びついており，公的な祭儀であれば公職者が，家族の祭儀であれば家長が祭司の役を担った。なお，神話に関していえば，ローマ人はギリシアの神々を受容してローマの神々との同一化を行い，ギリシア神話を借用したため，ギリシアとローマの神話には共通性がみられる。

1 古代ギリシアの宗教

ギリシアの神々の多くは，クレタ文明（紀元前20～同15世紀）やミケーネ文明（紀元前16～同12世紀）に起源をもつ。紀元前8世紀にはギリシア各地に多数のポリス（都市国家／市民共同体）が成立したが，ギリシア人の神々や儀礼には共通性がみられた。ゼウスを頂点とするオリュンポス12神など，ギリシア人が共有していた神の観念は，ホメロスやヘシオドスの作品に示されている。ギリシアでは，各ポリスの神殿や聖地のほかに，オリュンピアやデルフォイなどの汎ギリシア的な聖域も存在し，そこで競技会などの祭典が催された。また，各ポリスの祭日には国家祭儀が行われたほか，個人の宗教的な欲求から**密儀**もさかんに行われ，その秘密性やそこで得られる高揚感から多くの参加者を集めた。

ヘレニズム時代（紀元前4～同1世紀）には，ギリシアの宗教も変容をこうむった。テュケ（運）などの抽象的な概念が擬人化されて崇拝されるようになったほか，エジプトのイシス信仰やアナトリア（小アジア）のキュベレ（大地母神）信仰がギリシアにも伝播した。また，アレクサンドロス大王以降，ヘレ

▶1 古代ギリシア・ローマの宗教に関する古典的な研究としては，クーランジュ，F. d.，田辺貞之助訳，1956（新装復刊1995），『古代都市』白水社がある。

▶2 古代ギリシアの宗教に関する参考文献としては以下。ケレーニイ，K.，髙橋英夫訳，1972，『神話と古代宗教』新潮社；ニルソン，M. P.，小山宙丸・丸野稔・兼利琢也訳，1992，『ギリシア宗教史』創文社。

▶3 **密儀**
秘儀とも呼ばれ，信徒以外には秘密にされている儀礼の執行を特徴とする宗教をいう。古代ギリシア・ローマでは，このような宗教が流行した。代表的な密儀として，古代ギリシアのエレウシスの密儀や，ローマ帝国で流行したペルシア起源のミトラス教などがある。

ニズム諸王国では君主礼拝が行われるようになったが，これはローマ帝国の皇帝礼拝に影響を与えた。

2　古代ローマの宗教

ローマは紀元前8世紀半ばに王政の都市国家として成立し，紀元前6世紀末に共和政に移行したと伝えられている。その初期の宗教には不明な点が多いが，第2代の王ヌマ・ポンピリウスが神官職の創設や暦の改正などを行い，宗教上の諸制度を確立したとされる。史料から明らかになるのは，主に紀元前3世紀以降の宗教である。共和政期のローマでは，「最善にして最大」という添え名を与えられたユピテルが国家の最高守護神とされ，ユノ（女性と結婚を守護する女神）およびミネルウァ（技芸の女神）とともにカピトリウム丘の神殿に祀られた。ユピテルに捧げられた国家的行事としては，大規模な戦争で勝利した将軍にのみ認められた「凱旋式」や，毎年9月に催された「ローマ人の競技」（戦車競争および演劇）がある。また，ローマは地中海一帯に勢力を拡大したが，これに伴いバッコス（ディオニュソス）信仰などがイタリアに流入した。

他方，ローマ人は各家庭の祭壇やかまどで守護神を祀った。のみならず，ローマ人は祖先崇拝も行った。故人の命日や誕生日には墓前で供犠が捧げられたほか，パレンタリア祭（祖先の慰霊祭）やレムリア祭（死霊祭）といった祭儀も行われた。こうした祖先崇拝は，市民共同体の最も基本的な構成単位である家族を存続させる上で重要な役割を果たした。なお，地位の高い家では祖先の「肖像」が制作されて屋敷の玄関広間に飾られたが，これはその一族の栄誉のアピールという側面が強い。

紀元前1世紀後半に帝政が成立すると，ローマ帝国では皇帝礼拝が行われた。皇帝は死後に元老院決議により神格化され，ローマ市民の間で礼拝された。また，存命中の皇帝のゲニウス（守り神）やヌメン（神性）も礼拝された。属州では，存命中の皇帝自身が礼拝されることもあった。各都市ではアウグスタレスという皇帝礼拝組織がつくられたほか，属州では各都市の有力者からなる属州会議で皇帝礼拝が行われた。

3　ローマ帝国とキリスト教

キリスト教はローマ帝国支配下のパレスティナで成立し，帝国内で信者を獲得していった。従来は，ローマ帝国が3世紀に政治的・軍事的・経済的な「危機」に陥ったため，その混乱のなかでキリスト教の信者が増加したのだと説明されてきた。しかし近年の歴史学研究では，3世紀のローマ帝国の状況は必ずしも危機的とはいえないとの指摘もある。他方，P. ブラウンは，自身が提唱した「古代末期」論において，ローマ帝国でキリスト教が受容された背景として，2世紀末以降の住民の「心性」の変化にも注目している。　　　　（飯坂晃治）

▶4　古代ローマの宗教に関する参考文献としては以下。キュモン, F., 小川英雄訳, 1996,『古代ローマの来世観』平凡社；小川英雄, 2003,『ローマ帝国の神々——光はオリエントより』中央公論新社；ホプキンズ, K., 小堀馨子・中西恭子・本村凌二訳, 2003,『神々にあふれる世界』岩波書店。

▶5　「古代末期」論
ピーター・ブラウンは, 300年頃から7～8世紀までを, 古代とも中世とも異なる「古代末期」と名づけ,「古典古代」が長い時間をかけて本質的な変容を遂げ, 終息してゆく時代だと主張している。ブラウン, P., 足立広明訳, 2006,『古代末期の形成』慶應義塾大学出版会などを参照。

Ⅱ 世界の諸宗教

3 古代宗教(3)
ゾロアスター教・マニ教

▷1 「老いた駱駝」の意。「黄金の駱駝」「黄金の光」の意とも。ギリシア・ローマではゾーロアストレース（希ζωροάστρης／羅 Zōroastrēs）と呼ばれ、これが英語でゾロアスター（英 Zoroaster）となった。

▷2 紀元前1500～同1200年頃、紀元前1000～同900年頃、紀元前600年頃の概ね3つの説に分けられ、近年では前二者が有力とされている。

▷3 伝承では、すでにアケメネス朝時代に羊皮紙に書かれた『アヴェスター』が存在したが、アレクサンダー大王の東征に伴い散逸したためにその残簡を集めて「広本アヴェスター」が編まれたとされる。歴史的に疑わしいこの伝承は、「広本アヴェスター」を権威づけるための物語であると考えられている。

▷4 「ヤスナ」「ヤシュト」「ウィデーウ・ダート」「ウィスプ・ラト」「ホルダ・アヴェスター（小アヴェスター）」「逸文残簡」の6部から成る。また本文と注釈に分かれ、注釈部は「ザンド」と称される。

▷5 4つの時代は各々3000年のサイクルから成り、1万2000年で完遂する創造の歴史を構成している。

▷6 スプンタ・マンユとアンラ・マンユは双子の霊とされるが、ササン朝期の

1 ゾロアスター教

ゾロアスター教（祆教、拝火教）は世界最古の啓示宗教のひとつであり、その名称は開祖ザラスシュトラ（Zarathushtra）に由来する。ザラスシュトラの生年については諸説あり、それゆえゾロアスター教の起源をいつとすべきかについて学者たちの見解は一致していないが、アケメネス朝の成立（紀元前550年）時点でゾロアスター教がペルシアの地に広く普及していたことは確かである。

古代ペルシアの多神教的宗教伝統の中で育ったザラスシュトラ・スピターマは、30歳で啓示を受け、アフラ・マズダーこそが崇拝に値する唯一の神であると説いた。伝承によれば77歳の時に神殿内で暗殺されたとされる。

ザラスシュトラの死後その教説は口誦によって伝えられ、さらに彼の後継者たちによって展開された。これらの教えはササン朝の時代になって21巻から成る書物『アヴェスター』（「21巻本」や「広本アヴェスター」と呼ばれる）としてまとめられたが、イスラーム教徒のペルシア侵攻と王朝の滅亡に伴い同書は失われ、現在の『アヴェスター』は原典の約4分の1に過ぎないとされる。

ゾロアスター教の最大の特徴としてしばしば二元論が挙げられるが、これは創造主アフラ・マズダーの唯一性と全能性から導かれたものである。全能なる神の下になぜ悪が存在するのか。ゾロアスター教はその理由を、独自の歴史観を以て次のように答える。

アフラ・マズダーは霊的な世界を創造し、すべてのものの守護霊、すなわちフラワシが創られた（霊的創造の時代）。さらにフラワシが肉体をもつことを望んだため、物質的な世界が創られる（物質的創造の時代）。しかし物質的な世界の創造は悪霊アンラ・マンユの登場をもたらした。アンラ・マンユは善なる世界への侵入を試み、成功する。その結果、世界は善と悪とが混交した状態に陥り、善霊悪霊の闘争の場となったのである（混交の時代）。しかしアフラ・マズダーの全能性は、この戦いが最終的に善の勝利に終わることを予告している。混交した善と悪は分離され、やがて最後の審判が来る（分離の時代）。この終末において世界は浄化され、すべての被造物は完全な状態で再生するのであり、創造の業はここに完成されるのである。ゾロアスター教のこの終末観は、ユダヤ教やキリスト教の終末論にも影響を与えたとされる。

われわれの生きる歴史は、終末における世界の完成にいたるまでの創造の過

52

程に他ならない。われわれ人間は善く，あるいは悪しく生きることによってこの創造の業に参与する。アフラ・マズダーが，善霊スプンタ・マンユにフラワシを導き，悪を打ち倒すよう命じた以上，人間には「アシャ」すなわち「正義」の道に生きることで悪との戦いに加わることが求められているのである。

したがってゾロアスター教では，善思，善語，善行から成る三善の行為が美徳とされ，高い倫理性をその特徴とする。信者は日に5回の祈りを務めとし，独自の暦に基づき祭礼を行う。祭日には聖火を祭る火の神殿に集う。

また鳥葬を行うことでも知られ，今日もなおその伝統が続いているが，一方で次第に土葬や火葬を行うケースも増えてきている。

ペルシアがイスラームの統治下に置かれると，ゾロアスター教徒は時に迫害を受けた。そのため10世紀に一群のゾロアスター教徒がインドへ移住する。彼らは「パールシー」（「ペルシア人」の意）と呼ばれ，同地で繁栄を築いた。また1979年のパフラヴィー朝の崩壊とイラン・イスラーム共和国の成立の際には，多数のゾロアスター教徒がイランを離れ，北米やイギリスなど各地に移住した。2012年現在，全世界の信徒数はおよそ11万人と推計されている。

2 マニ教

マニ教（摩尼教，中国では明教とも）はササン朝期のペルシアで預言者マーニー（Mani, 216-276/7）により創始された。一時はイベリア半島から中国にいたる広い範囲に広まったが，後に教勢を減じ，現在では死滅した宗教とされる。

マーニーは父パーティグ（パテク，パテーグ，パーティク等さまざまに呼ばれる）の下，4歳の時からユダヤ教の出家者集団のひとつエルカサイ派の中で育った。12歳の時に最初の，24歳の時に第二の啓示を受けた彼は，初めこの出家者集団の改革を試みるが逆に追放され，自らの教えを説くようになる。またその後，インドへの伝道の旅の帰路，彼は第三の啓示を受けた。さらに242年には，ササン朝のシャープール1世の庇護を得，その教勢を急速に拡大させる。しかしシャープール1世の孫バフラーム1世が即位すると捕縛され，処刑された。

マニ教の最大の特徴はゾロアスター教やグノーシス主義，キリスト教や仏教等のさまざまな宗教の要素を取り入れた折衷主義にある。これはザラスシュトラやブッダ，イエスらを啓示を受けた預言者とみなし，彼らの後に現れたマーニーを，先行する預言者たちの教えを統合する最大の預言者とする「預言者の印璽」の概念に由来するものである。一方で光と闇の二元論に基づく独自の神話を説き，これが教義の中心となった。またマーニー自身が度々伝道を行うなど伝道に積極的で，聖典の翻訳が早くから行われたことも特徴である。

マニ教徒の生活はきわめて厳格な禁欲主義によって知られる。信者は「選良者」と呼ばれる出家者と「聴聞者」と呼ばれる平信徒に分かれるが，選良者には貞潔と菜食主義が求められ，一切の労働が禁じられていた。　（山田庄太郎）

▷6 ズルヴァーン主義では，アフラ・マズダーとアンラ・マンユが双子とされた。

▷7 ゾロアスター教暦では1年は365日である。現在，閏日等を置かない「旧暦」，120年に1度閏月を置く「帝暦」，4年に1度閏日を置く「季節暦」の3種があり，いずれを用いるかは共同体によって異なる。

▷8 火はアフラ・マズダーの象徴であり，祭儀は聖火の前で執り行われる。なお今日で北米などでは聖火のない神殿も認められる。

▷9 周到に設計された円形の石造建築物「ダフマ」（「沈黙の塔」の意）の内に遺体を並べ，その処理を自然に任せる葬送法は，乾燥したペルシア北東部や西インドの高地ではきわめて衛生的なシステムであった。

▷10 Roshan Riventa, 2013, "The Zarathushti World: A 2012 Demographic Picture," *FEZANA Journal*, 27(3): 26-35.

▷11 3～5世紀にかけマニ教とキリスト教は鋭く対立し，マニ教の消滅後もキリスト教ではマニ教の名が異端の代名詞とされた。

参考文献

岡田明憲，1982，『ゾロアスター教――神々への賛歌』平河出版。

タルデュー，M.，大貫隆・中野千恵美訳，2002，『マニ教』白水社。

ハーツ，P. R.，奥西俊介訳，2004，『ゾロアスター教』青土社。

青木健，2008，『ゾロアスター教史』刀水書房。

青木健，2010，『マニ教』講談社。

Ⅱ 世界の諸宗教

4 ユダヤ教(1)
歴史

1 概観

　ユダヤ教とは，ヘブライ語聖書に記述されている古代イスラエルの民に顕現した唯一の神，ヤハウェを信仰し，この民を起源と考え，彼らが歴史を通し生み出してきた伝統，日常生活全般にかかわる膨大な法規群，慣習を継承し，順守する宗教である。すべての「ユダヤ人」が宗教法を順守する敬虔な「ユダヤ教徒」であるとは限らない。彼らを"Jews"[1]として結びつけているのは，自分たちの起源が聖書に遡り，同じ歴史を共有してきたという意識であろう。2012年時点で約1400万人弱のユダヤ人／教徒が世界中に居住している[2]。

2 聖書時代のユダヤ教[3]

　唯一神ヤハウェを認識し，一神教の祖ともされるアブラハムは，故郷であるメソポタミアの地を離れ，神の試練を受け，古代イスラエル民族の父祖となったとされる[4]。その子孫であるモーセは，エジプトのファラオのもとで隷属状態となっていたイスラエルの民を導き，カナンの地を目指した（出エジプト）。そして，シナイ山で神は教え（トーラー）をイスラエルの民に顕現した。王国時代には，多くの王が列強諸国の圧力と文化的影響力のもとで，唯一神ヤハウェに背いたとして預言者が弾劾した。北王国はアッシリアに，南王国もバビロニアに制圧され南王国の多数のユダヤ人が紀元前586年，バビロンに連行された（バビロン捕囚）。バビロニアの圧倒的な影響力の下で，ユダヤ教徒・人としてのアイデンティティを喪失しかねない状況であったが，彼らの起源に関するさまざまな伝承を聖典として伝え始めた。これがヘブライ語聖書の起源となる。

3 エルサレム第二神殿崩壊とラビ・ユダヤ教の進展

　アケメネス朝ペルシアのキュロス王によってバビロニアは滅び，捕囚民はエルサレムに帰還し，紀元前515年エルサレム第二神殿が再建された。マカビア戦争を経て成立した自治国家も，ヘレニズム世界の強大な周辺国の影響下にあり，特に王権末期のヘロデ王はローマ帝国の傀儡と化した。70年，ローマ皇帝ティトス帝によりエルサレム第二神殿が破壊される。以後，ユダヤ教徒は国家を失い，離散状態となる。そして，信仰実践の中心は，神殿祭儀からトーラーの学びへと移った。トーラーの師であるラビたちは先代の膨大な教えや伝承を

▷1　Jews
伝統的なユダヤ人の定義によれば，ユダヤ人とは，ユダヤ教徒とユダヤ人を母とする者であり，敬虔なユダヤ教徒も，ユダヤ人家系に生まれたたもののユダヤ教の諸慣習を守らない世俗的なユダヤ人双方を含む。本稿では，文脈に応じてユダヤ教徒／ユダヤ人を使い分ける。

▷2　ユダヤ人人口が多いのは，イスラエル（約590万），アメリカ合衆国（約540万）。ユダヤ人人口情報は，Dashefsky, A. and Sehskin, I., eds., 2012, *American Jewish Year Book 2012*, Springerによる。

▷3　以下，ユダヤ教の歴史については，市川裕，2009，『ユダヤ教の歴史』山川出版社参照。

▷4　創世記12章以下参照。アブラハムは唯一神の発見者としてユダヤ教だけでなく，キリスト教，イスラームにおいても重要視される。3つの一神教を Religions of Abraham と総称することも多い。

収集し，議論し，口伝トーラーとして継承した。

4 中世ユダヤ教

中世の中東・ヨーロッパ世界は，イスラーム圏とキリスト教圏に二分され，ユダヤ教共同体の大部分がこのふたつの文化圏に入った。

啓典の民としての保護を受けたイスラーム圏のユダヤ教共同体は，イスラーム王朝に重用されるエリートを輩出し，イベリア半島にて文化的にも黄金時代を迎える。**マイモニデス**はその代表である。

他方，キリスト教圏ではユダヤ教徒への憎悪が広がる。金貸し業に従事したユダヤ教徒が蓄える富への妬み，聖書でのキリスト殺しとしてのユダヤ人のイメージが重なり，ユダヤ教共同体への襲撃が頻発した。この困難な状況の中で，ユダヤ教聖典を正確に解釈する**ラシ**らの注釈学が発展し，トーラー，先人の伝承の高い精神性を体現しようとした彼らの学問は，迫害時代の拠り所となる。

1492年スペイン王国が成立し，イベリア半島からイスラーム勢力が駆逐され，全ヨーロッパがキリスト教圏となった。王国成立と同時に国内のユダヤ教徒の追放が宣言され，ユダヤ教徒は国外への退去か，キリスト教への改宗を迫られた。追放されたユダヤ教徒の多くはオランダ，トルコ帝国内に逃げた。

17世紀半ばトルコ出身で，メシアを自称するシャブタイ・ツヴィが率いるメシア運動がヨーロッパ，中近東のユダヤ共同体を席巻した。しかし，トルコ当局に逮捕されたツヴィが，スルタンの前でイスラームに改宗するという結末を迎える。運動の挫折は，近代理性的なユダヤ教の覚醒と，個々人の祈りと実践の中で神との合一を果たす敬虔主義（ハスィディズム）というふたつの潮流を生み，近・現代ユダヤ教への布石となった。

5 近・現代ユダヤ教

19世紀末より，西欧・アメリカでは，ユダヤ教の改革が進む。彼らは積極的にキリスト教社会に進出し，居住する国家の国民としての意識を高め，改革派の基盤となる。キリスト教への改宗，同化も進んだ。他方，東欧ではハスィディズムが拡大した。ロシア帝国領内においては，19世紀末期よりユダヤ人迫害（ポグロム）が頻発した。他方，フランスで**ドレフュス事件**が起こり，同化が進んだ社会にも反ユダヤ主義が潜在することが露呈された。この事件は，ヨーロッパ以外の地にユダヤ人国家の建設を目指すシオニズム運動の引き金となった。ナチス・ドイツの台頭と彼らによるユダヤ人大虐殺（**ショア**）の拡大を受けて，シオニズムは欧米，ロシアを中心とするユダヤ人に支持され，1948年，イスラエル国家が成立した。しかし，周辺アラブ諸国との軋轢，ユダヤ教自体の多元化，イスラエル内のユダヤ人と非ユダヤ人の地位の格差などさまざまな課題に直面している。

（勝又悦子）

▷5 この時期のイベリア半島のユダヤ人をルーツとするグループをスファラディ，他方，中部ドイツ位東に居住したユダヤ人をルーツとするグループをアシュケナズィと総称する。

▷6 マイモニデス（1135-1204）。ユダヤ思想家。イスラームを介して吸収したアリストテレス合理主義哲学と伝統的なユダヤ教神学を統合した。アイユーブ朝サラディーンの侍医も務めた。

▷7 ラシ（1040-1105）。ヴォルムス，マインツで活動。聖書，タルムードの字句を簡潔に解釈，かつ先代の解釈伝統を倫理的に結晶化した。彼とその後継者の注釈は現代においても重要である。

▷8 改宗者は，周囲よりマラーノ（豚を意味する蔑称）と呼ばれた。

▷9 ドレフュス事件
1894年，フランス陸軍参謀本部のユダヤ人大尉，アルフレド・ドレフュスがスパイ容疑で逮捕された冤罪事件。作家エミール・ゾラらの軍部糾弾に発展した。1906年無罪判決を受ける。

▷10 ベン・イェフダ（1858-1922）の尽力による生活言語としてのヘブライ語の復活もユダヤ民族意識の高揚に影響した。

▷11 ショア
悲惨な状況を意味するヘブライ語。ナチス・ドイツによるユダヤ人迫害を特に指す。

▷12 デ・ラージュ，N.，柄谷凜訳，2002，『ユダヤ教入門』岩波書店，第9章参照。

II 世界の諸宗教

ユダヤ教(2)
理念と慣習

▷1 唯一神観の起源，研究史については，山我哲雄, 2013,『一神教の起源——旧約聖書の「神」はどこから来たのか』筑摩書房参照。

▷2 旧約聖書申命記6章4〜9節「シェマア（聞け）・イスラエル）」で始まる部分。およびその類似表現の2ヶ所。

▷3 旧約聖書創世記，出エジプト記，レビ記，民数記，申命記。

▷4 いわゆる旧約聖書に該当するが，「旧約」という呼称は，イエスを中心にした「新約」聖書を掲げるキリスト教からの呼称であり，ユダヤ教にとっては決して「旧い」契約ではない。

▷5 ユダヤ教の聖典については，ムーサフ＝アンドリーセ，R. C., 市川裕訳, 1990,『ユダヤ教聖典入門』教文館参照。

▷6 レビ記他に規定された清い動物を，専門の屠殺者（ショヘート）がユダヤ法にかなった方法で屠殺する。また肉系製品と乳製品の混合は禁じられる。

▷7 食事の前の手洗い，特に，月経，出産後の清めについて細かい規定がある。

1 唯一の神

ユダヤ教の最大の特徴は「唯一の神」を掲げている点である▷1。その神観は，ユダヤ教徒が日々唱えるシェマアと称される章句に端的に表れる▷2。そこには，神が唯一であること，イスラエルの歴史に神が介入したこと，さらに，子どもの教育，実生活でのさまざまな諸習慣の順守の重要性が説かれる。ヤハウェは倫理的規範を説き，姿は表象されないが，行動は人間的である。

2 ふたつのトーラー：成文トーラーと口伝トーラー

唯一の神の教えが顕現されているのがトーラーである。トーラーとは，広義では神の教え全体を指すが，狭義ではヘブライ語聖書，特に，法規に関するモーセ五書部分を指し，律法とも訳される▷3。ヘブライ語聖書は，モーセ五書（トーラー），預言書（ネヴィイーム），諸書（クトゥヴィーム）に分かれ，頭文字をとって，タナッハと呼ばれる▷4。モーセ五書部分は，毎週の安息日礼拝で7人の成人信徒によって朗読され，1年周期で読了される。ヘブライ文字で「書かれている」ので成文トーラーとも呼ばれる。ヘブライ語聖書は，ユダヤ民族のルーツの歴史とそこに関わる神の介入の物語であり，編纂はバビロン捕囚期と考えられる。70年のエルサレム第二神殿崩壊前後から，この成文トーラーから導き出された日常生活を網羅するさまざまな法規，慣習，多彩な伝承が口伝で継承され始めた。これを口伝トーラーと呼ぶ。成文と口伝，このふたつのトーラーを同等に見なすことがユダヤ教の特徴である。これらのふたつのトーラーから導き出される多彩な法規をハラハー（「歩く」「指標」の意）と呼ぶ▷5。

3 礼拝の場：シナゴーグと家庭

ユダヤ教の教会はシナゴーグと呼ばれる。エルサレム方向にトーラーの巻物を保管する聖櫃が設置され，トーラーを朗読する台を信徒の席が取り囲む。男女別席が伝統的である。日々の朝昼夕べの礼拝，安息日と祝祭にはさらに追加の1回が加わる礼拝が行われる他，ユダヤ共同体の中心でもある。シナゴーグと並んで重要なのは，食物規定（カシュルート）▷6，清浄規定▷7などの日常生活を網羅するさまざまな習慣，年中行事の儀礼を実践する場である家庭である。

❹ 年中行事・通過儀礼・慣例[8]

　ユダヤ教には多彩な年中行事，祝祭，通過儀礼があり，独特の時間のリズムを形成している。週の7日目にあたる金曜日の日没から土曜日の日没までは，神が創造の業を休息し聖別したことをおぼえる安息日である。安息日に入る直前に2本の蝋燭に火をともして安息日を迎え，聖別し，家族，親族，友人が集まり，食卓を囲む。安息日中は，労働をせず，神との聖なる関係を見直す。なにが労働にあたるかについては，時代を通じてラビたちの解釈も変遷してきた。

　年中行事にはふたつの中心がある。ひとつは，出エジプトを記念した春のペサハ（過越祭）である。パン種に酵母を入れる余裕もなくエジプトを後にした故事にならい，祭りに先立ち，家から酵母の入った食品類を一掃し，酵母抜きで祭りの期間を過ごす。祭りの初日はセデルと呼ばれる儀礼的な食事を囲み，式次第（ハガダー）に従いながら，出エジプトを追体験する。もうひとつの中心がローシュ・ハ・シャナ（新年祭）に始まる秋の祭りである。その10日後の大贖罪日（ヨム・キプール）は，断食し，シナゴーグで祈り，その前年に犯した罪，過ちを悔い改める1年で最も厳粛な日である。続いて，8日間に及ぶスッコート（仮庵の祭）を迎える。他に，プリム，ハヌカー，シャブオート（五旬祭）の祭りがある。こうした行事はユダヤ人の歴史を記憶し，追体験する機会となっている（p.205資料1参照）。

　通過儀礼としては，男子誕生の8日目に行う割礼，13歳のバル・ミツヴァ（青年式）[9]が重要である。家庭を築き，子孫を残すことを重視するユダヤ教では，結婚式は人生の一大イベントである。婚約式，結婚式の2段階にわたってフッパ（天蓋）の下で行われ，ケトゥバー（結婚契約書）に署名する。式のクライマックスでグラスを割るのはユダヤ教の結婚式の特徴でもある。

　宗教の儀礼的側面は，形式主義として軽んじられる傾向があるが，ユダヤ教においては，儀礼，慣習がユダヤ人としてのアイデンティティを育んできたことも看過できない。

❺ 現代における問題

　価値，文化，生活様式が多元化する現代世界にあって，ユダヤ教も多元化が進む。厳格な超正統派から戒律を一切守らない世俗的ユダヤ人集団まで千差万別で，神学上の対立も多々存在する[10]。イスラエル国家成立後は，神学上の対立が政治問題にもなりうる[11]。イスラエル内においても，世俗的ユダヤ人と超正統派集団の間のかい離が懸念され[12]，移住前の出身地による帰属意識，経済格差から多元化が進んでいる[13]。また，近代民主的国家としてイスラエルにおける宗教の立ち位置[14]，従来の宗教世界の想定を超えた生命医科学やユダヤ教内の明らかに非合理な法規[15]について，宗教法からの提言が求められている。　（勝又悦子）

▷8　ユダヤ教の儀礼全般については，吉見崇一，1994，『ユダヤの祭りと通過儀礼』リトン。

▷9　男女平等の思想にならって，女児12歳の時に女児の成年式バト・ミツヴァを行うことも多い。

▷10　欧米では，19世紀初頭のドイツを起源とするユダヤ教の時代錯誤の慣習を廃止した改革派が主流。

▷11　例えば，改革派によるユダヤ教への改宗手続きをイスラエルの正統派は認めない。「改宗」の認定は，「ユダヤ人ならばイスラエルに帰還できる」権利の有無に関わる。

▷12　超正統派子息の兵役免除に代表される優遇措置への不満，超正統派が集住することへの圧迫感など。

▷13　臼杵陽，1998，『見えざるユダヤ人——イスラエルの〈東洋〉』平凡社選書参照。

▷14　往々にして連立政権の鍵を握る宗教政党による公的場面での過度の宗教の強制に世俗的ユダヤ人は不満を覚える。

▷15　離縁状は夫側からしか発行できないために，夫が行方不明になってしまった場合などに妻側から離婚の申し立て，再婚ができないこと（アグナー「縛られた」の意）など。

Ⅱ 世界の諸宗教

6 キリスト教(1)
キリスト教の成り立ち

1 イエス・キリスト

　キリスト教は，ガリラヤ地方のナザレ出身のイエスというユダヤ人からはじまった。イエスの両親としてヨセフとマリアの名が伝わるが，父ヨセフはイエスが宗教活動を行う頃には亡くなっていたようである。福音書に伝わるその降誕物語は，クリスマスとしてお馴染みであるが，史実性を認めるのはむずかしい。いずれにしても誕生は紀元前6年から4年頃のことであった。

　イエスは30歳の頃に宗教活動をはじめた（ルカ3章23節）。当初ヨルダン川におけるヨハネの洗礼運動に加わるが，しばらくして独立し，教えを宣べるようになる。「時は満ち，神の国は近づいた。悔い改めて福音を信じなさい」（マルコ1章15節）が基本的なメッセージであった。

　新約文書の福音書はイエスの言行録であって，その業とその教えを伝える。神の国，その支配の到来を告知し，神の前でふさわしく自らを備えるようイエスは人々に求めた。複数の奇跡物語が記されているが，これらはイエスがなにか力をもった者であったことを伝える以上に，この世における神の支配のはじまりを証している。また神の国の告知に加えて，神への愛と隣人愛を徹底するよう語った。なかでも「よきサマリア人」の譬え話（ルカ10章25節から37節）は有名である。またイエスの教えは，譬え話，問答，訓戒の形式をとり，しばしば律法の専門家やファリサイ派との論争として展開していった。

　2年ほどガリラヤ地方で活動した後，紀元30年頃イエスはエルサレムに上る。着いて早々彼は，エルサレム神殿のなかで問題を起こす。純粋な神への信仰から鳩売りや両替商を神殿から追い出したという。捧げ物の鳩や献金用の貨幣交換を行っていた人々は神殿にとってなくてはならない人々であり，この事件のため危険視されたイエスは逮捕されるにいたる。そして簡単な裁判の後，十字架刑に処せられ亡くなる。エルサレム入城後5日目のことであった。そしてこの日をふくめて3日後にイエスは復活したという経験を弟子たちがもち，イエスはキリスト（メシア）であるとの信仰が成立した。

2 原始キリスト教

　イエスの弟子たちは，ペトロ，ヨハネを中心にエルサレムにとどまっていたが，**五旬祭**の時期に聖霊の降臨を経験したという（使徒2章4節）。こうして弟

▷1　新約文書
新約聖書のこと。なお邦訳は『新共同訳聖書』を用い，文書名もこれに従った。

▷2　五旬祭
イスラエルの三大祭のひとつで，過越祭の50日目に祝われた。キリスト教ではこの日に弟子たちに聖霊が降ったとし，「ペンテコステ」として祝うようになっていく。

子たちは果敢に宣教に従事するようになったという。またはじめイエスの弟子たちを迫害していたパウロは，ダマスコへの途上でイエスと出会う体験をしたのをきっかけに（使徒9章），イエスをキリストとして宣教するようになる。イエスの弟子たちは，イエスの兄弟ヤコブを中心にエルサレムにとどまるが，パウロはアンティオケアを拠点に非ユダヤ人への宣教に熱心に努めていった。彼が記した書簡は，「ローマの信徒への手紙」や「ガラテアの信徒への手紙」など新約文書に収められている。

　第1次ユダヤ戦争の結果，70年にエルサレムが陥落し，神殿は破壊されてしまう。この頃まではユダヤ教の分派とも目されていたが，この出来事を境にイエスをキリストと告白する人々はひとつの宗教としての自覚をもつようになる。「キリスト教」（クリスティアニスモス）という言葉ができるのはこの頃である。また1世紀末までには，後に新約文書に採り入れられる4つの福音書（マルコ，マタイ，ルカ，ヨハネの各福音書）も執筆された。

3　キリスト教の発展・形成

　聖書だけではキリスト教というものはわからない。聖書を基にして，4世紀までの歴史のなかで「キリスト教」は形成されていく。

　110年頃ポントス・ビテュニア州の総督に任命された**プリニウス**は，その地に，キリスト者が大勢いることに驚き，裁判を行い，不明のことについてはトラヤヌス帝の意見を伺った。このプリニウスとトラヤヌス帝の往復書簡を見ると，当時キリスト者は，イエスの復活した日曜日に礼拝を行い，また食事を共にしていた。さらにイエス・キリストを神として崇め，賛美の歌を歌っていたという。また皇帝礼拝を偶像礼拝として否定し，独自の信仰に固執したという。そこでトラヤヌス帝は，キリスト者はその名のゆえに処罰されるが棄教すれば赦されるとし，ただし探索せず，密告も受け付けないと定めた。しかし3世紀中頃のデキウス帝やヴァレリアヌス帝の迫害は，キリスト者を探索するものへと発展し，さらに4世紀はじめのディオクレティアヌス帝の迫害は最も過酷なものであったという。最終的にコンスタンティヌス大帝が発布した313年のミラノ勅令は，迫害を終わらせ，国教への道をひらいた。

　キリスト教の教理・教義は，2世紀以来主に異端との争いを通して定まった。140年頃の異端者マルキオンとの対立を契機に，新約の正典が定められるようになる。また**グノーシス**に対して使徒時代から伝えられた信仰の重要性が確認され，「使徒信条」等の信条が形成される。また神は唯一でありつつ，父と子と聖霊の3つの位格から成るといった三位一体論は，4世紀の**アレイオス論争**をへて381年に確立した。その他イースターは4世紀に日曜日に祝うことが定められ，またクリスマスはこの時代にはじまり，広がった祝祭であった。こうして「キリスト教」が成立していったのであった。

（土井健司）

▶3　プリニウス
ローマの政治家。109年夏よりポントス・ビテュニア州の総督として赴任し，111年にこの地で亡くなった。國原吉之助訳，1999，『プリニウス書簡集』講談社学術文庫。

▶4　グノーシス
2世紀から3世紀にかけて興隆した二元論的異端派の総称。ヴァレンティノス派やバシリデス派などがある。正統派教会に対して真の認識を主唱し，救済は認識によってもたらされるとした。マルクシース, Ch., 土井健司訳，2009年，『グノーシス』教文館。

▶5　アレイオス論争
キリストの神性をめぐって，あくまでもキリストを第一の被造物としたアレイオス派と，キリストの神性を主張したアタナシオス等との論争。325年のニカイア公会議でキリストの神性が決議されるが，その後二転三転し，381年のコンスタンティノポリス公会議で聖霊の神性とともに最終的に定まった。

Ⅱ 世界の諸宗教

キリスト教(2)
カトリック（修道会）

1 カトリック教会とは

　カトリック教会は，世界のキリスト教の信徒数約18億のうち約10億を占め，西方では最も古い伝統をもっている。ローマの司教座にある教皇を最高の指導者として掲げる中央集権的組織をもつことから「ローマ教会」あるいは「ローマ・カトリック教会」と呼ばれることもある。「カトリック」とはギリシア語のkatholikēに由来し，kat'holou（すべてに従う）という原義から転じて「普遍的」を意味する。その内実は，**ニカイア信条**▷1，**ニカイア・コンスタンティノポリス信条**▷2，**カルケドン信条**▷3によって示された正統信仰を保持し，変わることのない福音の真理を具現していることを示す。

2 歴史

　イエスの死後，キリスト教がヘレニズム世界へと広がるにつれて，すでに2世紀の半ばには司教・司祭・助祭という位階制の職制が形をとり，ローマ帝国の首都ローマの司教は，他の司教に対して指導的な立場を確立していたとされる。その後，迫害にも耐えつつ帝国内に広がったキリスト教は，313年に公認されたことを契機にいっそう体制化された。東ローマ帝国の首都・コンスタンティノープルが建設されたことで，キリスト教の中心は西方と東方に二分されたが，5世紀末に西ローマ帝国が滅亡すると，西方ローマ教会は，改宗したゲルマン諸民族によっていっそうの成長を遂げ，中世ヨーロッパ社会を名実共に支配・牽引することになった。

　中世ヨーロッパ社会では，多くの修道会が，宣教，司牧，教育，福祉などの領域で活躍し，十字軍を筆頭にしばしば政治にも関与した。修道会の起源は3～4世紀のエジプトの隠修士に遡るが，西方キリスト教の修道制の直接の基礎となったのは，6世紀の初めにイタリアのモンテ・カッシーノに修道院を建てたベネディクトゥスである。祈りと労働を中心とする彼の『会則』はその後の修道会に大きな影響を及ぼした。ベネディクト会から独立した修道会には，クリュニー会（10世紀），シトー会（11世紀）などがある。13世紀には都市で托鉢生活をするフランシスコ会，ドミニコ会が始まり，人々の信仰生活の刷新に尽くすとともに，大学の創立に伴って学問と教育に貢献した。

　他方，世俗権力と密接な関係を結んだ結果，一部権力や富との癒着が生じた

▷1　ニカイア信条
イエス・キリストは「父なる神の本質から生まれた，真の神からの真の神，生まれたものであり造られたものではなく，父なる神と同一本質（ホモウーシオス）」であることを示した信条で，325年開催の第1ニカイア公会議で宣言された。

▷2　ニカイア・コンスタンティノポリス信条
聖霊は「主であり，生命を与える方，父から出て，父と子と共に礼拝され，崇められ，預言者を通して語られたこと」を示した信条で，381年開催の第1回コンスタンティノポリス公会議で宣言された。

▷3　カルケドン信条
イエス・キリストは「真の神であり，真の人間」であることが示された信条で，451年に開催されたカルケドン公会議で宣言された。

カトリック教会に対して、16世紀には宗教改革が起こる。この時、プロテスタントによる批判に晒されたカトリック教会側にも、原点に立ち返るべく刷新運動が生じた。修道会としてはイエズス会とカルメル会が創立され、前者は宣教と教育活動に、後者は祈りと霊性の深化において力を発揮した。この時期に、カトリック教会はヨーロッパ以外の地域への積極的な宣教を始め、例えばイエズス会の創立者イグナティウス・デ・ロヨラの同志、フランシスコ・ザビエルは、初めて日本にキリスト教を伝えたことで知られる。

現代におけるカトリック教会の最大の刷新運動は、1962年から65年に開催された第2バチカン公会議である。この会議では、自然科学と技術の急激な進歩に対して保守的・消極的な態度に留まらないこと、またキリスト教会の分裂に対する自らの責任を認め、再一致に向けて努力することなどが基本路線として確認された。

3 他教派との違いとカトリシズムの独自性

上記の歴史的経緯からもわかるように、東方キリスト教と別の道を歩み始めた西方カトリック教会は、プロテスタント諸教会とイギリス国教会（聖公会）の分離によって信徒数の半数を失いながらも、その伝統を今日まで維持し続けてきた。東方教会については、担って来た民族文化の違いにより外見は相当に異なっているが、教義においてはほとんど違いがない。プロテスタントに関しては、教皇権を認めること、七つの秘跡を保持すること、聖職者を男性に限ること、聖母マリアと聖人への信仰など多くの違いがあるが、第2バチカン公会議以降は多様性における一致を目指した運動（エキュメニズム）を通じて積極的に対話を続けている。

カトリシズム（＝カトリックが生み出した世界観）の特徴は、神の恩寵への信頼に基づく圧倒的な楽観主義だと言えよう。例えば信仰義認論に代表されるプロテスタンティズムの考えでは、人間が神の前で義とされるためには「信仰のみ」によるとされ、原罪によって損なわれた人間本性はそれ自体では救済に到達しえない。これに対して、カトリックは、神の救済意志と恩寵の普遍性を強調し、神の恵みを受容する能力は原罪によっても損なわれないと考える。こうした思想はとりわけ13世紀のスコラ神学者トマス・アクィナスが展開した。

このような人間本性に対する楽観的理解は、カトリックが異文化を受容し、新たな文化を生み出す原動力になっている。例えば宣教においては、諸民族・諸地域の慣習が、キリスト教信仰を具現化する手段としてしばしば積極的に受容された。また美術、音楽、建築も、信仰の表現手段として、歴史を通じ一貫して重要視されてきた。その結果、カトリック文化圏においては豊かなシンボリズムに基づくキリスト教美術が栄えたほか、宗教的儀礼としての典礼や祭礼がきわめて洗練した形に発展したと言える。

（柳澤田実）

▶4 七つの秘跡
洗礼・堅信・ゆるし・聖餐・叙階・婚姻・癒しの七つの秘跡を指す。秘跡とは、神の神秘的な働きかけを示す感覚可能な「しるし」であり、具体的な典礼を通じて実践される。

参考文献
大貫隆ほか編、2002、『岩波キリスト教辞典』岩波書店。
徳善義和・百瀬文晃編、1998、『カトリックとプロテスタント——どこが同じで、どこが違うか』教文館。
ノウルズ、M. D.、オボレンスキー、D.、上智大学中世思想研究所訳、1996、『キリスト教史(3)——中世キリスト教の成立』平凡社ライブラリー。
ノウルズ、M. D.、オボレンスキー、D.、上智大学中世思想研究所訳、1996、『キリスト教史(4)——中世キリスト教の発展』平凡社ライブラリー。

II 世界の諸宗教

キリスト教(3)
正教・地域

1 東方正教会とは

　西方教会（カトリック，プロテスタント）と対比する意味での東方教会は，東方正教会とそのほかの東方諸教会とに大別される。前者は，451年に宣言された，「キリストは神にして人である」ことを信じるカルケドン信条を堅持する諸教会であり，後者の多くは，アルメニア教会に代表されるように，キリストの神性のみを信じる単性説を支持している。東方正教会はカトリックのような中央集権的な組織をもたないので，各国の教会が自律しつつゆるやかに統一されている。したがって各地の総主教に優劣はなく，同等の権威をもつものとみなされている。現在の東方正教会には，コンスタンティノポリスを名目上の筆頭として，アレクサンドリア正教会，アンティオキア正教会，エルサレム正教会，ロシア正教会，セルビア正教会，ルーマニア正教会，ブルガリア正教会，グルジア正教会，キプロス正教会，ギリシア正教会，ポーランド正教会，アルバニア正教会が含まれ，各教会が自国の言語で典礼を行っている。日本には幕末に，ロシア正教の宣教者ニコライが正教を伝え，日本ハリストス正教会として存続している。

2 歴史

　その発端は，330年のローマ皇帝コンスタンティヌスによる，コンスタンティノポリスへの遷都にまで遡る。これ以降，すべての地方教会を束ねる5総主教座（ローマ，コンスタンティノポリス，アレクサンドリア，アンティオキア，エルサレム）が成立したが，7世紀になるとイスラームの支配を免れたローマとコンスタンティノポリスのみが残った。同時に，4世紀から8世紀までの間には，三位一体論とキリスト論の確立をめぐって計7回の公会議が開かれ，諸派の分裂が生じていた。東方正教会は西方教会と同様，カルケドン公会議でまとめられた正統教義を信奉したが，後に「**フィリオクェ論争**」が勃発し，これ以外にも教皇制や教会慣行の相違が原因となって，1054年に東西教会は分裂した。この分裂の修復は，主にカトリック側から度々試みられたが，なかなか成功を見ず，1965年になってようやく教皇パウルス6世と世界総主教アテナゴラスの両者がお互いの破門状態を解除した。

　1453年にオスマン帝国によって首都コンスタンティノポリスが陥落するまで

▷1　**フィリオクェ論争**
西方教会がコンスタンティノポリス信条に「子からも」（filioque）という文言を挿入し，聖霊を父と子両者から発出することを強調したのに対し，コンスタンティノポリス総主教が意義を唱えたことで始まった論争。

は，東方正教会は，ビザンティン帝国の国教として栄えた。また，東方正教会は，先の7回の公会議で定められた内容のみを自らの教義とし，新たに教義を発展させることはしなかった。要するに彼らは，**教父**たちの業績を神学の根本とし，基本的にそこに留まることをよしとしている。

3 他教派との違いと正教の独自性

西方カトリック教会と東方正教会は，教義上ほとんど違いがなく，細かな相違は教会制度や典礼に見出される。しかし，最も本質的かつ根本的な相違は，こうした個々の相違点の背後にある，両者の神的存在へのアプローチ方法にこそあると言えるだろう。一方でカトリックが，法律や制度，道徳や福祉を重視し，神に向かう道を実社会との関連でとらえるのに対し，東方正教会のほうは，世俗的社会の改革や政治に強い関心をもたず，瞑想的で観想的である。この正教会の特徴は，修道制の発展，典礼の神秘的性格，「神化」（theōsis）を中心とした神学の展開のなかに具現化している。

東方の修道制の起源もまた，西方と同様，エジプトに遡る。砂漠に独居したアントニオスは隠修士の伝統を創始し，パコミオスは共住型の修道院を創始した。この両者を総合したのが，4世紀の教父，大バシレイオスであると言われ，これが東方正教会の修道制の直接のルーツと考えられている。東方キリスト教の修道者に一貫して見出される，神との個人的一致を志向する精神性は，今日の**アトス**を中心とした霊性のなかに継承されている。その実践のなかで特に有名なのが，「主イエス・キリスト，神の子，罪人なる我を憐れみたまえ」という「イエスの御名の祈り」を絶えず唱えて修行するというヘシュカスムである。

また，奉神礼と呼ばれる典礼は，香，歌，ろうそくの光など，感覚的演出が効果的に用いられた大変に壮麗なものである。これ以外にも，教会が神の国に進んでいることを示し，教会の周りを列になって歌いながら行進する十字行や，神の国を眺める窓として描かれたイコンに接吻するなど，身体的動作が多いことも特徴である。イコンについては，西方のキリスト教美術のように信仰の表現や教育の手段ではない点も重要である。反遠近法を筆頭にさまざまな規則に基づいて描かれるイコンは，それ自体が見るものを現実の世界から神の世界へと媒介する崇敬の対象としてとらえられている。

以上の事例において確認される神的世界への強い関心，人間が神的な存在へと変容することへの強い志向性は，アレクサンドリアのクレメンスなどのギリシア教父から東方正教会に継承された「神化」という思想に端的に表明されている。「神化」とは，神の似像として創造された人間が神の働きに参与することにより，本性的にではないが，恵みによって神になることを指す。これは決して選ばれた修道者のみに生じることではなく，一般信徒が日々の生活や典礼のなかで実現しうることと考えられている。

（柳澤田実）

▶2 教父
1世紀から8世紀までの古代・中世キリスト教会で，正統的信仰の確立に寄与し，その信仰内容を著書に著し，自らも聖なる生活を生きたと認められた人々を指す。ギリシア教父，ラテン教父に分類される。

▶3 アトス
東方正教会の修道共和国であり，ギリシア北部，ハルキディア半島北東の突出部にある。その名は半島南端の聖なる山に由来している。女性は入山できない。

参考文献
大貫隆ほか訳，2002，『岩波キリスト教辞典』岩波書店。
久松英二，2012，『ギリシア正教――東方の智』講談社選書メチエ。
ロースキィ，V., 宮本久雄訳，1986，『キリスト教東方の神秘思想』勁草書房。

Ⅱ 世界の諸宗教

9 キリスト教(4)
プロテスタント

1 プロテスタントの歴史

プロテスタントとはなにか。それを語ることは難しい。なぜなら，プロテスタントの特徴を一言で言うならば多様性だからである。**公同教会**としてひとつの教会でありながらも，それぞれの教派が多様な教会組織，礼拝様式，教理的強調点，聖書理解を有している。その多様性こそプロテスタント教会の豊かさであるとともに，教会が一致する障害でもある。

プロテスタント教会は，1517年10月31日にM.ルターが当時のカトリック教会が行っていた**贖宥状**について意見交換するためにヴィッテンベルク城教会の扉に張り出した「95箇条の提題」に端を発している。カトリックのアウグスティヌス修道会に属するルターは，これをもって新しい教会を設立する意図はなく，カトリック教会の神学を正そうとするものであった。しかし，このルターの個人的な行動が，当時のカトリック教会に不満を抱き，ルターの考えに同調した人々に波及し，宗教的・社会的運動へと拡大していった。このようなルター派の運動を制限しようとしたカール5世に対して，一部の諸侯たちが1529年の帝国議会で「プロテスト」(抗議)したことが，プロテスタントの名称の由来となった。プロテスタントとはそもそも政治的・社会的名称であるが，カトリック教会から分離して，派生していった教派の総称として用いられるようになった。

宗教改革はドイツに留まることなく，16世紀のヨーロッパ全域に影響を及ぼした。スイスのチューリッヒを拠点とするF.ツヴィングリ，ジュネーブでのJ.カルヴァンによる改革派教会の流れ，またイギリス国王ヘンリー8世によって設立されたイギリス国教会，長老派教会の流れを生み出したスコットランドのJ.ノックスらが知られている。これらの宗教改革は思想的に互いに連関しながらも，その社会的・政治的・経済的要因が異なっているために，それぞれに神学的・教会制度的な特徴を有している。また，宗教改革の中心的教理である「聖書のみ」を強調することが，ひとつのプロテスタント教会内でさらにこの教理に忠実であろうとする動きを生みだし，急進的改革派と呼ばれるアナバプテスト(再洗礼派)などが起こってきた。

16世紀後半以降，**聖餐論争**などに象徴されるルター派と改革派の対立が顕著になってくると，それぞれの教派が自分たちの「正しい教理」を保ち，カト

▷1 **公同教会**
公同とは，カトリック(普遍的)を意味する言葉で，あらゆる時代，民族，文化，地域において，イエス・キリストに示された福音の真理を表わす教会を意味する。ただ，その解釈は多様である。

▷2 **贖宥状**
罪の赦しに対する償いを軽減するために，中世カトリック教会が販売した証明書。自身の罪の償いだけではなく，煉獄の死者の罰を軽減すると理解された。

▷3 **聖餐論争**
キリストの死と復活を記念する聖餐式におけるパンとぶどう酒の理解についての論争。キリストの体と血がパンとぶどう酒と共にあるとする共在説，象徴に過ぎないとする象徴説を巡る論争。カルヴァンは霊的な現臨を説いて調停を図った。

リックや他の教派に対して自らの教義を擁護しようとするプロテスタント正統主義の動きが強まってくる。その中で，民衆に対して他の教派との違いを明確にするためにそれぞれの信仰告白や信仰問答書が確立してくる。

教理が整えられ，教会が制度化されてくると，さらなる改革，本来の宗教改革の精神に立ち帰ろうとする動きが各教派の中から生まれてくる。また，17世紀以降，イギリスではカルヴァンの影響を受けイギリス国教会の改革を訴えたピューリタン主義，国家や地域と結びついた信仰ではなく，個人の信仰を強調するドイツの敬虔主義などの信徒による教会内改革運動が盛んになってきた。

イギリス国教会に失望した分離派のピューリタンは，アメリカに移住し独自の教会形成ならびに国家形成を行った。また，イギリスで新しい教会（会衆派，バプテスト派，クエーカー等）設立した人々もいる。このような教会内改革運動や敬虔主義の影響を受けた信仰覚醒運動は，メソジスト教会などさまざまな教派を生み出す結果となった。その信仰的な情熱がアメリカへの移民，ヨーロッパの植民地政策と結びついて，世界各国に宣教師を送り，各地に教会を設立する世界宣教時代をもたらし，プロテスタント教会の多様化に拍車をかけることとなった。キリスト教が世界中に広まることによって，いわゆる欧米のプロテスタント教会の流れとは関係しない新しい教会・教派が世界各地で設立され，現在では3万3000を越える教派が存在するといわれている。

2 プロテスタントの教義

プロテスタントの教義の特徴として，善行や功績によるのではなく信仰によってのみ神に義認されるとする「信仰のみ」，その信仰の究極的基準は聖書であるとする「聖書のみ」，すべての人は神の前で平等であり，すべての信徒は祭司であるとする「万人祭司」の3大原理を挙げることができる。しかし，この3大原理の解釈や強調点がいまなお増え続ける各教派において異なっており，それを反映する信仰生活や教会制度にも違いが見い出される。それゆえプロテスタントとはなにかを規定することは困難である。

3 プロテスタントの現代の課題

第2次世界大戦後，1948年に世界教会協議会（WCC）が創設された。WCCは，120ヶ国以上の正教会，聖公会，プロテスタント諸教派の345教会（2012年現在）によって構成される教会の交わりと一致を目指す**エキュメニズム**を実践する国際的機関である。それぞれの教派的伝統を認め尊重しつつも，教会が一致して，世界の平和，飢えや貧困，多元的文化の共生の問題に取り組もうとしている。多様性を豊かさとしてもちつつ，いかに一致していくかがプロテスタント教会の課題である。

（中道基夫）

▶4 Barrett, D. B., Kurian, G. T. and Johnson, T. M. eds., 2001, *World Christian encyclopedia : a comparative survey of churches and religions in the modern world* v. 1, Oxford University Press, p. 10 の統計を参照。アメリカのプロテスタント教会はその神学的傾向から大きく主流派，福音派，ペンテコステ派，根本主義などに分類され，世界の教会もこの分類の影響を受けている。ただし，各神学的傾向を明確に性格付けることは容易ではなく，ひとつの教派や教会の中にもこれらの傾向をもつグループが混在している。また，教派や教会の枠を越えたメガチャーチ運動も注目されている。

▶5 1999年にルーテル世界連盟とカトリック教会が「義認の教理に関する共同宣言」に調印し，共に信仰によって福音を理解することを宣言した。ただし，これを受け入れるかどうかは各教派によって異なる。

▶6 エキュメニズム
教会一致促進運動。教派間の対話に基づく一致と協力を目指す運動である。教派間の出会いと対話により狭義の教派主義を克服し，神学的・典礼的な刺激を互いに与えあい，さらに宗教間の対話と協力をも課題としている。

II 世界の諸宗教

10 キリスト教(5)
キリスト教の現代的展開

▷1 マクグラス，A. E.，本多峰子訳，2008，『総説キリスト教——はじめての人のためのキリスト教ガイド』キリスト新聞社。

▷2 後にボンヘッファーは，ナチスによって投獄され処刑された。獄中で記された書簡は『抵抗と服従』という書物にまとめられ，戦後の神学界に大きな影響を与えた。「他者のために存在してこそ，教会は教会でありうる」という一節は，彼の思想の中心を示す。

▷3 アフリカでの伝道は，特にフランスからのカトリック宣教師，英米からのプロテスタント宣教師らによって進められた。今日アフリカのキリスト教人口の約半数がカトリック，37％がプロテスタント，12％が正教会となっている。

▷4 韓国では，特に朝鮮戦争後アメリカの強い影響下で福音派系の教会が教勢を伸ばした。

▷5 2012年版『ブリタニカ国際年鑑"宗教"』（http://japan.eb.com/jboy/article-2012IP0040）によると，2011年の世界キリスト教人口約23億人中，アジア，アフリカ，ラテンアメリカ，オセアニアの合計が約14億3000万人，ヨーロッパと北米の合計が約8億6000万人である。

1 啓蒙主義以降のヨーロッパで

17世紀末，ヨーロッパでは人間の理性を万能視する啓蒙思想が全盛を極め，人々の世界観や生活に合理化をもたらすと同時に宗教への無関心をうながした。18世紀にはフランス革命などの市民革命によって社会の脱キリスト教化が進み，19世紀に入ると自然科学の進歩，近代社会の形成，世俗文化の興隆により，人間中心主義と無神論的傾向がさらに強化される。キリスト教内部でも，伝統的教義に縛られず近代的世界観から信仰をとらえようとする「自由主義神学」が盛んになり，聖書の歴史的研究が発展した。

この人間の理性への過信は，20世紀前半に起こったふたつの世界大戦の衝撃によって揺るがされる。第1次大戦後，スイスの神学者K.バルトは，楽観主義的人間観に基づく自由主義神学を批判し，神の絶対性を強調する神学を提唱した。第2次大戦中，ドイツ教会の多勢がナチスに迎合していくなか，D.ボンヘッファーらはキリストへの服従の道としてナチスへの抵抗運動を行った。

2 キリスト教のグローバル化と脱西洋化

18世紀後半，イギリスの植民地であったアメリカが独立し，統治権力と直結したヨーロッパのキリスト教とは異なる市民社会型のキリスト教が成立していく。19世紀には，主に英米のプロテスタント諸教派によって世界伝道が推進され，続く20世紀には，アジア，アフリカ，ラテンアメリカで，キリスト教は著しい発展を遂げる。

アフリカでは，19世紀末には少数派であったキリスト教が，現在サハラ砂漠以南のほとんどの地域で多数派の宗教となっている。アジアでは，韓国で1940年代以降キリスト教が発展し，現在キリスト教信者数は人口の約3割を占める。中国では，共産党政権による弾圧にもかかわらずキリスト教が地道な発展を続け，文化大革命の終結後，信者数は劇的に増加した。16世紀以来スペインやポルトガルの支配下に置かれたラテンアメリカでは，今日でもカトリックが大半を占めるが，1960年代以降プロテスタント諸教派も大幅に信者数を増やしている。共産主義政権下での迫害を耐え抜いたロシア正教会は，1989年のソビエト連邦崩壊後，めざましい勢いで再生した。

今日，世界のキリスト教人口の6割以上はこれら「非西洋」の人々が占めて

いる。20世紀を通じて西欧ではキリスト教の影響力は著しく低下し，その間にキリスト教の中心は西洋から非西洋へと移行したのである。

3 エキュメニズムと今日のキリスト教の課題

20世紀には，キリスト教徒が長い間の分裂を克服し，一致して働くことを目指す試みとして，「エキュメニズム」（教会再一致運動）と呼ばれる運動が始まった。20世紀初頭からプロテスタント諸教派によって開始された対話が，1948年「世界教会協議会」（WCC）に統合され，エキュメニズムは前進する。当初，WCCはプロテスタント諸教派と聖公会から構成されたが，60年代から東欧圏の正教会の多数が加わった。一方，カトリック教会は第2バチカン公会議（1962～65年）で歴史的転換をはかり，エキュメニズムを推進する立場をとった。公会議が採択した「エキュメニズムに関する教令」は，カトリックを含む諸教派間の一致と和解に大きなはずみを与えたのである。

エキュメニズムとは，狭義では教会内の教派一致運動を指すが，広義では教会と世界の一致を意味し，ここから宣教についてのパラダイムシフトが起こった。かつて宣教とは教会が主体となって「教会の移植」を図るというものであったが，エキュメニズムの視点では，世界はすでに神が自ら働く場であり，教会には「神の宣教」（missio dei）を証言する義務が託されていると認識されたのだ。この認識に基づき，教会が人類のさまざまな課題に取り組むことが推進されるとともに，キリスト教と他の諸宗教との対話の道が開かれていった。

このような流れから，20世紀後半には諸教会が平和と社会正義の問題に積極的に関わり，キリスト教徒の信仰に基づく行動が国政の進路を左右することも起こってきた。貧富の差が激しい中南米でラテンアメリカ司教会議は「貧者の最優先」を宣言し，アメリカでは黒人牧師のM. L. キングが人種差別撤廃を目指す公民権運動を展開した。フィリピンではハイメ・シン枢機卿がマルコス政権を崩壊に追い込み，南アフリカでは聖公会大主教のデズモンド・ツツがアパルトヘイト撤廃運動の精神的指導者として活躍した。これらの人々の働きは，圧政下に置かれた諸国のキリスト教徒に勇気を与えた。

また，インドで見捨てられた人々の世話に生涯を捧げたマザー・テレサ，知的障害をもつ人々が暮らすホームの世界的ネットワークを創設したJ. バニエ，世界の貧困地域で人々と労苦を共にして生活するテゼ共同体のブラザーたちなど，内面的な祈りと社会的弱者への奉仕を不可分のものとして生きる人々の存在は，教派を超えて今日のキリスト教の方向性に影響を与えてきた。

一方，20世紀以降のアメリカでは世俗主義への反動としてプロテスタント保守派が勢力を伸ばし，その一部は「宗教右派」として政治的にも影響力をもつ。激動する現代，キリスト教は他宗教や無宗教との関わりのなかで自らの存在意義を考えることが不可欠な時代を生きるようになったと言える。　（打樋啓史）

▷6　近年，史上初の南米出身のローマ教皇が誕生したことは，このような動きと無関係ではなかろう。2013年3月13日，前教皇ベネディクト16世の引退に伴い行われたコンクラーベ（教皇選挙）で，アルゼンチン出身のホルヘ・マリオ・ベルゴリオ枢機卿が第266代教皇に選出され，教皇名としてフランシスコを名乗った。

▷7　「エキュメニズム」という語は，「人が住む全世界」を意味するギリシア語の「オイクメネー」に由来する。

▷8　横手征彦・金承哲，2003，『キリスト教の世界―大学生のためのキリスト教入門』学術図書出版会。

▷9　この動きのなかで，エルサルバドルの大司教オスカー・ロメロは，貧しい農民たちの側に立って軍事政権を糾弾し，ミサの最中に暗殺された。

▷10　ブラザー・ロジェによって1940年代にフランスのテゼ村で創始されたエキュメニカルな男子修道会。毎年世界中から何万もの若者たちが訪れる場として知られ，一部のブラザーたちはバングラデシュやケニアなど世界の貧困地域で暮らす。

▷11　森本あんり，1998，『現代に語りかけるキリスト教』日本キリスト教団出版局。

Ⅱ　世界の諸宗教

イスラーム(1)
イスラームの成り立ち

ここでは，世界でキリスト教に次ぐ15億人以上の信徒をもつと言われる宗教イスラームの成り立ちを，預言者ムハンマド，聖典クルアーン（コーラン），ムハンマドの言動を編纂したハディースという3つの要素を通して見ていきたい。

1 預言者ムハンマドの宣教

イスラームの興りは610年，当時約40歳であったマッカ（メッカ）の商人**ムハンマド**に唯一神アッラーの啓示が下り，彼がその内容を広めたことによる。当時のマッカには，今日礼拝の方向と定められている聖殿カアバの中に多くの神像が置かれていたように，姿をもつ神々への信仰が根付いていた。また「国家」と呼ばれる統一的な組織は存在せず，人々は血縁関係，つまり部族ごとに集団を築いていた。それに対してムハンマドは，神が唯一で姿形をもたないこと，個々人がその神を信じ従うことでひとつのイスラーム共同体を築くことを訴えた。一神教，偶像崇拝の禁止，神の下での人間の平等というイスラームの真髄が説かれたのである。

しかしながら，旧習を打破しようとするムハンマドに対しては多くの批判が寄せられた。そのため，まだ少数であったイスラーム教徒（ムスリム）はマッカからの退去を余儀なくされ，ムハンマドも北に約400km離れたマディーナ（メディナ）に移住した。ただしそれは「聖遷」（ヒジュラ）と特別な呼ばれ方をするように，単なる逃避行ではない。マディーナの人々はムハンマドを神が遣わした使徒（ラスール）として扱い，部族間の対立が絶えなかった同地における調停者，指導者の地位を与えた。マッカでは叶わなかったイスラーム共同体の設立がマディーナで初めて実現したのである。そのためイスラームの暦は，622年のムハンマドの移住を元年とし，「ヒジュラ暦」と呼ばれる。

その後，マッカの軍勢との戦いに勝利を収めたムハンマドはマッカへの無血入城を果たし，そこをイスラームの聖地とした。こうしてマッカを信仰の中心と，マディーナを行政の中心とするイスラーム社会が形成された。

2 神の言葉であるクルアーン

聖典クルアーンには徹頭徹尾，ムハンマドに下った啓示，つまり神の言葉が記されている。それはクルアーンが単なる書物ではなく，聖性を有する存在であることを意味し，原語であるアラビア語から翻訳されたものはクルアーンと

▷1　ムハンマド
570年頃マッカで生誕。両親と死別し，伯父アブー・ターリブの下で育つ。595年頃最初の妻ハディージャと結婚。610年頃マッカ郊外ヒラーの洞窟で瞑想中，大天使ジブリールが現れ最初の啓示が下る。アッラーの使徒として宣教を開始（預言者は神からの啓示を受けた者，使徒はさらにその内，啓示を伝えることを命じられた者）。622年マッカからマディーナへ移動（ヒジュラ）。630年マッカ軍との戦闘での勝利を経てマッカ入城。聖殿カアバをイスラームの聖地として解放。632年「別離の巡礼」と呼ばれる最後のマッカ訪問。その後，マディーナの自宅で逝去。

▷2　六信・五行
6つの信じる対象と5つの課された行為。六信は，唯一絶対の神アッラー，彼に仕える天使（マラーイカ，複数形。単数形はマラク），啓示を伝える使徒（ルスル，複数形。単数形はラスール），啓示を記した啓典（クトゥブ，複数形。単数形はキターブ），現世の後に訪れる来世（アーヒラ），アッラーの定めた予定・意志である定命（カダル）を指す。また五行は，ムスリムであるとの信仰告白（シャハーダ），1日5回の

認めない，床や低い場所に置かない，汚れた手で触れないなどの決まりがある。こうした，神の言葉が具現化したものという性格を通して，クルアーンは神の唯一性や超越性といったイスラームの根本教義を直接に，また繰り返し述べる。もっとも，啓示はムハンマドに断続的に，死の直前まで下り続けたため，現在の114章からなるクルアーンが構成，編纂されたのは彼の三代目の後継者（カリフ）であるウスマーンの指示によるものと言われる。その目的は啓示の内容を正しく残すことだが，それは啓示の内容が誤って伝えられる事態があったことを意味する。「預言者の封印」，つまり最後の預言者であるムハンマドの死後，神からムスリムに啓示が下ることはなく，イスラーム共同体は後継者選びを中心とした権力闘争や教義の解釈をめぐる立場の違いから，多くの王朝や宗派に分裂することになった。

3 ムハンマドの言動を編纂したハディース集

　イスラームの基本的な教えはクルアーンを通して学ぶことができる。では日々の生活で直面する問題にそれをどう演繹するのか。そのために伝承されてきたのが，「地上を歩くクルアーン」と言われたムハンマドの言動（スンナ）を編纂したハディース集である。ハディースでは広く知られる**六信・五行**の信仰箇条を中心に，葬儀，食事，服装，人間関係といった日常のさまざまな事柄について，どのような根拠に基づき，どうふるまうべきかが，人間ムハンマドを通してつまびらかにされる。クルアーン同様，ハディースの編纂もムハンマドの死後に行われたが，啓示と異なり彼の言動は多くの人々が見聞きしたため，その作業は膨大かつ複雑なものとなった。学者たちは，誰が見聞きしたのかという伝承経路の確認を中心にハディースの真贋を識別する作業を続け，10世紀には「六書」と呼ばれる権威ある6つのスンナ派ハディース集を完成させた。

　今日ムスリムが，自分たちの言動が正しいかどうか，また外来のもの，新奇のものについて，それを受容，活用することに問題があるかないかを判断するにあたって，一般に参照されるのは体系化されたイスラーム法学（フィクフ）とその知識を備えたイスラーム学者（ウラマー）である。そしてそれによる判断の根拠をたどればクルアーンとハディースに行き着く。ここではわずかにムハンマド，クルアーン，ハディースについて述べるに留まったが，それらはイスラームを理解，識別するための根幹と言えるものである。

（高尾賢一郎）

図Ⅱ-11-1　クルアーン第1章「開扉」章

図Ⅱ-11-2　大小さまざまなクルアーン

マッカに向けた礼拝（サラート），貧者等に施す定めの喜捨（ザカート），ヒジュラ暦9月（ラマダーン）の日中に飲食や性行為等を断つ斎戒（サウム），可能な限り生涯の間にマッカを訪れる巡礼（ハッジ）を指す。

参考文献
菊地達也，2009，『イスラーム教「異端」と「正統」の思想史』講談社。
佐藤次高編，2010，『イスラームの歴史1』山川出版社。

II 世界の諸宗教

12 イスラーム(2)
中東のイスラーム

1 中東の国々

　中東には伝統的なイスラームの国々が多く存在する。まず中東の大部分を占めるのが，アラビア語で「マシュリク」（東方）と呼ばれる地域で，地中海岸のエジプト，ヨルダン，パレスチナ，レバノン，シリア，イラク，アラビア半島のサウディアラビア，クウェート，アラブ首長国連邦，バーレーン，カタル，オマーン，イエメン，西アジアのイラン，アフガニスタンが含まれる。北東アフリカに位置し，エジプトに隣接するスーダンまでマシュリクに含めることもある。また，アラビア半島の国々を湾岸諸国として分ける場合もある。それに対して，「マグリブ」（西方）と呼ばれるのは，北アフリカのリビア，チュニジア，アルジェリア，モロッコ，モーリタニアである。

　これらの地域はイスラームが早い段階に伝達され，中世を通じて**イスラーム化**が進行した，イスラーム化の深度の高い地域である。7世紀後半から9世紀にかけてアラブ系のウマイヤ朝，アッバース朝がこれらを広域に支配したあと，各地にファーティマ朝，アイユーブ朝，マムルーク朝（エジプト），ムラービト朝，ムワッヒド朝（北アフリカ），サーマーン朝，ブワイフ朝（イラン），トルコ系のセルジューク朝，ティムール朝（西アジア）などが栄えた。その後，中東のほぼ全域を覆うオスマン朝とサファヴィー朝が，南アジアのムガル朝とともに近代まで鼎立した。王朝期を通じて，アラブ，イラン，トルコ文化が熟成し，言語もアラビア語，ペルシャ語，オスマン語（近代化以前のトルコ語）が使用され成熟した。

2 近代化の原動力

　現代の中東におけるイスラームは，近代化・グローバリゼーションへの対応として厳格化した。中東のみならず，イスラーム圏のほぼ全域は17世紀から19世紀の間に西洋列強によって植民地化され，19，20世紀は他国による侵略・支配からの脱却が大きな課題となった。中東の全域はイギリス，フランス，イタリアの植民地・保護領・委任統治領になり，西アジアの一部は中央アジアを制圧したロシアの支配下に入った。

　国としての独立と，ムスリムとしてのアイデンティティの回復が闘われたこの時期に，中東で3つの新しいイスラームのあり方が生み出され，南・東南ア

▷1　イスラーム化
イスラームの教えや考え方が，スーフィー教団や商人の貿易活動を通じて，非イスラーム地域に伝播していくこと。通常，ある地域がイスラーム化すると，住民がイスラームに入信するだけではなく，イスラームがその地域の文化を通じて実践・表現されるようになり，イスラームの地域化が起こる。

▷2　アラブ，イラン，トルコの歴史，社会，文化については，大塚和夫編，1998，『暮らしがわかるアジア読本──アラブ』河出書房新社；上岡弘二編，1999，『暮らしがわかるアジア読本──イラン』河出書房新社；鈴木董編，2000，『暮らしがわかるアジア読本──トルコ』河出書房新社が最良の手引きである。

ジア，北東アジアなどの他のイスラーム地域にも大きな影響を与え，近代イスラームの潮流を生み出した。

新しいイスラームの担い手は，イスラームを近代に合わせようとした近代派，法学派（マズハブ）の改革を行った改革派ウラマー，各地域で発生した純化運動の理論的支柱となったサラフィー主義である。

イスラームは元来，聖職者と平信徒の区別がない宗教である。特に中東のアラブ圏ではその傾向が強い。宗教的な教えや社会的な価値観・礼儀作法について，人々に適切な知識や助言を供給するのは，ウラマー（知識のある人たち）と呼ばれる学者層である。彼らは，クルアーンやハディース，啓典解釈にまつわる知識とともに，人生や社会生活のさまざまな局面にかかわる法規定（フィクフ）の知識を身に付け，人々の必要に応じてそれを提供する。▶3

前近代的な伝統を無批判に繰り返し，旧説墨守だったウラマーに対し，20世紀前半には，ウラマー組織の改革，方法論の刷新，法学派間の相互参照，社会的ニーズへの配慮などを試みる新しい世代のウラマーが誕生した。その先駆けとなったのは，19世紀末のムハンマド・アブドゥらによるエジプトのアズハル学院・機構の改革で，これによってイスラーム圏全土から留学生を迎えるイスラーム諸学の牙城から，改革派の思想が輸出される土台が形成された。▶4

サラフィー主義（サラフィーヤ）は，ムスリム社会にマイナスをもたらした仕組みや習慣を，初期世代の体現していた純粋なイスラームからの逸脱（ビドア）として取り除いていく思考的枠組みである。ロールモデルとしてのムハンマド的生き方への同化を目指し，クルアーンの文言の字義的実践や，ハディースに記録されたムハンマドの言動を基準にしながら，「不純物」を取り除く態度・心性としてのサラフィー主義は，地域や法学派を問わず，一般の人々の間に浸透した。その一番厳格なものは，サウディアラビアのワッハーブ派（ワッハービー）である。

③ グローバリゼーションへのアンチ・テーゼ

サラフィー主義やワッハーブ派の影響がいち早く広がったエジプトでは，社会に根づく伝統と外見的・言動的に対立する近代的イスラームは，すでに日常の一部として定着した。全身黒ずくめで，顔を隠した女性にいちいち反応する人はもはやいない。激動の19, 20世紀の間に中東で生まれた近代的なイスラームは，各地に広がり，伝統的なあり方と摩擦を起こしている。外面主義・形式主義との批判をイスラームの内部から受けながらも，西洋や近代の非宗教的な文物に対抗する有効な方法としてグローバリゼーションの時代にいっそう伸長している。

（小杉麻李亜）

▶3 法規定は，ムハンマドや彼の弟子たちの実践が多様かつ臨機応変だったことと，法規定の抽出に学者の学説がかかわるため，幅が広い。規定抽出の方法論や解釈の違いによって学派が形成され，現存している主要学派にはスンナ派のハナフィー学派，マーリク学派，シャーフィイー学派，ハンバル学派，シーア派のジャアファル学派，ザイド学派がある。

▶4 さらにそこから知識の大衆化が起こり，ウラマーの供給する知が新たに登場した俗人説教師たちを通じて人々に届く最前線の様子は，八木久美子，2011，『グローバル化とイスラム——エジプトの「俗人」説教師たち』世界思想社に詳しい。

Ⅱ 世界の諸宗教

13 イスラーム(3)
アジアのイスラーム

▶1 フォーク・イスラーム
例えばタイ南部の農村では、イスラーム以前からの伝統的信仰である精霊崇拝に対し、精霊をクルアーンに登場する超自然的存在であるジンの一種と解釈することで、伝統的信仰とイスラームとの混淆を行っている例がみられる。また、マレーシアやインドネシアでは、イスラームでは禁止されているアルコール成分を含むタパイという食品が、結婚式などの伝統儀礼においてふるまわれることがある。

▶2 アル＝アクサー・モスク襲撃事件
聖地のひとつであるエルサレムの同モスクがキリスト教徒によって放火され、歴史的遺産が消失した事件。これをきっかけにイスラーム諸国の首脳会談が開催され、イスラーム協力機構（OIC）を組織することになった。

▶3 ダッワ運動
ダッワとは、本来はアラビア語で「招き入れること」の意味。東南アジア諸国で同種の運動が起きたため、各国語でのアルファベット表記が微妙に異なっており、それに対応して日本語表記でもダッワ、ダワ、ダクワ、ダアワ、ダーワなどの相違がみられる。

1 アジアのイスラーム諸国とムスリム

イスラームといえば、一般的には「中東の宗教」のイメージが強い。確かに7世紀の中東で誕生した宗教ではあるが、その信者（ムスリム）は世界に広がっている。例えば、ムスリム人口が1億人を超える国はインドネシア、パキスタン、インド、バングラデシュの4ヶ国で、いずれも東南・南アジアの国々である。また、マレーシアやブルネイのように、ムスリム人口比が50％を超える国、タイやフィリピン、中国のようにムスリムが特定の地域に住み一定の影響力を有している例もある。そのため、イスラームを理解するには、中東だけではなくアジアの現状も把握する必要があるだろう。

2 イスラームの普及と現在

アジアのイスラーム諸国のうち、東南アジアのインドネシアとマレーシアに注目してみたい。この地にイスラームが伝えられたのは、およそ14世紀から15世紀にかけてとみられている。インド洋から南シナ海にかけての海域世界は、中東・インドと中国を結ぶ東西交易が盛んな地域であり、アラブ・ムスリム商人、特にイエメンのハドラマウト地方出身のハドラミーと呼ばれる人々が交易品とともにイスラームをもたらしたと考えられている。各地の王国の国王の改宗をへて広く人々に普及したが、一部ではイスラーム以前の慣習などと融合して、独特のイスラーム（**フォーク・イスラーム**▶1）が実践されている。

こうした緩やかなイスラームの実践の流れを大きく変えたのが、1970年代以降のイスラーム復興運動である。第3次中東戦争（1967年）、**アル＝アクサー・モスク襲撃事件**▶2（1969年）、ソ連によるアフガニスタン侵攻（1979年）などの事件が発生し、ムスリムに衝撃を与えた。この結果、資本主義や社会主義、民族主義といった政治イデオロギーが後退し、代わりにイスラームがムスリムにとってのアイデンティティとして強調されるようになり、東南アジアでは、イスラームをより正しく実践することを目指す**ダッワ運動**▶3が発生した。具体的には、1日5回の礼拝の実行、断食、寄付、女性の**ヴェール**▶4着用、クルアーンの勉強会の開催など、日常生活の中でイスラームを実践することに主眼が置かれた運動である。

個々人のイスラーム意識の向上とその実践は、政治分野にも影響を与えた。

マレーシアでは，1981年にマハティールが首相に就任すると，イスラーム銀行や国際イスラーム大学の設立など，イスラーム化政策が次々と実施された。インドネシアでも，1967年に大統領に就任したスハルトは，当初はイスラームを政治から遠ざける立場をとったが，1990年代になると一転してイスラームとの融和路線を歩むようになった。

③ ハラール産業の興隆

ダッワ運動の影響は，今日，経済やビジネスの分野にも及んでいる。なかでも，イスラームに基づいた商品／サービスを提供するハラール産業が，近年盛んになっている。ハラール産業に含まれるものとしては，金融，食品・医薬品・衛生品，衣服や化粧品などのファッション，旅行・観光業などが挙げられる。このうち，イスラーム金融とハラール食品を見てみたい。

イスラーム金融は，融資や預金に伴う利子はイスラームに反するものとみなし，代わりに伝統的な契約の形態を応用した金融商品／サービスを提供している。例えば自動車ローンの場合，従来型銀行であれば，顧客は利子付で現金を借りて自動車会社に代金を支払う。他方，イスラーム銀行の場合は，イスラーム銀行が自動車を購入した上で顧客に利益を上乗せして再販売を行う形態をとる（ムラーバハ融資）。マレーシアでは1983年に，インドネシアでは1992年にそれぞれ初のイスラーム銀行が創業した。その後，保険，債券，投資信託など金融各分野に拡大している。このうち銀行業では，現在の市場シェア率はマレーシアで20％ほど，インドネシアでは約5％を占めている。

ハラール食品は，ブタ肉やアルコールなどムスリムに飲食が禁じられた原材料を用いず，なおかつ生産から流通，販売へと至る過程でこれらのものとの接触・混入を避けた食品を指す。インドネシアではインドネシア・ウラマー評議会食品・医薬品・化粧品検査機関（LPPOM MUI）が，マレーシアでは首相府イスラーム開発局（JAKIM）が，それぞれイスラームと食品科学の専門家による審査を実施して，ハラール認証を与えている。認証を取得した食品やレストランにはハラール・ロゴや認定証が掲げられており，ムスリムはそのような食品，レストランを積極的に選択・消費している。

ハラール産業が東南アジアで盛んな背景としては，所得水準の上昇とグローバル化によって商品／サービスの選択肢が増える中，日常生活の中でイスラームを実践するムスリムにとって，食の安心・安全志向の中に宗教も含まれることが挙げられる。また，企業側においても，東南アジアを生産拠点とすることで，中東・北アフリカや欧米の市場進出を狙っている。ハラール産業の興隆は，東南アジアのムスリムによるイスラームの実践を象徴的に表しているといえよう。

（福島康博）

▷4　ヴェール
クルアーンには「美しい部分は隠すように」（24章31節）との記載があるのみで，どのような布で体のどの部位を隠すべきかは不明瞭である。そのため，ヴェールの形状・名称には地域差があり，インドネシアではクルドゥンやジルバッブ，マレーシアではトゥドゥンの着用が一般的である。

▷5　ムラーバハ契約以外にも損益共有（ムダーラバ契約，ムシャーラカ契約），リース（イジャーラ契約），売買（イスティスナー契約等）などが融資に，用益権の取引（ワディーア契約）などが預金に，それぞれイスラーム銀行で用いられている。いずれも，利子を避けつつもイスラーム銀行に利益が生じる手法である。

参考文献
床呂郁哉・西井凉子・福島康博編，2012，『東南アジアのイスラーム』東京外国語大学出版会。

Ⅱ 世界の諸宗教

イスラーム(4)
ヨーロッパ・アメリカのイスラーム

1 現代世界のムスリム人口

　21世紀の現在，イスラームはもはや中東に特有の宗教ではない。ムスリムの過半数がアジア太平洋地域に居住し，ムスリム人口の上位4ヶ国はインドネシア，パキスタン，インド，バングラデシュといずれも南・東南アジアの国々である。同時に，長らく非イスラーム圏の中心であったヨーロッパ・アメリカでもムスリムの人口増加とともにその社会・文化・政治的な存在感が増している。ピュー・リサーチ・センターの調査によると，2010年には世界のムスリム人口の3％がヨーロッパ・アメリカに居住しており，西欧ではキリスト教に次いで第2の，北米ではキリスト教，ユダヤ教に次ぐ第3の宗教となっている。

2 西洋とイスラームの邂逅

　西洋とイスラームの大規模な接触は，イスラーム誕生時にさかのぼる。イスラームが勃興した7世紀には地中海地域に教父時代のキリスト教が存在し，またエチオピアのキリスト教国とも交流をもった。7～8世紀にイスラームの「大征服」が起きると，地中海地域のキリスト教圏は大きく後退した。11世紀末に，西欧諸国が十字軍による地中海東岸地域への遠征・植民活動を本格化させたのをきっかけに，ふたつの世界が衝突するようになった。この活動は，ローマ教皇の権威の下で13世紀末まで続いた。十字軍は対立だけではなく，西欧キリスト教（ローマ・カトリック）世界とイスラーム世界の文化的・学術的交流をももたらした。

　1453年，版図を拡大しつつあったオスマン帝国第7代スルタンのメフメト2世は，イスラーム誕生以来国境を接していたビザンツ帝国（東ローマ）の首都コンスタンティノープルを征服し，帝国を滅亡させた。その後，第10代スルタンのスレイマン大帝の治下で最盛期を迎えるまで，その勢力範囲は北アフリカ，バルカン半島，中央アジアに向かって拡大し続けた。今日のヨーロッパのイスラーム地域（アルバニア，ボスニア・ヘルツェゴビナ，コソボなど）では，オスマン朝崩壊（1922年）後にもムスリムが多数派として残存している。

　一方，ヨーロッパの西端，イベリア半島ではイスラーム時代が8世紀にわたって続いた。しかし，カスティーリャ王国やアラゴン王国などのローマ・カトリック諸国がレコンキスタ（国土回復運動）を推し進め，1492年にはナスル

▷1　十字軍を通じた邂逅や，イスラーム治下のイベリア半島での交流によって，最先端の諸科学（哲学，数学，天文学，医学等）がイスラーム圏から西欧に輸出され，14世紀から16世紀のルネサンスの土台が形成されたことは定説となっている。ターナー，H. R.，久保儀明訳，2001，『図説 科学で読むイスラム文化』青土社．

▷2　711年にウマイヤ朝の遠征軍が到達し，756年に後ウマイヤ朝が建って以降，イスラーム支配下に入ったイベリア半島は「アンダルス」と呼ばれ，東西の文化・学術が融合した文化が花開いた。

朝下のグラナダを陥落し，イスラーム勢力は西欧から駆逐された。

3 EUへ流入するムスリム労働者と新しいイスラーム

　中世に濃厚な関係をもったキリスト教圏とイスラーム圏は，コンスタンティノープル陥落（ビザンツ帝国滅亡）以降近世に入り，領土をめぐって直接的な政治的・軍事的接触を繰り返してきた。最終的に軍事的な成功を収めたのは，ヨーロッパである。17世紀から19世紀にかけて，イベリア半島やオスマン帝国の版図のみならず，ほぼすべてのイスラーム圏は西洋列強に植民地化され，諸王朝は解体された。

　近現代に入り，ヨーロッパとイスラーム諸国の関係は，旧宗主国と旧植民地，先進国と発展途上国の関係となった。イスラーム諸国から多くのムスリム移民が，経済的な機会を求めてヨーロッパを目指した。外国人労働者およびその家族として多くのムスリム人口を抱える国にイギリス，オランダ，ドイツ，フランスなどがあり，イギリスは総人口の約3％がムスリムで，旧植民地の南アジアからの移民が中心を占めている。オランダでは総人口のおよそ6％を占め，旧植民地（インドネシア，スリナム）とトルコ，モロッコからの労働者が多い。ドイツでは総人口の約4％で，トルコ系移民が大半である。

　フランスは全人口の5〜10％のムスリムがいると言われ，その大半はアルジェリアやモロッコからの労働者とその家族である。1980年代末から2000年代にかけて，公立学校において女子生徒がイスラーム風のスカーフを着用することを，ライシテ（世俗主義）の原則に反するものとして禁止したことから，「スカーフ問題」に発展し，大規模な文化摩擦が起こった。いずれの国でも労働者一家の定住化と第2世代の誕生に伴って，ホスト社会との間に社会・経済・文化的摩擦が避けがたくなっている。

　北米において，ムスリム人口は南アジアや中東からの移民によって増加するとともに，アフリカ系アメリカ人（黒人）が自己のルーツを祖先の宗教に求めて改宗するブラック・ナショナリズム運動が起こった。1930年にデトロイトにおいて結成された「ネーション・オブ・イスラーム」は，30年代にイライジャ・ムハンマド，50年代にマルコムXなどの活動によって拡大し，現在ではアメリカ最大のイスラーム組織になっている。

　1960年代後半からのニューエイジ運動などの中で，スーフィズムを通じてイスラームに改宗する白人改宗者も出始めた。2000年代以降には，9.11事件を契機に社会全体に「イスラモフォビア」が広がっている一方，アメリカ生まれでアメリカ育ちの，アメリカ文化以外をほぼ知らない新世代のボーン・ムスリムたちが，ほかのエスニックな出自をもつ若者たちと同じ社会に暮らしており，彼らにとってはイスラームを通じたポジティブな自己認識の模索が課題となっている。

（小杉麻李亜）

▷3　西洋が歴史を通じ，近現代にいたるまで，他者＝ムスリムをいかに表象し，その表象が支配の様式と結びついてきたかを詳論したエドワード・サイードの『オリエンタリズム』（1978年）は大きな議論を引き起こし，その後のポストコロニアル研究や論説に多大な影響を与えた。サイード，E. W.，今沢紀子訳，1986，『オリエンタリズム』平凡社。

▷4　近現代ヨーロッパにおけるムスリム移民の文化摩擦問題については，内藤正典，1996，『アッラーのヨーロッパ——移民とイスラム復興（中東イスラム世界8）』東京大学出版会；内藤正典，2004，『ヨーロッパとイスラーム——共生は可能か』岩波新書に詳しい。

II 世界の諸宗教

15 古代インドの宗教

1 古代インドの神々とヴェーダの成立

紀元前4000年頃インド北部に侵入し定住にいたった集団がいた。彼らは同時期にイラン高原に存在した集団と類似した信仰をもち、同系統とされる言語を話していた。そのインドに侵入した集団が保持していた各種神々への信仰形態が古代インドの宗教へと展開していったと考えられている。

それからさらに時代が下って紀元前1200〜1000年頃にその神々への讃歌（リチ）が編纂されひとつの文献としてまとめられる。それが現在『リグ・ヴェーダ』と呼ばれるインド最古の文献である。そこに登場する神々は自然現象や抽象概念などさまざまなものを象徴している。それら神々と人間の関係は、人間が祭式を行い供物を捧げるのに応じて神々は人間の願望をかなえるという互恵的なものである。神々はなんらかの恩恵を与えるという点で意義をもつ存在であった。

『リグ・ヴェーダ』に続いて神々への讃歌の旋律を主とする『サーマ・ヴェーダ』、祭式の細かな手順を記す『ヤジュル・ヴェーダ』、呪術のための讃歌を多く含む『アタルヴァ・ヴェーダ』の3ヴェーダが成立する。古代インドの宗教の展開において特に重要なのは各ヴェーダに含まれる「ブラーフマナ」と「ウパニシャッド」である。「ブラーフマナ」は祭式手順の詳細や由来、さらにその意義を記した文献である。そこでは祭式の細かな手順それぞれに意味をもたせ、祭式を実際に執行する祭官の役割を強調し、布施を強く勧める。そのような祭式重視の傾向により、『リグ・ヴェーダ』からみられた神々と人間との相互関係は、「ブラーフマナ」においては祭式によって神々や自然界を操作し望む結果を生み出せるという祭式万能主義にとりこまれていく。加えて死後の行き先に関しても正確な祭式執行や祭官への布施が重視された。それに対して次に続く「ウパニシャッド」では祭式の万能性に背を向ける思想家たちが現れる。

2 ウパニシャッドにおける輪廻思想の出現

「ブラーフマナ」における祭式手順の精緻化と意義づけが進展していく中、さらに紀元前6世紀頃から祭式の根拠を探り、死後の果報や救いについての考察が行われるようになった。その中で現れてきたのが「ウパニシャッド」と呼

▷1 知識の意。狭義には『リグ・ヴェーダ』『サーマ・ヴェーダ』『ヤジュル・ヴェーダ』『アタルヴァ・ヴェーダ』の4ヴェーダ「サンヒター」部分を指すが、広義には単一の文献ではなくさまざまな要素を含む文献群のことを言う。基本的な構成要素は本編に当たる「サンヒター」、祭式の手順とその意味を記す「ブラーフマナ」、祭式の説明に哲学的考察の加わった「アーラニヤカ」、哲学的考察を主とする「ウパニシャッド」の4つである。

▷2 雷を象徴する武勇神インドラ、自然法則や道徳規則の神ヴァルナ、供物を神々に届ける祭火を表す火神アグニなどさまざまな神々が登場する。

ばれる諸文献である。そこではウッダーラカ・アールニやヤージュニャヴァル
キヤといった思想家たちが祭式の意義にとどまらないさまざまな哲学的思索を
行っている。その中でも特に後代まで影響を与えた概念がふたつある。まず重
要なものが「最高の存在ブラフマンと個別の存在アートマンの同一性」である。
最高の存在としてのブラフマンの性格はヴェーダからブラーフマナにいたる過
程で確立してきた。それに対して個別存在の本質としてのアートマンについて
の考察が深まり，ついにはアートマンの正しい認識により，ブラフマンとの同
一性を認識できるという主張にいたった。それを受けて発達した「業と輪廻」
の発想もウパニシャッドにおいて初めて明確に示された重要な概念である。最
初期の「五火二道説」において生まれ変わりの様態と正しい知識によってそこ
から抜け出せることが説かれるが，アートマン概念の発展に伴い，生まれ変わ
り（輪廻）の主体たるアートマンと，輪廻の決定要因たる行為の結果（業）の
関係性が明確になっていく。そして輪廻からの解放である解脱はアートマンが
ブラフマンと同一であると知ることにより達成されると説かれる。

輪廻と知識による解脱の思想は望ましい結果を得るための祭式の重要性を相
対的に低下させ，ついにはヴェーダや祭式の権威自体を否定する思想家たちが
現れる。その中で台頭するのが仏教とジャイナ教であるが，どちらもウパニ
シャッドにおいて成立した思想を継承し独自に発展させていくこととなる。

③ バラモン階層と六派哲学

仏教やジャイナ教を中心とする新たな思想動向はヴェーダから続く伝統を背
負うバラモン階層に大きな影響を与える。ヴェーダの権威を認めない彼らとの
論争そしてウパニシャッド以来の問題の検討を経て，バラモンたちは自己の思
想の体系化を進め，六派哲学という言葉で総称される学派を形成し，あくま
でもヴェーダの無謬性と祭式の意義を認める立場に基づき，輪廻からの解脱に
ついて種々のアプローチをとっていく。六派の一つであるサーンキヤ学派では世
界の成り立ちを純粋精神と根本原質の二要素から説明し，またニヤーヤ学派は
正しい認識の追求のために論理学を発展させる。特に後代への影響の著しい
ヴェーダーンタ学派はサーンキヤ学派の二元論に対し，ブラフマンとアートマ
ンを本来は同一であるととらえた。この学派の最大の思想家であるシャンカラ
は本来同一の両者が別個であると誤って理解する「無明」こそが輪廻の原因で
あるとし，その無明を除くこと，つまり正しい知識を得ることにより解脱が達
成され，他のすべての行為はすべて無明に由来すると説いた。

ヴェーダからウパニシャッドを経てバラモンたちが形成してきたインドの宗
教は解脱を最高の目的としそれをいかに達成するかという問題意識が議論の基
盤となってきた。シャンカラはそれまでの議論を知識の最重視へと集約させた
が，解脱の要件についての議論は以後も続くこととなる。

（山畑倫志）

▷3 『チャーンドーギヤ・ウパニシャッド』に登場。実子との問答の中で最高で遍在する「有」が世界の原理であることを論ずる。

▷4 『ブリハッド・アーラニヤカ・ウパニシャッド』に登場。アートマンとブラフマンの定義とその同一性，業と輪廻の関係とそこからの解脱といった後代インド思想での重要な問題を論ずる。

▷5 人間は死後，月に行く・雨・食物・精子・母胎という5段階を経て再生すること，そして月に行く祖道の他にブラフマンにいたる神道があり，それは生きている間の行いにより決まるとする説。

▷6 「サーンキヤ」と「ヨーガ」，「ニヤーヤ」と「ヴァイシェーシカ」，「ヴェーダーンタ」と「ミーマーンサー」の6つを言う。

▷7 8世紀南インドで活動。諸ウパニシャッドへの注釈，ヴェーダーンタ学派の根本経典『ブラフマ・スートラ』への注釈などで後代に多大な影響を与えた。

参考文献
辻直四郎，1967，『インド文明の曙』岩波書店。
服部正明，1979，『古代インドの神秘思想』講談社。
早島鏡正・高崎直道・原実・前田専学・山口瑞鳳・鎌田茂雄編，1982，『インド思想史』東京大学出版会。

II 世界の諸宗教

16 ヒンドゥー教(1)
ヒンドゥー教の成り立ち

1 ヒンドゥー教の定義

「ヒンドゥー教」という概念は近代の産物である。「ヒンドゥー」(Hindu) という言葉は元来古ペルシア語でインダス川を意味した。その言葉が, 16世紀になると, 西南アジアから到来しムガル帝国を築いたムスリムたちによって,「インダス川の向こう (=東) 側に住む人たち」という意味で使われるようになる。19世紀になると, 大英帝国の支配下で植民地政府は南アジアの人口を宗教に基づいて分類した。ここでイスラームやキリスト教等の外来宗教に属しない人々を指す言葉として「ヒンドゥー教徒」というカテゴリーが造られた。したがって, ヒンドゥー教とは「インド亜大陸土着の宗教」といったほどの意味である。しかし, その内部にはさまざまな伝統が雑居しており, ヒンドゥー教徒と一口に言っても, 彼らすべてが受け入れる共通の神格, 聖典, 聖者は存在しない。この多様性を認識することがヒンドゥー教理解の第一歩である。

さまざまな伝統が複雑に入り組んだヒンドゥー教を体系的に理解することは困難であるが, その人為性を認識した上で, 行為, 知識, 帰依という3つの視点から分類を試みたい。

2 行為（カルマ）の道

ヒンドゥー教において最も古くて重要な聖典はヴェーダと呼ばれる。ヴェーダはサンヒター, ブラーフマナ, アーランニャカ, ウパニシャッドの4部から成立し, 現代でも口頭で伝承される。この伝承を担うのがブラーフマナ (婆羅門) と呼ばれる聖職者たちである。彼らはまた, 遅くとも紀元前12世紀頃からサンヒター, ブラーフマナに基づいた儀式を行うようになった。この儀式行為を紀元前2世紀から紀元後4世紀頃にかけて体系化したのがミーマーンサー学派であり, ヴェーダ儀式の遂行によるダルマ (法) の維持と追求こそが最重要とされた。この学派によると, ダルマは宇宙全体を支配し, 同時に社会を秩序立てる原理である。したがってそれを維持する儀式こそが最も大切であり, その儀式を担う聖職者が社会で最も上位であると主張した。この考えに基づいて社会が聖職者, 王族, 庶民, 隷民の四階級に分けられ, その区分を守ることが強調された。また, 儀式の催行によって死後に天界に到達することが人生の目的とされた。

▷1 サンスクリット語では「シンドゥー」(Sindhu) と呼ばれる。

▷2 「聖なる知識」という意味。「知る」を意味する語根 √vid から成立している。

▷3 カースト制度の起源となる考え方。文献上では, サンヒターのひとつであるリグ・ヴェーダ (10巻90篇) がこの4つの階級区分 (ヴァルナ) について言及している。それによると, この世界は神人の犠牲によって成立しており, その口から聖職者, 腕から王族, 太ももから庶民, 足から隷民が発生したとされる。

③ 知識（ギャーナ）の道

　紀元前6世紀以降発生したジャイナ教と仏教は，行為の道の根幹を成すヴェーダの権威，ヴェーダ儀式の効用，階級制の必然性をすべて否定し，大いに勢力を拡大した。またこれらの宗教は，ミーマーンサー学派が強調する天界の価値についても否定し，天界を含めた輪廻からの解脱を説いた。この影響を受けてヒンドゥー教では知識の道が発展した。この発展を代表するのがサーンキャ・ヨガ学派（4世紀頃〜），そしてシャンカラ（7世紀頃〜）によって創設されたアドヴァイタ・ヴェーダーンタ学派である。これらの学派は，社会生活の放棄によって俗世に対する執着を捨て，それによって輪廻からの解放（モクシャ／カイバルヤ）を獲得することを目指した。これらの学派では，本来の自己が永遠の存在（アートマン）であり，移ろい行く俗世とはなんの関わりもないことをまず知識として理解することが重視される。また，そのような理解を深める手段として瞑想を行うことが強調される。

④ 信愛（バクティ）の道

　知識の道においては基本的に自らの努力によって解脱を獲得しなければならない。しかし社会生活を放棄し，厳しい修行に従事し，俗世に対する執着を完全に捨てることはそれほど容易なことではない。これに関して，7世紀頃になると南インドにおいて神への信愛が説かれるようになる。自力では得難い解脱が全能の神の慈悲によって与えられるというのである。このような考えは紀元前後に成立したとされるバガヴァッド・ギーター（神の詩）にすでに説かれている。しかし南インド起源とされる信愛の道においては超越神に対する愛情が例えば少女の少年に対する恋心として描かれており，非常に個人的であることが特徴である。信愛の対象として最も人気を集めたのはラーマーヤナ（紀元前後成立）の主人公であるラーマや，バーガヴァタ・プラーナに描かれるクリシュナである。この信愛の道に神学的基礎付けを行ったのが南インド出身のラーマーヌジャ（12世紀）とマドヴァ（13世紀）である。彼らはシャンカラの一元論を否定し，神であるブラフマンと個々の生命体は本質的に異なった存在であると説いた。

　ヒンドゥー教というと日本人にはあまりなじみが無いように思われるが，その影響は主に仏教を通して日本の文化に深く根付いている。例えば弁才天，吉祥天は，それぞれサラスヴァティー，ラクシュミーというヒンドゥー神が原型となっている。あるいは仏教における護摩は婆羅門が行う火の儀式（ホーマ）に由来する。またヒンドゥー教に見いだされる自然信仰は日本の神道的感性に通じる点が多々ある。仏教や神道との違いを認識しつつヒンドゥー教について学ぶことは，より深い日本文化の理解につながるであろう。

（置田清和）

▷4　これらの学派が仏教やジャイナ教と異なるのは，ヴェーダの権威を受け入れ，階級制についても否定はしない点である。アドヴァイタ・ヴェーダーンタ学派ではアーランニャカとウパニシャッドに基づいて究極存在としてのブラフマン（梵）と個々の生命体との同一性が主張された。

▷5　信愛の道においては神像崇拝と神の名を唱える唱名が最も有効な修行方法であるとされる。

参考文献
上村勝彦，2003，『インド神話——マハーバーラタの神々』ちくま学芸文庫。
山下博司，2004，『ヒンドゥー教——インドという謎』講談社。
森本達夫，2011，『NKH宗教の時間　ヒンドゥー教の世界——その歴史と教え』（上）NHK出版。
Flood, G., 1996, *An Introduction to Hinduism*, Cambridge University Press.

II 世界の諸宗教

17 ヒンドゥー教(2)
ヒンドゥー教の現代的展開

1 世界宗教としてのヒンドゥー教

ヒンドゥー教は、インドを中心に、世界の約10億人の人々が信奉する宗教である。インド亜大陸の宗教慣行に由来する多様な民族宗教の総称として、植民地期の近代に英語を介してヒンドゥー教（Hinduism）と呼ばれるようになる。その人口規模や歴史的な影響の大きさから、今日では有力な世界宗教のひとつとなっている。◁1

歴史的なヒンドゥー教の広がりを見ると、アンコールワットやバリ島など、アジア諸国へのヒンドゥー教の伝播は、各地の地域文化に広範な影響を与えた。日本でも、弁財天（サラスヴァティー女神）や吉祥天（ラクシュミー女神）など、ヒンドゥー教に由来するさまざまな神様が見られる。現代のグローバルなポピュラー文化の領域では、インド音楽やインド映画、またヒンドゥー文化に淵源をもつヨガや菜食主義など、人々に親しまれる生活文化を生み出した。また、**ハレ・クリシュナ運動**◁2や**サイババ・ブーム**◁3など、ヒンドゥー教系の新宗教が、幅広く先進国にも信者を獲得し、さまざまな影響を与える事例も珍しくない。

インドにおける宗教別人口を見ると、ヒンドゥー教徒は約80.5%で多数派を占めるが、イスラーム教徒は13.4%（1億4000万人，Census of India, 2001）を占めている。また、キリスト教徒（2.3%）、スィク教徒（1.9%）、仏教徒（0.8%）、ジャイナ教徒（0.4%）など、インドでは多様な宗教が信仰されている。またイスラームを国教とするバングラデシュにはいまも1000万人を越えるヒンドゥー教徒が居住し、ネパールは王制が廃止されるまでヒンドゥー王国であった。

2 植民地近代とヒンドゥー教

ヒンドゥー教は、3000年以上の歴史をもつ聖典『ヴェーダ』に起源をもつが、それ以前のインダス文明や先住民の宗教慣行のさまざまな影響も見られる。歴史的には、紀元前5世紀以降の、仏教やジャイナ教の興隆に伴う古代バラモン教の再編を通して、今日のヒンドゥー教の原型が作られたとされる。

英語の Hinduism は、インダス川を意味するサンスクリット語 *sindhu* の、その周辺のムスリムでもキリスト教徒でもない人々を、ペルシア語で *hindu* と呼んだことに由来する。**オリエンタリスト**◁4と呼ばれる西洋の東洋学者や彼らと交流を深めたインド知識人の間で、インドの固有の宗教伝統を、キリスト教

▷1 ヒンドゥー教は、従来は、インド人の生まれながらの固有の宗教として、民族宗教と考えられてきた。しかし、歴史的なヒンドゥー教の各地への伝播やヒンドゥー教系の新宗教の広がり、ヒンドゥー文化のグローバルな影響の広がりなどから、現在では世界宗教（普遍宗教）のひとつと考えられている。

▷2 ハレ・クリシュナ運動
ベンガル地方のクリシュナ信仰に起源をもつヒンドゥー教の新興教団が、1966年にアメリカで布教を開始し、西欧の若者の支持を集め、世界的な宗教運動として展開したもの。

▷3 サイババ・ブーム
インド国内で幅広い信者を集める南インドのヒンドゥー聖者サイババが、インド系移民などを通して世界各地で信奉者を獲得し、1990年代には日本でもブームとなったもの。

▷4 オリエンタリスト
ヨーロッパ世界から見て、歴史的に西洋と対比される東洋世界を対象とする人文学的研究をオリエント学（東洋学）と呼び、それに従事する研究者をオリエンタリスト（東洋学者）と呼ぶ。近代のヨーロッパ世界のアジア・アフリカ地域への進出に伴い隆盛し、現地社会の理解に大きな影響を

との対比を通して，Hindu-ism ととらえなおしてゆく。

例えば，イギリス領期の1871-72年に開始され，10年おきに実施される国勢調査では，キリスト教や仏教などの主要な宗教とは異なる固有の宗教として，「ヒンドゥー教」の項目が設けられた。しかも，当初はシヴァ派（シヴァ神の信奉者），ヴィシュヌ派（ヴィシュヌ神やその化身の信奉者），シャークタ派（女神信仰の信奉者）など，キリスト教の宗派に対応した，ヒンドゥー教内部の宗派を分類する項目も設けられていた。

3 現代インド社会とヒンドゥー教

西洋の東洋学の知見を媒介に形成された近代の「ヒンドゥー教」は，やがてインドの人々によって，インドの固有の宗教伝統として再認識されてゆく。特に，出版などのメディアや教育・研究機関の発達，また植民地支配に対抗する民族意識の高まりに伴い，19世紀後半以降の宗教復興運動において，大きな影響を与えてゆく。

近代インドの宗教復興運動の先駆けとなったのは，社会改革家**ラム・モホン・ラエ**[5]が創設したブラフマ・サマージである。ラエは，迷信や儀礼主義に陥ったヒンドゥー教を改革し，本来の『ヴェーダ』の精神に立ち返ることで，キリスト教にも劣らない高い精神性を発揮できると考えた。その後，『ヴェーダ』の至上性を唱えたダヤーナンダ・サラスヴァティー（1824-83）はアーリヤ・サマージを創設し，ラーマクリシュナ・ミッションを創設したヴィヴェーカーナンダ（1863-1902）は，シカゴで開かれた世界宗教会議（1893年）で，世界宗教としてのヒンドゥー教の優越性を広く世界に紹介した。

しかし，イギリス領支配からの独立の過程では，植民地政府による宗教を利用した分割統治策もあり，国民統合の理念としてのヒンドゥー教の位置づけは繰り返し争点となった。ヒンドゥー教の理念を掲げる政治運動は，多様な宗教伝統との整合性が問われることになり，特に，世俗的なナショナリズムと対立する排他的な宗教運動は**コミュナリズム**[6]と呼ばれ，多数の犠牲者を生む宗派暴動をも引き起こした。世俗主義の理念を掲げるインド国民会議の運動は，マハトマ・ガンディー（1869-1948）らの指導のもとで，最終的に1947年にインドの独立を導いた。しかし，イスラームを掲げるジンナーのパキスタン運動と対立することで，インドはパキスタンとの分離独立を選択する。

独立後のインドにおいても，1992年の**アヨーディヤー事件**[7]や2002年の**グジャラート暴動**[8]など，宗教対立に由来するさまざまな暴動が起きている。近年では，世界各地で活躍するインド系移民の拠り所として，ヒンドゥー教のグローバルなネットワークが注目されているが，同時に多数派のヒンドゥー教徒とマイノリティ宗教との共存は，現代インド社会の大きな課題となっている。

（外川昌彦）

与えた。特に，植民地主義と結びつき，西欧世界の反面像として生み出された東洋世界の表象は，植民地支配の正統性の根拠を与えるものともなり，E. サイードによってオリエンタリズムと名付けられた。サイード, E., 今沢紀子訳, 1978,『オリエンタリズム』平凡社。

▷5 **ラム・モホン・ラエ**（1772-1833）
英語読みでは，ラーム・モーハン・ローイとなる。19世紀の啓蒙主義的思想家，社会改革運動家。宗教改革にとどまらず，カースト制度や寡婦殉死などの因習の打破，言論や政治制度の改革に取り組み，近代インドの父と呼ばれる。

▷6 **コミュナリズム**
日本語では，宗派暴動とも訳されるコミュナリズムは，通常の宗教対立とは異なり，インドでは世俗的なナショナリズムと対立する概念として用いられる。植民地支配に対抗し，国民国家を志向するインド人としての民族意識が高まる1920年代以降に，ナショナリズム運動から派生する形で，コミュナル暴動が頻発する。

▷7 **アヨーディヤー事件**
1992年のアヨーディヤー事件では，北インドの古都アヨーディヤーの歴史的なモスクをヒンドゥー原理主義者が襲撃・破壊することで，それが各地での宗派暴動へと発展し，多数の死傷者を生みだした。

▷8 **グジャラート暴動**
2002年のグジャラート暴動では，アヨーディヤーへの巡礼者を乗せた列車が放火されることで，各地での多数の死傷者を生む暴動が発生した。

Ⅱ　世界の諸宗教

ジャイナ教

1　ジャイナ教とその教義

　欲望を克服して一切知者となり，輪廻から解放された者のことを，古代インドの言葉で「ジナ」と呼び，その教えに従う者たちを「ジャイナ」と呼ぶ。英語の"Jainism"などはこれに由来し，日本では「ジャイナ教」という呼び方が一般的となった。

　ジャイナ教では，一定の周期ごとに24人の救済者が現れて人々を救うとされるが，23～24代目だけが歴史上の人物と考えられている。ジャイナ教が誕生した紀元前500年頃のインドには，それまで支配的だったバラモン教に対抗する多くの自由思想家が現れた。24代目の救済者マハーヴィーラもその1人であり，彼の両親は23代目の救済者パールシュヴァの信者であった。王族階級に生れたマハーヴィーラは30歳で出家し，厳しい苦行によって42歳で一切知者になり，72歳で涅槃に入ったとされる。ジャイナ教は，このマハーヴィーラがパールシュヴァの教えを改革し，その教団を吸収合併するような形で成立した。

　ジャイナ教もインドの他の宗教と同様，苦しみに満ちた輪廻からの解脱を目的としている。そして，その基本的教義は解脱の手段である正しい見解，正しい知識・認識，正しい行いという3つから成る。正しい見解とは，霊魂，非霊魂，業の漏入，業による束縛，業の遮断，業の滅尽，解脱という7つの真実を信仰することである。これらは，われわれの霊魂は善悪の行いによって漏入した物質的な業に束縛されるが，それを遮断し，滅ぼすことによって解脱に至るという一連のプロセスを示している。正しい知識・認識は，ジャイナ教の教義に関する知識と，われわれが外界の対象を認識する際の個々の認識とを指す。ジャイナ教では一切知者の認識以外は部分的なものであると考えるため，なんらかの命題を提示する際には「ある点から見れば」という言葉を付加すべきであるとする。このような複眼的な視点を用いる姿勢は「多面主義」「不定主義」などと呼ばれる。正しい行いは，殺さない，嘘をつかない，盗まない，性的行為を行わない，所有をしないという5つの戒めを守ることを基本とし，出家修行者はこれらを完全な形で，在家信者は部分的な形で守るべきとされる。ジャイナ教では，とりわけ生き物を殺さないことを重視して菜食主義を徹底しており，宗派によっては小さな生き物を誤って殺さないように，出家修行者が常にマスクを着用し，箒を携帯している。

▷1　ジナの別名で，古代インドの言葉では「ティールタンカラ」(苦しみの海を越えるための渡し場を作る人)。渡し場は，後述する男性・女性の出家修行者，男性・女性の在家信者という4つのグループから成る教団を指す。

▷2　司祭階級であるバラモンの宗教に対抗した自由思想家たちを沙門(しゃもん)といい，彼らの宗教は沙門宗教などと呼ばれる。それらの多くは衰退してしまったが，ジャイナ教と仏教は後代まで残った。

▷3　本来の名前はヴァルダマーナ。マハーヴィーラは「偉大なる英雄」を意味し，ジナ，ティールタンカラなどと同様，数多くある呼称の中でも代表的なものひとつである。

▷4　インドでは，善悪の行為により，苦楽の結果をもたらす業(ごう)が蓄積されると考えられている。仏教やヒンドゥー教の中には業を潜在的な力と考える立場が多いが，ジャイナ教では業を物質的なものと考える。

2 ジャイナ教教団の歴史

　マハーヴィーラの死後，教団は小さな分裂を繰り返し，その経緯に関しては諸説あるが，ある伝承ではおおよそ次のように述べられている。紀元前300年頃にマガダ地方で飢饉が起ったため，教団の一部が南へ移住し，12年ほどして戻ってくると，聖典と衣を着用する習慣とが定着していた。とりわけ後者は，所有に関する戒めという点からも容認し難いと考えられ，ここで現在までつながる白衣派（白い衣を身に着ける者たち）と空衣派（空間を衣として身に着ける，すなわち裸形の者たち）が成立することとなった。

　両宗派が見解を異にするその他の主な点としては，次の3つが挙げられる。①白衣派聖典の権威：空衣派では古い聖典はすでに失われてしまったと考え，白衣派が保持する聖典の権威を認めない。②一切知者の食事：一切知者は欲望を克服した超人的な存在であるが，白衣派では身体が残っている限り摂食等の生理的な現象を認め，空衣派ではそれを認めない。③女性の解脱：白衣派は女性の解脱を認め，19代目の救済者が女性であったと考えるが，空衣派では，女性は解脱に適さず，男性に生まれ変わらなければ解脱できないと考える。500年頃の南インドには，森では裸形を実践し，人前では布きれを身に着ける折衷的な立場も存在した。彼らは上記3つの点に関して白衣派寄りの立場をとっていたが，空衣派の中に吸収されてしまったと考えられている。

　白衣派，空衣派の両宗派とも，さまざまな改革運動を経ていくつかのサブ・セクトを生み出したが，大きく分けるとジナの尊像崇拝を認める立場とそれを認めない立場とがある。尊像崇拝を認める場合には必然的にそれを安置する寺院がある一方，それを認めない場合は寺院をもたない点が特徴的である。

3 現代のジャイナ教

　ジャイナ教は，インドの長い歴史の中で王室の保護を受けるなどして栄えた地域もあったが，現在の信者数は全人口の0.4%程度にとどまる。また，ジャイナ教の在家信者は教義上の理由により，なるべく生き物を傷つけない商売や金融業などの職業を選ぶ傾向があり，その道で成功した富裕な者も多い。そのためもあってか，昔から社会的，文化的に非常に大きな影響力をもっている。

　また，ジャイナ教徒の商人はインド国外でも活躍しており，世界各地に寺院やホールが建設され，宗派の違いを越えて共有されているところもある。しかしながら，出家修行者の海外渡航が困難なこともあり，これらは海外在住の在家信者の信仰生活を支えるためのものであって，新たな信者の獲得にはつながっていないようである。日本でも神戸，東京の御徒町，山梨県の甲府には宝石を扱う商人を中心としたジャイナ教徒のコミュニティがある。　（堀田和義）

▷5　いずれの宗派でも，教団は男性出家修行者と女性出家修行者，男性在家信者と女性在家信者という4つのグループから構成される。出家修行者は文字通り家を捨て，雨期の4ヶ月間以外は，食事を乞いながら自らの足で遊行を続けるという厳しい修行生活を送り，在家信者は主に経済的な面で出家修行者を支援する。また，宗派によっては，出家修行者と在家信者の間になんらかの予備的，中間的な身分を設けている。

参考文献

金倉圓照，1944，『印度精神文化の研究――特にヂャイナを中心として』培風館。
渡辺研二，2006，『ジャイナ教入門』現代図書。
Jaini, Padmanabh S., 1979, *The Jaina Path of Purification*, University of California Press.
Wiley, Kristi L., 2009, *The A to Z of Jainism*, The Scarecrow Press.

II 世界の諸宗教

19 スィク教

1 創始された宗教

スィク教は，中世北インドの神への信愛（バクティ）を説く宗教運動のなかで，ヒンドゥー教徒の家に生まれたナーナク（1469-1539）によって創始された。その教えを信奉する教団（パント）は，外からの抑圧への抵抗と内からの改革運動を通して強力に組織化され変革をとげてきた。ナーナクは，イスラームのスーフィーやヒンドゥーのサントやバクタと呼ばれる宗教家たちと交わるなかで，輪廻の生存を離れ解脱するためには，儀礼や苦行ではなく，聖典の読誦と神の名の憶念により，イク・オーン・カールたる唯一の神（グルー）に帰依し，その弟子（スィク：シシュヤ）として世俗の中で正直に生きる道を説いた。

2 信仰の柱（グルー，サンガト，パンガト）

グルーは本来の意味である導師として，初代のナーナクから始まり，その弟子や世襲の後継者たち10人の教主たちを指しても用いられる。グルーであるナーナクの残した言葉は，第3代グルーのアマル・ダースにより体系化され，第5代グルーのアルジャン・デーヴのもとで弟子のバーイー＝グルダースにより，カビール，ファリード，ラヴィダースらナーナクと同時代の宗教家たちの言葉を加えて根本聖典（アーディ・グラント）として編纂された。後継者を指名できなかった第10代グルーのゴービンド・スィングは，聖句（グルー・バーニー）こそ神の意志（フカム）を伝えるものであるとして，聖典をグルー＝グラント・サーヒブと呼び教主の位を与え，カールサー（純粋なる者：入門儀礼を受けた者）同胞団を教団の基礎として，カールサーとしての入門儀礼，スィング（男性）やカウル（女性）という信徒名，5つのKをシンボルとして身に着けることに代表される日常生活の規範を定めた。個人の信仰生活では，朝は日の出の3時間前に起床し，沐浴して，唯一の不滅の存在（アカーリー）たるグルーに思念を集中し，ワーヘ・グルーと神を讃え，定められた聖句を唱え，就寝前にも異なる聖句を唱える。スィク共同体の一員としては，礼拝所（グルドワーラー：神の家）で集団礼拝（サンガト）に参加する。

3 抑圧や迫害への抵抗と改革運動の歴史

ナーナク・シャーヒーやナーナク・パンティーと呼ばれ，穏やかな平等主

▷1 権威の正統性をめぐり宗派により聖典と認められない第10代グルー＝ゴーヴィンド・スィングに帰せられる『ダサム・グラント』（10番目の聖典），弟子のグルダースとナンダラールによる讃歌集，ナーナクの伝記『ジャナム・サーキー』と行動規範を示す『ラヒット・ナーマー』も聖典に次ぐ権威をもつとされる。

▷2 5人のスィク教徒の立会のもと，鋼鉄製の鉢に入った甘露を混ぜた水を，両刃の剣でかき混ぜつつ，聖句を唱えて飲み干すこと。

▷3 ケーシュ（毛を剃ったり切ったりしないこと），カンガー（髪の毛を整えるための木櫛），カラー（右手首にはめる鋼鉄製の腕輪），キルパーン（悪や不正と戦う勇気を示す短剣），カッチャー（純潔を示す短いパンツ）。

▷4 礼拝所では，身分や性差や信奉する宗教の区別なく，手足を浄め，髪を覆い，覆いをかけて玉座の上に据えられた聖典を前にして座り，聖典を読誦することで神を讃え，ハルモニウム（小型オルガン楽器）とタブラの伴奏を伴って読誦者（ギーティー）により歌われる讃歌（キールタン）

義・同胞主義を掲げた宗団は、ムガル皇帝ジャハーンギールの迫害により殉教した父の後を継いだ第6代グルーのハル・ゴービンドが携えた神性（ピーリー）と世俗的指導者性（ミーリー）を象徴する2本の剣を旗印に、宗団防衛のために武装化していく。18世紀末から19世紀初めにかけて、パンジャーブと近隣地域を統合したランジート・スィングのスィク王国は、近代的軍備とムガル帝国時代の行政組織により自治権を保持したが、2度の戦いの後1849年には植民地政府に併合される。こうしたなかで、1873年にアムリトサルにスィング・サバーが設立され、失われたスィク本来の姿をとりもどす復古主義的改革運動が各地で展開された。またスィク政党アカーリー・ダルも改革回復運動を進め、1925年のグルドワーラー法により、各地の礼拝所の自治管理権をとりもどし、スィク教徒の定義づけが成文化された。だがその結束も、イギリス統治下に生まれ勢力をもってきた新しい構成員としての農民ジャート族などの社会集団と他のスィク教徒との対立により不安定化した。分離独立により大きな代償を払わされたパンジャーブでは、スィク教徒の権益を守るための独立州創設を求める運動が、パンジャーブ語を母国語とする人々のパンジャーブ州設立運動へと形を変えて展開され、インド・パキスタン戦争での軍事協力に応える形で1966年にパンジャーブ州が誕生する。けれどもスィク教徒のための国家カーリスターン分離独立をもくろむ急進派は、1984年の黄金寺院占拠への政府軍の介入▷5やその報復としてのインディラ・ガーンディー首相暗殺を引き起こし、現在でもその動きは内外でくすぶりつづけ、さまざまな問題を引き起こしている。

4　現代のスィク教コミュニティ

インド国内では全人口の1.9％という少数派にすぎないが、パンジャーブ州の人口の60％を占め、勤勉さと努力を重視し、教育水準も高く、世界各地で活躍するスィク教徒人口は2000万人を越える。1950年に制定された「スィクとしての行動規範としきたり」には、スィクとは「唯一なる不滅の存在者、グルー＝ナーナクから始まる10人のグルたち、グルー＝グラント・サーヒブ、10人のグルたちの言葉や教えを信じること；第10代グルーによって創始された入門儀礼を経て信徒の仲間入りをすること；ほかの宗教に忠誠を誓わないこと」と定義されるが、すべてが受け入れられているわけではない。ディアスポラ・コミュニティが直面しているのは、堅固な教団組織と行動規範をもつ本国のスィク共同体との関係性、コミュニティ内部に現存する生まれや階級に基づく差別や過去の歴史認識の違いによる内部圧力、外見的シンボルによる差別という外▷6からの敵意との闘いも含めて、アイデンティティをどのように保ち、いかに若い世代に継承していくかという問題である。

（榊　和良）

を聴く。そして共同食卓を囲む食堂（ランガル）では、奉仕によって用意された無料の食事を一列にすわって共にすること（パンガト）で、信徒も信徒以外の者も相互の絆を深める。日常生活での実践徳目は、神への祈り、正直に働くこと、喜捨、神と他者への奉仕を実践することなどにある。

▷5　パンジャーブ州アムリトサルにある人工的に作られた甘露の池（アムリト・サローヴァル）に建つハル・マンディル（黄金の寺院）。屋根が金メッキした銅板で覆われていることからこの名がある。この池がアムリトサルの名前の由来ともなった。カールサーの大本山であり、スィク教徒の最大の巡礼地となっている。

▷6　男性スィク教徒を特徴づけるターバン着用をめぐって、ディアスポラ社会では、就学や就職に不利益をこうむる場合も生じていて、人権問題として議論が続いている。

参考文献

コール, W. O., サンビー, P. S., 溝上富夫訳, 1986,『シク教——教義と歴史』筑摩書房。

コウル・シング, N-G., 高橋堯英訳, 1994,『シク教』青土社。

井坂理穂, 2013,「〈研究ノート〉近現代インドの政治・社会変容とスィク・アイデンティティ」『現代インド研究』3: pp.171-189。

Ⅱ 世界の諸宗教

インド仏教

▷1 2001年国勢調査による（http://www.censusindia.gov.in/）。なお，2001年時点でのインドの総人口数は10億2861万328人。

▷2 その差別性と違法性から，現在，インドの公的な場において，「不可触民（Untouchable）」という語が用いられることはきわめて稀である。替わって，行政用語である「指定カースト（Scheduled Caste）」，あるいは，自称として登場した「ダリト（Dalit，抑圧された者たちという意味をもつ）」が，通常，用いられている。

▷3 進取の気質をもつ藩王たちより奨学金を受けたアンベードカルは，米英への留学の機会を得ることができた。苦学してアメリカ・コロンビア大学とイギリス・ロンドン大学の二校で博士号を取得したアンベードカルは，弁護士資格ももっていた。

▷4 こうしたアンベードカルの過激な行動は，ヒンドゥー教徒からは怒りと強い反発を招き，また他宗教指導者からは，改宗先としての自宗教への勧誘合戦を引き起こした。

▷5 アンベードカル，B. R., 山際素男訳, 2004,『ブッダとそのダンマ』光文社新書。

▷6 しかし同時に，従来の仏教教義の解釈を大幅に

① 現代インドにおける仏教

　仏教生誕の地としてその名が通っているインドであるが，現代インドにおいて，仏教徒の数は，全人口のおよそ0.77％（795万5207人）にすぎない[1]。もっとも，国勢調査が正確に現実を反映しているわけではなく，ある一定の留保が必要ではあるが，しかし，大多数（約80.5％）を占めるヒンドゥー教徒に対して，仏教徒がマイノリティであることは間違いない。

　紀元前5世紀頃，北インドに起こった仏教は，紀元前3世紀のマウリヤ朝・アショーカ王時代の興隆後，部派仏教，大乗仏教へと展開を果たした。その後，ヒンドゥー教の攻勢から密教化していき，12世紀末～13世紀初頭のイスラーム教徒による進攻と他宗教排斥のなかにおいて，ヒンドゥー教に取り込まれるかたちで，インドにおける仏教の姿は後景に退いていった。

　こうした人口の数的状況・歴史的経緯と現状のなか，いわゆるカースト制度の最下層に位置するとされる「不可触民」[2]たちが，ヒンドゥー教から仏教へと改宗を行うケースが，近年，増加してきている。現代インドにおける不可触民の仏教改宗という状況および現象に関して，以下，記していきたい。

② アンベードカルによる大改宗

　そもそも，不可触民たちの間で仏教改宗の動きが生じ始めたひとつの大きな契機は，1956年10月14日に遡る。この日，1人の人物が，インドのほぼ中央に位置する都市，マハーラーシュトラ州ナーグプル市において，数十万ともいわれる不可触民たちを従えて，僧侶に続き，朗々と仏教の誓句「三帰依五戒」を唱えていた。彼の名は，ビームラーオ・ラームジー・アンベードカル（1891-1956）。現代インドにおいてもなお，不可触民たちから，あまねく「バーバーサーヘブ・ドクター・アンベードカル（偉大なる父祖，アンベードカル博士）」と崇敬の念をもって呼ばれる，生涯，不可触民解放に尽力した指導者である。

　アンベードカルは，マハーラーシュトラ州の不可触民カーストのひとつ，マハールに出自を有する。稀有で顕著な学歴と資格を背景に[3]，アンベードカルは，不可触民解放のための諸活動に専心した。不可触制／不可触性の元凶をヒンドゥー教にみたアンベードカルは，1927年，公衆の面前でヒンドゥー教の古法典『マヌ法典』に火を放ち，1935年には，ヒンドゥー教棄教宣言をなすにいた

った。独立インド初代ネルー内閣の法務大臣を務め，また，インド憲法起草委員会委員長をも務めたアンベードカルは，政治的活動に基づく不可触民の地位向上（不可触制の解決）を目指しながら，それでも根深く残存する差別意識の変革（不可触性の解消）を求めて，棄教宣言から20年もの熟考の末，1956年，ついに歴史的な一歩となる仏教への大改宗式を遂行することになった。

不可触制／性からの解放を目指したアンベードカルの仏教理解と解釈は，遺著『ブッダとそのダンマ』から読み取ることができる。この書物は，ブッダの生涯と教えを一冊にまとめ，また，因習的な仏教解釈を否定して，人道主義と科学に根ざした議論を展開するために著されたとされる。ここには，仏教に関するアンベードカルのイデオロギーの粋が集められている。

3 現代インドにおける仏教運動の拡充と課題

最後に，現代インドにおける仏教運動のグローバルに拡充する動きと，インド国内において運動が直面する課題について触れておきたい。まずグローバルな展開を見せる動きとして，イギリス人僧侶サンガラクシタ（Sangharakshita）が創設した，「西洋の仏教徒友の会」（FWBO），およびそのインド国内における活動組織である「三界の仏教徒大僧伽の友の会」（TBMSG）を挙げることができる。また，日本人僧侶である佐々井秀嶺の精力的な活動も挙げられる。

こうしたグローバルに広がる動きに対して，インド国内において仏教運動および仏教徒が直面している課題は少なくない。まず，特に1990年代よりインドを席巻しているヒンドゥー至上主義者との緊張をはらんだ関係性が指摘できる。すなわち，他宗教への改宗に，時にきわめて暴力的で苛烈な反応を見せるヒンドゥー至上主義者に，いかに対するかが問われているのである。

またより具体的でローカルな場での問題として，親族・姻族・地縁関係において，仏教に改宗した人々とヒンドゥー教徒である人々との間に，宗教儀礼の実践などにおいて，少なからぬ齟齬が生じてくる状況がみられている。インドの宗教的な儀礼や祝祭礼は，人々の関係性の構築・再構築・維持において，非常に枢要な機会となっている。仏教徒の人々は，ブッダ生誕祭やアンベードカルの改宗記念日などの仏教的儀礼を祝い，行いながら，家族内で完結するヒンドゥー教的儀礼は行わない。しかし一方，親族・姻族間において，あるいは地域コミュニティにおいて行われるヒンドゥー教の祭礼や儀礼には，しばしば参加し，共同する仏教徒の姿を認めることができる。仏教徒たちにとっては，こうした親族・姻族・地縁の関係性をめぐる不断の交渉こそが，より切実にまた不可避に，日々直面する問題であるといえるだろう。

（舟橋健太）

▷4 逸脱し，また時に否定的にとらえているとして，当時の仏教教団組織からは強い批判を受けることになった。

▷7 Friends of Western Buddhist Order, 1967年創設。同会は，2010年に「三宝仏教徒の会（Triratna Buddhist Community）」に改称した（https://thebuddhistcentre.com/）。

▷8 Trailokya Bauddha Mahasangha Sahayaka Gana, 1978年設立。

▷9 TBMSGは，マハーラーシュトラ州を中心に，仏教改宗，教育事業，職業訓練，人権保護活動などに積極的に従事している（http://www.tbmsg.org/）。

▷10 アンベードカルの後継を自認する佐々井は，ナーグプル市を中心とした仏教改宗運動と並行して，ボードガヤーの大菩提寺権利獲得（回復）運動，仏教遺跡発掘事業など，多彩な仏教活動に従事している（佐々井秀嶺，2010，『必生 闘う仏教』集英社）。

▷11 キリスト教やイスラームへの改宗に対する反応に比べると，仏教へのそれは，現在のところ，それほど問題視されていないといえる。人口規模的な理由もあるだろうし，また，そもそも仏教はヒンドゥー教の一派にすぎないとする認識ゆえとも考えられよう。

▷12 ボードガヤーにおける大菩提寺の権利をめぐる争いなど，権益関係が如実に表面化した場合，あるいは仏教徒側からの強い自己主張がなされた場合，ヒンドゥー教徒からの熾烈な反応がなされるであろうことは想像に難くない。

Ⅱ 世界の諸宗教

21 仏教(1)
仏教の成り立ち

紀元前5世紀頃になると，クシャトリア（武士階級）の間に，古代インドの宗教であるバラモン教を否定し，司祭者階級であるバラモンやヴェーダ聖典の権威を認めない自由な思想が出現した。その代表的なものがヴァルダマーナの開いたジャイナ教とゴータマ・シッダールタの開いた仏教である。

1 ゴータマ・シッダールタのさとり

当時のインドはコーサラ国やマガダ国といった大国のほか，小都市の国家が存在していた。そのひとつカピラヴァストゥにはシャカ族が住んでいた。仏教はその太子として生まれたゴータマ・シッダールタが開いた宗教である。仏教とはブッダ（仏陀）すなわち覚者（悟りを開いた者）の教えであり，ゴータマ・シッダールタは悟りを開いた者という意味でブッダと呼ばれた。また，シャカ族の尊者という意味でシャカ・ムニ（シャカ族の尊者）とか，単にシャカとか呼ばれている。現在の日本の学界ではその生没年は紀元前463年〜同383年とされている。

シャカの生まれについては，生まれてすぐに四方に七歩ずつ歩み，右手で天を，左手で地を指さして，「天上天下唯我独尊」と言ったなど伝説的に語られている。シャカは29歳のときに太子としての安楽な暮らしを捨て，出家して修行者となり，6年間の苦行を行ったという。しかし，苦行によってさとりは得られず，苦行を捨てた。シャカは快楽主義にもよらず，苦行主義にもよらず，中道を選びとり，ブッダガヤの菩提樹の下で瞑想の末，大悟したという。

シャカの悟りの内容は四諦八正道という語で示される。四諦とは4つの真理をいい，人は苦にさいなまれていること（苦諦），それは人のもつ欲望（渇愛）が原因となっていること（集諦），その欲望を滅ぼせば苦はなくなること（滅諦），それにはそれにふさわしい8つの正しい実践があること（道諦＝八正道）である。また，シャカの教えには世界のありかたを示す三法印がある。ありとあらゆるもの，諸々現象は常ならぬものであるという諸行無常，存在するすべてのものはわがものではないという諸法無我，そう理解することによって苦悩を脱し，理想的な宗教的境地に達するという涅槃寂静の3つである。これに一切は苦であるという一切皆苦を加えて四法印といわれることもある。

シャカの教えにはすべてのものは他との関係が縁となって存在しているのであるという縁起観もある。

▷1 日本で4月8日に行われる灌仏会（花祭）は釈迦の誕生を祝う行事で，草花で飾った花御堂に置かれた誕生仏に甘茶をかけて祝われる。

2 仏教の歴史的な展開

　シャカのもとに集まった弟子たちによって原始仏教教団が形成された。弟子は出家者と在家に分けられ、出家者には規律のある厳しい生活が求められ、在家の信者も**五戒**を守り、仏と法と僧の三宝に帰依することが求められた。シャカの入滅後には釈迦生存中の教えをひとつにまとめる意図から結集（けつじゅう）といわれる経典編集が行われ、ブッダの教説（経）・教団の戒律（律）・経典の研究（論）の三蔵が整備された。仏滅後、約100年を経た頃、教団内部の対立から保守派の上座部と革新派の大衆部に分裂した。この2派は紀元前100年頃までの間に上座部12派、大衆部8派の計20部多数の部派に分裂した。このように幾つもの部派からなる仏教は部派仏教と呼ばれ、各部派ごとに経典の編集が行われ、その注釈研究が行われ、戒律が保持された。部派仏教の中で最も有力であったのは上座部系の説一切有部である。

　1世紀頃になると、仏教内でひとつの精神運動が起こった。大乗仏教である。大乗仏教は2～3世紀に出たナーガール・ジュナ（竜樹）によって大成された。竜樹は空の思想（空観）を重視し、有無の両端を排して中道を説き、その系統は中観派と呼ばれた。4世紀になると無著と世親らにより唯識説が大成された。唯識説では五感と意識の六識に加え、思量のはたらきのあるマナ識とさらに根本にあるアーラヤ識があると考え、現実の諸現象やあらゆる存在はアーラヤ識を離れては存在しないという。

　インドでは320年にインド人によるグプタ朝（～520）が成立するとバラモン教が復興した。しかし、バラモン教には多くの俗信や民間信仰が流入しており、以前のものと区別してヒンドゥー教といわれている。仏教にも種々の俗信的要素が流入して密教が成立し、7世紀にはインドのほぼ全域が密教化する。

3 仏教の地域的な展開

　インドで発生した仏教はアジアを中心に、各地へ伝播していった。すでにマウリヤ朝のアショーカ王（紀元前268～232在位）の時代にスリランカには上座部仏教が伝えられた。

　仏教はシルクロード沿いにある中央アジアの都市国家に伝えられ、紀元前後には中国にも及んだ。部派仏教と大乗仏教それぞれが中央アジアと南海航路経由で中国に伝えられた。しかし、5世紀の初めに中国に来た鳩摩羅什らにより大乗仏教が伝えられると、中国と中国の影響の強かった東アジアでは大乗仏教が信仰されるようになった。このほか、東南アジアには5世紀頃から大乗仏教が入ったが、現在は上座部仏教が主流である。また、チベットには7世紀頃に仏教が輸入されたが、その頃のインド仏教は密教化していたため、密教中心の仏教がチベットでは信仰されるようになった。

（河野　訓）

▷2　**五戒**
五戒とは不殺生戒・不偸盗戒・不邪淫戒・不妄語戒・不飲酒戒である。Ⅱ-22　▷5も参照。

▷3　分裂の直接の原因は金銭の布施を認めるなど、ヴァイシャーリーのヴァッジ族の出家者が唱えた従来の戒を緩和するかたちの十の事柄（十事）を、戒に厳格な長老たち（上座の出家者）が認めなかったことによるとされる。

▷4　多川俊映、2013、『唯識入門』春秋社。

▷5　密教では攘災招福（災いをはらい、福を招く）の呪法であるマントラ（真言）が用いられるなど、純化・理論化がすすみ、中国の唐や日本、チベットに伝えられた。

▷6　Ⅱ-22　▷1参照。

参考文献
奈良康明ほか編、2010-2011、『新アジア仏教史』（全15巻）佼成出版社。

Ⅱ 世界の諸宗教

22 仏教(2)
上座仏教

▷1 上座仏教

上座仏教は Theravāda（テーラヴァーダ）仏教の日本語訳。上座部仏教という表記もある。部派仏教のことをかつては小乗（Hīnayāna：ヒーナヤーナ）仏教とも呼んでいたが、これは大乗仏教からの貶称であり、上座仏教側の自称ではない。

上座仏教は、南アジアと東南アジア、具体的にはスリランカとミャンマー、タイ、ラオス、カンボジアの5ヶ国を中心圏として広がっている。さらにバングラデシュ、中国雲南省、マレーシア、インドネシア、ベトナム南部など周辺地域の一部でも、上座仏教が地域社会に根付いている。また、上座仏教は今日ではグローバル化した宗教となっている。例えば、諸外国には、スリランカ・東南アジアからの移民向けの寺院が設立されている。さらに少数派ではあるが、上座仏教の中心圏を訪れて出家生活を営む外国人もいれば、アジア諸国や欧米諸国で、現地人向けの上座仏教集団が形成されてもいる。

1 上座仏教の歴史

上座仏教は、古代インドで生じた上座部と大衆部の分裂における前者とのつながりがあるといわれているが、歴史的には不明な点も多い。現存の上座仏教は、紀元前3世紀頃にインドのアソーカ王（アショーカ王）がマヒンダ長老をスリランカに布教師として派遣したことに始まるとされる。これによりスリランカに大寺（マハー・ヴィハーラ）が設立された。この時期には、サンガミッター長老尼もスリランカを訪れ、比丘・比丘尼双方のサンガの伝統が伝わったが、比丘尼サンガの伝統は11世紀頃に途絶えてしまった。

スリランカではその後、教団が分裂しその一部は密教を含む大乗仏教の影響を受けた派もあった。5世紀には大寺（マハー・ヴィハーラ）派において、インドの僧侶ブッダゴーサが『清浄道論』やその他の注釈書を執筆し、現存する上座仏教の教理解釈の基盤をつくった。12世紀にパラークラーマ・バーフ1世がスリランカで絶大な権力をもち、上座仏教諸派を大寺（マハー・ヴィハーラ）派に統合し、聖典の結集を行い、僧団規約ならびに僧団長のサンガラージャの役職を制定した。ここに王権によるサンガ統治と、仏教を後ろ盾にした王権といった、上座仏教王権の統治モデルが構築され、東南アジア大陸部の国々に受容されていった。

ただし東南アジアへの上座仏教伝播は、すでに5～6世紀には始まっていたようである。とはいえ当時は、大乗仏教やヒンドゥー教なども混在しながら混沌としたインド文化の受容が行われていた。その後11世紀から14世紀にかけて、ミャンマー・タイ・ラオス・カンボジアといった今日の東南アジア大陸部の諸国家につながる諸王朝において、上座仏教が統治政策や理念の中心として積極

的に取り込まれ，正統とされた大寺（マハー・ヴィハーラ）派を受容すべく，東南アジア大陸部の諸王朝はスリランカへの僧侶派遣や，スリランカ僧侶の招請を行うようになった。

16世紀以降，スリランカはヨーロッパ諸国により植民地化され仏教が衰退した。東南アジア大陸部でも，タイを除く諸王朝は19世紀半ばよりイギリスやフランスの植民地となり，仏教への支援は限られていった。スリランカでは，18世紀半ばから19世紀初頭にタイやミャンマーの王朝の支援で，サンガの復興が果たされ，19世紀末には近代化された仏教とナショナリズムを基盤とした独立運動も現れた。植民地化された諸国は第2次世界大戦後に独立を果たした。その後宗教・民族紛争や，共産主義・社会主義化などによって内戦状態に陥った国も多かったが，現在は大きな紛争は終結している。

❷ 上座仏教の教説と実践

現存する上座仏教は，スリランカのマハー・ヴィハーラ派の系統を引き継ぐものである。仏法僧（ブッダ，仏教の教え，僧侶）の三宝が帰依の対象であり，寺院本堂の本尊仏のほとんどはブッダ（釈迦如来）となっている。聖典はパーリ語で記された三蔵（経蔵・律蔵・論蔵）であり，註釈書による教学の伝統も厚い。四諦の教えを**八正道**や**三学**の実践を通して体得し，自己へのとらわれを乗り越え，苦や輪廻的存在を超克した涅槃に達することが究極の目標となる。

仏教徒は，剃髪のうえ黄衣を着用し独身出家者として修行する僧侶と，一般の在家者に区分される。僧侶は特別な存在として敬意を払われる。男性の正式な僧侶である比丘は227条項の戒律を持し，20歳未満の見習僧である沙弥は十戒を持つこととなっている。僧侶が持する戒律は，修行の基本であり，また正式な出家者資格や宗教者の資質を表す重要なものである。ただし，すべての出家者が一生涯僧侶であるとは限らず，タイやミャンマーでは，短期的な出家の慣行もある。

現在，上座仏教圏の各国で国別の出家者組織（サンガ）が形成されている。国によって宗派の数は異なる。ただし宗派といっても教えや聖典は同一であり，むしろ派閥に近い。

在家者の基本的な信仰と実践は，出家者への寄進，仏教儀礼の支援と参加，折々に**五戒**・**八戒**（八斎戒）実践などを通して功徳を積み，良き将来や来世を得ること，良き社会をつくることにある。瞑想や説法拝聴も功徳積みになる。また僧侶が作成した護符や聖水による守護力を求めたりもする。功徳は儀礼を通じて回向され，死者や生きている者と共有されるとも言われている。パリッタと呼ばれる護呪経典の朗誦儀礼も盛んである。地域の神々や精霊にも祈願をする仏教徒も多く，仏教信仰と神霊・精霊信仰は共存する面も多い。

（矢野秀武）

▷2 八正道
八正道は，正見，正思，正語，正業，正命，正精進，正念，正定といった，苦を滅するための8つの実践。

▷3 三学
三学は，戒学，定学，慧学といった3つの基本的修行項目。

▷4 なお，比丘尼の伝統が途絶えたため，女性が正式な僧侶である比丘尼になることは原則としてできないが，近年，比丘尼復興運動がスリランカやタイを中心に広まってもいる。また比丘尼ではないが，剃髪し白衣をまとい寺院で出家修行を営む女性もいる。

▷5 五戒
五戒とは，不殺生戒，不偸盗戒，不邪淫戒，不妄語戒，不飲酒戒からなる5つの戒め。身心を清らかにして適切な社会関係を築くための基本的な実践項目であり，主として在家者が実践する。出家者の律と違って罰則を具備した集団の規則ではなく，徳目や努力目標といった位置づけになる。

▷6 八戒
八戒（八斎戒）は，五戒以外に，装身具を身に着けたり歌舞音曲を楽しんだりせず，寝台に寝ず，昼食以後に食事をとらないといった，3つの戒を加えたもの。

II 世界の諸宗教

23 仏教(3)
大乗仏教

1 部派仏教と大乗仏教

　大乗仏教は1～2世紀頃，インドで発生した仏教で，竜樹によって理論的に大成された。発生の過程については種々の議論がある。大乗仏教ではそれ以前の正統な仏教が自分の悟りを求めて煩瑣な仏教哲学を追求していた点を批判して小乗仏教と表現した（現在は部派仏教と呼ばれている）。部派仏教では悟りをひらいた釈迦すなわち仏陀のみが真実の師であり，悟りに到達できたとし，修行者はアラカンとなることを目指して修行する。一方，大乗仏教は自分の悟り（自利）だけを求めるのではなく，自己を悟りの境地に到達させるとともに，慈悲の精神に立って多くの人々を苦から救う（利他），すなわち理想とする彼岸の世界に乗せて運ぶ大きな乗り物であるという意味で大乗仏教と称した。己の悟りをおいてでも他者の救済のために奉仕することを理想とするいわゆる菩薩思想（菩薩道）が説かれ，これを実践する人々を菩薩と呼んだ。菩薩の徳目としては布施・持戒・忍辱・精進・禅定・般若（智慧）の六波羅蜜が説かれた。

　大乗仏教では，部派仏教の仏陀観とは異なり，仏陀を俗界を超越し，人間とはかけ離れた存在としてとらえている。その仏陀が地上世界に釈迦として現れたと考えている。とはいっても，大乗仏教のいう菩薩道の実践は難しく，自分が菩薩になるのではなく，諸仏・諸菩薩を信仰して帰依し，それによって救われると考えられるようになった。このようにして，56億7000万年後に現れて衆生を救うという弥勒菩薩に対する信仰や，薬師如来・阿弥陀如来・大日如来などの諸仏，観音菩薩や文殊菩薩などの諸菩薩に対する信仰が起ってきた。こうした信仰は抽象的な対象を具体化する方向へとすすみ，多数の仏像が生み出されるようになった。

　仏教はもともと非バラモン的宗教として成立したこともあって，カースト制という階級制度の厳しいインド社会の中で徹底した人間平等主義をとっていた。部派仏教の頃からは国家の経済的援助を受け，荘園をもち，貴族的な性格をそなえるようになる反面，修行にいそしむことができたので教理研究がすすんだ。マウリヤ王朝のアショーカ王やクシャン王朝のカニシカ王のように仏教を保護する王があらわれると仏教は興隆したが，インド人によるグプタ王朝が成立する頃から新興のヒンドゥー教におされるようになった。

2 大乗仏教の経典と思想

　大乗仏教では仏陀の根本思想を体して、部派仏教にはない、新しい経典が生み出された。空の思想を強調する『般若経』や、菩薩行を説く『華厳経』、浄土思想を説く『阿弥陀経』や『無量寿経』、久遠の本仏や一乗思想を説く『法華経』などが代表的な大乗仏典である。仏陀の言行録である部派仏教の『阿含経』よりも文学的な修飾が豊かで、文芸作品的な色彩をおびている。使われた言語はサンスクリット語である。自由な立場から作りだされたこれらの経典に対して、部派仏教からは激しい非難と批判が浴びせられた。

　大乗仏教の代表的な教理としては中観と唯識がある。初めに大乗仏教の哲学的な基礎をかためたのは中観派の祖とされるナーガール・ジュナ（竜樹、約150-250）である。南インドのバラモン階級の出身で、初めは**外道**[1]に従事していたが仏教に帰依し、原始仏教以来説かれた空の思想を深め、般若経典をもとに『中論頌』を説いた。竜樹は部派仏教の一派である説一切有部などの説く一切のものには実体的なものがあるという実有論を批判し、現象界のすべての存在は互いに相依り相助けながら存在し、無自性・空の状態であると説いた。竜樹とその弟子らによって大乗仏教の学問的裏付けがなされ、その一派は中観派と呼ばれた。その後の仏教に大きな影響を与えたことから、竜樹は八宗の祖と呼ばれている。

　これに対し、無著（アサンガ、約310-390）と世親（ヴァスバンドゥ、320-400）の兄弟によって大成されたのが唯識思想である。唯識思想では人間の意識下のありかたについて分析し、諸現象が現れるのは人間の心に可能性として存在する種子の力であるとする。外界の存在は、その意識作用によって空であるものを仮のあらわれとしてとらえているからであるとする。[2]

　この時期に成立したのが中期の大乗経典であり、唯識系の経典として『解深密教』や『大乗阿毘達磨経』が成立し、如来蔵系の経典としては『勝鬘経』や『大乗涅槃経』が成立した。続く後期には教理や学説を深めた論書が多く作られた。

　大乗仏教と深く関係し、インド仏教史の最後期に成立したのが真言や陀羅尼などで代表される密教である。密教は大乗仏教にヒンドゥー教の民間信仰などの俗信が流入して形成された。7世紀にはインドのほとんど全域に広まったと考えられている。

　仏教はインドからアジア各地に広まっていくが、スリランカや東南アジアに広まった部派仏教を南伝仏教というのに対し、大乗仏教は紀元前後よりシルクロードを経て中国に伝えられ、北伝仏教と呼ばれた。現在、中国や台湾、朝鮮半島、日本、ベトナムなど東アジア圏で信仰されている仏教は大乗仏教である。

（河野　訓）

▶1　外道
仏教では仏教以外の宗教や哲学を外道という。同様に仏教の経典は内典といい、仏教以外の経典を外典という。

▶2　大乗仏教思想としてはほかに如来蔵思想がある。如来蔵とは仏性を意味し、衆生だれでもが如来となる可能性をもつという思想である。馬鳴の『大乗起信論』によって大成され、中国や日本の仏教に大きな影響を与えた。

【参考文献】
高崎直道監修, 2011-2014,『シリーズ大乗仏教』（全10巻）春秋社。

Ⅱ 世界の諸宗教

24 仏教(4)
中国の仏教

1 初期の中国仏教

　仏教は紀元前後に主にシルクロードと南海航路を経て中国に伝えられた。漢の哀帝の頃，紀元前2年に博士弟子景盧が大月氏王の使いである伊存から浮屠経（仏教経典）を口授されたという。1世紀の後半の楚王英は黄帝・老子・浮屠（仏陀）を併せ祀っており，地方政治を預かる王族にも仏教信仰が広まっていたことがわかる。2世紀半ばになると，仏教経典が漢訳されるようになった。三国時代に訳された『維摩詰経』には在家の居士である維摩詰が描かれ，その大乗般若の理論と宗教実践は広く人々に受け入れられた。また，その後の仏教に大きな影響を与えた阿弥陀浄土信仰を説く『無量寿経』も訳された。

　しかし，当時の仏教はというと，三国時代の魏の頃の仏教僧侶はただ髪を剃ることによって一般人と区別されていただけであり，戒律を受けてはいなかった。中国の戒律は曇柯迦羅が洛陽に来て，インドの大衆部の戒律の節略本『僧祇戒心』を訳して受戒させたことから始まったとされる。西晋時代に洛陽に来た耆域も中国僧の衣服が華麗であるのを見て「仏教本来の教えにかなっていない」とそしったという。また，訳経僧である竺法護のもとに豪族地主が銭20万を借りに来た話が伝えられている。僧侶は裕福で，富を蓄積できていたことがわかる。乞食によって生活していたインドの原始仏教の僧侶とははなはだしく異なり，東晋以後になると土地を所有する寺院や僧侶地主も現れた。

2 大乗仏教の本格的受容

　中国人として深い仏教理解を示したのが4世紀半ばに出た道安とその弟子である慧遠である。慧遠は廬山・東林寺の般若台で念仏結社・白蓮社を始め，中国浄土教の祖とされる。また，廬山に身を寄せた覚賢が訳した『達磨多羅禅経』は江南に禅が普及するもととなった。5世紀の初めに長安に迎えられた鳩摩羅什は新たに『法華経』や『中論』，『大智度論』などの大乗の経論を訳し，大乗空観思想の神髄を伝えた。

　南北朝時代，南朝梁の武帝は道教を捨てて仏教に帰依し，「断酒肉文」を公にし，殺生を禁じ，道士を還俗させるなど仏教を保護した。北朝では439年の北魏統一後，寇謙之ら道士の進言をうけた太武帝が史上まれに見る廃仏を行ったが，その後は雲岡石窟が開かれるなど仏教復興が行われた。494年の洛陽遷

都後，洛陽には1000余の寺院が建立され，仏教文化は全盛期を迎えた。

3 隋唐の仏教

589年，南北を統一した隋の文帝は篤く仏教を信仰して保護し，全国に舎利塔を建立させた。続く煬帝は即位以前から仏教との関わりが深く，天台宗を大成した智顗から菩薩戒を受け，智顗に智者大師の号を贈っている。隋代には嘉祥大師吉蔵により三論宗が大成された。

唐代は仏教が最も隆盛を極めた時代である。インドへ求法の旅に出，多くの仏教経典をもたらした玄奘をはじめ慈恩大師基は法相宗を，善導は浄土教を，道宣は南山律宗を賢首大師法蔵は華厳宗をそれぞれ大成した。禅宗では神秀と慧能がそれぞれ北宗禅と南宗禅を形成したが，荷沢神会の北宗禅排撃以来，南宗が禅宗の主流となった。また，インドから密教が新たにもたらされ，善無畏や金剛智，不空らにより中国に定着した。晩唐には仏教行事への国費の負担増や仏寺の広大な荘園所有，僧尼の徭役逃れなどから国家財政が圧迫され，845年には武宗によって廃仏政策がとられた（会昌の廃仏）。

4 五代十国時代・宋代以降の仏教

北方の後周の世宗は廃仏を行ったが，南方では福州や杭州を中心に仏教文化が栄えた。『宗鏡録』などを著した延寿は禅浄一致を主張し，儒教や老荘の思想も融合し，宋代以降の仏教に影響を与えた。禅宗では文偃の雲門宗と文益の法眼宗が成立した。

宋代には都の開封に印経院が設置され，勅版大蔵経が刊行されたほか，金版と契丹版，各種私版の大蔵経が刊行された。宋代は禅宗が盛んで，臨済宗の宗杲の看話禅と曹洞宗の正覚の黙照禅に代表される。この頃，道学や朱子学からの仏教批判が強く，仏教側では張英の護法論や契嵩の儒仏融合論が主張された。元代にはチベット仏教のパスパが世祖フビライの師となるなどしたため，従来の中国仏教は窮地に追い込まれた。明代には仏教への統制が強化され，儒教を主とした儒仏道の三教一致が推進され，仏教は宋代以来の禅教一致や諸教融合が進んだ。臨済宗の袾宏は禅宗と浄土教の兼修を説き，『閲蔵知津』を著した智旭らの高僧が出た。清朝では儒教とラマ教が重視され，北京の雍和宮を建立した雍正帝のようにラマ僧の指導を受けて悟りを開き，自ら法王となった皇帝も出た。清末の楊文会は居士仏教の中心となって中国古来の仏教を復興させ，清朝末期の梁啓超らの思想家に大きな影響を与えた。

中華民国になると太虚らが中国仏教の近代化をすすめ，いまでも台湾や中国大陸では人間仏教として継承されている。20世紀には文化財級の仏像などの海外流出や文化大革命による壊滅的な打撃を受けたが，改革開放政策後は中国仏教協会の主導で急速に仏教は復興している。

（河野　訓）

▷1　近代化は，仏教の教学，土地と施設，組織制度のあり方を一新する教理革命・教産革命・教制革命という仏教の三大革命によってすすめられた。

参考文献

任継愈，丘山新ほか訳，1992-1994，『定本　中国仏教史』（全3巻）柏書房。

II 世界の諸宗教

25 仏教(5)
チベット仏教

▷1 ボン（ポン）教
ボン教の経典にはカ（カンギュルに相当）とカテン（テンギュルに相当）がある。教学の中心地はインド北部のメンリ僧院。

▷2 古代チベット王国
吐蕃ともいう。時期は7世紀初めから9世紀中頃。王国の設立とソンツェン・ガムポ王の関係については，不明な点が多い。

▷3 無上瑜伽タントラ
密教経典を意味するタントラはチベットでは4種類に分類される。①所作タントラ（単純な儀式や作法），②行タントラ（マンダラを用いた瞑想の方法），③瑜伽タントラ（マンダラの仏と行者が一体となる瞑想修行），④無上瑜伽タントラ（欲望を肯定し仏身を体現する最高位の技法であり，『秘密集会タントラ』が知られる，一部を除きわが国には伝来しなかった）。

▷4 化身ラマ
転生ラマとも言う。漢語の「活仏」は転生しない高僧も含んでおり，曖昧な概念である。2007年に中国政府が化身ラマの即位を認定する法律（「西藏佛教活佛転世管理辦法」）を作り，管理を強化している。

▷5 アメリカの俳優リ

① チベット仏教圏

チベット仏教圏は，次の3つの地域から構成されている。①チベット高原（現在の中国チベット自治区，四川省，青海省，甘粛省，雲南省のチベット人居住地区等），②モンゴル（モンゴル国，中国内蒙古自治区等），③ヒマラヤ（ブータン，インドのシッキムとラダック，ネパールの北部等）。チベット高原とヒマラヤ山脈では，海抜2000mから4500mの高地でチベット仏教徒は暮らしている。寒冷で極度に乾燥した厳しい自然環境の中で，チベット仏教はラマ（師僧）への絶対帰依，化身ラマ制度等「豊かで個性的な宗教文化」と，顕教と密教を融合させた「緻密で壮大な学問の体系」を育んできた。

チベットには仏教以前からの伝統の流れをくむ**ボン（ポン）教**という宗教もある。ボン教はチベット仏教から中観派の哲学や戒律の影響を受け，逆にボン教は儀礼のスタイルや占い等の面でチベット仏教に影響を与えてきた。

② 日本仏教との相違点

チベット仏教には，日本仏教とも共通する大乗の教えが多く含まれている。仏教伝来の時期は，日本は6世紀の飛鳥時代，チベットは7世紀ソンツェン・ガムポ王の時代とされている。**古代チベット王国**を建てたといわれるソンツェン・ガムポ王は，唐から文成公主を，ネパールからティツン王女を娶り，中国とインドの文化をチベットに導入した。2人の王妃は熱心な仏教徒であり，ラサのトゥルナン寺（大昭寺）には文成公主請来の釈迦牟尼像が収められている。

日本の仏教は漢訳経典に基づくが，チベット仏教はインドのサンスクリットの原典をチベット語に逐語訳したものを使用する。現在サンスクリットの経典の大半が失われているため，チベット語の経典はインド大乗仏教の系譜を遡るための貴重な文献と言える。チベット仏教は顕教と密教双方の体系を合わせもち，学理と信仰をともに重視している。総合的な仏教学を支えるのは，律と経を収めたカンギュル（仏説部），論を収めたテンギュル（論疏部）である。これらを集成したいわゆる「チベット大蔵経」の中には，「法華経」や「維摩経」等，日本の仏教で広く使われる経典も含まれている。

日本の密教は「大日経」や「金剛頂経」に代表されるインド中期の密教に基礎を置き，天台宗や真言宗など特定の宗派のみで修行が行われている。一方，

チベット密教はインド後期の無上瑜伽タントラを重視し，悟りを開く手段として多くの宗派の修行に取り入れられている。そして，漢訳されなかった経典を多数所有している。

③ 四大宗派・僧院生活・化身ラマ

チベット仏教にはサキャ派，カギュ派，ニンマ派，ゲルク派と呼ばれる四大宗派が存在する。これらは11世紀頃始まった仏教復興運動の中から誕生した。現在最も規模が大きいのはゲルク派である。学僧ツォンカパが開いたゲルク派は，戒律を厳格に守ることを重視しており，顕教をしっかり修めた後に密教修行に入ることを定めている。

図Ⅱ-25-1　カギュ派のコンヤップ寺（青海省）
撮影：川田進

チベット語で僧院はゴンパ，化身ラマはトゥルク，僧侶はタパ，尼僧はアニと呼ばれている。ゲルク派の場合，僧尼は出身地別の学寮に入り，読み書きの基本を学びつつ，掃除や食事など僧院の生活を支える。チベット仏教の中でもゲルク派の教義は論理的な要素が強く，僧は抽象的な概念を素材とした問答の訓練を通して，仏教の基本概念と基本命題を学ぶ。そして，学堂の教師から学問の訓練を受け，すべての教育課程を学び最終的な問答の試験に合格した修学僧には，ゲシェーと呼ばれる仏教学博士が授けられる。

チベット仏教には，高僧の死後お告げや占い，遺品の識別等を頼りに幼児を探し出し，高僧の地位を継承させて英才教育を行い，宗派や僧院のシステムを維持する化身ラマ制度がある。13世紀にこの制度を最初に採用したのは，カルマ・カギュ派である。その後ゲルク派もこの制度を導入し，ダライ・ラマやパンチェン・ラマの転生制度を定着させていった。

④ 中国の宗教政策と新たな動向

現在チベット高原の大部分は中華人民共和国の領土となっている。1950年中国共産党は，チベットを英米帝国主義から解放する目的で軍隊を派遣した。その後，共産党は僧院の解体や土地改革を中心とする「民主改革」，伝統文化や宗教活動を批判する「文化大革命」を発動した結果，多数のチベット仏教寺院が破壊され，宗教活動は壊滅的な被害を受けた。ダライ・ラマ14世は1959年にインドへの亡命を余儀なくされ，チベット亡命政府を樹立した。

文革終結後，共産党は宗教政策の転換を行い，チベット仏教寺院の再建を支援し，宗教活動の再開を許可した。ただし，多くの僧院では高僧や指導僧が不在であり，高度な学問と修行の維持が危ぶまれている。一方，ダライ・ラマ14世は亡命後，世界各地でチベット仏教の存続と非暴力思想を訴える活動を続けており，欧米を中心に支持者を増やしているが，「チベット問題」の解決は困難な状況にある。

（川田　進）

チャード・ギアもその1人。チベット問題の啓発活動に尽力している。欧米に亡命した高僧が弟子をもち，財団や基金を作って支援を呼びかけている。映画『Seven years in Tibet』『Kundun』参照。

▶6　チベット問題
中国共産党とチベット亡命政府の対立の中で，信仰，人権，教育，環境等の問題が深刻化している。ダライ・ラマの帰還をめぐる協議は中断している。一方，中国や台湾の知識人の間で，チベット仏教の教義理解や修行熱が高まっている。

参考文献
石濱裕美子編著，2004，『チベットを知るための50章』明石書店。
タウン・ムック，2012，『ダライ・ラマ法王と日本人』徳間書店。
田中公明，2000，『活仏たちのチベット――ダライ・ラマとカルマパ』春秋社。
沖本克己編著，2010，『須弥山の仏教世界』佼成出版社。
田中公明，2012，『図説チベット密教』春秋社。

Ⅱ　世界の諸宗教

26 中国の宗教

1　五大宗教

　中国の宗教をわずかな紙幅で概説するのは至難の業だが，ここではまず中国共産党が現在，五大宗教として公認している宗教を紹介し，次いでその他の宗教的実践について紹介する。

　現在中国で最も信者が多いとされる仏教は後漢末までに伝来し，その後安世高，竺法護，鳩摩羅什，法顕，玄奘などの努力により，経典の収集と漢訳が行われた。しかしインドと中国の言語・文化・地理的隔たりは大きく，漢訳大蔵経が最初の完成をみたのは10世紀末だった。しかもその間内容がかなり中国化し，「父母恩重経」「老子化胡経」などの偽経が現れ，「空」より「無」を強調する禅仏教が発達し，阿弥陀・弥勒・薬師如来が信仰を集める一方で密教は振るわず，観音は女性神化した。外来宗教のため，三武一宗の法難なども受けたが，中国化した仏教は民衆に根強く支持されて今日にいたっている。

　道教は，陰陽思想や神仙思想，符籙（護符）の使用などの要素としては，中国でかなり早くから出現していたが，全体としての体系化は主に仏教の刺激を受けながらゆっくり進展した。寇謙之の新天師道が北魏で国家の公認を得たのは5世紀半ば，最初の道蔵『三洞瓊綱』が編纂されたのは8世紀半ば，もうひとつの大勢力である全真教が成立したのは12世紀後半である。しかし道教の真骨頂は民間の信仰実践との結びつきにあり，玉皇大帝から城隍，竈神，閻王，それに関帝などの英雄神も含む神々への信仰，土地や八卦の吉凶を見る民間道士の存在などに大きな特徴がある。

　イスラームは7世紀半ばには中国に伝わり，交易ルートで中国東南部にやってきたアラブ・ペルシャ系商人と中国人が混血して現在で言う回族を形成した。元代に官僚として重用された色目人のなかにはムスリムも多く，雲南のようにその赴任先で信者が増えることもあった。また中央アジアのトルコ系民族は10世紀頃までにイスラーム化し，のちにその一部が新疆として中国領に組み込まれた。新疆ではイスラームがトルコ系民族の独立運動の精神的支柱でもあり，中国共産党にとっての懸念材料となっている。イスラームは漢族には広がりにくく，中国では少数民族の宗教として認識されている。

　キリスト教のなかで最初に中国に伝来したのはネストリウス派（景教）である。7世紀に中央アジア経由で伝わり，一時は流行したが，武宗の迫害追放に

▷1　「父母恩重経」は孝行を説き，「老子化胡経」は仏陀に対する老子の優位を説く。

▷2　「空」は般若経以来の大乗仏教の根本概念で，本質のない原質としての世界の状態を指す。「無」は本来道教の重要概念で，有無の対立以前の根元的無を指すが，中国禅では宇宙論より人性論において「無心」「無の境地」のように使われる傾向がある。

より衰亡した。16世紀末にはイエズス会のマテオ・リッチがカトリックの布教に乗り込み，祖先崇拝などの習俗と妥協しながら清まで続く活動の足掛かりを作った。しかしのちにドミニコ会や教皇庁がイエズス会の妥協的な布教方針を批判し，清朝皇帝をも巻き込む典礼問題に発展し，乾隆帝によって全面的に排斥されるにいたった。19世紀半ば，国力の衰えた清に再び宣教師がやってくるが，この時の主力はプロテスタントで，近代的な医療や教育を提供することにより，主に少数民族地域で信者を増やした。

中国共産党はカトリックとプロテスタントをそれぞれ別個の宗教と見なし，仏教，道教，イスラームと合わせて五大宗教と認識している。それぞれに協会が設立され，宗教活動はそれを通してある程度管理される。中国共産党は，国境を越える宗教の団結力を警戒しており，特にローマ教皇の求心力から国内のカトリック教徒を切り離そうとしている。この方針に不満をもつ中国のカトリック教徒が家庭集会などを開くと摘発されることがあり，国際問題となっている。

2 その他の宗教活動

以上は中国共産党が公認する宗教だが，これ以外にも重要な宗教的活動が存在する。例えば儒教は，孔子らが天の概念や聖王伝説を取り入れつつ，現世秩序の理想的な在り方を追求した教えで，漢代には国家権力と結びつき，以降中華世界の政治思想の根幹となった。超越的存在や死後の世界を語らず，現世秩序を重視するため，近代的な意味での宗教ではないと考えられ，儒学と呼ばれることが多い。しかし天命思想や祖先崇拝を重視する点に宗教性を見いだすことは可能であり，仏教・道教と矛盾をはらみつつも融合して，特に明代以降は儒教を中心とする三教合一という形で中国人の人生観や世界観を強く規定した。近代には封建迷信として否定されたが，1990年代以降再評価されつつある。

次にさまざまな民間の宗教活動が挙げられる。歴史的に有名なのは政治反乱を起こした集団で，世直しの願望と信仰心に基づく団結力がその原動力だったと考えられる。後漢末に黄巾の乱を起こした道教系の太平道，元末に紅巾軍を形成した仏教系の白蓮教や弥勒教，白蓮教の流れを引く清末の義和団，キリスト教の影響を受けた太平天国，中華民国期に五教帰一を説き反共運動をした一貫道などが有名である。組織化されない活動として，易，風水，気功なども中国人の日常生活に深く根を張っている。

このほか，少数民族の宗教活動も重要である。先に挙げたイスラーム以外では，ダライ・ラマの亡命政府問題を抱えるチベット仏教が有名だが，近年では漢族にも広まっていると見られる。他に東南アジアに近い雲南省の上座仏教，北方のオロス族のロシア正教などがある。多くの少数民族の間でシャーマニズム的活動や精霊信仰なども広く見られる。

（長谷千代子）

▷3 中国では登録された宗教活動場所でしか公的宗教活動が行えないので，家庭で大規模な集会を開くことは違法性ありと見なされ，俗に「地下教会」と呼ばれることもある。近年教勢拡大が伝えられるプロテスタントやチベット仏教の信奉者なども同様の活動をしていると見られる。

▷4 儒・仏・道のみならず，キリスト教とイスラーム教も思想の根幹はひとつとする。

Ⅱ 世界の諸宗教

27 儒教

1 儒教は宗教か

中国では儒教よりも儒学という言い方のほうが一般的であり,一種の学問分野ないし政治思想としてとらえられている。儒教が重んじる仁,礼,忠,義などは現世に必要な人倫であり,あの世や鬼神について語らず,超越的な神の存在も考えない点で,儒教は宗教ではないとされるのである。しかし天の概念や▷1死んだ先祖に対する手厚い儀礼,孔子の神格化,各王朝の神聖性・正当性を担保する機能などの特徴を具えている点で,儒教を宗教としてとらえることも不可能ではない。ここでは宗教的側面にも目配りしつつ,できるだけ包括的に儒教の歴史を概観してみよう。

2 歴史

儒教の祖とされる孔子(紀元前551–同479)は現在の山東省曲阜に生まれ,弟子たちと共同生活しながら周公旦ら聖王の道を学び,それを現世の政治に生かすべく戦国諸侯に説いて回る人生を送った。孔子の努力は生前には実を結ばなかったが,孟子・荀子ら後世の儒家が孔子の神聖化や思想の拡充を行い,董仲▷2舒の時代に陰陽五行説と結びついた独特の儒家思想が生まれ,後漢にかけて国教化していった。これ以降清までのほとんどの王朝が儒家思想を為政方針の根本に据えることとなる。漢滅亡後の魏晋南北朝時代は儒教の権威失墜と戦乱の続く現世に対する失望からか,脱現世的志向をもつ仏教や道教が教勢を伸ばすが,各国の政治思想の基盤となったのは基本的には儒教であり続けた。

漢以来久々の長期王朝となった唐代には,『五経正義』が撰定され,それによって科挙試験の基準も定まるなど,国家的学問としての儒教の制度化が進んだ。ただし一方でそれは儒教の硬直化をもたらし,それに対して不満を抱いた▷3人々のなかから,仏教や道教との対話,古文運動などの動きが現れる。おりしも唐中期から宋代にかけては政治的混乱が続いた時期であり,それまで政治を牛耳ってきた貴族勢力が衰え,宋代には皇帝を頂点とした官僚制的中央集権体制が模索された。その試行錯誤の中で,周敦頤,程顥,程頤,張載,王安石,陸象山などが現れて儒教に新たな展開をもたらした。

なかでも後世にもっとも大きな影響力をもつこととなったのが朱熹(1130-1200)の朱子学である。朱熹は万物の構成元素である気と万物の構成原

▷1 古くは治世を誤った皇帝を罰する人格神的存在と見なされたこともあり,人間の力では変えられない運命を司る超越性を帯びた概念である。

▷2 孟子が儒教の主流に位置づけられたのに対して,荀子は天命思想を退けたり孟子の性善説に反対したりしたため,異端的扱いを受けることも多かった。

▷3 基本的には文学運動だが,『春秋』などの古典の精神に立ち返ろうとする志向があり,宋代の新儒教の先駆をなす韓愈などに影響を及ぼした。

理である理の相即という視点で森羅万象から人性道徳まで包括的に説明する理気世界観を構築し，仁義礼智信の五常と君臣父子の上下秩序を重んじて，現実社会にあるべき道徳的指針をも示した。壮大な宇宙観と実践的な経世術を兼ね備えた朱子学は広く支持され，元中期には朱熹の整理した四書が科挙の必修科目となり，以後明清まで続く官学としての地位を確立した。

明清期には儒教の大衆化や研究対象の拡大が進んだ。王陽明（1472-1529）は優秀な官僚で最初は朱子学を学んでいたが，朱熹の理気世界観が二元論的で理屈っぽい点を批判し，人の心は理を会得しようと無理な努力をしなくてもそのまま理を体現し得るとする心即理を主張した。この主張は努力しなければ聖人になれないというある種の権威主義を否定し，いわば真心ひとつで誰でも聖人になれる道を拓いたので，大衆に人気を博した。明末清初には考証学，すなわち儒教の古典を実証的に研究して本来の意味を明らかにしようとする学問的気風が起こった。この実証を重んじる気風は古代の文字や文献そのものに対する興味を育み，音韻学，金石学など今までにない研究対象への取り組みを広げることになった。こうした動きは，理という抽象的な概念から思索を始めるのではなく，むしろ現実社会に根差した理のあり方や経世術を模索しようとする試みであり，儒教の教条化を押し止める役割を果たしたと考えられる。

3　近代の展開

19世紀半ばから西欧の軍事的・思想的攻勢を受けて皇帝専制体制が崩壊し，儒教はその存在基盤を大きく損なわれた。中華民国初期，科学とデモクラシーの受容によって近代国家への脱皮を目指す陳独秀らは，儒教を近代化の阻害要因と見なし，雑誌『新青年』などを通して反儒教キャンペーンを行った。これは共産主義を掲げる中華人民共和国にも引き継がれ，仏教や道教などが五大教として公認される一方，儒教は封建的思想として排斥され続けた。

しかし，1980年代から改革開放が進む中，1990年代に入って儒教に対する再評価が進んでいる。文化大革命の失敗やソ連崩壊などによって共産主義の理想が色褪せ，広大な国土と多民族を束ねる思想としての力が弱まると，中国共産党は中華民族としての歴史や絆を強調するようになり，近年は『論語』の「和を貴しと為す」をしばしば引用している。環境問題に関しては「天人合一」が，高齢化問題に関しては「孝道」が提唱される。こうした動きは上からの思想的押しつけという側面もあるが，人民の思想的ニーズとも合致しており，広く支持されている。儒教はもはや封建迷信ではなく，中華民族の精神文化の核心として評価されている。近代の「宗教」概念に対する批判も進み，中国古来の儒教・仏教・道教を伝統的な「道徳教育」の視点から見直すべきだという考えや儒教を国教化しようという主張も現れている。こうした儒教復興の流れが今後の中国社会でどう展開するか注目される。

（長谷千代子）

▷4　浄空，1991，『認識仏教——幸福美満的教育』仏教文化系列叢書。

▷5　康暁光，2002，「"文化民族主義"随想」（http://www.confucius2000.com/confucius/whmzzysx.htm）なお，康は中国人民大学教授。

参考文献

土田健次郎，2011，『儒教入門』東京大学出版会。
戸川芳郎・蜂屋邦夫・溝口雄三，1987，『儒教史——世界宗教史叢書10』山川出版社。

II 世界の諸宗教

28 道教

1 道教の発生

　道教は，ある種の幽玄な「道」（理）の会得を目指す一個の教えとして古くから認識されてきたが，その内容は幅広く，陰陽説，五行説，聖王伝説，神仙思想，**道家思想**▷1，現世利益を追求するための**符籙**▷2，不老長寿を達成するための仙薬や修行方法などの諸要素からなる。歴史上に現れた道教的集団や宗派も数知れないが，一般に，後漢末に現れた太平道と五斗米道が，組織化された道教集団の嚆矢とされる。太平道は河北の張角が病気直しの方術で大衆を惹きつけ，陰陽五行説による世直しを唱えたもので，184年の黄巾の乱を主導したため弾圧を受けてまもなく歴史から消える。五斗米道は四川の張陵が老子崇拝と鬼・神信仰，符籙を使った治病などを組み合わせて創始したもので，中国南部を中心に分化や変遷を繰り返しながら民間に広まり，のちに天師道（正一道）として知られる大きな一派の源流となる。

2 二大教派の出現

　魏晋南北朝時代には，統治階級も民間に広まった道教的思想を重視し始め，高踏的な道家思想が発達した。晋末，江蘇の貴族出身の葛洪は儒教的要素を加味しつつ神仙思想を体系化し，『抱朴子』など多数の著作を残し，後世に大きな影響を与えた。南北朝時代，北方では鮮卑の卓抜氏が北魏政権を打ち立て，その支持を得た寇謙之が天師道の組織と教義を改革し，新天師道（北天師道）を起こした。南方では陶弘景が儒教や仏教の要素も取り入れつつ神仙の系譜や修養を重視する修行方法を整理して茅山派の開祖となった。南北朝期には仏教と道教の勢力争いが顕著となり，北魏太武帝の仏教弾圧，梁武帝の道教軽視などもあったが，両方の教えに共通点を見いだし，調和させようとする思想的潮流は常にあり，儒教も加えて三教の融合を主張する声がやがて優勢となっていく。

　隋は道教より仏教を重視する傾向にあったが，王朝は短命に終わり，続く唐は政治的権威づけのために道教を重視した。唐の歴代皇帝は，老子を「太上玄元皇帝」に追封し，『道徳経』等を科挙の内容に加え，全国に多くの道観を建立するなどした。有名な道家も輩出し，茅山派を中心に教理が整理されていった。

　8世紀半ばの安史の乱以降から五代十国にかけて，国が乱れるのと並行して

▷1　**道家思想**
戦国時代に現れた道家と呼ばれる政治思想家たちの思想のことで，その代表は老子，荘子である。老子は『道徳経』（老子）を著し，道家思想の創始者とされる伝説的人物だが，実在を疑う説もある。荘子は河南出身で『南華真経』（荘子）の著者とされる。いずれものちに神格化され，神仙と見なされた。

▷2　**符籙**
神仙などの名前や治病や魔除けの呪文を記した守り札で，道教修行者が一般人に書き与えたり，自ら身に付けたりした。

道教も低調だったが，続く北宋の歴代皇帝は再び道教を王権の権威づけに利用した。趙氏が王朝を開いたのは**玉皇大帝**の命によるものとし，道蔵を編集し，過去の有名な道士や英雄，山川城鎮の神々に加封して地位を高めた。皇族をはじめとする上流階級のみならず，中流・下層の人々の間でも道教的な神々に現世利益を祈ったり，符籙を使って厄除けをしたり，葬儀や法事を道士に任せたりすることがますます一般化した。

南宋の時代になると，北方民族の侵入によって不安定化した社会状況を背景に，いくつかの新たな道教集団が出現した。なかでも王重陽（おうじゅうよう）を開祖とする全真教は儒仏道の**三教帰一**を主張し，禅宗の影響を強く受けて内的な修行を重んじ，民間人士の間でも人気を博した。王重陽の弟子丘処機（きゅうしょき）は道士としてのみならず政治的嗅覚にも優れ，チンギス・ハンの信任を勝ち得て，元代における全真教の隆盛をお膳立てした。一方，張陵の系譜を奉じ，符籙の術で根強い人気を保ってきた天師道（正一道）はフビライ・ハンの時代に政治的なお墨付きを得，以後中国道教は全真教と天師道の二大教派の時代を迎える。

3 明清期の停滞と近代の復興

明は儒教を為政の思想として重んじ，度牒制度を整備して僧侶・道士の数を制限し，税金・徭役逃れの横行を防止した。また，元朝廷と結びつきの強かった全真教を敬遠して正一道を優遇したが，正一道の高位の道士たちはかえって堕落し，その地位は徐々に低下した。ただし，この派が得意とする符籙や法事の儀式などは民間習俗に深く根を張っており，道教はこの時期概して民間で栄えた。明に代わって王朝を開いた清の歴代皇帝も，現実政治や思想の要に儒教を置いたが仏教への傾倒が強く，道教側からも傑出した道士は出現せず，道教の地位は低下の一途をたどった。

清末，欧米から科学，デモクラシー，近代キリスト教等の思想が輸入されると，道教は迷信とみなされ，**廟産興学**などによって大打撃を受けた。こうした状況に危機感をもち，道教の中から社会的に有意義な部分を救い上げて中華民族の精神的支柱に作り変えようと仙学を提唱した陳攖寧（ちんえいねい）のような人物も現れたが，派閥差・地域差に阻まれて全国的な道教改革運動は進展しなかった。

中華人民共和国成立後，道教は中国共産党が公認する5つの宗教のうちのひとつとなり，1957年には中国道教協会が発足したが，正一道は国民党政府に協力して台湾に渡ったため，大陸では全真教が最大教派となっている。道教の教勢は現在，信徒数も宮観数も中国仏教の7分の1程度と見積もられている。出家して道観に住み，自給自足に近い暮らしのなかで誦経や**気功**に励む道士は総計でも1万人前後と推定される。しかし道教の特徴は**廟会**での現世利益の追求や治病儀礼，葬送儀礼と結びついた民間の活動にあり，その意味では統計に現れない部分で依然として非常に重要な位置を占める宗教である。　　　（長谷千代子）

▷3　**玉皇大帝**
道教的神話世界における最高神。古くは神格化された老子である太上老君が最高神とされていたが，のちに陶弘景は元始天尊を最高神とし，北宋のころにはそれが化身して玉皇大帝になったとされた。

▷4　**三教帰一**
三教の根本はもともとひとつであるという考え。

▷5　**廟産興学**
清末の官僚張之洞が提唱し，民国期には比較的大規模に実行された政策。道教や仏教を非生産的習俗と見なし，西洋的近代化のため，その寺廟および財産を没収して学校等に転用した。

▷6　金澤・邱永輝主編，2009，『中国宗教報告2009』社会科学文献出版社。

▷7　**気功**
座禅に似た修行で体内の気を練る内功と，武術を鍛錬する外功の二種類がある。

▷8　**廟会**
縁日のようなもので，ほぼ毎月なんらかの神仙の祭りがあり，その日人々は神廟や宮観に参詣して商売繁盛，無病息災などを祈る。

Ⅱ 世界の諸宗教

29 ラテンアメリカの宗教

1 「剣と十字架」による植民地化

16世紀、中南米に到着したスペイン・ポルトガル人らは、キリスト教の名において先住民を改宗し、この地域にカトリック教会の絶大なる影響力をもたらした。現在、中南米のカトリック信者は世界のカトリック人口の約40％を占める◁1。メキシコやコロンビアのように国民の80％以上がカトリック信者という国がある一方、ブラジルではプロテスタント教会の伸展と無宗教の増加によって近年減少している◁2。中南米全体におけるカトリック教会の影響力はいまなお大きいとはいえ、決して一辺倒でない状況が生まれてきている。

2 先住民の宗教

スペイン人たちは植民地化によって先住民の宗教を消滅させてしまったわけではない。アマゾンの先住民社会のように、現在もほとんど手つかずのままアニミズム的な信仰が継承されているところがある。一方、征服者らはメキシコのマヤやアステカの神殿を破壊し、土着の神々をキリスト教の神や聖人に置き換え、カトリック教会を建造した。それは結果として先住民の神々とカトリック聖人が融合した**シンクレティズム**◁3を生むことになった。例えば植民地期にスペイン人が伝えたサンティアゴ信仰がある◁4。ペルーではその信仰が山間部で受け継がれ、クスコ市では先住民の山の神をサンティアゴと見做すことがある。

3 カトリック教会とプロテスタント教会

中南米の国々では政教が分離して信教の自由が保障されている。しかし、アルゼンチン◁5ではカトリックの教会儀礼への公的支援を保証し、コスタリカではカトリック教会を「公的宗教」と規定、ペルーでは「国家の歴史的・文化的・道徳的発展における重要な要素」と位置付けている。また、ボリビアで政教が分離したのは2009年憲法においてである。このように中南米ではカトリック教会の比較優位が見て取れる。

民衆の信仰の主たる特徴は聖人崇拝である。国家の守護聖人に定められたカトリック聖人がおり、メキシコの「聖母グアダルーペ」やブラジルの「聖母アパレシーダ」がよく知られている。市町村にも守護聖人が定められている。聖人の祝祭日には、教会はろうそくや花を供えるたくさんの住民で賑わう。

◁1 カトリック人口の多い国の中で、ブラジルは世界第1位、メキシコ同2位、コロンビア同6位である（2010年）。

◁2 ブラジルの国民に占めるカトリック信者は1980年には89.0％だったが2010年には64.6％になった。また、グアテマラのように、カトリック48％、プロテスタント38％、無宗教12％（2012年）という国もある。

◁3 **シンクレティズム**
起源の異なる文化的要素が混淆している形態をシンクレティズムという。

◁4 サンティアゴはスペインのレコンキスタの際に異教徒との戦いの神になったカトリック聖人で、新大陸の征服でもスペインやポルトガル人たちの守護聖人とみなされた。

◁5 2013年に就任したローマ教皇フランシスコはアルゼンチン人で、初の中南米出身の法王である。

1960～80年代にかけて中南米のカトリック教会では，貧しい人々や社会的に疎外された人々の救済と社会変革を目指す「解放の神学」が盛んになった。運動はカトリック教会の現代化をはかる第2バチカン公会議（1962～65年）で支持され，中南米で開かれたメデジン会議（1968年）とプエブラ会議（1979年）で公認された。急進派にはマルクス主義による暴力的な革命を唱える者もいたが，生活環境の改善という現世での救済を追求し，アジアやアフリカなどの国々にも広がった。

1980年代になると中南米のカトリック教会では保守派が主流になり，1990年代以降，政治性を伴わないカリスマ刷新運動が盛んになった。

中南米の宗教で近年最も目立つのがアメリカに起源をもつ聖霊運動である。教派や教団を超えてペンテコステ派と呼ばれる。信者は「聖霊のバプテスマ」（洗礼）を授かり，それによって異言を語り神の癒しがあると説く。教会建物は商店街の空き店舗や廃業した映画館などが使われることが多い。メソジスト教会やバプテスト教会など主流派と呼ばれるプロテスタント教会は学校を設立して中流層以上の人々に受容されているが，ペンテコステ派は低所得者層を引き付ける傾向がある。入信の背景には，①貧困に伴う悪癖（ギャンブル，麻薬）からの解放，②精神的・物質的な互助組織としての教会の機能がある。

❹ アフリカ起源の宗教と日本の宗教

カリブ諸国やブラジルのように黒人奴隷制が敷かれていた国では，サンテリーア（キューバ），ヴードゥー（ハイチ），ウンバンダやカンドンブレ（ブラジル）といったヨルバ系の宗教がある。オリシャをはじめとするさまざまな神々（諸霊）を崇め，それらに憑依された者が救済儀礼を行う憑依宗教である。カトリック的な宗教文化において神々（諸霊）がイエスや諸聖人と習合し，カトリック暦に従って祭りを行うというシンクレティズムがみられる。それゆえ，信者にはカトリックだと自認するものが多い。また，カリブ海のジャマイカで20世紀に入ってから生まれたラスタファリ運動は，アフリカ帰還思想が強い。

中南米には20世紀初頭から農業移住で渡った日本人とその子孫がいる。代表的な国はブラジル，ペルー，ボリビアで，日系の宗教文化も継承している。葬儀では僧侶がいなくても心得のある者がお経を唱えてきた。最大の日系人人口を擁するブラジルでは，戦前には天理教が，そして高度経済成長期になると他の日系新宗教が進出した。現在，パーフェクト・リバティー教団と世界救世教はサンパウロに広大な南米聖地を有し，近隣諸国への布教拠点になっている。このほか生長の家は知名度が高く，創価学会も一定程度の信者を獲得している。戦後に進出した教団では，信者には非日系人も多く，中産層が中心である。

（山田政信）

▷6　この名前はペルーのグスタボ・グティエレス神父の著書『解放の神学』（1972年）に由来する。

▷7　彼らの教えやバンドを用いた礼拝方法はプロテスタント教会のペンテコステ派を踏襲している。

▷8　三位一体「神・子としてのイエス・聖霊」のうち，聖霊に満たされる体験を言う。

参考文献

細谷広美，1997，『アンデスの宗教的世界』明石書店．

山田政信，2007，「ブラジル・ユニバーサル教会の取り込み戦略──取り込まれたプロテスタント信者」石黒薫・上谷博『グローバル化とローカルの共振──ラテンアメリカのマルチチュード』人文書院，pp.142-163．

乗浩子，1998，『宗教と政治運動──ラテンアメリカのカトリック教会を中心に』有信堂．

渡辺雅子，2001，『ブラジル日系新宗教の展開──異文化布教の課題と実践』東信堂．

II 世界の諸宗教

30 アフリカの宗教

▷1 エヴァンズ＝プリチャード, E. E., 向井元子訳, 2001, 『アザンデ人の世界——妖術・託宣・呪術』みすず書房。

▷2 例えば, 私が住んでいたマリ共和国のセヌフォ社会では, ある特定の動植物や人物と出会う夢や予兆は, 精霊や祖霊の怒り, 妖術つかい, 邪術つかいの攻撃, 儀礼的禁止の侵犯, 双子の霊魂の憤慨など不幸の原因を教えてくれる。このように夢や予兆は日常生活で起こった（あるいは起こるであろう）不幸の解釈枠組みを提供する。重ねて不幸の原因を確実に把握するために, 当事者は卜占師のもとに訪問し, 災いの由来を占ってもらい, 場合によっては神明裁判を行うだろう。

▷3　合理性論争
1970年にブライアン・ウィルソンが編纂した論集で, ウィンチ, マッキンタイア

1 アフリカの宗教

　ひとことでアフリカの宗教といっても, 島嶼部も含めて54の独立国家のなかに, 少なくとも1500以上の民族集団があり, それぞれに固有の信仰と儀礼体系が存在する。さらにイスラームやキリスト教などの「外来宗教」と, 各民族集団に固有の信仰実践とが重層的に混淆したシンクレティズムも独自に発展してきた。例えばカメルーンのようにひとつの国家のなかに200以上の民族集団が独自の信仰を保持し, 北部はイスラーム化によりムスリム人口を多く抱え, 中部から南部はキリスト教徒を抱えるといった複数の宗教がひとつの社会のなかに多様な形で共存・混淆する国もある。ここでは, 土着宗教の特徴を挙げ, アフリカにおける外来宗教の状況を概略する。

2 災因論と災因の解決

　まず, アフリカの土着宗教の特徴を挙げる。人々の生業や実生活に根ざした信仰は, 病気, 死, 事故, 旱魃, 凶作など日常の生活世界で起こる予測不能な出来事に適切な解釈を与えてくれる。愛する人が突然の死や病気に襲われたり, 豊作を祈ったのに旱魃で不作に陥ったり, あるいは一夫多妻制で夫をめぐって妻たちがお互い嫉妬しあい人間関係で苦痛を感じたりと日常生活は予測不能な不幸や苦悩の出来事に満ちあふれている。これらを理解可能にしてくれるのが, 精霊, 祖霊, 悪霊, 神, 亡霊などの超自然的観念や, 妖術, 邪術, 邪視などをめぐる諸観念, あるいは汚穢・禁忌, 運命, 霊魂などの諸観念である。このように, 因果論的に超自然的観念を用いて災いを解釈する在来の技法を「災因論」と呼ぶ。いくつか例を挙げると, 当事者の意図とは無関係に誰かを神秘的に攻撃する「妖術」, 呪物や呪薬などを用いて意識的に相手を攻撃する「邪術」, 相手が所持している財や能力を凝視するだけで当人を病気にしたり財を破壊する「邪視」などの諸観念を媒介にすれば, 突然襲ってくる不運や災難の理由を想像力のレヴェルで理解することが出来るわけである。

　以上のような想像力の問題だけでは, 不幸が理解できても実際の解決にはいたらない。だからこそ, より実践的には, 生老病死や人間関係の苦悩の原因である前記の超自然的観念の作用を探求しかつ取り除く多様な宗教制度が必要となる。具体的には, 地域によって異なるが, 卜占, 神明裁判, 予言, 夢, 予兆,

憑依，変身，仮面，妖術探索師，抗妖術霊廟，雨乞い師などである。

　その一方，土着宗教は，不幸に対処する複数の観念と制度を内包するといった特徴に加えてもうひとつの特徴をもつ。幸福を希求する儀礼的実践である。例えば，婚姻儀礼，出産儀礼，葬送儀礼などの通過儀礼，農耕儀礼，繁殖儀礼，供犠，雨乞い儀礼などの生業に関わる儀礼は，人の人生や日常生活を豊かにし，安寧をもたらすと信じられている。

　以上がアフリカの土着宗教の特徴である。これらの主題は，儀礼論，**合理性論争**，汚穢・禁忌論，憑依論，妖術研究，予言研究，未開心性論，信仰論，千年王国論，抵抗論などの展開とともに，宗教学，人類学，社会学，政治学の領域で主題ごとに百花繚乱の様相を呈しながら論じられてきた。

③ キリスト教とアフリカの宗教

　アフリカへのキリスト教布教の初期から，宣教師たちは，苦渋の選択として，オーソドキシーを大きく超えた解釈・実践を許容せざるをえなかった。それは前記の独自の土着宗教との認識上および実践上の妥協が必要だったからである。キリスト教正統派からは異端とも見える在来の信仰は，新たなキリスト教セクト（分派）を多数誕生させた。例えば，南アフリカでは在来セクトが1950年までに2000以上も誕生した。それらのセクトの宗教実践の特徴は，異言，聖霊のバプテスマ，恍惚，啓示，奇蹟，憑依，預言，呪術的治療である。カリスマ的指導者は，これらの信仰実践を通して在来の実践に基づく独自のセクトを作った。そこでは，神が，長年苦しみを与えてきたヨーロッパ人を全滅させ，納税拒否や法的には認められていない土地への移動を可能にしてくれるなどと信じられた。他方，キリスト教が，悩みの種であった妖術，邪術，悪霊などをこの世から撲滅してくれると人々が信じたため，キリスト教への忠誠は，二重の意味で，村落部の血縁的・地縁的紐帯を超えた強力なものとなった。20世紀初頭から，サハラ以南アフリカでは，ペンテコステ派，救世軍，エホバの証人，SDAをはじめとして数え切れないほどのセクトが増加している。これまで植民地や国家への抵抗の基盤としてのカリスマ的な独立教会運動や千年王国運動論が，B. ウィルソン，M. オジェ，J. バランディエ，J. コマロフ，B. オラス，B. サンドクラー，らによって指摘されてきた。現代においても内戦，民主化，市場経済化，地方分権化により，植民地以前期よりも激しい社会変動に見舞われているだけに，多くのカリスマ的宗教運動が各地で展開している。

　最後に，サハラ以南アフリカにおいて外来宗教としては圧倒的多数を占めるイスラームの問題はきわめて重要である。また，J. フォックスの研究に代表されるように，近年，アフリカ諸国の共和政体におけるライシテや政教分離の問題や国民国家や公共性とイスラームの問題が，人類学，宗教学，政治学，社会学の対象として学際的に取り扱われるようになっている。

（溝口大助）

などの哲学者，ホートン，ゲルナーなどの人類学者，ルークスなどの社会学者が呪術や宗教における合理性をめぐって闘わせた論争に端を発する。さらに80年代に入ると，ハバーマス（『コミュニケーション的行為の理論』1986年）やギデンズ（『社会理論の最前線』1989年）などの社会学者が合理性の議論を展開した。

▶4　バランディエ，J.，井上兼行訳，1983，『黒アフリカ社会の研究——植民地状況とメシアニズム』紀伊国屋書店；オジェ，M.，竹沢尚一郎訳，1995，『国家なき全体主義——権力とイデオロギーの基礎理論』勁草書房。

▶5　ウィルソン，B. R.，山口素光訳，1982，『カリスマの社会学——気高き未開人』世界思想社。

参考文献
グリオール，M.，坂井信三・竹沢尚一郎訳，1986，『水の神——ドゴン族の神話的世界』せりか書房。
浜本満，2014，『信念の呪縛——ケニア海岸地方ドゥルマ社会における妖術の民族誌』九州大学出版会。
ド・ウーシュ，L.，浜本満・浜本まり子訳，1998，『アフリカの供犠』みすず書房。
落合雄彦編，2009，『スピリチュアル・アフリカ——多様なる宗教的実践の世界』晃洋書房。
竹沢尚一郎，1987，『象徴と権力——儀礼の一般理論』勁草書房。

II 世界の諸宗教

31 オセアニアの宗教

1 オセアニアの範囲

アジア大陸とアメリカ大陸に帰属する島以外のポリネシア，メラネシア，ミクロネシアなどの太平洋諸島とオーストラリア大陸を合わせた範囲をオセアニアと呼ぶ。乾燥した大陸と湿潤な島々からなる。

ほぼ無文字であったため考古的資料を除けば歴史の詳細は不明だが，遅くとも5万年前には現在のオセアニア地域に人口が移動してきたとされている。生業的には狩猟採集漁労から根菜農業にいたる多様な生業形態を保ち，社会は互酬平等社会から再配分階層社会，市場経済社会まである。現在，1300以上の言語集団とおおよそ3800万人の人口から成る世界は，異種混交状況にある。[1]

こうした広大で多様な環境・生業・社会に基づく広義の宗教を網羅するのは難しいので，以下ではオセアニア地域における特徴的な神話，呪術，儀礼，世界宗教と再活性化運動，多様な宗教運動の各項目を述べる。

2 神話・呪術・儀礼

ポリネシアの神話は長らく進化型と創造型に分類されてきたが，その一連の展開から見ると上の神話にも双方の要素が見られる。例えばトンガの宇宙生成論は次のように始まる。「リム（limu＝海草）とケレ（kele＝海底の泥）が海で運ばれ，波に揺られ，風に運ばれ，プロトゥのほうに近づき，止まった（流れ着いた）。妻のケレはそこで出産した。彼らの子どもが金属質の岩である。その岩はそこに止まったが，やがて天の雷のような轟音をたてて動き出し，岩は苦労して出産した。岩が割れると，男女の子どもが生まれ落ちた」。[2]

多くのポリネシアとメラネシア一帯ではマナの観念が特徴的である。ある存在，精霊，人間，石，儀礼については，それがマナをもっているとか，「あれこれのことをするマナをもっている」などと言う。

「それはタブーにまで行きつくことのある畏敬の対象である。タブーであるすべてのものはマナをもち，また，マナである多くのものがタブーであると言いうる」。「マナは呪術師の力である。……マナは儀礼の力である。呪文にマナの名が与えられることさえもある。しかし，儀礼は単にマナを賦与されるだけではなく，それ自体がマナとなりうる。呪術師や儀礼は，それらがマナをもつかぎりにおいて，マナをもつ精霊に働きかけ，それを喚請したり，それに命令

▷1 石川栄吉, 1990,「住民」石川栄吉ほか監修『オセアニアを知る事典』平凡社, pp.67-69。

▷2 後藤明, 2010,「海人の神話と世界観」熊谷圭知・片山一道編『朝倉世界地理講座15 オセアニア』朝倉書店, pp.51-52（原典は Reiter, P., 1907, Traditions tonguiennes, *Anthropos*, 2：pp.230-240）。

を下したり、それを所有したりすることができる」。マナとはこのように、万物に宿り得る非人格的で伝播する力なのである。

ミクロネシアのサタワル島では、こうした呪文はロンと呼ばれ、ヤニューと総称される超自然的存在（神格化されるものも名もないものも数多くおり、人間の霊魂も死後ヤニューになる）がおり、ロンはこのヤニューに働きかけるための呪文であり、儀礼の知識も意味している。

そこには遠洋航海に関するロン、嵐に関するロン、数占いに関するロンなど、おおよそ40種類のロンがあり、例えば、農耕に関するロンには「タロイモに関するロン」「パンノキに関するロン」「ココヤシの実をよぶためのロン」などがあり、こうした知識を身につけた人間は一般に「サウ・ロン」（知識人）と呼ばれ、日常生活において数多くのタブーを課せられる。また突然善いヤニューに取りつかれる「ワヌ・ヤニ」（巫女）もいる。

こうして各地で営まれてきた知識と行為の多様な神話、呪術、儀礼が彼らの実践宗教であった。

● 世界宗教と再活性化運動

こうしたオセアニア世界に、9世紀にアジア大陸からヒンドゥー教、16世紀にイスラームが入り、15世紀から18世紀にかけては西欧からキリスト教も入ってきた。地域を超えて広がる世界宗教である。ニュージーランドやオーストラリアでも移民の流入が始まり、19世紀になるとオセアニア地域の資源を求めて多くの商業船が行き来するようになった。

こうしたなか世界各地で文化変容が進み、それに伴いメラネシア人の間から出て来た特異な運動をカーゴカルトと総称する。これはこの世の終わりが迫って来て、死んだ祖先たちがヨーロッパの文明の積荷をカーゴ（汽船）に積んで、あの世からやってくる。そのことで白人に支配されているメラネシア住民はすべて救われるという教えであった。

こうした運動は、大量の積荷を積んだ西欧の商業船を前にして、世界の富が白人に独占され、その富を授けるはずの知識や儀礼、その源泉で強力なマナを保持していた先祖も独占されたためである、との解釈に基づき、それを取り戻すために当時白人の表象を彼らの実践宗教に組み込んだものとされる。

● 多様な宗教運動

太平洋戦争後、オセアニア各地は遅速はあれ、国民国家として独立していったため、各国民国家では法の下に宗教が位置づけられるようになり、市民レベルでは、在来の実践宗教に世界宗教が混交する。例えばオーストラリアでは1960年代に仏教やヨガが広まり、以降キリスト教側からはニューエイジ運動が、先住民側からは先住民性の覚醒運動が広がり、また第2次世界大戦時に戦死者を出した地へは慰霊巡拝運動なども進行している。

（飯嶋秀治）

▷3 モース, M., 有地亨ほか訳, 1973「呪術の一般理論の素描」『社会学と人類学Ⅰ』弘文堂, pp. 47-217。

▷4 石森修三, 1985, 『危機のコスモロジー』福武書店。

▷5 ワースレイ, P., 吉田正紀訳, 1981, 『千年王国と未開社会』紀伊国屋書店。

Ⅱ　世界の諸宗教

32 朝鮮の宗教

1　韓国の宗教人口

　朝鮮半島は日本による植民地統治の後，韓国と北朝鮮というふたつの国に分断されて現在にいたっている。北朝鮮ではマルクス＝レーニン主義の宗教観に基づき，信仰や宗教活動が否定されてきた。ここでは韓国の宗教について述べる。

　韓国統計庁の人口総調査の結果から，1985年（韓国総人口約4041万人），1995年（同約4455万人），2005年（同約4704万人）における仏教，キリスト教、儒教の信者数を示せば，次の通りである。仏教信者は1985年805万9624人（総人口の19.9％），1995年1038万7861人（同23.3％），2005年1072万6463人（同22.8％）である。キリスト教については，プロテスタントが1985年648万9282人（同16.1％），1995年881万8964人（同19.79％），2005年861万6438人（同18.3％）であり，カトリックは1985年186万5397人（同4.6％），1995年298万8102人（同6.7％），2005年514万6147人（同10.9％）である。儒教信者は1985年48万3366人（同1.2％），1995年19万2658人（同0.4％），2005年10万4575人（同0.2％）である。

　この統計によれば仏教信者が最も多いことになる。仏教は中国から高句麗と百済に，そして高句麗から新羅に伝えられた。現在の最大の宗派は，禅宗の系統を受け継ぐ曹渓宗である。上記の統計にあらわれない宗教に，古代から朝鮮半島に存在してきた宗教ともされるシャーマニズム（巫俗）がある。韓国のシャーマン（巫）は女性が圧倒的に多く，ムーダンやポサル，チョムジェンイなどと呼ばれ，占いや厄払い，死者をあの世に送る，などの儀礼を行う。経済苦や家庭問題などに悩む女性が，自分には神霊が降りたとしてシャーマンになる場合が多い。シャーマンの正確な数はわからないが，1997年1月13日付『朝鮮日報』の社説は「韓国全国で巫や占い師は60万人を超え，1996年の1年間で300万人を超える人々が，自分の人生や運命を呪術や占いにゆだねた」と記している。なお韓国では，上記のような諸宗教のほか，おおよそ1900年代はじめに成立した円仏教（ウォンブルギョ），甑山教（チュンサンギョ），天道教（チョンドギョ）などの新興宗教も活動している。

2　祖先祭祀とシャーマニズム

　上記の統計からみれば，儒教信者を自認する者は他宗教に比べて少ないが，朝鮮王朝が儒教（朱子学）を国学ないし国教として以来，孝や礼節などの儒教

▷1　プロテスタントは基督教，カトリックは天主教と呼ばれている。

▷2　巫の家系に生まれた者が，世襲で巫になる場合もある。このような巫は，タンゴルなどと呼ばれる。

▷3　これらの新興宗教は，韓国国内では「民族宗教」と称される。

の徳目は，韓国の人々の生活規範として定着してきた。孝の実践のひとつが祖先祭祀である。祀られるのは，夫婦からみると夫の父，祖父，曽祖父，高祖父とそれらの配偶者という4代前までの父系直系尊属であり，それ以外の，夫の傍系の死者や妻方の死者などは祀られない。祖先祭祀には，各祖先の命日に行う忌祭や，忌祭を行っている祖先全員を一緒に，陰暦正月や陰暦8月15日に祀る茶礼などがある。これらは，長男が施主となって長男の家で行われ，次男以下は長男の家に集まる。祖先祭祀は男性によって実施される儀礼であり，男性たちによって供物が供えられ，拝礼が行われる。

他方，女性の存在が顕著なのがシャーマニズムである。シャーマンに儀礼を依頼するのは女性（妻）が多く，儀礼には依頼者の友人や親戚などの女性が集まる。儀礼では，依頼者と関係のある死者がシャーマンに憑依して口寄せが行われる場面もあるが，そこでは儒教の祖先祭祀で祀られる死者に加えて，儒教の祖先祭祀では祀られない夫の傍系の死者や妻方の死者がシャーマンに憑依することもある。男性による儒教の祖先祭祀と女性によるシャーマニズムの儀礼という，比較的明瞭に区分される韓国宗教の特徴は以前から指摘されてきたが，近年では，日本仏教と違い葬祭には関わらないとの見方もあった韓国仏教寺院でも，女性が施主になって死者（祖先）を祀る儀礼が行われている。またカトリックは儒教による祖先祭祀を認めており，プロテスタントでは祖先祭祀は認めないが，父母や祖父母の命日には家族が集まって追悼礼拝を行っている。

▷4 川上新二，2011，『死者と生者の民俗誌——韓国・珍島 巫女の世界』岩田書院。

3 プロテスタントとカトリック

さまざまな教派が活動している韓国プロテスタントは，1960年代後半から始まった韓国の高度経済成長期に，農村から都市に集まった人々を吸収して急成長した。現在でも都市部では信者数1万人を超える巨大教会から，商業ビルの部屋を借りた小規模な教会まで，多彩な教会が林立する。巨大教会としては信者数76万人，教職者600人以上というソウルの純福音教会が有名である。韓国プロテスタントの特徴として，礼拝や祈祷会で声を出して祈る「通声祈祷」という方法が多用されること，運営をめぐる内部対立によってしばしば教会の分裂が起こること，山中や山麓に祈祷院と呼ばれる施設が設けられることなどが指摘される。祈祷院では聖霊の働きによる病気治療が行われることもある。

急成長したプロテスタントであるが，前述のように信者数や韓国総人口に占める信者数の割合は1995年を頂点に，2005年には減少した。一方，カトリックの信者数および韓国総人口に占める信者数の割合は1985年，1995年，2005年と順次増加しており，その増加に注目する研究者もいる。カトリック信者が増加した要因については，結束力と清廉さ，他宗教に排他的でない，など，韓国国内でカトリックに対して，よいイメージがもたれているためという見方もある。

▷5 韓国統計庁から，2015年人口総調査の結果による宗教人口が発表された。それによれば韓国の総人口は4905万2000人で，仏教信者761万9000人（総人口の15.5％），プロテスタント967万6000人（同19.7％），カトリック389万人（同7.9％），儒教信者7万6000人（同0.2％）であった。発表された信者数について，韓国宗教界の現状をあらわすものとの見方がある一方，疑義をとなえる見方もある。

（川上新二）

II　世界の諸宗教

33　台湾の宗教

① 台湾における宗教事情

　台湾社会は，オーストロネシア語族系の各先住民族を基礎としながらも，人口の9割以上を占め，17世紀以降段階的に移住してきた異なるエスニシティをもつ漢族を中心に，多様な人々により構成されている。移住者たちは，同時にそれぞれの生活と密接な関係をもつさまざまな宗教を台湾社会へと持ち込み，それが今日の台湾社会で表象される宗教現象の多様性へと結びついている。

　台湾最高の学術研究機関である中央研究院社会学研究所が実施する「**社会変遷基本調査**」の宗教編によると，「現在の宗教信仰」を尋ねる質問に対して，2009年の調査では最も多い42.8％の人々が，「民間信仰」であると答えている。「仏教」の19.7％，「道教」の13.5％がそれに続き，キリスト教は「カトリック」が1.5％，「プロテスタント」が4.0％であった。また，「信仰なし」と答えた割合は12.9％にのぼり，創価学会など「日本宗教」も0.5％存在した。

　台湾では，町中いたるところで廟や寺を目にすることができるが，そこで祀られている神仏は必ずしも道教や仏教からの正式な由来があるわけではない。台湾漢族の宗教を研究する人類学者の五十嵐真子によると，「ごく一般の人々の宗教認識の中心にあるのは決して道教や仏教といった体系だった宗教などではなく，現世利益的な発想を強く持った信仰パターン」であり，多くの人々はそれを日々の生活の中で接する神々に見出すのである。

　民間信仰を代表するものとして，航海の神である媽祖を挙げることができる。中国大陸における知名度は三国時代の関羽に由来する関聖帝君に大きく劣るが，台湾ではそれを凌ぐ人気を集める女神である。元来，媽祖は福建省など中国南部の沿岸部で信仰を集めており，主に清朝期にこうした地域から海を渡り移り住んできた人々によって台湾へと持ち込まれた。人々は移住先の地域社会に媽祖廟を建設し，コミュニティにおける共同祭祀の対象となった。廟は，台湾へと渡ってきた漢族が移住先で新たな地域社会を形成するための中心であり，戦前戦後の台湾では，「祭司圏」や「信仰圏」という概念を用いて，台湾漢族のコミュニティやネットワークの在り方について，多数の研究が蓄積されている。

② 四大仏教と宗教の社会参加

　民間信仰が戦前からの長い歴史を有する信仰形態であるのに対して，近年飛

▷1　台湾の漢族は，明・清朝期の主に福建省南部からの移住者，同じく主に広東省からの「客家」と呼ばれる移住者，そして戦後の中国大陸全体からの移住者の大きく3つに分けられ，それぞれ異なるエスニックグループを形成してきたと考えられている。もっとも今日では相互理解や通婚も進み，また東南アジアを中心に新たな移住者も増加しているため，こうしたカテゴライズの妥当性については議論の余地があるだろう。

▷2　社会変遷基本調査
寺沢重法，2013，「台湾社会変遷基本調査宗教モジュール——東アジアにおける長期的大規模宗教調査」『社会と調査』10：p.121）によると，アメリカのGSSを模範とした総合的社会調査で，1984年以降，家族や階層などのさまざまなモジュールをほぼ5年のローテーションで毎年行い，宗教モジュールもこれまで計4回実施されている。中央研究員社会学研究所のウェブサイト（http://www.ios.sinica.edu.tw/sc/）から，調査票と集計結果報告書をダウンロードすることができる。

▷3　五十嵐真子，2006，『現代台湾宗教の諸相』人文書院，pp.49-50。

躍的に成長し，今日の台湾社会で大きな影響力をもつのが仏教団体である。

　現代台湾仏教は，戦前に中国仏教界の改革に取り組んだ太虚(たいきょ)法師が掲げ，第2次世界大戦後に中国大陸から台湾へと渡った印順法師が引き継いだ「**人間仏教**」という思想の影響を受けているいくつかの門侶集団に牽引されており，その代表的なものとして，佛光山・慈済会・法鼓山が挙げられる。これに中台禅寺を加えた各集団は台湾四大道場と呼ばれ，それぞれ大きな勢力を誇り，宗教事業だけでなく積極的に社会事業をも展開している。

　なかでも1966年に創設された慈済会は，1990年代以降急成長を果たし，現在では台湾を中心に全世界において500万人もの会員を有する世界最大の仏教NGOとなっている。創設者である證厳法師以下，出家者はすべて尼僧でその数はきわめて少なく，社会事業の中核となるのは，同じく女性が多数を占める在家会員である。また，台風や地震災害の多い台湾において，災害後の復興支援活動に積極的に取り組み，仮設・復興住宅の建設など，「公共的」な役割までをもしばしば担う。そして社会からも，義援金や災害ボランティアへの参加を通して，慈済会がこうした役割を果たすことが後押しされている。

　1960年代後半以降に設立されたこれら四大道場が，短期間のうちに今日のような台湾宗教界を代表する規模へと発展を遂げたのは，台湾の急速な経済発展や長期に渡り敷かれていた戒厳令が解除されるなどの政治状況の変化に依るところが大きい。また仏教団体による社会福祉領域への進出は，戦後の台湾社会において，国家による社会保障が十分に整備されていなかったことの裏返しでもあった。来世を視野に入れる儀礼的な仏教思想ではなく，社会参加をうながし日常生活に寄り添う人間仏教の考えが，戦後台湾の時代的背景と相まって，五十嵐の言う「現世利益的な信仰パターン」の大きな受け皿となったのである。

❸ キリスト教と先住民族の宗教

　台湾へのキリスト教の伝道は17世紀から開始されていたが，日本統治下の皇民化政策で中断され，再び本格化するのは戦後になってからである。信仰の中心を担ったのは，戦後に国民党とともに中国大陸から渡ってきた漢族のグループ，そして各先住民族であった。とりわけ先住民族への影響は大きく，カトリック，プロテスタント共に慈善事業を通して布教活動を行い，1960年代までに先住民族が多く居住する山間部に多数の教会や神学校が建てられた。

　一方で藤野陽平は，プロテスタント教会を中心に，こうした国民党政府に近い立場の国語教会に対して，戦前から布教を行う台湾語教会の活動に注目する。台湾語教会は日本統治期以前からの漢族移住者層との結びつきが強く，なかでも長老教会は台湾独立を求める政治的な活動を積極的に行ってきた。また真耶蘇教会は政治的には中立の立場を取りつつも，台湾の社会的文脈に合わせて聖書を解釈し，民衆の立場に立った宗教実践を展開している。

（村島健司）

▷4　**人間仏教**
仏教は「人と人の間」に在るとする思想で，出家を重視し非社会的であるとされた従来の仏教とは一線を画し，積極的に現世社会との関わりを求める。日本でも，「社会参加（参画）仏教」として近年注目を集めている。

▷5　蓑輪顕量，2000，「台湾の佛教」『東洋学術研究』39(1)：pp.81-83。

▷6　主なものとして，生活困窮者を救済する慈善事業，台湾各地に総合病院を経営する医療事業，大学医学部をはじめ幼稚園から大学院までを擁する教育事業，出版や専門ケーブルテレビチャンネル放送などを行う人文事業の四事業を挙げることができる。

▷7　金子昭，2005，『驚異の仏教ボランティア――台湾の社会参画仏教「慈済会」』白馬社。

▷8　村島健司，2013，「台湾における震災復興と宗教――仏教慈済基金会による取り組みを事例に」稲場圭信・黒崎浩行編著『震災復興と宗教』明石書店，pp.250-269。

▷9　藤野陽平，2013，『台湾における民衆キリスト教の人類学』風響社。

Ⅱ 世界の諸宗教

34 神道(1)
古代

1 神まつりの淵源

　神道は，日本の民族宗教といわれる。創始者はなく，その起源ははっきりとしないが，日本に関する史料からは，弥生時代の人々の営みに，神道の神まつりに通ずる要素を見いだせる。具体的には，①3世紀の『三国志』に見られる倭人の忌明けの水浴が禊と共通し，また航海時の神まつりを担う持衰という人物の行動がまつりに備える「ものいみ」に通ずる，②土器に描かれたまつりのためと見られる建物の構造と神社建築の様式が同じ，③現在も神の象徴とされる銅鏡や勾玉が使用されはじめた，などが例として挙げられる。

　古墳時代の中期になると，古典に登場する神座「磐座」を想起させるような，石の神まつりの場が成立し，5世紀には後代の神宝などと共通する武器・紡織具などの祭具が用いられた。また，これらは特色ある自然地形の地に求められた。6世紀になると，亀の甲羅でできたうらないの道具も用いられるようになり，総じて神社における神まつりの具体的な形式が整っていく。

2 古代朝廷の祭祀制度

　天武・持統朝（673-97）前後になると，朝廷では，律令の制定と軌を一にするように，即位後最初に天皇が自ら行う大嘗祭や，**伊勢神宮式年遷宮**が制度化され，その他の祭祀も整った。この古代朝廷祭祀制度は，神社の人的・経済的基盤などもカバーしており，実質・理念の両面において，以後の神道祭祀に多大な影響を及ぼした。

　この制度には大陸の律令が一定程度の影響を及ぼしているものの，個々の祭祀の規模や祭式からは，稲の豊作を願う春の祈年祭，収穫を祝う冬の大嘗祭・新嘗祭といった農耕祭祀が制度の中軸であることがうかがえ，特色となっている。庶民の家の神まつりに通ずる月次祭が加わっている点も踏まえると，制度形成時に，日本の神まつりの事情を大きく反映させた実態がうかがえる。祭祀の対象となる神々は，祈年祭のように全国2861社に対象が及んだ事例もあるが，多くの祭祀は天皇の祖に当たる天照大神を祀る伊勢大神宮と，律令制定期に宮都のあった大和盆地に鎮座する神社の神が対象である。これは，氏族の祖神，すなわち氏神と地域の神を重んずる傾向を反映したものであり，現代でも同様である。

▷1　玄界灘に浮かび，大陸との海上経路にある沖ノ島（福岡県）や，山に囲まれた大和盆地の中でも，円錐形の山容をもつ三輪山（奈良県）はその好例である。

▷2　伊勢神宮式年遷宮
天武天皇の発意により定められ，690年（持統天皇4年）に内宮で第1回の遷宮が行われた。

3 二十二社と地方神社の制度

　この傾向は，律令完成直後にあたる奈良末期から平安初期に恒例化された朝廷祭祀にも表れる。**賀茂祭**（葵祭）のように平安京に近い神社が対象となったものや，春日祭に代表される天皇の近縁氏族の氏神に対する祭祀がそれに当たる。公祭と呼ばれるこれらの多くはまた，神に供える品である幣帛の拠出元が天皇の内廷経済を預かる内蔵寮であり，天皇の意思を反映した祭祀として位置づけられる。10世紀にも天皇の意による新たな恒例祭祀が始まり，神社への行幸もなされるようになる。また，臨時の幣帛奉献も頻繁に行われるが，対象となる神社は限られていた。これら神社は10世紀も半ばになると，伊勢大神宮を筆頭に「十六社」と総称されるようになった。だが，天神（菅原道真）や牛頭天王など，新たに京の人々の関心を集めた神社などを取り込む形で11世紀半ばまでに漸増し，結果「**二十二社**」と呼ばれた。

　朝廷と諸国神社との関係についても，対象が限定化される。平安初期には，特定の神社の神を「名神（みょうじん）」と位置づけるようになる。10世紀初頭になると，それらのさらに一部に対して，天皇即位時に神宝を奉った。この使を大神宝使と通称する。対象となる神社約50社は，すべての国々から一律に選ばれているわけではないが，現在でも地域を代表するものが少なくない。やがて，12世紀になると，諸国神社の代表という意味で「一宮」と呼ばれる神社も登場する。平安時代の段階で，それらの多くは名の通り，朝廷の祭祀・神事上，国内で最も重んじられていたが，一宮という呼称使用の実例は限定的であった。一宮の本格的展開は鎌倉時代以降のことである。

4 神道と他宗教・思想との関係

　古代朝廷祭祀では，神の祟に対する恐れから，神社の清浄と奉仕者の斎戒が求められた。しかし，それ以外の点については神まつりの集団ごとのルールに基づいていた。そうした中で，仏教に帰依する人々の神への姿勢が多様に展開し，神信仰全般に影響を及ぼすようになる。すでに奈良時代から平安初期の段階で，神が仏法に帰依しているものと考えられ，比叡山の日吉山王神や高野山の丹生明神のように，宗派の根本霊場にいわゆる地主神がまつられた。これが平安中期になると，仏教組織の中で神の地位がいっそうの高まりをみせ，11世紀後半には真言僧を中心に神仏同体の観念が唱えられる。これが**本地垂迹（ほんじすいじゃく）説**として広まり，平安末期の両部神道と呼ばれる神道説の形成に結びつく。

　平安中期はまた，神道が陰陽師や山岳信仰との密接なかかわりをもちはじめた時期でもある。前者は祓による個人祈禱，後者は**熊野三山**などに代表される霊場参詣という形で具体化を遂げる。

（加瀬直弥）

▷3　賀茂祭
山城国，鴨川沿いにある下鴨社・上賀茂社で旧暦4月（現在では5月）に行われた祭祀。6世紀中頃，風雨の害を避けるために始まったとされる。794年（延暦13）の平安遷都の頃，平安京の守り神として，天皇から幣帛が奉られるようになったとみられる。祭祀に当たり，京中から神社に赴く祭使の行列は，平安時代の人々の注目を集めた。

▷4　二十二社
伊勢，石清水，賀茂，松尾，平野，稲荷，春日，大原野，大神，石上，大和，広瀬，龍田，住吉，日吉，梅宮，吉田，広田，祇園，北野，丹生，貴布禰の諸社からなる。

▷5　熊野三山
平安後期，本宮・新宮・那智からなる熊野三山は仏教の思想的影響により浄土と観念され，院・貴族が盛んに参詣するようになった。後白河院（1127-1192）が30回以上詣でたことはよく知られている。熊野詣は浄土での再生を願う中世庶民の関心も集め，「蟻の熊野詣」と呼ばれるようになった。

参考文献
岡田荘司編，2012，『日本神道史』吉川弘文館。

II 世界の諸宗教

35 神道(2)
中近世

1 中世の神社と神道思想

鎌倉幕府を開いた源頼朝は篤く神祇を崇敬した。清和源氏の氏神である八幡神を京都の石清水八幡宮から勧請し、幕府の守護社として鶴岡八幡宮を創祀する。幕府から所領を与えられた御家人たちも同様に八幡神を領内に祭り、八幡信仰は各地へ広がった。

地方で開墾された土地は有力社寺の荘園となることも多かったが、その際には本社が分祀された。室町時代になると武士や荘園領主だけでなく、村落の農民も祭祀組織である宮座を組織し、地域の守り神を祭るようになる。その際、伊勢や稲荷、天神といった神々が**勧請**された。現在、八幡神社・神明神社・天満神社・熊野神社・稲荷神社といった神社が多い理由には中世のこういった展開がある。勧請された神々は共同体の繁栄を願う農耕神としてだけではなく、特定の霊威や霊徳が強調され、現世利益の個人の祈願も行われた。このように、中世は現代の神社の在り様の源流となった時代でもある。

鎌倉時代になると神仏習合が一般化する中で、もっぱら神道に注目し、ひとつの教理として説明しようとする動きが現れた。まず伊勢神宮の内宮・外宮を胎蔵界・金剛界になぞらえ、密教で神道を解釈する両部神道が成立する。その影響下で伊勢神宮外宮の祠官・度会氏によって伊勢神道が形成された。伊勢神道は陰陽五行説や老荘思想を取り入れて伊勢神宮の由緒を説き、祭祀者は清浄・正直の心をもって一心不乱に祈ることが重要だとした。伊勢神道の教説は神道五部書に著されて体系化され、後世の神道説に影響を与えている。

室町時代には、神祇官人であり吉田社の神職であった吉田兼俱が新たな神道説を唱えた（吉田神道）。兼俱は神道・仏教・儒教が究極的には一致すると説き、応仁の乱による混乱した社会の中で、祓が人々の不安を取り去るものとし、朝廷や幕府の中枢の人々に伝授を行った。また、吉田神社に斎場所大元宮を作り、根源神として大元尊神を祀った。兼俱の神道説は、自らが創唱する新しい教説であったが、祈祷儀礼を体系化し、それらを全国の神職に伝授して神道の発展に寄与した功績は大きい。

応仁の乱以降、各地の神社も戦乱に巻き込まれ、荒廃していく。宮中の大嘗祭や新嘗祭、伊勢神宮の式年遷宮、賀茂祭（葵祭）といった重要な祭儀も乱世の中で中断を余儀なくされた。

▷1 伊勢は古来、皇室の祖先を祭る宮として一般の人の奉幣が禁止されていたが、中世になると御師（下級神職）の活躍により、庶民へと信仰が広がった。

▷2 　勧請
神の分霊を他所に遷し祀ること。

▷3　岡田荘司, 2007,「神社信仰の展開とその分布」岡田荘司・加瀬直弥編『現代・神社の信仰分布』國學院大學．

▷4　II-40 を参照。

▷5　『天照坐伊勢二所皇太神宮御鎮座次第記』『伊勢二所皇太神御鎮座伝記』『豊受皇太神御鎮座本記』『造伊勢二所太神宮宝基本記』『倭姫命世記』の五書。

▷6　八角の社殿（大元宮）を中央に、周囲に伊勢神宮や式内社の神々を祭る社を配置する。

2 近世の神社と神道思想

　江戸幕府と諸藩は各地の神社の社領地を保護し安堵（承認）する一方，神社や神職に対しては諸社禰宜神主法度（神社条目）を出して統制した。諸社禰宜神主法度は五ケ条からなり，神職の責務や装束について定める。装束の着用は吉田家の免許状（神道裁許状）を要するとされたため，吉田家に一定の神職支配が委ねられた。ただし，出雲大社など例外も認めている。

　社会が安定するのに伴い，中断していた宮中の大嘗祭や新嘗祭，伊勢神宮の式年遷宮，賀茂祭（葵祭）等の神社の祭や主要な神社への**奉幣**[7]も幕府の支援を受けて復興していった。徳川家康は死後，天台宗系の山王一実神道により日光東照宮に祭られたが，東照宮へも朝廷から例幣使が発遣されている。

　都市では，大規模で華麗な山車や屋台が出て多くの見物客が集まる祭礼[8]が行われた。神田祭・山王祭（江戸）や祇園祭（京都）をはじめとして，地方の城下町でも盛んであった。これらの祭礼は高山祭（岐阜）や祇園山笠行事（福岡）など現在も賑やかに行われているものも多い。

　諸国の社寺も行楽地として多くの参詣者で賑わった。伊勢神宮や富士山など遠隔地への参詣には講が組織され，講員が旅費を積み立て，籤で選ばれた代表者が旅費をもらい御師の案内で参拝した。特に伊勢参宮は盛んで，時には数百万人の規模で参拝者が集まるおかげ参りや，正式な許可を受けずに伊勢に旅立つ抜け参りなども行われた。

　また，伊勢信仰の他にも稲荷（農耕神，商業神），天神（学問の神），愛宕や秋葉（火除けの神），恵比須（商業神，漁業神）など特定の神徳をもつ神に御利益を願う信仰も盛んであった。

　雛祭りや端午の節句，七夕といった年中行事が現在につながるような形式で定着したのも近世である。正月にその年に縁起の良いとされた方角の社寺に参拝する恵方参りの風習は，現代の初詣の原型と言えるだろう。

　近世になると神道思想は儒学や国学により体系化された。

　儒学者は神仏習合を否定し，神道は儒学と一致すると考え神道を説いた。儒学者による神道説に林羅山の理当心地神道や，山崎闇斎の垂加神道などがある[9]。

　さらに儒教や仏教に依拠するのではなく，文献考証による古典研究によって古代の日本文化や精神を読み解こうとする国学が起きた。国学者を代表する人物として，荷田春満（1669-1736）・賀茂真淵（1697-1769）・本居宣長（1730-1801）・平田篤胤（1776-1843）がいる（国学の四大人）。国学者は『古事記』や『日本書紀』『万葉集』等を研究し，門人を組織し，書籍を出版して知識の普及に務めた。本居宣長や平田篤胤の門人組織は大規模なもので，神祇信仰を研究の重点に置いている（復古神道）。この復古神道は明治初期の維新政府の政策にも影響を与えた。

（越智三和）

▷7　奉幣
天皇の命により幣帛を奉ること。

▷8　柳田國男は祭と祭礼を区別し，信仰を共有せず，見物だけを行う群衆の登場を祭から祭礼への変化としている。柳田國男，2013，『新版　日本の祭』角川学芸出版。

▷9　儒家神道の学説はそれぞれ異なるが，全体として神道と儒学の一致，排仏論，君臣論の重視を特徴とする。

II 世界の諸宗教

神道(3)
近現代

▷1 復飾
僧侶が僧籍を捨てて世俗に戻るという「還俗」を指す語で、神仏分離の際には社僧や別当などと呼ばれる神社に関係した僧侶の一部が復飾し、神職となった。

▷2 社格
近代の社格制度においては、1873年（明治4）に官幣大社、官幣中社、官幣小社、国幣大社、国幣中社、国幣小社、府社、県社、郷社の制度が設けられ、その後、村社・別格官幣社が設定された。社格のない神社については「無格社」と呼称されていたが、これは正式な社格にあたるものではない。

▷3 教導職
国民を教化するために各地で説教を行うために任命された役職。全国の神官（神職）、僧侶等を無給にて任命し、大教正以下権訓導まで14級に分かれていた。宣教機関として、中央に大教院、各府県に中教院、各地の神社、寺院に少教院が置かれた。

▷4 神祇院
内務省の外局として設置され、神祇行政の拡充、活発化が期待された官庁であったが、無格社の整理や新たな職掌とされた敬神思想の普及など、具体的な施策を打ち出せぬまま、わずか5年余で廃止となった。

1 現代の「神社」概念を形成した近代

　近代から現代にいたる神道の歴史は、明治維新と第2次世界大戦における日本の敗戦という歴史上の大きな転換点と深く関わることはいうまでもない。単に制度的な面を述べるだけでも、1868年（明治元）から1946年（昭和21）までの78年間に神社に関して統一、体系化された法規が出されたわけではなく、単行法令が積み重ねられたことによって、現在の「神社」の概念が形成されてきたともいえる。それゆえ、神社や神道に関わる諸制度や行政機関の変遷などに着目しつつ、近現代の神社と神道について述べてみたい。

2 近代の神社と神道

　1867年（慶応3）12月に「王政復古の大号令」が発せられ、日本の近代化がスタートしたが、神社についてはまず、1868年（明治元）3月13日に「祭政一致の制に復し、天下の諸神社を神祇官に所属せしむべき件」が出され、吉田家や白川家による神社、神職支配からの転換がなされた。ついで3月17日には「諸国神社の別当、社僧の復飾の令」、同28日には「神仏分離令」が出されたが、これらは近世以来の思潮を受けて、神道と仏教との混淆を禁止し、約1300年近くにわたって習合してきた神道と仏教とのあり様、神仏関係を抜本的に変革することとなった。次いで1873年（明治4）5月14日には、神社は「国家ノ宗祀」とする太政官布告が発せられ、従来の神職の世襲を廃して、国家管理の下であらためて人材を精選した上で各社へ神職を任命することとなった。

　また、「社格」と呼ばれる神社の格式や、祭祀および行事作法の次第、宮司や禰宜、社司、社掌と呼ばれる職制なども併せて法令で規定された。さらには、明治初期は神道非宗教論に基づき、神道が仏教、キリスト教とは異なる取扱いを受けることとなったが、特に1882年（明治15）の神官教導職の分離以降は、結果的に政府によって「非宗教」という取扱いがなされていくのは神道ではなく、神社であった（神社非宗教論）。つまり、明治中期以降は政府が非宗教とする「神社」と、政府から公認された宗教としての「教派神道」というふたつの取扱いへと変化してゆくこととなった。

　行政機関の変遷については、明治維新後、神社を管掌する行政機関として、1868年（明治元）1月に神祇事務科（翌月に神祇事務局と改称）が設置され、明治

元年閏4月に神祇官，1871年（明治4）8月に神祇省となり，1874年（明治5）3月の神祇省の廃止を受けて神社を含めた神仏各宗派を統一的に管掌した教部省が設置され，神職はすべて教導職を兼補して国民教化運動へ従事させられることとなった。しかし，神仏合同布教の失敗から1877年（明治10）1月に同省は廃止となり内務省社寺局に移管，1900年（明治33）4月に，神社のみを管轄する内務省神社局と，仏教や教派神道などを管轄する宗教局とに分立する。宗教局はその後，1913年（大正2）に文部省へと移管されたが，神社局設置後も「神祇官興復運動」と呼ばれる神祇特別官衙の設置運動が続き，1940年（昭和15）11月に神社局を拡充する形で内務省の外局たる**神祇院**が設置された。

戦前の神社は国家の管理に置かれていたとはいえ実質的に国庫からの供進金は官国幣社経費の4分の1程度であり（昭和9），府県社以下の神社に関しては当初から公的援助がほとんどなく，大半の神社が社入を祈祷や祭典費などに頼る状況にあった。なお，伊勢の神宮以外，神職は待遇官吏の扱いであった。加えて政府が日露戦争後の地方改良運動と相俟って1906年（明治39）～1917年（大正6）にかけて集中的に実施した**神社整理**施策によって，わずか10年余りで全国各地の約7万3000社が合併，廃祀となり，小字単位での神社の絶対数が減少したことは，以後の神社信仰の護持に大きな影響を与えることとなった。

3 戦後の神社と神道

1945年（昭和20）8月のポツダム宣言の受諾に伴う終戦により，神社に対する行政上の取扱いも大きく変化した。同年12月15日にはGHQより，いわゆる**神道指令**が発せられ，神祇院も翌年1月末をもって廃止されることとなり，神社と国家との分離が決定的となった。そのため，翌年2月3日に神祇関係の民間三団体（財団法人皇典講究所，財団法人神宮奉斎会，財団法人大日本神祇会）が解散合併する形で，新たな神社の包括組織である宗教法人神社本庁が発足し，各神社は宗教法人となって現在にいたっている。神社本庁は現在，法人化されている神社神道系の神社の約97％にあたる約7万9000社を包括するが，一方で神社本庁に所属しない，いわゆる「単立神社」と呼ばれる神社もある。また，神社本庁は全国47都道府県に神社庁と称する出先機関をもつほか，神職資格や神職身分を付与しており，生涯学習や神職養成のための各種の研修も行っている。社会における「つながり」の希薄化が叫ばれる現代社会にあって，祭りを中心に個々の地域共同体の紐帯としての役割を担ってきた神社であるが，近年，過疎地では祭礼の維持に苦慮する神社も多く，神社界では神社振興対策事業など，神社信仰を維持するための努力がなされている状況にある。

一方，**教派神道十三派**については，戦後，神社や寺院，キリスト教会などと同様，宗教法人として取扱われることとなり，独自の路線を歩む教派もあるが，現在も神道信仰を国内外へと広く伝える役割を担っている。

（藤本頼生）

▷5 **神社整理**
狭義では明治末期から大正初期にかけて内務省および各府県の主導によって神社の合併，移転，統廃合を推進する神社に対する行政施策のことを指す。複数の神社が合併し，祭神を合わせ祀って一社になるため「神社合祀」とも称されることもある。

▷6 **神道指令**
正式には「国家神道，神社神道に対する政府の保証，支援，保全，監督並びに弘布の廃止に関する件」と呼ばれるもので，GHQから日本政府宛に覚書の形で出された。

▷7 **教派神道十三派**
戦前期に政府によって教団活動が公認され，布教活動が許された神道系の宗教教団のこと。黒住教，神道修成派，大社教，扶桑教，実行教，神道大成教，神習教，神道大教，御嶽教，神理教，禊教，金光教，天理教のことを指す。

参考文献

阪本是丸，1994，『国家神道形成過程の研究』岩波書店．

梅田義彦，1971，『改訂増補日本宗教制度史〈近代編〉』東宣出版．

西田廣義，1989，『増補改訂 近代神社神道史』神社新報社．

葦津珍彦・阪本是丸注，2006，『新版 国家神道とは何だったのか』神社新報社．

齊藤智朗，2010，「新たな神道体制の確立」岡田荘司編，『日本神道史』吉川弘文館，pp.228-273．

Ⅱ 世界の諸宗教

37 日本の仏教(1)
古代

▷1 二葉憲香, 1962, 『古代仏教思想史研究——日本古代における律令仏教及び反律令仏教の研究』永田文昌堂.

▷2 中川修, 1980, 「僧尼令的秩序の境界——道慈・玄昉・行基の場合」仏教史学会編『仏教の歴史と文化——仏教史学会30周年記念論集』同朋舎出版.

▷3 行基集団の布教活動は, まず造営中の平城京で, 労働力として徴発されていた民衆を対象に行われた. 行基は布施屋を設置し, 罪福の因果を説いたという. やがて弾圧により, 都市での活動が困難になってからは, 舞台を畿内の農村に移し, 池溝開発などに携わった. 多様な技術者が参加していた行基集団は, 三世一身法や墾田永年私財法を背景にした在地豪族の墾田拡大の欲求に応えながら, 布教活動を展開した.

▷4 三論・成実・法相・倶舎・華厳・律を総称して南都六宗という.

▷5 こうした方針転換は, 行基集団に対する政府の対応にこそ顕著に表れてくる. 行基は, 日本において名指しで弾圧された最初の僧侶でありながらも, 東大寺大仏建立に協力し, ついに日本仏教界の最高位たる大僧正に, これまた最初に任じられた人物であった.

1 日本における仏教受容

日本に仏教が伝来したのは, 6世紀半の欽明天皇の頃であるといわれる.『日本書紀』552年 (欽明13) の仏教伝来記事に, 百済の聖明王が使いを遣わして仏像・仏具・経論などをもたらしたとある. 伝来の際に, 仏を国神に対する蕃神と位置づけ, 両者が対立的に考えられた結果, 崇仏派の蘇我氏と排仏派の物部・中臣氏との間で論争が起こったという. つまり仏教は, 新たな呪術として日本に伝来したのである.

天皇の権威は神々を祀る祭祀権にかかっていたため, 天皇家では公伝後もしばらくは積極的に仏教を取り入れようとしなかった. 仏教を本格的に受容したのは蘇我氏であり, やがて天皇家も仏教を受容していくようになる.

6世紀末には, 蘇我氏を中心として日本最初の本格的な伽藍を備えた寺院である飛鳥寺 (法興寺) が建立された. 現在, その神話的側面が強調されている聖徳太子が摂政として活躍した時期も, ちょうど6世紀末のことであった. 太子は, 三経義疏をはじめ, 三宝興隆詔や憲法十七条にみられる高度な仏教理解を論拠に, 日本で本格的に仏教を理解した最初の人物とされてきた.

やがて大化の改新 (645年) で蘇我氏が滅亡すると, それまで蘇我氏のもとにあった仏教祭祀権は, 天皇によって掌握された. このように, 日本の仏教史は, 氏族による受容に始まり, やがて「国家仏教」としての性格を強めていく. ◁1

藤原京が694年 (持統8) に造営された頃には, 大官大寺・川原寺・薬師寺・元興寺が四大寺と呼ばれ, 国家鎮護の中核的役割を果たした. 701年 (大宝1) には僧尼令を制定して僧尼を統制し, さらに僧綱 (僧官制度) を設けて寺院の自治組織を確立すると同時にそれを統治機構の中に組み入れた.

2 僧尼令的秩序と行基

僧尼令は, 国家の考える正しき僧尼像を明らかにしたもので, その僧尼像とは, 端的には国家に奉仕する浄行者である. 僧尼令の実効性については諸説あるが, これ以降, 僧尼令的秩序がその都度の政治情況と仏教の効用性に規定されながらも, 一貫して存した. ◁2

霊亀～養老年間は, 僧尼令の秩序に基づき, 私度の禁圧, 公験 (官発行の証明書) 制度の改革, 学業奨励などの官符が発せられ, 仏教統制策が積極的に進

められた時期であった。行基集団に対する弾圧や鑑真来朝以降の授戒制度の確立，さらには南都六宗の成立などは，仏教統制の一環であった。

また，やがて有力豪族層に支えられて民間で仏教が高揚してくると，従来の一方的禁圧から，民間の仏教を一定の範囲内で容認しつつ，国家権力の基盤として活用する方針に転換する。天平期における寺院併合令の廃止や国分寺建立政策の推進は，そうした方針を反映したものである。

3 平安仏教：最澄と空海

奈良朝後期，朝廷では恣意的な仏教利用が横行し，特に玄昉や道鏡といった僧侶が活躍し始めると，仏教界の秩序紊乱は加速の度を強め，僧尼令的秩序は内側から揺らいでいった。こうした仏教界の世俗化は，その後の厳しい仏教統制を招き，光仁・桓武朝の仏教政策では，持戒と学問修行を通じた僧尼の質の向上と，それによる鎮護国家の興隆に主眼が置かれるようになった。

785年（延暦4）より比叡山で修行していた最澄は，794年（延暦13）の平安京遷都後，桓武天皇から注目されて遣唐使に随行し，804年（延暦23）に入唐して天台の師伝を受けた。空海もまた，最澄と同じく遣唐使にしたがい入唐し，長安で真言密教の正統を相承して帰朝した。帰朝後の両者は朝廷での祈禱を積極的に行った点で共通するが，南都諸宗と対立を深めた最澄とは逆に，空海は南都諸宗と親密さを深めた。最澄は南都諸宗との対立や，徳一との三一権実論争などを通じて，一切皆成・法華一乗の天台宗義を宣揚し，さらに南都戒壇から離脱して大乗戒壇の設立を目指した。他方空海は，南都の具足戒をひとまず認め，その上で真言行者は密教特有の戒をもつべきだという立場をとった。最澄の目指した大乗戒壇は彼の死後に認められ，空海は南都と協調関係を築きながら，護国法会の密教化を推進し，真言宗を発展させていった。

4 摂関院政期の仏教

律令的秩序が解体する摂関体制形成期には，従来の鎮護国家的仏教も変質し，個々の貴族の現世利益のための修法の発達や，浄土信仰の形成が進んだ。やがて寺院が有力貴族から施入される荘園を経済基盤とするようになると，有力貴族の子弟が大寺院の要職を独占し始めた。こうした貴族社会と仏教の接近は，摂関貴族社会の公的規範たる朝廷儀礼の年中行事に，仏教法会が組み込まれていく要因ともなった。また浄土教は，市井の「聖」と呼ばれた空也による念仏実践や，『往生要集』を著した源信の念仏結社などによって担われた。

摂関期から院政期への時代の転換を迎えた頃，社会で高まる転換期ゆえの危機意識とともに末法到来が説かれるようになる。末法の到来は，その克服形態としての顕密仏教の活性化をもたらした。顕密仏教は政権と密着しながら展開し，中世に圧倒的影響力を誇ることになるのである。

（近藤俊太郎）

▷6 僧界に世俗の位階制が導入されて僧尼のなかに差別がつけられたほか，僧位が乱発されて僧位と俗位を併有という事態が現出したりしたという。

▷7 この論争では，三乗と一乗のいずれが権（真実へ導くための仮の教え）であり，実（真実）であるのかが争点となった。

▷8 具足戒とは，『四分律』に基づく完全な戒のことを意味する。鑑真によって日本に伝えられ，東大寺・下野薬師寺・筑紫観世音寺の三戒壇によって授戒が行われていた。

▷9 『四分律』が法藏部という部派のものであったため，最澄は，大乗仏教の立場に立脚する以上，大乗独自の戒を用いるべきだと主張した。

▷10 大寺院が有力貴族からの外護を得るための代償として，その子弟を寺院の要職に迎えたことで，寺院は貴族化していった。

▷11 1052年（永承7）が末法第1年とされた。

▷12 顕密仏教は，鎌倉新仏教に対し，いわゆる「旧仏教」と称されていた天台宗・真言宗や南都の大寺院を指す。顕教と密教の総合という観点から，顕密仏教と呼ばれる。

(参考文献)
速水侑，1986，『日本仏教史　古代』吉川弘文館。
末木文美士・松尾剛次・佐藤弘夫・林淳・大久保良峻編，2010，『新アジア仏教史11日本Ⅰ——日本仏教の礎』佼成出版社。

Ⅱ 世界の諸宗教

38 日本の仏教(2)
中近世

1 中世前期の仏教

　中世の仏教の主流は，いわゆる顕密仏教であった。顕密仏教とは，南都六宗に天台・真言を加えた八宗が密教を基軸に統合されたものをいう。顕密仏教は，王法仏法相依論を主張し，王法と仏法との関係を車の両輪や鳥の両翼にたとえ，両者を密接不可分の運命共同体であると説いた[1]。朝廷はこうした主張を受け，仏法興隆を進めたのである。院政期には国家的法会の体系が整備されるとともに，教典研究が進められ，優れた学僧が数多く登場した。

　一方，民衆の生活世界においても，技術と宗教の未分離に起因する豊作祈願の重要性から，顕密仏教による五穀豊穣の祈りは，民衆の願望を燃焼するものとして広く受容されていった。このように，王権による支配秩序はもとより，領主による民衆支配も宗教的に擬制されていたのである[2]。

　以上の顕密仏教に比して，法然や親鸞らの専修念仏集団は中世仏教全体からみれば少数派であった。専修念仏集団は，王権への奉仕を自明視していた顕密仏教とは違って，非権力的で自律した人間の社会を志向する性格を有していたために支配秩序と鋭く対立し，弾圧を被ることになったのである[3]。

2 中世後期の仏教

　13世紀後半になると，禅宗や律宗が鎌倉幕府に支持されたが，室町時代になっても国家や王権との関係では顕密寺社が依然として影響力を誇っていた。しかし，足利尊氏・直義・義詮・義満らがいずれも顕密と禅の融和を進めたことで，やがて室町幕府と禅宗は密接な関係を築くこととなる。禅宗の寺院は，五山・十刹・諸山と序列化され，これらの官寺の住持は，原則として幕府によって任命されたし，住持以外の禅僧も，室町幕府の外交や荘園経営で活躍する機会を数多く与えられた。禅は，こうした政治との関係だけでなく，絵画，建築，造園，文学などにも幅広く影響を及ぼした。

　15世紀後半に活躍した本願寺の蓮如は，御文（御文章）を発して真宗教団を確立し，教線を北陸や関西に拡大した。戦国大名と比肩しうるほどの大きな勢力となった真宗門徒による**一向一揆**は，加賀国の守護富樫氏の継承争いに介入し，加賀国を約100年にわたり支配した。その一向一揆を徹底して弾圧したのが，統一政権の樹立を目指す織田信長であった。信長はまた，比叡山や法華宗

▷1　黒田俊雄，1975，『日本中世の国家と宗教』岩波書店。

▷2　平雅行，1992，『日本中世の社会と仏教』塙書房。

▷3　二葉憲香，1962，『親鸞の研究』百華苑。

▷4　一向一揆
一向一揆は，戦国期の真宗教団を基盤とするもので，信心第一主義によって世俗の価値を相対化する蓮如の教説を理論的基礎としていた。

も弾圧した。信長の後をうけた豊臣秀吉は1595年（文禄4）に方広寺大仏殿で千僧供養▷5の法会を挙行したが、このとき出仕を要請された法華宗では、日奥らが「不受不施」▷6の立場から不出仕の態度を貫き抵抗した。その日奥ら不受不施派は、秀吉の死後、徳川家康によって弾圧が加えられ、非合法化された。

3 近世の仏教

江戸幕府は、寺院諸法度を設けて寺院統制を徹底し、またキリシタン禁制のために寺請制度▷7を確立した。幕府は1601年（慶長6）から1616年（元和2）に、真宗と時宗、日蓮宗を除く有力寺院や宗派に対して寺院法度を発布した。その目的は、守護不入権▷8などの特権剥奪と本末制度の再編成にあった。法度の制定は、各宗派単位での本末関係の明確化、僧侶の教学研鑽と同時に、大寺院の保持していた武力の解体、教団外宗教者の排除などを結果した。本末制度は、1632〜33年（寛永9〜10）に諸宗本山に末寺帳を作成させることによって確立した。このことは、幕府が本山を介して宗派単位で仏教を統制し、各寺院に権力機構の末端を担わせる構造の整備を意味した。

寛文年間に入ると、幕府の宗教政策は従来の寺院・僧侶統制から民衆支配へと大きく舵を切った。この背景には、キリシタン摘発を契機とした、寺院と檀家の関係における寺院側への権限の集中（檀家側への負担の集中）と、本寺の権限強化に伴う末寺からの収奪が、各寺院による檀家からの収奪を惹起させ、それが結果的に幕藩領主の年貢収奪と競合したという事情があったようである。そこで幕藩領主は、キリシタン禁制を名目にしつつ、全国的に宗門人別改帳を作成し、民衆支配を進めた。その他にも、1631年（寛永8）には新寺建立禁止令が発布されるなど、近世の仏教は終始細かい法令によって統制された。

近世の仏教は、檀家制度▷9によって民衆の生活世界と密着して展開したため、現世利益的で習俗的な性格を強く帯びていった。その一方で、僧侶には教学研鑽を求めたことから、緻密な教学体系の整備と、それを踏まえたさまざまな論争が起こった。また儒学や神道、国学との思想的交流を背景に、神仏一致や神儒仏一致を主張する者も現われた。

4 幕末の仏教

やがて幕末に入ると、それまで以上に、儒学や国学、そして水戸学や神道家による排仏論が盛んとなった。儒学系の経世思想からの仏教批判や倫理観を欠いた僧侶に対する批判のほか、国体思想や神国思想からは外来思想の排除という文脈で仏教批判が唱えられた。実際に、こうした思想を背景として、岡山藩や水戸藩などでは廃仏政策が進められた。これに対し、仏教側は社会的有用性を前面に押し出した護法論を展開することになるが、この排仏論と護法論はいずれも近代仏教史の問題として持ち越された。

（近藤俊太郎）

▷5　1000人の僧侶を招いて食事をとり、法要を行うことで、施主の善根を積む行事。

▷6　不受不施
法華経の信者でない者から施しを受けたり、施しをすることを認めないということ。

▷7　寺請制度
幕府は、民衆を必ずどこかの寺院の檀家とし、キリスト教徒でないことを寺院に証明させた。

▷8　守護不入権
寺領内を領主の支配が及ばない治外法権として扱うもの。

▷9　近世では、「家」の成立を背景に、檀家は特定の寺院に葬儀を依頼し、その寺院の維持を担った。一家内の成員はすべて同一寺院の檀那となるのが一般的であった。また、檀家制度においては、檀那寺の意向に反して寺檀関係を断つことは非常に難しかった。

参考文献

大隅和雄・中尾堯, 1998,『日本仏教史　中世』吉川弘文館。

圭室文雄, 1987,『日本仏教史　近世』吉川弘文館。

II 世界の諸宗教

39 日本の仏教(3)
近現代

▷1 **教部省**
1871年に神祇官を神祇省に改め、太政官内の一省に縮小し、さらに翌1872年には神祇省を廃して、教部省が設置された。教部省は民衆教化およびキリスト教防御をその目的として設立された。

▷2 **教導職**
教導職は、教部省の管轄下に置かれ、神官・住職・落語家・講談師・演劇家などが任命された。教導職は、「教則三条」の「敬神愛国」「天理人道」「皇上奉戴朝旨遵守」を国民に教化する役割を担った。

▷3 **大教院**
設立目的は仏教の民衆教化を担う人材の育成であったが、やがて神仏合同の民衆教化推進の中枢機関となった。

▷4 福嶋寛隆、2009、『歴史のなかの真宗――自律から従属へ』永田文昌堂。

▷5 **触頭制**
為政者からの法令を伝達するための制度で、触を伝達する側が触頭、伝達される側が触下とそれぞれ呼ばれる。触頭は、幕府・各藩と本山との連絡のほか、各地の末寺と幕府・諸藩・本山との下達・上申などの役目を担った。

1 近代化と仏教

1868年（明治元）、近代化を急ぐ維新政府は、現人神天皇の神聖・絶対性を中核に置く祭政一致の支配体制を構想し、神社神道を国教的位置に置くため、神仏分離令を発した。その結果、各地で仏像の破壊や廃・合寺が行われ、民衆との間に摩擦が生じた。これを廃仏毀釈という。近代の仏教は、この衝撃から立ち直る過程で、護法＝護国という基本的性格を形成していったのである。

やがて政府は、**教部省**[1]と**教導職**[2]、さらに**大教院**[3]を設置して、仏教教団を国民教化に動員するように政策を転換していった。ところが、それまでと変わらず神道中心の政策を推進したことに対し、真宗の島地黙雷らは護法意識と政教分離の立場から抵抗し、大教院を解散に追い込んだ。だが島地らの運動は、天皇制国家の批判にまではいたらず、布教の自由を獲得して終息した[4]。

宗門行政に即してみれば、1871年（明治4）の廃藩置県で**触頭制**[5]が廃止され、さらに翌年に管長職が設置されるなど、教団組織のありようも近代的に再編された。教団と離れたところでは、明治初年に浄土宗の福田行誡や真言宗の釈雲照らが**十善戒**[6]を踏まえた厳格な戒律生活の重要性を説き仏教復興を目指したことや、新たな結社がいくつも誕生し、機関誌の発行などを通じて文明化の進むなかで仏教の果たしうる役割を積極的に論じたことは注目すべき動向であった。他方で、仏教に対する科学的、哲学的、歴史的研究も生まれ、仏教は近代諸科学の批判に耐えうるだけの内実をもっているかが問われた。

1900年代には近代仏教を代表するふたつの運動が出発した。新仏教運動は、健全なる信仰を基礎に社会の根本的改善を志向する運動で、清沢満之を中心とした精神主義運動は、有限なる自己が絶対無限によって精神内に充足を得られることを説くものだった。両者は都市の青年知識人層に大きな影響を与えた。

日清・日露戦争以降、仏教界は従軍僧の派遣や出征家族慰問を通して、戦争に協力した[7]。ただし、日露戦争期には新仏教運動の一部のメンバーによる厭戦論や高木顕明の非戦論があった。その高木は、大逆事件で内山愚童や峯尾節堂らとともに連座した。戦争を機に、仏教教団は海外布教を進めた。

2 大正デモクラシーから敗戦まで

大正デモクラシー期には、仏教文学が盛んとなった[8]。また、すでに明治期か

ら開始していた仏教の原典研究は、大正期に入ってさらに蓄積された。『大日本仏教全書』や『大正新脩大蔵経』などが代表的な成果となるが、他にも仏教典籍の集大成、各宗の基本宗典の編集、大辞典の編纂が一挙に進められた。

1922年（大正11）に全国水平社が結成されると、被差別部落民の約8割が門徒であった東西両本願寺は部落問題への対応を迫られ、教団内に融和団体を組織した。また、大正デモクラシーを背景に、仏教護国団が僧侶の被選挙権獲得運動を進め、1925年（大正14）の普通選挙法の実施によって獲得した。

昭和初期には、金融恐慌や世界恐慌などによる経済不安や満州事変以降の戦時体制といった問題が状況を覆った。既成宗教団体が天皇制国家への従属態度を明確にしていくなかで、1930年代初頭には、マルクス主義者が宗教＝阿片論に基づく反宗教運動を始めた。このような国家主義と社会主義の先鋭化は、法華信仰に対する独自の解釈を生み、井上日召の血盟団と妹尾義郎を中心とした新興仏教青年同盟によってそれぞれ具体化した。一方、反宗教運動が沈静化した1930年代半ばにはラジオでの仏教放送が反響を呼ぶとともに、社会不安を背景として「新興類似宗教」が飛躍的な拡大をみせた。これに対して仏教界は、反宗教運動や「新興類似宗教」を、宗教の真理を理解しないばかりか、国家にとっても有害な存在だと排撃した。こうして国家主義的傾向を強めた仏教界は、戦時教学の構築などを通して戦争協力へと邁進していったのである。

1939年（昭和14）に宗教団体法が公布されると、一方では仏教界は従来以上に国民教化に動員され、他方、日蓮宗や真宗では、時局に不都合な文言や教典のなかで不敬に相当すると判断した字句に、伏字・削除・替字などの処置を施した。

3 戦後の仏教

1945年（昭和20）8月15日の敗戦は、日本の宗教界に大きな変化をもたらした。戦後の日本を占領し、民主化を推進したGHQは、政教分離を目的とした「神道指令」を発し、「国家神道」の制度的解体を進めた。また、日本国憲法が施行され、信教の自由や政教分離も制度的確立をみた。

戦後の仏教界が課題としたのは、戦争協力の反省と民主主義への適応であった。例えば、1954年（昭和29）6月に発足した全日本仏教会は、仏教の立場から核実験や靖国神社国家護持に対する反対声明を発した。

また戦後の仏教教団は、1951年（昭和26）の宗教法人法により、宗教活動が自由になったことで旧来の本末関係が弛緩し、急速に分派が進んだ。また、創価学会や立正佼成会などが高度経済成長を背景に飛躍的に成長すると、各仏教教団も国民経済の変化に対応して、旧来の家を中心とした宗教活動から個人の信仰を基調とする改革運動を進めた。そして現在、篤信者の高齢化や過疎地域での寺院運営など、仏教界は数多の難題に直面している。

（近藤俊太郎）

▷6 **十善戒**
仏教徒における10の戒めであり、具体的には、不殺生・不偸盗・不邪淫・不妄語・不綺語・不悪口・不両舌・不慳貪・不瞋恚・不邪見。

▷7 従軍布教使は、軍人・軍属に対する説教法話、死亡者に対する葬儀および追弔法要、傷病者の慰撫などに従事した。

▷8 代表的なものとして、親鸞を主人公とした倉田百三『出家とその弟子』が知られている。

▷9 大本教・ひとのみち・ほんみちなどがそう呼ばれた。

▷10 ブライアン・アンドルー・ヴィクトリア、2001、『禅と戦争――禅仏教は戦争に協力したか』光人社。

▷11 中濃教篤編、1977、『講座日本近代と仏教6――戦時下の仏教』国書刊行会。

▷12 正式には「国家神道、神社神道ニ対スル政府ノ保証、支援、保全、監督並ニ弘布ノ廃止ニ関スル件」という。

▷13 国家神道概念については諸説あるが、GHQの理解では、「神道＝非宗教」論に基づき国家機関として位置づけられた神社神道を指す。

参考文献

柏原祐泉、1990、『日本仏教史 近代』吉川弘文館。
吉田久一、1998、『近現代仏教の歴史』筑摩書房。
末木文美士・松尾剛次・佐藤弘夫・林淳・大久保良峻編、2011、『新アジア仏教史14 日本Ⅳ――近代国家と仏教』佼成出版社。

II 世界の諸宗教

神仏習合・修験道

1 「神仏習合」の発生と展開

わが国における「神仏習合」の早い例は8世紀前半にはみられ，神社内に建てられた寺である「神宮寺」という形で現れてくる。とりわけ，伊勢国の多度神宮寺については，奈良時代までさかのぼる縁起資材帳が現存し，多度大神が「……冀（こいねがわ）くば永く神の身を離れんがために，三宝（仏教）に帰依せんと欲す」と託宣したという記述が残る。神宮寺は，神が神身であることに苦悩し，仏教による救済を求める（神身離脱）という理由づけによって神社境内に造立されていった。これは日本の神々が，ヴェーダ以来のインドの神々と同じく，仏教の「天」に分類されたため，仏教による救済無しでは神とて六道輪廻の苦しみから解脱できないとみなされたからである。また，神が仏教を守護するという護法神の信仰も現れてくる。その初期の例が，東大寺の大仏建立を援助するため，豊前国宇佐から上京したという八幡神である。八幡神は応神天皇の霊と習合して中央の勢力とつながり，平安初期には「八幡大菩薩」と菩薩号を得，僧侶姿の僧形八幡神像まで造られた。

以上のような神信仰と仏教の融合は，従来，日本独自の宗教文化であると説かれてきた。しかし現在では，神身離脱譚や護法神に関する思想が，中国仏教ですでに広く説かれていたものであり，日本はそれを受容したにすぎないということが明らかになっている。

神仏習合の進展に伴い，日本の神々は本体である仏・菩薩（本地（ほんじ））が衆生救済のために仮の姿となって現れたもの（垂迹（すいじゃく））だとする，本地垂迹の思想が発生する。ここから，伊勢神宮の天照大神の本地仏は大日如来，熊野三社の本地仏はそれぞれ阿弥陀如来，薬師如来，千手観音というように，神社の祭神ごとに本地仏が決まっていくようになる。こうした本地垂迹思想も中国宗教の影響を受けて形成されており，中国天台宗ですでに確立していた『法華経』「如来寿量品」に基づく仏身論や，老子化胡説（ろうしけこせつ）などとの関わりが指摘されている。また，仏が神として垂迹した形態について，「権現（ごんげん）」の神号も使われるようになった。

2 神仏分離

上述のような，「神仏習合」の信仰形態に終止符が打たれることとなったの

▷1　『多度神宮寺伽藍縁起并資材帳』（三重・多度大社所蔵）。

▷2　六道とは，地獄道・餓鬼道・畜生道・修羅道・人間道・天道の6種の世界をいい，輪廻を繰り返す迷いの世界とされる。

▷3　吉田一彦，1996，「多度神宮寺と神仏習合」梅村喬編『伊勢湾と古代の東海──古代王権と交流4』名著出版，pp.217-257ほか。

▷4　仏身論
本来釈迦は永遠の存在である（本門）が，衆生を救うために仮に姿を現したもの（迹門）が，歴史上の釈迦であるという思想。

▷5　老子化胡説
老子がインド人に教えを説くために，インドへ赴き釈迦になったという中国思想。すなわち，釈迦は老子の変化身であるとされる。

が，神道の国教化を目指す明治政府による「神仏分離」の断行からである。神社に所属する社僧の還俗が命ぜられ，権現などの仏号の使用や仏像を神体とすることが禁じられた。例えば，京都祇園社の祭神であった牛頭天王は，仏教に由来する神として弾圧の対象となり，この折に祇園社は現在のような素戔嗚尊を祭神とする八坂神社へと改称することとなった。また，神仏分離が結果として，寺院や仏像の破却，僧侶の還俗といった，廃仏毀釈を招いた。殊に，神仏習合の信仰を基本とする修験道が受けた打撃は甚大であり，多くの修験者が還俗を余儀なくされた。

3 神仏習合と修験道

　明治政府の神仏分離政策の影響を最も受けた修験者，すなわち，山林や山岳を修行の場とする行者（僧）たちは，日本における神仏習合の深化に寄与してきた中心的存在であった。多度神宮寺を創建した満願も諸国を遊行する山岳修行僧であり，箱根山を開いたとされる。山岳修行僧は，わが身に苦悩する神々に代わり仏道修行を行うとし，神の鎮座する杜に寺院を設けていった。さらに，そこで力となったのは，山岳修行者が用いた仏教的呪法である。のちに修験道の祖と仰がれるようになる役行者も呪法を駆使し，鬼神を使役したことで有名である。鎌倉時代以降に出現する役行者像は，頭巾や高下駄を身に付け，仏像とも神像とも異なる仙人風の老翁の姿をとる。神仏のみならず，神仙思想を中核とする道教などさまざまな宗教伝統を包蔵する山岳修行者ならではの像容である。また，役行者が吉野金峯山で感得したとされる蔵王権現は，インドや中国にも見られない独自の尊格で，権現を名乗る神仏習合の神である。

4 修験道の基本的な修法

　さまざまな信仰を習合しながら成立した修験道に，最も大きな影響を与えたのが，天台・真言の仏教，とりわけ密教であった。その開祖である最澄や空海も山岳修行僧の伝統を受け継ぐ人物であり，密教の盛隆とあわせて，呪的な力を獲得するための山岳修行はいっそう盛んになった。修験道の根本道場である大峯山は，密教思想に基づき，大日如来を主尊とする仏・菩薩の曼荼羅と観想されるようになった。大峯山の金峯山を拠点とする北側を金剛界，熊野三山を拠点とする南側を胎蔵界とし，両界が結合し金胎不二の曼荼羅をなすとされる。また，修験道における峯入りの修法は，天台教学に基づく「**十界修行**」が基本となっている。

　以上ように，さまざまな宗教が混在し，独自の行法や呪法を有する修験道は，神仏分離で厳しい弾圧を受け，瀕死の状態となった。しかし，その豊かな宗教性や，呪力に期待する人々の信仰が簡単に途絶えることはなく，修験道は力強く甦生し，現在にいたっているのである。　　　　　　　　　（小林奈央子）

▷6　神仏判然令。1868年（明治元）3月13日の祭政一致の布告から数回にわたり発令された。

▷7　吉野から熊野に連なる大峯山脈。

▷8　**十界修行**
迷いの世界である六道（▷2）に，四聖といわれる，声聞・縁覚・菩薩・仏の4種の悟りの世界を加えたもの。修験道では，峯中でこの十界それぞれの行を修し，成仏にいたることを目指す。

▷9　里で行われる火を用いた儀礼は，火行に長けた修験者が担うことが多い。五穀豊穣や人々の無病息災を願って，屋外で行われる護摩（採（柴）燈護摩）やその熾火の上を裸足で歩く火渡りはその代表であり，現在も全国各地で在地の修験者が出仕する姿が見られる。

参考文献
伊藤聡，2012，『神道とは何か』中公新書。
末木文美士，2006，『日本宗教史』岩波新書。
田邊三郎助編，1989，『図説　日本の仏教六　神仏習合と修験』新潮社。
奈良国立博物館，2007，『神仏習合』。

Ⅱ 世界の諸宗教

41 日本のキリスト教(1)
中近世

▷1 フランシスコ・ザビエル(Fransisco de Xavier, 1506-1552)。イエズス会創立の中心人物の1人である。

▷2 当時のカトリック教会における人種観の問題については，高瀬弘一郎，1993，『キリシタンの世紀──ザビエル渡日から「鎖国」まで』岩波書店，pp. 47-50に詳しい。

▷3 トルレス(Cosme de Torres, 1510-1570)。スペイン生まれのイエズス会士。20年間に渡って日本での宣教を指導。

▷4 カブラル(Francisco Cabral, 1533-1609)。ポルトガル生まれのイエズス会士。離日後はマカオ，ゴアで活動した。

▷5 ヴァリニャーノ(Alexandro Valignano, 1539-1606)。イタリア生まれのイエズス会士。離日後はマカオで中国伝道に尽力。

▷6 教理書「ドチリナキリシタン」，「イミタチオ・クリスティ(キリストにならいて)」の和訳である「コンテンツスムンヂ」といった信仰書の他，文学書，日本語学習のための辞書・文法書等も刊行された。

1 ザビエルの来日

　日本にキリスト教を伝えたのがイエズス会の修道士，**フランシスコ・ザビエル**であることはよく知られているだろう。ポルトガル領インドを出発し，1549年，鹿児島に上陸したザビエルは，約2年間日本伝道を展開し，1552年に中国伝道の準備中に上海沖の上川島で死去した。

　ザビエルは日本人を高く評価し，「私が遭遇した国民のなかでは，一番傑出している」と記している。しかし，当時のヨーロッパ人が，肌の色が白い方が優秀だという人種的偏見から自由でなかったのも事実であり，ザビエルが日本人を高く評価したのは，肌の色が比較的白いからだ，とも推察できる。

　ザビエル死後，日本伝道はザビエルと一緒に来日していた**トルレス**に引き継がれた。彼はザビエルの現地適応主義を守り，肉食が日本人に嫌われることを知ると，野菜と魚中心の食生活に変更するよう修道士たちに命じたという。しかしその後を継いだ**カブラル**は，ヨーロッパ人主導で伝道すべきと考える人物であった。彼は日本語を学ぼうとせず，日本人にラテン語を教えることにも消極的であった。このような態度は，徐々に増加していた日本生まれの信徒と，ヨーロッパ人イエズス会士たちとの間に溝を作ることになる。

2 巡察師ヴァリニャーノと伴天連追放令

　そのような状況のもと，来日したのが巡察師**ヴァリニャーノ**である。ヴァリニャーノはイエズス会本部との通信制度を確立し，各種の学校を設立した。また1590年の再来日時に印刷機を持ち込み，それによって多くのキリシタン版が印刷された。現在，当時のことを知ることができるのは，これら通信のための書簡類や，印刷物によるところが大きい。

　1500年代後半は戦乱が絶えず宣教活動に支障をきたすことも多かった。改宗者の中心は戦いに疲れた庶民層の人々であった。しかし織田，豊臣と統一的政権が成立するようになると，その庇護のもと宣教が展開され，領民の集団改宗をすすめるキリシタン大名も登場するようになった。九州の大友，大村，有馬氏は，ローマに少年使節団を派遣することになる。

　しかし，1590年使節団が帰国すると，すでに豊臣秀吉の伴天連追放令(1587年)が発せられていた。使節たちのその後は，キリシタンのその後を象徴して

いる。中浦ジュリアンは禁教期に司祭として殉教，一方千々石ミゲルは棄教したと言われる。

伴天連追放令を受け，イエズス会はしばらくの間伝道を控えることとした。ところが，ちょうどその頃，イエズス会による日本宣教の独占に不満を抱いていたフランシスコ会，ドミニコ会の修道士がスペイン領フィリピン経由で来日する。彼らはイエズス会の自粛方針に従うこともなく，宣教が禁じられた状況のもとで活動を開始する。当初，状況を黙認していたかに思われた豊臣秀吉は弾圧に踏み切り，1597年には神父，修道士，そして10代の少年２人を含む信徒たち，計26人が捕えられ処刑された。彼らは後にバチカンから日本26聖人と認定される。

3 禁教と弾圧の時代

1600年，関ヶ原の戦いに勝利して天下を掌握した徳川家康は，秀吉の禁教令を引き継ぐと言いつつも，当初キリシタンに対して寛容な政策をとっていた。しかし天領でのキリシタン信仰禁止に続き，1614年にはすべての地域での信仰を禁止するなど，禁教策を徹底するようになる。特に1637年の島原・天草の乱以後は，寺請制度・宗門改め制度の定着もあり，徹底的なキリシタン捜索と弾圧が実施された。

弾圧が始まった当初，数多くのキリシタンが捕えられ殉教した。しかし幕府の政策は次第に，探し出して処刑することから，キリシタンに棄教をうながすように変化していく。そのためには，有名な踏絵以外にも，棄教したことを神に対して誓わせる転び証文といった，キリシタンたちに心理的圧迫を与えるさまざまな手法があった。皮肉なことに，それらの手段を考案したのも転んだ（棄教した）元キリシタン信徒であったろうと考えられている。なにがキリシタンにとって苦しいことか，よくわかっているのは元キリシタンだからである。こうして多くのキリシタンが棄教したと考えられるが，一方で，潜伏して幕末の開国期まで信仰を保った人々もいた。彼らは潜伏キリシタンと呼ばれる。

なお，開国後，多くの潜伏キリシタンはカトリックに復帰したが，なかには復帰せずに潜伏時代の独自の信仰を保ち現在まで伝えている人々もいる。宮崎賢太郎は，彼らについては隠れていた時代の信仰を続けているということで，「カクレキリシタン」と呼ぶべきであるとする。一方，有名な大浦天主堂のエピソードが示すように，カトリック教会の様子を見て「自分たちの信仰と同じ」と認識した潜伏キリシタンがいたということは，潜伏期に自己理解が多様に分化していたことを示唆しているといえる。

なお2008年になって，殉教者のうち188名がカトリック教会によって福者（聖人につぐ位）とされ，長崎では大規模な記念行事が行われた。　　（岩野祐介）

▷7　天正遣欧使節と呼ばれる，ヴァリニャーノの主導による。伊東マンショ・千々石ミゲルが正使，原マルチノ・中浦ジュリアンが副使であった。

▷8　潜伏キリシタンという呼称は，宮崎賢太郎の提唱に従ったものである。詳しくは宮崎賢太郎，1996，『カクレキリシタンの信仰世界』東京大学出版会，pp.30-32をお読みいただきたい。

▷9　1865年，長崎・大浦天主堂を訪ねた浦上村の潜伏キリシタンの一団は，プティジャン神父に「私たちの信仰はあなたたちと同じです」と打ち明けたとされている。

参考文献

海老沢有道・大内三郎，1970，『日本キリスト教史』日本キリスト教団出版局。

五野井隆史，1990，『日本キリスト教史』吉川弘文館。

高瀬弘一郎，1993，『キリシタンの世紀——ザビエル渡日から「鎖国」まで』岩波書店。

宮崎賢太郎，1996，『カクレキリシタンの信仰世界』東京大学出版会。

尾原悟，1998，『ザビエル——人と思想』清水書院。

Ⅱ 世界の諸宗教

42 日本のキリスト教(2)
近現代

▷1 詳しくは，ペリー，土屋喬雄・玉城肇訳，1948，『ペルリ提督日本遠征記一』岩波文庫，pp.23-24参照。

▷2 ヘボン(James Curtis Hepburn, 1815-1911)。アメリカ長老教会宣教師，医師。日本最初の和英辞書『和英語林集成』編者としても知られる。

▷3 フルベッキ(Guido Herman Fridolin Verbeck, 1830-1898)。アメリカ・オランダ改革派教会宣教師。

▷4 ジェーンズ(Leroy Lansing Janes, 1837-1909)。元米国陸軍軍人。

▷5 クラーク(William Smith Clark, 1826-1886)。アメリカの農学者，教育家。

▷6 内村鑑三(1861-1930)。キリスト教指導者。無教会主義キリスト教を提唱。

▷7 新渡戸稲造(1862-1933)。教育者。東京大学教授，国際連盟事務次長等を務めた。

▷8 バラ(James Hamilton Ballagh, 1832-1920)。アメリカ・オランダ改革派教会宣教師。

1 開国とキリスト教の公認

1853年，ペリーの来航により約300年続いた鎖国の時代は終わり，日本は再び世界に向き合うこととなる。ペリーは後に，鎖国期間中もキリシタンの動向についてアメリカ側が関心を抱き続けていたことを記している。

開国当初，信教の自由は外国人居留地内に限定されていた。しかし1859年，居留地内での活動のため来日した**ヘボン**，**フルベッキ**らアメリカ人宣教師たちは，「英語を教える」との名目で日本人と接触し，テキストとして聖書を用いる等，間接的宣教を試みた。長崎では1865年，浦上村のキリシタン住民たちが大浦天主堂を訪ねたことにより，日本のキリシタンが生きのびていたことが明らかになる。しかし当時，依然としてキリシタン信仰は禁じられており，浦上四番崩れと言われるキリシタン弾圧事件が起こる。

事件の解決は維新後の新政府へと持ち越された。明治政府は当初キリシタン禁制を続行しようとしていたが，欧米諸国よりこの対応を厳しく批判された。結果，明治政府は1873年，キリシタン禁止の高札を撤去することになる。

2 バンド，教派教会の成立

禁教が撤廃されると，キリスト教は居留地の外へ進出する。宣教師に指導をうけた，「バンド」と呼ばれるキリスト者集団が成立し，後の教会の母体となった。熊本洋学校教師**ジェーンズ**の感化を受けた学生たちの熊本バンド（迫害を受け同志社に移り，後に同志社大学の根幹を築く），札幌農学校教頭**クラーク**がキリスト教的人格教育を施したことからはじまる札幌バンド（**内村鑑三**，**新渡戸稲造**らを輩出），居留地横浜で英語を教えていた**バラ**のもとに集った青年たちによる横浜バンド等である。未だ禁教下であった1872年，この横浜バンドを礎とし，日本最初のプロテスタント教会，日本基督公会が設立される。

こうして西洋化・近代化の波に乗って着実に成長するかに見えた日本のキリスト教だが，1890年代に入ると，欧化主義への反発・国粋主義化の影響をうけ，成長に衰えが見られるようになる。特に内村鑑三不敬事件と引き続く「教育と宗教の衝突」問題は，教会と国家の関係はいかにあるべきか，という問題を浮き彫りにした。

3 「大日本帝国」のキリスト教

　内村鑑三不敬事件とは，1891年1月第一高等中学校嘱託教員であった内村鑑三が，教育勅語奉読式において，勅語に最敬礼することをためらった，という事件である。勅語の内容を実践することこそ重要と考えた内村は，勅語そのものに対しては最敬礼せず会釈するにとどめた。この行為が，天皇に対する侮辱，教育勅語の神聖に対する不敬であると一高内外から非難され，内村は失職して全国を放浪することになる。

　1892年から1893年にかけて，東大教授井上哲次郎[9]が，「教育と宗教の衝突」等を発表し，キリスト教は国籍や人種による区別をしない，超越的で現世を軽んじる，無差別な博愛主義であり人間関係の親疎，遠近をわきまえない，忠孝を説かない，といった理由を挙げ，キリスト教を批判した。

　これに対するキリスト教側の反論は，キリスト教は国家主義と矛盾せずむしろ忠君道徳を完成させる，という主張が主であった。内村鑑三や植村正久[10]は神の国のイメージを現実の大日本帝国と対比させることにより，国家主義からある程度自由であることができていたが，大勢は「国家に仕えるキリスト教」という姿勢であった。朝鮮のキリスト教会が日本の軍事支配に対する抵抗拠点のひとつとなり得たこととは対照的である。[11]

4 大正期・昭和期の日本キリスト教

　大正期に入ると，日本のキリスト教にも新世代の指導者が登場する。吉野作造[12]は天皇制国家の枠内での民主主義を求めて民本主義を主張し，賀川豊彦[13]は社会問題に目を向け，自らも神戸新川のスラムに入って福祉事業に携わったほか，労働組合や農民組合，消費者組合運動等さまざまな運動を展開した。

　しかし昭和期になると，日本キリスト教の大勢は戦争協力に傾く。1941年には，全プロテスタント教派が日本基督教団に統合された。これは国家による宗教統制が目的であり，日本基督公会以来，教会合同を求める志向があったとはいえ，軍国主義政策に押し切られた結果であることは否定しようがない。

　第2次世界大戦後，GHQ総司令官マッカーサーはキリスト教宣教に熱心であり，アメリカのミッション団体が再来日し，1950年代にはキリスト教ブームが訪れる。戦後の平和な民主主義社会に合致するものと受け止められたのである。しかし冷戦を背景とするアメリカの政策転換，60年安保や70年安保，学園闘争といった時代の変化を経た現在，ミッション・スクールによる教育や医療・福祉分野，あるいは結婚式等の文化面においてはキリスト教的なものが広く受容されている一方，日本のキリスト教信徒人口は総人口の1％弱である。

（岩野祐介）

▷9　**井上哲次郎**（1856-1944）。
東京大学教授，哲学者。

▷10　**植村正久**（1858-1925）。
牧師。日本基督教会の成立に尽力した。

▷11　例えば1919年の3.1独立運動において，キリスト者がなした働きは大きかった。日本軍部と警察は朝鮮のキリスト教会に厳しい弾圧を加え，1919年4月には京畿道の堤岩里メソジスト教会で信徒29人を虐殺した。

▷12　**吉野作造**（1878-1933）。
東京大学教授。仙台浸礼教会で受洗したキリスト者である。

▷13　**賀川豊彦**（1888-1960）。
社会事業家，伝道者。福祉事業，労働組合運動，農民組合運動，消費組合運動等を指導。

参考文献

海老沢有道・大内三郎，1970，『日本キリスト教史』日本キリスト教団出版局。
土肥昭夫，1980，『日本プロテスタント・キリスト教史』新教出版社。
家近良樹，1998，『浦上キリシタン流配事件──キリスト教解禁への道』吉川弘文館。
高橋昌朗，2003，『明治のキリスト教』吉川弘文館。

II 世界の諸宗教

43 日本の民俗信仰

1 民俗信仰とは

　民俗信仰とは，folk beliefの訳語であり，私たちの生活のなかにおいて，それが「信仰」と関係があるとは自覚されず，また教団組織や教義とも一線をかくす態度や行動，生活慣習と定義しておく。民俗信仰は，個人や共同体の生活実践のなかで，多様な宗教現象を包括する概念ということができる。したがって民俗信仰は，農山村のような共同体のみならず，現代の都市生活のなかにも十分に見いだすことができる。

　また民俗信仰の類義語として，「民間信仰」「固有信仰」「民俗宗教」などがある。宗教学において早くから使用されてきたのは「民間信仰」である。「民間信仰」という用語は，日本宗教学の基礎を築いた姉崎正治（1873-1949）が1897年（明治30）に発表した論文「中奥の民間信仰」が初出であるとされている。姉崎はこの年東北地方を旅し，つぶさに在地の信仰を見て歩いた。そして「民間には又自ら多少正統の組織宗教と特立したる信仰習慣を有するを常とす」として，庶民の間には仏教に代表される**組織宗教**とは違う信仰形態があることを見いだし，その信仰形態を「民間信仰」と名付けた。同時にこの「民間信仰」の形式は，「あらゆる民間的解釈を施こし，変化，曲解，混淆に依りて其宗教をなす」として，その特徴を明確にしている。すなわち組織宗教に対して，庶民は独自の解釈を行い，組織宗教を変化，曲解，混淆することによって，新たな信仰形態としているという。組織宗教が教祖・教義・組織の三要素によって成立するならば，「民間信仰」はそれらを明確に示すものは保持していない。「民間信仰」は組織宗教と密接な関係をもちつつも，庶民によって独自に展開した信仰といえるだろう。民俗信仰という視点は，この「民間信仰」から発展したものであり，学術用語としては池上良正によって定義化され，そのなかでは都市空間やニューエイジ運動との関連が指摘されている。

2 多様な民俗信仰の展開

　民俗信仰とは庶民による解釈をもとに展開していった信仰形態である。その解釈とはどのようなものか，具体例をみてみよう。

　山形県鶴岡市の龍澤山善寶寺は，東北を代表する曹洞宗の祈禱寺院である。善寶寺には，春と秋の例大祭の祈禱会には全国から数多くの参拝者が訪れる。

▶1　これらの用語の相違点については，島村恭則，2002,「民俗宗教」小松和彦・関一敏編『新しい民俗学へ』せりか書房を参照してほしい。

▶2　姉崎正治，1897,「中奥の民間信仰」『哲学雑誌』12(130)：pp.995-1025。

▶3　**組織宗教**
仏教やキリスト教のように教団組織が成立した宗教。

▶4　池上良正，2005,「民俗信仰」井上順孝編『現代宗教事典』弘文堂。

▶5　神仏への祈願を活動の主体とする寺院を祈禱寺院という。

その祈禱会ではまず、大般若経転読という、大部の経典を複数の僧侶によって部分部分を大声で読み上げながらパラパラとめくっていく儀礼が行われる。この儀礼は大般若経を読み上げることで災害・病魔退散の効験があるとされる。そして参拝者の名前を読み上げて祈禱が続けられていき、最後に神仏の功徳を表す散華の紙の花びらを本堂に撒いていく。その後住職の法話があり、善宝寺の守護神を祀った龍王殿に参拝するが、その際には参拝者が仏弟子になったことを表す灌頂(かんじょう)を受けてから堂内に入り、各々が祈願して散会となる。

それではこの祈禱会における一連の宗教的行動を、参拝者はどのように解釈しているのだろうか。筆者の調査では、大般若経転読の場合、僧侶の大音声と経典をパラパラとめくることによる風が、魔を退散させ災いを除くものと解釈されている。また、散華の紙の花びらをひろって財布に入れておくと、お金に困らずかつ身体を守ってくれるお守りの役目を果たしている。頭頂に筆で水をチョンとつける灌頂も、参拝者は仏弟子になったということより、なにか神仏の力をいただいたというように考えられている。

以上のように、仏教上教義的意味がある行為が、参拝者の解釈では、災いを祓い福を招く「除災招福」の儀礼と転換され、受け入れられているのである。この解釈を参拝者の仏教への無知の結果と片付けるわけにはいかない。むしろ参拝者が仏教に期待しているニーズが「除災招福」にあるといえるのではないだろうか。仏教的教義を厳密に理解するより、日常生活で起こりうる危険や幸福への切実な祈願を参拝者は望み、その望みを仏教が受け入れかなえてくれることを願っていることの証左といえるだろう。このように民俗信仰は、人々の生活のニーズによって自在に解釈され、多様に展開しているのである。

3 民俗信仰の視点

青森県下北半島の恐山は死者が集まるといわれる霊山である。7月の大祭時には家族を亡くした人々が供養に訪れる。そして境内八角堂裏の木々に服や手拭い、草履などを結びつけていく。ここで昼食を食べ、くつろいでから家路につく人々も見受けられる。この場所は亡くなった家族と出会える場とされているのである。そのために故人の持ち物を置いていくことは、ここを訪れる人々にとって家族の供養のために慣習化された行為であって、それが宗教的行為であるとは意識していないであろう。しかしその行為は、現代宗教によって画一的になった死者供養とは一線を画す様相を示している。この行為の背景には死者を救済する地蔵信仰があり、死者が集まる場としての恐山への信仰がある。また死者と生者の間を仲介するイタコの存在もある。これらの信仰が混淆した結果として死者供養がなされている。

このように民俗信仰の視点は、信仰の多様性を提示し、宗教を相対化する可能性をもっている。

(阿部友紀)

参考文献

圭室文雄・平野栄次・宮家準・宮田登編, 1987, 『民間信仰調査整理ハンドブック』(上・下) 雄山閣。

宮家準, 1980, 『生活のなかの宗教』日本放送出版協会。

宮本袈裟雄・谷口貢編, 2009, 『日本の民俗信仰』八千代出版。

II 世界の諸宗教

44 アイヌの宗教

▷1 アイヌ民俗
19世紀中頃までは北海道島およびサハリン島南半,クリル列島とカムチャツカ半島の南端,そして本州北端の津軽半島・下北半島に居住してきた。18世紀〜19世紀にかけて日本,清朝,ロシア帝国にアイヌ民族を自国に取り込もうとする動きがあり,明治期に北海道,クリル（千島），サハリン（樺太）の順に日本の版図に加えられる中で,人口のほとんどが日本国民に統合された。近代以前の主たる生業は採集と漁狩猟,交易,若干の農耕である。

▷2 ラマッ（霊魂）
近代以降のラマッの用例は「生命」とほぼ同義だが,文学中の用例やラマッを含む合成語を見ると,かつては「知的活動を司どるもの」という意味があった事がうかがえる。また,言語能力や猟運,あるいは良心や悪心など,より細かな職能や心理現象を司どるラマッが語られることもある。

▷3 例えば,シカは食料として重要な動物だが,カムイとは呼ばない地域も多い。北海道北部の旭川市付近では,シカを祀らない理由をかたった説話がある一方,南部ではシカを獲ると簡単な儀礼をし,釧路など東部では祭壇に祀る例もある。また,神界の位置については天にあるとする説と,山上・海上にあるとする説

1 アイヌ民族とその宗教の概要

アイヌ民族の宗教は自然宗教であり,アニミズムとシャーマニズムの要素を併せもつ。シャーマニズム儀礼はトゥスクルと呼ばれる先天的な霊能者によって行われるが,他の多くの儀礼は個人や家単位で執り行われ,宗教的指導者や聖職者,組織的な教団を作らない。集落や,より大きな地域が合同で行う儀礼では,豊かな経験をもつ者が推されて指揮にあたる。アイヌ社会は男女の分業が明確であり,儀礼に際して男性は祭具の製作や祈り詞の詠唱,女性は供物となる酒や料理の準備を担う。ただ,高齢になると女性も祈り詞を唱え,また女性のみの世帯である場合や,女性だけで作業をしている際の儀礼も女性が祈りを唱える。

2 ラマッとカムイ

在来的な世界観は,**ラマッ（霊魂）**とカムイ（神）の存在を前提として構築されている。あらゆる事物はラマッと,ラマッの拠り所である身体からなり,ラマッは生命や心性の根源,身体はラマッが宿る拠り所である。人間も霊魂をもつが,他の霊魂とは多少性質を異にするため,世界は人間とその他の存在（精霊）に二分してとらえられる。精霊は人間によく似た姿と喜怒哀楽,性別をもつものとしてとらえられ,その多くは「神界」に由来をもつといわれる。人間界と人間の霊魂は,精霊によって創造された存在であり,多くの精霊は人間界になんらかの使命を負って,あるいは自らの意思で降臨する。カムイとは,精霊に対する一種の敬称である。人間は精霊と直接対話することはできないが,シャーマンは憑依型の儀礼によって直接的に精霊の意思を知ることができるとされる。

神々は,天界の至高神カントコロカムイに束ねられており,人間に助力する使命を負っている。したがって神々の恩恵は無償の物だとも考えられるが,一方で神々と人は互恵的関係にあるとも言われる。神々は人間に与えた資源（自らの身体）の対価として,饗応や供物を受け,精霊が人間界を訪れることを「仕事に行く」ことを意味する言葉（イラウケトゥパ）で表現することもある。「精霊＝交易者」のイメージは,サハリン北部のニヴフ民族の信仰にも見られる。外部社会との関係が,精霊との関係に投影されたものと考えられる。

どの地域においても信仰の内容は概ね共通する一方，細部においては地域や個人によって解釈が分かれる場合もある。宗教的知識の伝達は日常生活の中で，文学中に織り込まれ，あるいは特定の形式をもたない語りとして，生活知識や歴史などとともに伝えられる。文学には物語文学や，祈り詞，まじない等があり，そこに語られる神々の姿は伝承によって異なることもある。聞き手は，それらの伝承を自らの解釈によってつなぎ，世界観を構築する。個人の経験に応じて解釈には幅があり，ラマッの存在や互恵的関係といった原理に立ちながらも，柔軟な変化も可能である。樺太アイヌのシャーマンが用いるドラムや後述するイナウ，クマやサケの儀礼のように，シベリアからアメリカ北西海岸にかけて展開する文化要素がアイヌ社会の中にも多く見られ，歴史上多くの要素を取り入れながらアイヌの宗教文化が構築されてきたことは明らかである。

3　イナウ・イヨマンテ・初サケ儀礼

　イナウは，樹木と，樹木から削りだしたリボン状の物を組み合わせて，カムイへの供物や護符とするものである（図Ⅱ-44-1）。用途はさまざまだが，形状が類似したものはユーラシア各地と，琉球を除く日本列島全体，東南アジアにも見られる。

　イヨマンテ「霊送り」は，アイヌの宗教を理解する上で重要なキーワードである。なかでもヒグマを対象とする霊送りは最も規模が大きく，複数の集落が協力して挙行される。狩猟したクマを対象とする儀礼は北方に広く見られるが，アイヌのほかニヴフ・ウイルタ・ウリチなど，サハリンからアムール川下流域の民族は，子グマを飼養してから霊送りをする「飼いグマ送り儀礼」をもつ。

　サケはシカとともに食料の象徴であり，漁期の前と後に儀礼を行い，食べた後の骨を他の魚と別の場所に捨てるなど，他の魚類に比して特に丁重に扱われる。その年の最初の漁で取れたサケをアシリチェプ（新しい魚）と呼び，神聖な窓から家の中に運び入れて来訪に感謝する祈りを捧げる。サケの捕獲にはマレクと呼ぶ特殊な突き鉤や簗，魚網を用いて捕え，必ずイサパキクニ等と呼ぶ特殊な棒を用いて，唱えごとをしながら頭を叩いて仕留める。

　これらの要素はアイヌ文化の特色とされる一方，北方に広く展開する文化要素でもあり，アイヌ社会と周囲の民族との歴史的なつながりを示すものである。

　日本人の入植が始まると，一部の儀礼は法令によって禁じられ，他の多くの儀礼もアイヌ文化蔑視が蔓延する中で徐々に行われなくなった。1980年代に入ると復興運動が興隆し，北海道各地や本州でさまざまな機会に儀礼が挙行されるようになった。今日では本来の宗教的意義のほか，自然保護と結びついた儀礼や，強制移住被害者の慰霊など，復権運動との結びつきが強い儀礼も生まれている。

（北原次郎太・モコットゥナシ）

図Ⅱ-44-1　イナウ

がある。他界（人間の死後の世界）の位置についても，地下と天のイメージが混在している。

▷4　18世紀以降，北海道では寺社の建立が増加し，また，クリル列島に到来したロシア人はロシア正教への改宗を迫るなど，外来宗教との接点が増した。現代のアイヌ民族には，国内外の諸宗教，およびそれらから派生した新宗教の信者となっている者もいるが，宗教との関わりは法要や初詣程度であり，多くの日本人と同様に，自らは無宗教であると考えている者も少なくないと考えられる。

▷5　狩猟や採集は，動植物の姿をとって人間界を訪れたカムイを家へ招き入れ，その身体を受け取ることと解釈される。身体から遊離したカムイの霊魂は，神界へ戻ると復活し，再び人間界を訪れる。霊魂が昇天する際に，イナウなどを捧げ，歌舞によって歓待した後に送り出す一連の儀礼を霊送りと呼ぶ。霊送りはさまざまな動物や道具を対象に行われ，アイヌ語では他にホプニレやイワクテ，イクラなどの呼称がある。後2者は特に物質の霊送りを指すことが多い。

II 世界の諸宗教

45 新宗教

▷1 井上順孝ほか編,1996,『新宗教教団・人物事典』弘文堂.

▷2 これらの用語の用例や歴史については,島薗進,1992,『現代救済宗教論』青弓社に詳しい.また,新宗教研究については,井上順孝ほか編,1990,『新宗教事典』弘文堂が必読書である.

▷3 西山茂,1995,「新宗教の特徴と類型」山下袈裟男監修,東洋大学白山社会学会編『日本社会論の再検討——到達点と課題』未来社,p.149.

▷4 日本近代の始まりは1868年の明治維新とするのが一般的であり,その意味では,これらの新宗教は近世から近代への移行期の宗教となる.しかし,これらの宗教も先の定義に当てはまるものとして,新宗教ととらえる.

▷5 伊藤雅之,2007,「欧米の新宗教」櫻井義秀・三木英編『よくわかる宗教社会学』ミネルヴァ書房,pp.112-113.

▷6 ただし,モルモン教やエホバの証人のように,19世紀半ば以降にアメリカで成立した新宗教もある.アメリカ・ヨーロッパの新宗教については II-49 .また,アジアの新宗教については II-50 を参照.

▷7 村上重良,[1980]

1 新宗教とはなにか

日本の宗教を理解するための類型のひとつとして,既成宗教と新宗教の区分がある.あらゆる宗教が成立当初は新宗教であるというとらえ方があるが,そうではない.神道,仏教,キリスト教の各宗派・教派からなる既成宗教に対して,新宗教は幕末・維新期以降に成立した新しい宗教運動を意味する.

一体,日本にはどれくらいの数の新宗教教団が存在するのだろうか.例えば,1996年刊行の『新宗教教団・人物事典』では,約340団体のデータが掲載されている.しかし,ここに取り上げられていない教団もあり,その総数を把握することは難しい.そもそも「新宗教」を言い表すのに,第2次世界大戦前には「類似宗教」や「新興宗教」という用語も用いられた.特に現代日本のテレビや雑誌などのマスメディアでは「新興宗教」という言い方がよくなされる.しかし,この用語には侮蔑的な意味があるため,ここでは価値中立的な「新宗教」という用語を使うことにする.

では,新宗教はどのように定義できるだろうか.ここでは,西山茂の定義を参照しよう.「既存の宗教様式とは相対的に区別された新たな宗教様式の樹立と普及によって,急激な社会変動下の人間と社会の矛盾を解決または補償しようとする,一九世紀なかば以降に世界各地で台頭してきた民衆主体の非制度的な成立宗教」である.西山によれば,急激な社会変動の典型は近代化がもたらした産業化と都市化である.新宗教とはこうした近代化への応答であり,近代以降の宗教現象として,新宗教をとらえることが重要である.

2 新宗教の発生時期とその源流

日本と欧米では,「新宗教」の成立・発展時期のとらえ方に差があることに注意してほしい.日本の場合,黒住教(1814年),天理教(1838年),本門佛立講(1857年),金光教(1859年)のように,19世紀半ば以降に新宗教が成立・発展したことがわかる.一方,欧米で新宗教といった場合,1950年代以降に伸長した「新宗教運動」(NRMs:New Religious Movements)を指すことが多い.NRMsのほとんどはアメリカで創設されたもの(1952年成立のサイエントロジーや1955年創立の人民寺院)か,アメリカで発展したアジア系の新宗教(ハレ・クリシュナやラジニーシ)である.これらは,1960年代から70年代前半にかけて勢力を伸ば

した。つまり，日本の新宗教はNRMsに先行し，すでに約150年の歴史をもつのである。なお，新宗教といっても，まったく新しい宗教というわけではなく，その源流がある。例えば，習合神道系創唱宗教と法華（日蓮系）在家仏教教団の二大系統，民俗宗教（習合宗教），日蓮系の在家講，民衆的修養道徳運動の伝統，民俗宗教，日蓮法華宗（日蓮宗），真言密教（修験宗）の源流のように，民俗宗教や既成宗教からの影響が指摘されている。

また，新宗教には海外で創立され，日本に上陸した外来の新宗教もある。アメリカ生まれの末日聖徒イエス・キリスト教（モルモン教），ものみの塔聖書冊子協会（エホバの証人），インドのクリシュナ意識国際協会（ハレ・クリシュナ），ラジニーシ瞑想センター（ラジニーシ），韓国生まれの世界基督教統一神霊協会（統一教会）等である。モルモン教，エホバの証人，統一教会はいずれもキリスト教系新宗教である。

③ 新宗教の組織モデル

では，新宗教と既成宗教を分けるものはなんなのであろうか。それは新宗教のもつ近代性であり，例えば，組織のあり方にそれをみてとれる。

森岡清美は，日本生まれの宗教の組織モデルとして，①近世に組織化が完了した「いえモデル」（既成仏教），②近代に組織化が完了した「おやこモデル」（天理教，金光教等），③現代に組織化が完了した「なかま-官僚制連結モデル」を提示する。①よりも②，②よりも③の方が柔軟性をもち，新しいモデルほど柔構造で効率的であるという。こうした組織の効率性は，新宗教の近代性を示すものである。ただし，天理教や本門佛立講が前近代の講（信心や経済等の目的で結成された庶民が主体の集団）を組織基盤としたように，新宗教は伝統的な組織形態も継承している側面もある。

④ 新宗教の独自性

新宗教は既成宗教の伝統を継承しつつもそれを革新した点に特徴がある。「民衆主体主義」と「現世主義」がその二大特色である。新宗教では宗教エリートではなく，ごく普通の民衆が教団の担い手となり，信者全員が布教活動に従事し，宗教実践の主体となった。出家者に対して在家者が力をもつようになるのは，日本の近代仏教の特徴でもあるが，新宗教にもそれが顕著である。

また，来世での救済ではなく，現世での個人と社会の救済を重視したのも新宗教の特徴である。その武器となったのが，呪術による現世利益である。新宗教は，特に貧病争（貧困・病気・人間関係の争い）に苦しむ人々に対して，その解決をもたらすことに力を発揮してきた。こうした非合理的要素の強調は，合理性を強調する近代仏教とは異なるベクトルである。こうした救済観は，生命主義的救済観と名づけられている。

（大谷栄一）

2007, 『新宗教——その行動と思想』岩波現代文庫。
▷8 島薗進, 1990, 「伝統の継承と革新」井上順孝ほか編『新宗教事典』弘文堂, pp.9-13。
▷9 西山茂, 1995, 「新宗教の特徴と類型」山下袈裟男監修, 東洋大学白山社会学会編『日本社会論の再検討——到達点と課題』未来社, pp.147-168。
▷10 森岡清美, 1981, 「宗教組織——現代日本における土着宗教の組織形態」『組織科学』15 (1)：pp.165-175; 森岡清美, 1989, 『新宗教運動の展開過程——教団ライフサイクル論の視点から』創文社。
▷11 西山茂, 1995, 「新宗教の特徴と類型」山下袈裟男監修, 東洋大学白山社会学会編『日本社会論の再検討——到達点と課題』未来社, p.156。
▷12 明治維新期（1968年）から, 第2次世界大戦の終戦（1945年）までの時期における仏教の近代的形態のこと。大谷栄一, 2012, 『近代仏教という視座——戦争・アジア・社会主義』ぺりかん社参照。
▷13 対馬路人・西山茂・島薗進・白水寛子, 1979, 「新宗教における生命主義的救済観」『思想』665：pp.92-115。根源的な生命との調和が回復されることで救済が達成され, 救済と現世利益が分かちがたく結びついているとされた。この救済観はアニミスティックな農耕心性の系譜を引いているものの, 民衆主体主義や現世主義と同じく, 近代日本の宗教意識の一面を象徴し, 新宗教の独自性を意味するものである。

Ⅱ　世界の諸宗教

 近世・明治の新宗教

▷1　この時期の新宗教の通史については，村上重良，1980，『近代日本の宗教』講談社現代新書；村上重良 [1980] 2007，『新宗教——その行動と思想』岩波現代文庫；村上重良 [1982] 2006，『国家神道と民衆宗教』吉川弘文館；西山茂，1990，「時代ごとの特徴」井上順孝ほか『新宗教事典』弘文堂，pp.22-38に詳しい。

▷2　新宗教教団の基本情報は，井上順孝ほか編，1996，『新宗教教団・人物事典』弘文堂に基づく。

▷3　習合神道系
さまざまな宗教の要素を積極的に取り込んでいる宗教のあり方を「習合宗教」という。こうした習合宗教の伝統に多くを負った神道系の新宗教を分類する言い方。島薗進，1992，『現代救済宗教論』青弓社，51-53

▷4　創唱宗教
特定の個人によって創始された成立宗教のこと。創始者を持たず，自然発生的に形成された民族宗教（民俗宗教）と対比される。

▷5　在家講
信仰，経済，社会などの目的に基づいて集まった人々からなる自発的な結社集団を「講」というが，在家者

1　幕末・維新期の発生：近世

日本における新宗教の歴史は，幕末・維新期に始まる。この時期，黒住教（1814年），天理教（1838年），本門佛立講（1857年，現・本門佛立宗），金光教（1859年）等の教団が創立された。黒住教，天理教，金光教は**習合神道系**の**創唱宗教**であり，本門佛立講は日蓮系の**在家講**である。新宗教の発生期から第2次世界大戦前まで，大きな影響力を誇ったのが，これら習合神道系新宗教である。

江戸幕府の幕藩体制の解体が進むとともに，19世紀半ば以降，民間の宗教者たちの活動が活発化する。岡山の神職の家に生まれた黒住宗忠（黒住教），奈良の地主の妻中山みき（天理教），岡山の農民赤沢文治（金光大神，金光教）は神がかりの神秘体験によって立教する。当初，黒住教は岡山藩内に教勢を拡大したが，しだいに中国地方一帯の地主，有力商工民の間に広まった。また，天理教と金光教は先進的な農村を基盤として発展した。京都で開教した本門佛立講を含め，草創期の新宗教は近畿地方で生起し，時代の転換期に翻弄される民衆に，新たな教えと現世利益による救済を説いたのである。

2　明治初期の宗教政策と別派独立：明治初期～中期

近代という新しい時代の到来の中で，新宗教は明治政府の宗教政策への対応を迫られた。明治期を通じて，習合神道系新宗教は教派神道として編成されていくことになる。教派神道とは，「国家の宗祀」（祭祀）として位置づけられ，皇室祭祀と神社神道からなる国家神道に対して，宗教教団として政府に公認された教派神道十三派のことをいう。

明治維新後，明治政府は仏教とキリスト教を排除しながら，祭政教一致の神道国教化政策を進めた。しかし，すぐに行き詰まり，政府は1872年（明治5）に教導職（尊皇愛国思想を民衆に教化する無給の国家官吏）を設置。翌年には大教院を設立して，神仏合同の教化活動を行うことになる。この活動に民間の神道系講社が数多く参加した（黒住教もその中の講社のひとつだった）。

1875年（明治8），大教院は解散するが，神道界への貢献が認められ，翌年，神道系講社のうち，黒住教と神道修成派は教派神道としての独立（別派独立）を公認される。1882年（明治15），政府は神社の神職が教導職を兼務することを廃止し，葬儀に関わらない（祭祀と宗教の分離）よう命じたことで，別派独立が

推進された。同年，神宮教，大社教（現・出雲大社教），扶桑教，実行教，大成教（現・神道大成教），神習教，御岳教が独立した。さらに1886年（明治19）に神道（のち神道本局，現・神道大教），1894年（明治27）に神理教，禊教，1900年（明治33）に金光教，1908年（明治41）に天理教が独立を認められた。神宮教は解散して財団法人神宮奉賛会となるので，同教を除く13派を教派神道十三派と呼ぶ。これらは民間の神道系講社がベースとなって教団化したが，このうち，黒住教，金光教，天理教が習合神道系の新宗教である。

なお，独立を認められなかった教団はいずれかの教派に属さなければ合法的な活動ができなかったため，富士講の系譜を引く丸山教（1871年）は扶桑教（のちに神道本局）に，法華神道系の蓮門教（1877年）は大成教に所属した。

③ 教派神道十三派体制の成立：明治中期～後期

黒住教は明治初期に別派独立を果たすが，金光教や天理教の独立が公認されるのは明治30年代以降だった。独立までの間，金光教は神道備中事務分局（のち神道本局），天理教は神道本局の付属教会となり，布教の合法化を図った。

病気直しによる現世利益の提供は，新宗教の大きな特徴だが，文明開化・富国強兵を進める明治国家にとって，そうした呪術的な医療行為は非文明的，反文明的なものだった。1874年（明治7）の「禁厭祈祷をもって医薬等を妨ぐる者取締の件」や1880年（明治13）公布の刑法第427条の違警罪による「祈祷符咒」の禁止等により，病気直しの行為はしばしば取り締まりの対象となった。そうした抑圧や規制にもかかわらず，天理教や金光教，丸山教は，日清・日露戦争を通じた日本の資本主義形成期に全国的に発展していくことになる。

そうした新宗教の伸長に対して，明治20年代後半以降，マスコミによる批判が新聞や雑誌で繰り広げられる。例えば，雑誌『太陽』第1巻11号（明治28年11月5日発行）では，「天理教」と題する記事が掲載され，迷信の代表として関東の蓮門教に対して，関西の天理教が取り上げられ批判されている。また，1896年（明治27），内務省から各府県の警察機関に対して，天理教における風俗紊乱や「神水神符」の付与等を禁じる「秘密訓令」が発せられた。

天理教に対する政府の弾圧は，教団の教義そのものにも及んだ。「陽気ぐらし」という理想世界を実現するために，世直しを主張した天理教の教えや神話体系は，国家神道の神話体系とは一線を画す独自のものであった。しかし，教祖みきの死後（1887年），別派独立を図るため，天理教は1903年（明治36）に『明治経典』を編纂し，国家神道の公的神話への同一化を図る。

天理教以降，習合神道系の新宗教で独立を許された教団はなく，それらの教団は「類似宗教」として，非公認のまま，活動を行わねばならない苦難の道を歩まざるをえなかった。

（大谷栄一）

を担い手とする信仰上の講を「在家講」という。

▷6　教派神道については，井上順孝，1991，『教派神道の研究』弘文堂を参照のこと。

Ⅱ　世界の諸宗教

昭和の新宗教

▷1　この時期の新宗教の通史については，村上重良，1980，『近代日本の宗教』講談社現代新書；村上重良［1980］2007，『新宗教——その行動と思想』岩波現代文庫；孝本貢，1988，「大正・昭和期の国家・既成仏教教団・宗教運動」孝本貢編『論集日本仏教史第9巻——大正・昭和時代』雄山閣，pp.1-49；西山茂，1990，「時代ごとの特徴」井上順孝ほか編『新宗教事典』弘文堂，pp.22-38が参考になる。

▷2　これらの教団の沿革や特徴については，井上順孝ほか編，1996，『新宗教教団・人物事典』弘文堂を参照。

▷3　信者の総検挙数は約1000人を数え，取り調べを受けた人数は3000人を超えた。政府当局（内務省）は団体解散命令を発し，教団建造物の破壊を命じた。教団本部のある京都・亀岡の石造建築の月宮殿はダイナマイトで壊されるなど，徹底的な破壊が行われた。早瀬圭一，2007，『大本襲撃——出口すみとその時代』新潮文庫参照。

▷4　1924年（大正13）に人道徳光会として創設され，1931年（昭和6）に扶桑教ひとのみち教団に改称。現在の名称はパーフェクトリバティー教団。村上重良，［1980］2007，『新宗教——

1　新宗教の発展期：大正～昭和初期

　大正期から昭和初期は，新宗教の発展期だった。天理教や金光教は東京・大阪などの大都市を中心に信者を増やし，天理教は1930年（昭和5）には公称信者数約423万人を数えた。また，この時期，ほんみち（1913年），ひとのみち教団（1924年，現・パーフェクトリバティー教団），霊友会（1928年），創価学会（1930年），生長の家（同）等の教団が創立されている。

　大正期以降，勢力を拡張したのが，大本である。大本は出口なおによって1892年（明治25）に開教された神道系新宗教である。出口王仁三郎によって，教団の組織化と教義の体系化が図られ，1920年（大正9）には30万人の信者を得た。しかし，そうした大本の動きに政府当局は警戒を強め，翌年には不敬罪などの容疑で王仁三郎と幹部たちが検挙された（第1次大本事件）。

2　宗教復興と取り締まりの強化：昭和初期～第2次世界大戦

　1934年（昭和9），日本社会で突如として「宗教復興」と呼ばれる社会現象が起きる。世界恐慌（1929年）の余波を受けた昭和恐慌の広がり，満州事変の発生（1931年）などによって，社会不安を抱える人々が宗教に救いを求めた。

　この宗教復興の中，「新興宗教」が流行した。1925年（昭和元）には98団体だったが，1930年（昭和5）には414団体，1935年（昭和10）には1029団体と急増。しかし，そうした新宗教の発展に対して，政府当局の取り締まりは強化され，不敬罪や治安維持法による検挙が続いた。例えば，大本は，1935年（昭和10），再び不敬罪と治安維持法による大がかりな取り締まりを受けた（第2次大本事件）。

　また，ひとのみち教団は，御木徳一と徳近父子によって創設された神道系新宗教である。1937年（昭和12）には80万人の信者を擁した。しかし，1936年（昭和11）から翌年に，御木父子ら幹部らが検挙され，不敬罪に問われた。

　その後も戦中にかけて，ほんみち（1938年，当時は天理本道），本門佛立講勝川本部尾鷲教会（1941年），創価学会（1943年，当時は創価教育学会）等が取り締まりを受け，新宗教教団は活動を制約されたまま，終戦を迎える。

3　神々のラッシュアワー：第2次世界大戦後

　国家神道の廃止と天皇の人間宣言によって，戦前の天皇制国家は解体された。

戦後の日本は民主主義国家として再出発することになる。戦前には「類似宗教」として扱われ，自由に活動できなかった新宗教だが，1946年（昭和21）の日本国憲法の公布によって，政教分離と信教の自由が認められた。また，1951年（昭和26）の宗教法人法の公布によって，新宗教団体にも法人格が与えられた。

戦後復興期，雨後の筍のごとくに新宗教が乱立した。その様子は「神々のラッシュアワー」と評されたほどである。例えば，敗戦直前の1945年（昭和20）8月に創設された天照皇大神宮教は，「踊る宗教」として世間の注目を集めた。農家の主婦だった北村サヨは神がかりを体験し，終戦後，天皇はぬけがら，国民はうじ虫と激しく罵倒し，その権威否定の姿が人気を博した。

こうした新宗教の伸長は，戦後の経済的窮乏とアノミー（無規範状態）的な社会状況を背景とし，当時の人々の深刻な悩みと現世利益によるその解決願望を反映したものだった。

4 立正佼成会と創価学会の巨大教団化：高度経済成長期

戦前に勢力を誇ったのが神道系新宗教であるのに対して，戦後に大きな影響力をもったのが，仏教系新宗教（特に法華・日蓮系）である。法華信仰と先祖祭祀を結びつけた霊友会の信者数は，1941年（昭和16）には84万世帯余りを数えた。戦後も勢力は伸び，1960年（昭和35）には140万世帯を越えた。霊友会では，夫方・妻方両方の双系的な先祖祭祀による苦悩解決を説く災因論を強調。農村から都市に出てきた都市下層階層に新たな救済原理として受け入れられた。

しかし，霊友会は分派が多く，戦前には思親会，立正佼成会，孝道教団，戦後には妙智會，仏所護念会等が分立した。ただし，双系的な先祖観とその災因論は継承された。

高度経済成長以降，教勢が爆発的に拡大し，巨大教団となったのが，立正佼成会と創価学会である。立正佼成会は昭和40年代には会員数約100万人を擁した（現在は約126万世帯）。創価学会の場合，1960年（昭和35）の150万世帯の会員数が10年後には755万世帯に急増している（現在は約827万世帯）。創価学会では，個人と社会の両方の救済を説いた。**折伏**と**唱題**で不幸の原因を転換する人間革命（と呼ぶ自己変革）を行い，個人的な現世利益を得ることを強調。一方，**広宣流布**を実現するために，**国立戒壇**の建立による政教一致を説き，それが公明党設立の根拠と政治活動の動機づけとなった（現在は放棄）。創価学会も農村から都市に流入し，「貧・病・争」に悩み，世直し願望をもつ都市下層民の支持を集めた。

両教団は現世利益をもたらす呪術的・実利的な実践（創価学会は政治活動も含む）によって多くの人々を惹きつけた。しかし，両者ともしだいに脱呪術化と制度化を強め，高度経済成長後に教勢は安定し，一時期の勢いは失った。

（大谷栄一）

その行動と思想』岩波現代文庫参照。
▷5 井上順孝・武田道生，1995，「大正・昭和前期の宗教統制」井上順孝ほか編『新宗教事典』弘文堂，pp. 495-515。
▷6 文化庁文化部宗務課編，1983，『明治以降宗教制度百年史』原書房。
▷7 マックファーランド, H. N.，内藤豊・杉本武之訳，1969，『神々のラッシュアワー——日本の新宗教運動』社会思想社。
▷8 西山茂，1990，「時代ごとの特徴」井上順孝ほか編『新宗教事典』弘文堂，p.34。
▷9 孝本貢，2001，『現代日本における先祖祭祀』御茶の水書房。
▷10 折伏
相手の立場を考慮せず，一方的に法を説き聞かせて教え導くこと。それに対して，相手の立場を認め，寛容に法を説くことを摂受という。
▷11 唱題
「南無妙法蓮華経」の題目を唱えること。
▷12 広宣流布
日蓮仏教が国内外に広まり，受容されること。
▷13 国立戒壇
日蓮の三大秘法（本門の本尊・題目・戒壇）のうち，「本門の戒壇」を言いかえたもの。
▷14 西山茂，2014，「敗戦後の『立正安国』運動——在家教団の二つの戦略」西山茂責任編集『シリーズ日蓮4——近現代の法華運動と在家教団』春秋社，pp.41-56。

II 世界の諸宗教

現代の新宗教

▷1 西山茂, 1979,「新宗教の現況——『脱近代化』にむけた意識変動の視座から」『歴史公論』雄山閣, pp.36。

▷2 西山茂, 1997,「『〈新新宗教〉概念の学術的有効性について』へのリプライ」『宗教と社会』3:p.25。

▷3 島薗進, 2001,『ポストモダンの新宗教——現代日本の精神状況の底流』東京堂書店, pp.1-20。

▷4 島薗進, 1996,『精神世界のゆくえ——現代世界と新霊性運動』東京堂出版, p.21。

▷5 西山茂, 1988,「現代の宗教運動——〈霊＝術〉系新宗教の流行と2つの近代化」大村英昭・西山茂編『現代人の宗教』有斐閣, pp.169-210。

▷6 なお, 西山と島薗の新新宗教概念に対して,「ハイパー・トラディショナルな宗教運動」(ハイパー宗教)という概念を提起する研究者もいる(井上順孝, 1999,『若者と現代宗教——失われた座標軸』ちくま新書, p.142)。

▷7 中牧弘允・ウェンディ・スミス編, 2012,

1 新新宗教

　新宗教の中でもいち早く1814年（文化11）に開教された黒住教は, すでに200年の伝統を有している。既成宗教化がみられる新宗教に対して, 1970年代以降に急成長した新宗教を「新新宗教」と呼ぶ。

　この概念は, 西山茂によって造語され, 広く学界や社会に普及した。新新宗教とは大胆に神秘や呪術を強調し, さまざまな要素を結びつけてシンクレティックな創造を行い, 1970年代の初頭以降に台頭してきた全国規模の新宗教である。阿含宗, 真光系教団（世界真光文明教団と崇教真光）, GLA系教団が挙げられている。既成化し, 大教団化した新宗教が社会的適応をとげる時に重荷に感じて捨て去った神秘的なものや呪術的なものを強調することで発展した。

　また, 島薗進は, 1970年代以降に顕著な発展を遂げたすべての教団を新新宗教と幅広く定義している。島薗は, オウム真理教の20代の信者の入会動機が従来の新宗教にみる貧病争（貧困・病気・人間関係の争い）から, 精神的な「空しさ」に変化したと指摘する。1980～90年代に精神世界（日本版のニューエイジ）が一部の若者たちの間で支持を集めるが, オウム真理教に入会した若者たちは, この愛好者と重なっており, 従来の新宗教信者像とは違いがあった。ただし, 新新宗教すべての入会動機が同じように変化したのではない。神秘・呪術による現世利益の提供が, 新新宗教急成長の要因のひとつである。その一方, 神秘・呪術そのものに興味をもつ若者を惹きつけたのも新新宗教だったのである。

　高度経済成長を終えた1970年代は, 日本社会の転換期（後期近代）だった。この時期以降に急成長した新宗教がそれ以前の新宗教と区別され, 新新宗教と規定されたのである。つまり, 後期近代の新たな新宗教が新新宗教である。

2 新宗教のグローバル化

　現代世界はヒト・モノ・カネ・情報が地球規模で行き交うグローバル化の時代であり, 新宗教にも国境を越えた移動がみられる。日本の新宗教（日系新宗教）の海外布教はすでに第2次世界大戦前から始まる。日本の移民政策や植民地支配に伴いながら海外進出し, 日系人を対象とした布教活動を行った。天理教, 金光教, 大本, ひとのみち, 生長の家, 本門佛立宗等がハワイ, アメリカ西海岸, 東アジア（朝鮮, 満洲, 台湾等）で活動した。戦後は日系企業の海外進

出に呼応し，1950年代以降，世界救世教，PL教団，天照皇大神宮教，立正佼成会，創価学会がアメリカやブラジルに進出している。

なお，グローバル化の進展によって，外来系新宗教の日本上陸も見られる。アメリカ生まれのキリスト教系新宗教の末日聖徒イエス・キリスト教（モルモン教）やものみの塔聖書冊子協会（エホバの証人）は，すでに戦前から布教を開始している。また，1954年に創立された世界基督教統一神霊協会（統一教会）は韓国生まれのキリスト教系新宗教で，1958年に日本に伝道された。

3 社会問題化する新宗教

1980年代後半以降に問題化した統一教会の霊感商法，1985年のエホバの証人信者の輸血拒否問題，1995年のオウム真理教の地下鉄サリン事件の発生など，新宗教や新新宗教には社会問題化した事件を引き起こした団体もある。

ここでは，麻原彰晃（本名・松本智津夫）が結成したオウム真理教を取り上げる。1984年にヨガ・サークルとして発足した後，1987年にオウム真理教と改称し，1989年には宗教法人として認証された。坂本堤弁護士一家殺害事件（1989年）や地下鉄サリン事件等，数多くの犯罪を行い，1996年には宗教法人としては解散となった（現・Aleph（アレフ），ひかりの輪に分立して活動を継続中）。

オウム真理教は新新宗教のひとつだが，仏教からサブカルチャーまでをつなぎ合わせたシンクレティックな教説，チベット密教を模倣したグル崇拝，1990年の衆議院議員総選挙惨敗後の陰謀論や武装集団化にその特徴がある。また，オウムのもっていた終末主義やメシア主義が東西冷戦の終結（1989年）やバブル経済の崩壊（1991年）による経済不況の到来で生じた国際的・国内的な不安と危機意識が入り混じった終末感を反映していたことも指摘されている。しかし，その全貌の解明はまだ十分ではない。

4 社会貢献する新宗教

社会秩序や市民の生活を脅かす新宗教がある一方，地域福祉や社会支援のための社会貢献活動を熱心に行う新宗教は多い。病院や福祉施設，学校の経営，ボランティア活動，国内外の災害や貧困への支援，難民やNGO等の国際協力等，幅広い活動が実施されている

前述の地下鉄サリン事件と同じ1995年に発生した阪神・淡路大震災では，既成教団とならんで新宗教教団も被災者救援活動に取り組んだ。救援物資の調達・搬入・配布，義援金集め，教団施設（教会や会館等）の提供等を行っている。

こうした新宗教の行動力は，2011年3月11日に発生した東日本大震災の発生に際しても発揮された。数多くの新宗教教団や信者有志が震災発生直後から被災地入りし，被災者救援活動に従事した。

（大谷栄一）

『グローバル化するアジア系宗教——経営とマーケティング』東方出版。

▶8 中牧弘允，1990，「新宗教の国際化」井上順孝ほか編『新宗教事典』弘文堂，pp.608-611。

▶9 統一教会の活動については，櫻井義秀・中西尋子，2010，『統一教会——日本宣教の戦略と韓日祝福』北海道大学出版会に詳しい。

▶10 藤田庄市，2008，『宗教事件の内側——精神を呪縛される人びと』岩波書店。

▶11 島薗進，1997，『現代宗教の可能性——オウム真理教と暴力』岩波書店；辻隆太朗，2011，「オウム真理教と陰謀論」井上順孝責任感集，宗教情報リサーチセンター編『情報時代のオウム真理教』春秋社，pp.360-384。

▶12 西山茂，2000，「家郷解体後の宗教世界の変貌」宮島喬編『講座社会学7——文化』東京大学出版会，p.139。

▶13 オウム真理教についての最新の成果として，井上順孝責任感集，宗教情報リサーチセンター編，2011，『情報時代のオウム真理教』春秋社がある。

▶14 稲場圭信・櫻井義秀編，2009，『社会貢献する宗教』世界思想社。

▶15 国際宗教研究所編，1996，『阪神大震災と宗教』東方出版；三木英，2001，『復興と震災——震災後の人と社会を癒すもの』東方出版。

Ⅱ　世界の諸宗教

49　アメリカ・ヨーロッパの新宗教

　新宗教（英語では新宗教運動 New Religious Movements）の「新」には，歴史的な新しさだけでなく，既成の宗教と並びうる権威をまだ得ていないという警戒感が感じられる。新宗教には，周辺の住民から迫害されたり，トラブルを起こしたりするような団体も含まれる（すべてではない）。

1　異文化の出会いと文明批判

　旧植民地からヨーロッパの旧宗主国への移民や，世界諸国からアメリカへの移民に伴い，宗教ももたらされる。例えば，仏教宗派のバラエティが世界一豊かなのは，アジアのいずれの都市でもなく，ロサンゼルスである。

　アフリカ系アメリカ人への差別と暴力のなかで，ウォーレス・ファード（Wallace Fard）は1930年に，ネーション・オブ・イスラーム（Nation of Islam）を組織する。この教団の影響をうけたクワンザー（Kwanzaa）は，一体性などを強調して祖先を思うアフリカ系アメリカ人の祝祭で，1965年にモーラナ・カレンガ（Maulana Karenga）が創始，クリスマスに続いて年末に行われている。

　アメリカ先住民の多くはキリスト教に改宗してきたが，文化の多様性が尊重される近年，先住民ならではの宗教が環境保護運動と連動もする。アメリカ先住民教会（Native American Churches）やインディアン・シェイカー教会（Indian Shaker Church）などは，新しいキリスト教と先住民宗教との融合である。

　現代文明への批判から，復古的な政治志向と環境問題とが宗教運動に結実することもある。ドイツのネオゲルマン異教グループは，神智学や心理学，キリスト教以前の古代宗教実践などを取りいれ，保守的な政治運動も参与する。なおブラバツキー夫人らが創始した神智学は国際的な思想・宗教運動で，諸新宗教の教義や実践にも，芸術文化や社会運動にも影響を及ぼし，近年国際的な研究が伸展している。

2　アメリカに根づいた仏教

　インサイトメディテーション協会（Insight Meditation Society）の指導者たちは，上座部仏教の故国で修行し，熱心に仏教瞑想を学んだが，既存の仏教教団の形態に疑念を呈して故国の教団とは独立，またアメリカ人の指導者が充実して次世代を育成するにいたっている。指導者にはユダヤ系アメリカ人が多く，ユダヤ人としての精神的実践を続けながら仏教も行う人々もあり，Buju

▶1　シュヌーアバイン，S. V.，池田昭編，浅野洋・伊藤勉訳，2001，『現代社会のカルト運動──ネオゲルマン異教』恒星社厚生閣。

（Buddhist と Jew とをあわせた造語）などとも呼ばれる。SGI（創価学会インターナショナル）は日本由来だが，世界各地に拠点と実践者をもつ。

3 社会活動

　1865年にイギリスのウィリアム・ブースによって創始された救世軍（The Salvation Army）は，貧者救済などの社会事業を宗教実践の中核とする（事業推進のため軍隊的な職制や規律を採用しているが，もちろん戦闘集団としての「軍」ではない）。年末の街頭募金「社会鍋」や，中古品売買店舗でも有名だ。

　1879年に成立したクリスチャンサイエンス（Church of Christ, Scientist）は，聖書に基づいた癒しを行うことで知られているが，教団が発行する *Christian Science Monitor* は良質の新聞として定評がある。

4 さまざまな新宗教について調べる

　信頼しうる事典で教義や活動の概要を知ることができるが，多くの人はその前にインターネット検索を行うだろう。教団が開設した公式サイトは有用だ。ただし社会的な軋轢がある団体の場合には特に，複数の情報源を見比べ，（教団公式サイトか否かにかかわらず）発信元を吟味し注意深く読む必要がある。

　例えば，アメリカで最大，そして世界にも多くの信者をもち，2012年にはアメリカ大統領候補も出した新宗教モルモン教（末日聖徒イエス・キリスト教会）はご存じだろう。信者たちは古代イスラエル由来の文書とされるものを聖典とし（「モルモン書」），ながく流浪してユタ州のソルトレークシティにたどりついた。このような系譜を尊重して，彼らは家系図をつくることを勧めているし，コーヒーやアルコールなどの摂取を控えている。各教団の公式サイトはこのような独得の価値観に理解を求め説明を提示していることが多く，新宗教を調べる場合には確認しておくべきである。

　アメリカ合衆国国務省が毎年刊行している「国際的宗教の自由についての報告書」（*International Religious Freedom Report*）は，世界中の国を対象に，宗教情勢概要，信教の自由をめぐるトラブルや迫害，政府の態度，そして改善の努力を，国ごとに取り上げていて，社会的軋轢の観点から宗教を見るのに便利である。同報告書の一部の邦訳がインターネットで見られるが，サイトは特定宗教団体の立場から記事を選択したものなので，十分な注意を要する。

　新宗教が社会の中でどのように存在しうるかは，国情と宗教政策にもよる。国教や公認宗教がある場合，それ以外を扱う政策・法制度はどうなっているだろうか。日本語で得られる信頼しうる情報源として，文化庁が編集・発行する『海外の宗教事情に関する調査報告書』が，近年，文化庁文化部宗務課のウェブサイトでダウンロードできるようになっている。

（葛西賢太）

▷2　タナカ，ケネス，2010，『アメリカ仏教——仏教も変わる，アメリカも変わる』武蔵野大学出版会。

▷3　パートリッジ，Ch.，井上順孝監訳，2009，『現代世界宗教事典』悠書館。欧米の新宗教というテーマでは，これが最も詳しい。井上順孝編，2012，『世界宗教百科事典』丸善出版は多くの団体や用語をおさめ包括的。

▷4　共和党候補になったウィラード・ミット・ロムニー（Willard Mitt Romney, 1947-）がそうである。

▷5　モルモン教の公式サイトは http://www.mormon.org/

▷6　http://www.state.gov/j/drl/rls/irf/religiousfreedom/index.htm

▷7　http://www.bunka.go.jp/shukyouhoujin/kaigai.html

Ⅱ　世界の諸宗教

アジアの新宗教

▶1　井上順孝 ほか編，1990，『新宗教事典』弘文堂，p.23。

▶2　台湾の「新興宗教」研究者である鄭志明は，第2次世界大戦以降に発生した霊験性を強く有する教団のみを「新興宗教」と呼び，戦前からある教団や霊験性が希薄な団体を「新興宗教」に含めていないが，ここでは19世紀末（日本統治期）以降に発生・台頭した「相対的に新しい宗教様式を確立させている成立宗教」を取り上げる。鄭志明，1996，『台灣當代新興宗教』霊鷲山般若文教基金會國際佛學研究中心。

▶3　井上順孝 ほか編，1996，『新宗教　教団・人物事典』弘文堂や2009年に開催された国際シンポジウム「Management and Marketing of Globalizing Asian Religions」を基に刊行された中牧弘允・ウェンディ・スミス編，2012，『グローバル化するアジア系宗教』東方出版には，アジア系の新しい宗教団体として，一貫道，和尚ラジニーシ・ムーブメント，クリシュナ意識国際協会，紅卍字会，サティア・サイ・オーガニゼーション，統一教会，バハイ教，佛光山，マハリシ総合研究所，ラーマクリシュナ・ミッション，

1　日本の「新宗教」とアジアの「新宗教」

　江戸時代の日本には，仏教寺院が行政機構の末端を担い，すべての住民がいずれかの宗派の檀家・門徒として登録される寺請制度が成立していた。また，沖縄や北海道を除く地域の村々には神社があり，そこでは村社の氏子であることと村人の一員として諸々の権利が保障されることとは同義であった。このような近世以来の――伝統的な――社寺との関わり方とは異なる――近代的な原理に即して成立した――宗教が「新宗教」である。日本の新宗教は，近代以降に発生・台頭した民衆主体の非制度的な成立宗教を指すが，そこには平易主義（やさしい教えと簡便な実践），信者中心主義（世俗の職業をもつ信者が主体），現世主義（現世での救済を強調）という共通の要素を指摘することができる。

　一方，アジア諸国で発生・台頭した新しい宗教運動は，日本とは異なる社会・文化的基盤において生長したため，日本の「新宗教」とは異なる要素が見受けられる。また近代化の影響や，人々の宗教活動――信仰の自由――を保障する法的環境も国や地域によって大きく異なっている。そして，そもそもどの宗教を「新宗教」と見なすか，ということについて研究者間でコンセンサスが得られていない。以下では，便宜的に，「近代以降に発生・台頭し，相対的に新しい宗教様式を確立させている成立宗教」を広義の新宗教ととらえ，韓国と台湾に限定して事例を紹介していきたい。

2　韓国の新宗教

　韓国宗教研究会の報告を踏まえた林泰弘・李賢京の論考によると，韓国新宗教の発生と展開は以下の四期に大別される。第1期は，東学の発生（1860年）から日本統治の開始（1910年）までの期間である。この時期に発生した教団には，東学，天道教，甑山教，大倧教が挙げられる。これらの教団は，儒教・仏教・道教および民俗宗教を再解釈して独自の教義体系を確立させるとともに，西欧から伝播したキリスト教に対抗する強い民族主義的志向が見受けられる。第2期は，1910～1945年の日本統治期である。第1期に成立した東学や甑山教から多くの分派が生まれ，キリスト教系の新宗教も発生した。この時期に発生した教団には，覺世教，円仏教，奉南教，金剛大道が挙げられる。第3期は，1945年の「解放」から朝鮮戦争（1950～1953年）を経て，高度経済成長が本格

化する1970年前後までの時期である。この時期には，統一教会，および既成の伝道館・祈祷院から分派した新宗教，ならびに壇君を崇拝する民族主義的な新宗教が多く生まれた。他方，日系の新宗教やアメリカから伝播したキリスト教系新宗教もこの時期に教線を伸張させた。第4期は，高度経済成長が本格化した時期以降である。この時期には，永生教，摂理のように伝統的な民俗宗教（巫俗等）とキリスト教（終末論）とを結合させた宗教が発生し，創価学会等の日系新宗教が大きく展開した。以上のうち，日本においてとりわけ知名度が高く，社会的影響力が大きいのは統一教会だが，韓国と日本では大きく異なる活動を展開していることを櫻井義秀と中西尋子が明らかにしている。

3 台湾の新宗教

　戦前の台湾では，天理教・金光教等の日系新宗教が一定の教勢を誇っていたが，日本の敗戦とともにほぼ壊滅し，戦後になると中国大陸で成立した民衆宗教が大きく展開することになる。1920年代に現在の姿（儒・仏・道・キリスト教・イスラームは根本的に一致しているという五教帰一思想と「扶鸞」という託宣儀礼）に宗教様式を整備させた一貫道は，戦後直後に台湾へ伝播した。同じく1930年代に組織化された理教（禁酒・禁煙等の戒律，偶像崇拝の禁止を説く）も戦後直後に伝播している。この他，戦前の中国大陸で生まれ，戦後直後に宗教活動を開始した教団には紅卍字会，天徳教，天帝教が挙げられる。

　一貫道に強い影響を受けながらも戦後の台湾で生まれた新宗教が慈恵堂（1949年〜）と弘化院（1969年〜）である。慈恵堂からは勝安宮という分派も生まれている。いずれの教団も憑霊が重要な役割を担い，習合的な教義を説いている。

　戦後から1960年代半ばまでの台湾では，キリスト教の展開が目立ったが，それ以降は，仏教の改革派の動きが顕著になっていく。もともと台湾には，在家仏教（齋教）の伝統があったが，「四大道場」と呼ばれる慈済会，佛光山，法鼓山，中台禪寺は多くの新しい特色を備えている。この中でも，海外も含め大きな教勢を誇るのが慈済会と佛光山である。慈済会は，1960年代半ばに台湾出身の尼僧（證嚴法師）が創始した団体であり，佛光山は，1967年に中国大陸出身の僧（星雲大師）が創始した団体である。両者は，宗教活動以外にも総合病院・専門学校・医学院・大学を設立するなど，さまざまな社会事業を展開している。1980年代に活動を開始した法鼓山と中台禪寺は，教育事業と共同生活を伴う禅修行に特色がある。戒厳令（1949〜1987年）下の台湾では日系新宗教の活動は禁じられていたが，1960年代頃から天理教や生長の家等のいくつかの教団が再び布教を開始し，戒厳令解除後（民主化・本土化が進む中で）多くの教団が活動を活性化させ，現在では一定の教勢を誇っている。　　　（寺田喜朗）

ワールド・スブド・アソシエーション，法輪功，ブラーマ・クリマス，アルカム，タンマガーイ寺院，ヨイド純福音教会，オンヌリ教会が取り上げられている。

▷4　林泰弘・李賢京，2011，「韓国新宗教の日本布教」李元範・櫻井義秀編『越境する日韓宗教文化』北海道大学出版会。

▷5　櫻井義秀・中西尋子，2010，『統一教会』北海道大学出版会。

▷6　五十嵐真子，2006，『現代台湾宗教の諸相』人文書院。

▷7　寺田喜朗，2009，『旧植民地における日系新宗教の受容』ハーベスト社。

III 宗教と現代

 現代宗教への視座(1)
宗教の世俗化とグローバル化

▷1 ウェーバー, M., 大塚久雄訳, 1988『資本主義の精神とプロテスタンティズムの倫理』岩波書店；ウェーバー, M., 脇圭平訳, 1980『職業としての政治』岩波書店.

▷2 デュルケム, É., 田原音和訳, 1971,『社会分業論』青木書店.

▷3 来世的救済は気休め, 精神のアヘンでしかなく, 社会を正しく見る価値観を転倒させ既存の秩序を擁護するだけであるとし, 資本主義の最終段階に共産主義革命をおき, 労働者による新世界を構想した.

▷4 マルクス, K., 城塚登訳, 1974,『ユダヤ人問題によせて ヘーゲル法哲学批判序説』岩波書店.

▷5 世俗化
世俗化（secularization）という言葉は, 1648年のウェストファリア条約が初出とされ, 教会の所領を王侯に割譲することを意味した. 30年戦争はカトリック側とプロテスタント側に分かれた王国・諸侯国が国際秩序をめぐって争った最後の宗教戦争と言われる.

▷6 ウィルソン, B., 中野毅・井門富二夫訳, 1979,『現代宗教の変容』ヨルダン社.

▷7 バーガー, P., 薗田稔訳, 1979,『聖なる天蓋——神聖世界の社会学』新曜社.

1 近代化と宗教

19世紀から20世紀初頭に成立した社会科学の主題は近代化であり, 古典期の社会学者である M. ウェーバーや É. デュルケム, 経済学と社会主義に巨大な影響力を及ぼした K. マルクス以来, 社会科学者たちは産業・資本主義社会の趨勢を見極めようとしてきた. 議論の要点をまとめると, 近現代社会では, ①産業革命以降, 身分制社会から階級・階層化社会へ変化し, ②工業化・都市化によって大量の農村人口が都市へ移動し, ③産業先進国が途上国を植民地化もしくは市場として利用する資本主義経済のグローバル化が生じ, ④伝統的な共同体的社会関係や価値観が大きく変貌するというものである.

宗教の変化は④に属するものだが, ウェーバーは伝統社会の脱魔術化と合理化が進展し, 宗教が個人化すると予想した. 大衆化し民主化した社会,「精神なき専門人と心情なき享楽人」が増える官僚制社会には個人の決断やカリスマが重要性を増すとし, ヒットラーの登場を予感させた. デュルケムは分業による社会結合の変化（機械的連帯から有機的連帯へ）によりアノミー（社会統合的価値観の弛緩と拡散）を生み出されるので, 非聖化政策を進める共和制ではカトリックに代わる市民の道徳教育が必要だと主張した. 伝統宗教が社会をまとめる力や価値観をもたないという2人の議論は社会分析としては優れたものだったが, 現実の社会や宗教を変えるまでの力はなかった.

それに対して, マルクスの思想に潜む宗教批判と終末論的歴史観は, 20世紀に社会主義国家を成立させ, その体制下で過酷な宗教弾圧を実施させた. 宗教者は投獄・粛正され, 人々の宗教心は国家の指導者崇拝やイデオロギーの信奉に変えられた. 社会を**世俗化**（secularization）させたのは, 近代化・産業化と共産主義であったと言える.

2 世俗化論

20世紀中後期の宗教研究において主要な議論が世俗化だった. 確かに西欧では科学技術の進歩が一般市民の宗教に対する信頼性を揺るがせ, 教会礼拝への出席率も減少した. B. ウィルソンは, 宗教は共同体に根ざす文化であるがゆえに, 世俗化は社会の必然的趨勢であると論じた. P. バーガーは社会の諸制度が宗教的・象徴的意味世界から離脱する過程を世俗化と論じ, 聖なる天蓋は

失われたとしたが，人間が意味的世界を失うことはないと確信していたようである。T. ルックマンは人間社会が意味・象徴を使わなくなったわけではなく，制度的領域から内心倫理（見えない宗教）へ移行したと述べた。1970年代までの議論は世俗化を肯定する世俗化論である。

1980年代以降，世俗化論の整理が進められ，K. ドベラーレによれば，①全体社会は**非聖化**（laicization）し，②教会という宗教制度の社会的役割も揺らぐだが，③個人の宗教指向性の衰退には地域的差異があるとされた。英仏は①②が顕著だが，ニューエイジや個人のスピリチュアリティを指向する動きは見られるし（believing without belonging），ドイツや北欧では教会税（国が教会維持の税を徴収する）が残り，教会に形式的に所属するが信仰心は薄れている（belonging without believing）と言われる。他方，社会主義体制が崩壊したロシア・東欧では②③ともに宗教復興の動きが見られる。

J. カサノヴァは②の点に関して，東欧や南北アメリカの事例をもとに政治に積極的に関わる宗教制度が健在であることを示した。ポーランドではカトリック教会が労働者運動と連携し政権打倒へ力を尽くしたし，アメリカでは福音派の教会が共和党や保守の政治運動と組んで圧力団体化している。そもそも黒人教会は市民権運動の牽引役だったし，後に述べるエスニック・チャーチはマイノリティの権利擁護や社会的支援を熱心に行って勢力を拡大している。

さらに目をイスラーム世界に転じれば，1979年のホメイニによるイランのイスラーム革命以降，中東・アラブ世界・南アジアにおいて宗教と民族主義が接続されて地域間紛争に発展するコミュナリズムの力が増している。現代社会は世俗化せず，再聖化しつつあるのではないかという議論もあるが，世界がひとつの方向性で動いているといった発想はほどほどにして，地域・歴史的差異に注目しつつ宗教が勢力を失わない要因を検討していく方が生産的である。

3 グローバル化する宗教世界

ここ20〜30年の間，モノ・ヒト・カネのグローバル化が加速化し，西欧や北米には旧植民地国や東欧，アジアからの移民が流入し，エスニック・チャーチが増加している。日本でも70ヶ所を超えるモスク，南米のカトリック教会やプロテスタント教会，台湾の一貫道，タイの上座仏教寺院など約200万人の外国人定住者のニーズに応える宗教施設がある。人が移動すれば，宗教文化や宗教施設もついてくるのである。また，世界的な伝道活動によって教団勢力を拡張する宗教団体も増えてきている。

世界のグローバル化によって宗教の多様性は増し，文化多元主義的な政策が進むにつれてマイノリティの宗教もニッチを見つけて棲み分けることになるのである。

（櫻井義秀）

▷8 ルックマン，T.，赤池憲昭・ヤン・スィンゲドー訳，1976，『見えない宗教——現代宗教社会学入門』ヨルダン社。

▷9 **非聖化**
非聖化（laicization）は，フランス革命時における革命政府によるカトリック教会資産の没収や，第三共和制にも見られた公共空間（集会や教育）から宗教制度を排除する施策を指す。世俗化が社会学的概念として用いられるようになったのに対して，非聖化は政治的・歴史的概念として用いられるようである。伊達聖伸，2010，『ライシテ，道徳，宗教——もうひとつの19世紀フランス宗教史』勁草書房を参照されたい。

▷10 ドベラーレ，K.，ヤン・スィンゲドー・石井研士訳，1992，『宗教のダイナミックス——世俗化の宗教社会学』ヨルダン社。

▷11 カサノヴァ，J.，津城寛文訳，1997，『近代世界の公共宗教』玉川大学出版部。

▷12 日本で最大の教団である創価学会は全世界に支部を有し，世界救世教も浄霊・自然農法を南米やタイ，アフリカに広めている。他方で，東アジアで最もキリスト教人口が少ない日本（全人口の約1％）を宣教しようと韓国，北米の宣教団体が来日し，さらにはカルト視される新宗教も活発な伝道活動を行い，日本人の信者を獲得している。三木英・櫻井義秀編，2012，『日本に生きる移民たちの宗教生活——ニューカマーのもたらす宗教多元化』ミネルヴァ書房。

Ⅲ 宗教と現代

  現代宗教への視座(2)
　　　　　　　　　　　　　　　　　　　　　　　　　　　　　　　　　　　宗教市場と政教関係

 合理的選択と宗教市場論

　現代の社会科学には，行為や社会現象を個人の合理的な選択からとらえるやり方と，制度や集団が個人の選択を導く側面を重視する方法論がある。前者では個人や集団は自己の効用を最大化するようにふるまうことを前提にした一般理論を目指し，後者では制度や規範に歴史的・地域的差異があるために異なる行為や現象が生まれることを説明しようとする。

　宗教社会学者のR. スタークやW. S. ベインブリッジは，合理的選択理論をもとに宗教行動の一般的な理論構築を試みた。①人間は自身の行為や社会のあり方に意味を，人生の苦難には心理的補償（compensation）を求める。②伝統的に宗教は心理的補償を提供してきたが，現代のように多様な宗教の価値が認められ，自由な宗教活動が認められる（宗教多元主義の）社会では，意味や補償を求める人々のニーズに応えようと宗教団体間で競争が起きる。③自由な競争は供給者の能力と供給財の質を高め，宗教をめぐる市場は活性化する。その典型がアメリカだというわけである。

　この議論は，ヨーロッパで進行した世俗化に対してアメリカでは世俗化が進まないことの反論をも意図していた。つまり，ヨーロッパでは宗教は制度・規範であり，人々は親の信仰を継承するか否か，カトリックかプロテスタントの特定教派に所属するか否かという選択肢しかない。セクト／カルトに所属すれば白眼視される。ところが，アメリカでは多数の教派（denomination）が未信者や信仰を固めていない信者の伝道に熱心であり，一説に3000ともいわれる新宗教・カルト団体も勧誘を行う。メガチャーチ（日曜礼拝参加者が数千人を超える）は郊外の大型店舗と変わらない設備をもつ。すべての宗教団体に対して宗教市場を開放すれば（公認宗教制や宗教税で特定教派に便宜を与えなければ），伝統宗教も活性化する（魅力的になる）のではないかという見解も示していた。

　しかし，このような一般理論には批判が続出した。彼岸の救いを信じることを効用と見なしてよいのか。価格比較サイトで値段を調べ，ショッピングを楽しむように教会の成員権を購入する人がいるのか，むしろ，人生の特別な出会いや出来事によって（あるいは神に選ばれて）信仰をもつのではないか，といった実感的な疑問である。また，大学教育や福祉・医療を含め多くの社会制度を市場の論理で動かすアメリカ社会では，宗教にさえ市場のメカニズムが適用さ

▶1　Stark. R., and Bainbridge, W. S., 1985, *The Future of Religion : Secularization, Revival and Cult Formation*, University of California Press.

れている（ある種の世俗化）だけではないのかという批判がなされた。

　宗教市場が個人にとって最適の信仰オプションを提供しうるかどうか疑問なしとはしないが，合理的選択理論でも合理性や効用の幅を柔軟に考え，制度論との接合も試みられており，今後さらに発展する可能性はある。

② 政教関係と宗教市場

　宗教市場論の持ち味は，資本主義的な自由市場と社会主義的な統制市場を両極として，市場の自由化と規制が個人の宗教的需要と宗教団体による供給にどのような影響を与えるのかを巧みに説明するところにある。ヤン・フェンガンは共産主義下の宗教政策と中国の宗教市場の趨勢を関連させて説明した。

　1949年以降中国では長らくマルクス主義に基づく無神論が公式見解であり，1966〜76年の文化大革命では甚だしい宗教弾圧が行われた。その後1978年に新憲法の条文に信教の自由が記載されたものの，仏教・道教・天主教・基督教・イスラームの五大宗教のみが公認宗教とされる政策は変わらず，2005年の宗教事務条例により公認宗教でも公認された宗教施設以外での宗教活動は禁止された。さらに，公認宗教ごとに設立された協会は行政機関と緊密な連携を有する。

　元来が儒仏道の三教と民間信仰が盛んな社会において宗教的需要が抑圧され（代替物としての毛沢東崇拝やイデオロギー教育が与えられた），需要に応じる供給（宗教施設，宗教指導者の不足）が絞られる統制経済下では，店に客が行列をなす（稀少な宗教財を求めて人々の宗教熱は高まる）という。現在，中国には三色市場があると言われ，統制の強弱で市場は縮小拡大するとされる。法輪功は灰色市場で活動を許容されていたが，急速な成長と政権への抗議姿勢により1999年に活動を禁止された。また，1990年以降基督教の地下（家庭）教会は急速に増え，東アジアにおいて最も活性化しているとされる。

　中国の状況から考えると，世俗化論や近代化論で展開された宗教の衰退というテーゼは，共産党政権下の厳しい統制かつ経済成長の途上であっても宗教的ニーズが衰えないという現実によって反証されたようにもみえる。ただし，経済成長が続いても社会的不安や格差が増しているという状況が，日本を含め先進国の高度経済成長期に生じた世俗化状況とは異なる。

　そうした宗教活動が個人の領域にとどまらず，社会の公的領域にまで伸張し政権批判につながると予測される時に，政権は宗教に介入的な政策を取る傾向にある。J. フォックスによれば，世界175ヶ国の宗教政策を1990年と2002年とで比較した場合，介入的な政策を取る国が増える傾向にあった。公認を経た統制か支援か，介入の形態は宗教ごと国ごとに独自であるものの，政治は宗教と無関係には進められないという状況が起きている。その意味では，近代化・世俗化は多系的に進行し，宗教文化・制度，国家の政策と連関しながら，どの国も同じ道筋をたどることはないといえる。

（櫻井義秀）

▷2　アメリカは個人の行為に連邦政府が制約を設けることにきわめて懐疑的であり，特に宗教的自由はカルトに対しても守ろうとする。市場ならぬ市民社会に任せれば適切な宗教団体が残ると考えられた。それに対して，ヨーロッパは規範的な宗教意識が強く，カルト／セクトから市民の信教の自由を国が保証すべきと考えている（フランスで2001年に成立した反セクト法）。

▷3　Yang, F., 2012, *Religion in China : Survival and Revival under Communist Rule*, Oxford University Press.

▷4　白は公認宗教，灰色は気功・民間信仰団体など，黒は非公認の地下教会や海外宣教団，新宗教など。

▷5　P. ノリスとR. イングルハートによる世界価値観調査に基づいた現代宗教の趨勢分析によると，社会的不安が増した社会では宗教活動が活性化しているという。Norris, P. and Inglehart, R., 2004, *Sacred and Secular : Religion and Politics Worldwide*, Cambridge University Press.

▷6　Fox, J., 2008, *World Survey of Religion and the State*, Cambridge University Press.

Ⅲ　宗教と現代

現代宗教への視座(3)
宗教とソーシャル・キャピタル

1　ソーシャル・キャピタルが求められる時代

　ソーシャル・キャピタル（social capital）は，互酬的社会関係，信頼，ネットワークを含む社会関係資本と定義される。この概念はR. パットナムの民主主義の社会基盤としてコミュニティにおける社会参加の経験を再発見する研究によって大いに注目されることになった。

　グローバル化する現代世界においては社会関係を創出し発展させることが重要である。とりわけ，他者や政府，社会への信頼が経済発展や社会政策を可能にすることが認識されてきた。北欧諸国の高福祉は政府への強い信頼があるからこその高負担によって可能となる。社会福祉と税制は車の両輪であり，車軸が広い意味でのソーシャル・キャピタルである。また，発展途上国や中進国でも政府への信任や社会集団間の葛藤を調整する仕組みが重要である。

　現在の政策論としては，次のような領域においてソーシャル・キャピタルの活性化が試行されている。①市民参加型政治（オンブズマン，裁判員制度，政策提言型NPO），②経済振興（地元・地域の活性化，職場の自律・労働者の連帯，地産地消や地域ブランド），③社会問題への取り組み（環境対策，男女共同参画，教育・福祉・医療システム再構築）である。

　しかし，現代の社会理論・社会政策論では，どのようにしてソーシャル・キャピタルを醸成できるのかが問われている。ソーシャル・キャピタルは歴史的に形成されるものであるから促成することはできないという現実認識もありうるが，それでは悲観論に陥る。可能な範囲で信頼，互恵性を拡大するような意識改革や施策を提案できないものだろうか。既存の資源を利用するという意味で，一見，崩壊しかけている伝統的な制度の再構築を考えられないだろうか。

　日本では，コミュニティ作り，絆の創出という行政的施策やNGO／NPOの取り組みがなされてきたが，宗教文化や宗教施設・団体の活用という発想は従来ほとんどなかった。厳格な政教分離，国民の7割が無宗教・無信仰を辞任する世俗国家ならではとも言えるが，世界的に見れば宗教をソーシャル・キャピタルと関連させない方が少数派であり，西欧ではキリスト教，イスラーム圏ではイスラームが，東南アジアでは上座仏教，キリスト教，イスラームがチャリティ・社会支援の担い手として活動し，宗教的信念に基づくNGO／NPOの研究が盛んである。

▶1　ソーシャル・キャピタルという言葉は，学校教育の改善にコミュニティの役割を説いたL. J. ハニファンが初出と言われ，ジェームズ・コールマンが個人に蓄積されるヒューマン・キャピタルに対して，人間関係や信頼，集団に蓄積されるソーシャル・キャピタルを対置させて用いた。コールマン, J. S., 金光淳訳, 2006, 「人的資本の形成における社会関係資本」野沢慎司編・監訳『リーディングス　ネットワーク論──家族・コミュニティ・社会関係資本』勁草書房．

▶2　パットナム, R., 河田潤一訳, 2001, 『哲学する民主主義──伝統と改革の市民的構造』NTT出版；パットナム, R., 柴内康文訳, 2006, 『孤独なボウリング──米国コミュニティの崩壊と再生』柏書房．

▶3　Smidt, C., 2003, *Religion as Social Capital : Producing the Common Good*, Baylor University Press.

❷ 宗教とソーシャル・キャピタル

　C. シュミットは『ソーシャル・キャピタルとしての宗教——公益の創造』という論集において，宗教参加（礼拝出席率）の高さは教会活動へのコミットメントを示しており，そこでボランティアの経験を経ることによって市民活動への参加が高まっていると述べた。教会関連団体（para-church）が主要なボランティア団体となっているので，教会参加と宗派が教育，年齢，性，人種，信頼よりも市民活動への参加をうながすという。アメリカ社会において，教会（congregation）は歴史的に地域生活や市民活動の中心であり，教会が教会員に社会的サービスを提供し，教会と密接な関係を維持する教会員の支持と寄付により教会が運営されている実態がある。

　これはアメリカの研究事例であるが，日本の場合，日本独自の宗教文化や明治以降の近代化や戦後において構築されてきた政教関係から宗教がソーシャル・キャピタルとなる社会的文脈を考察しなければならない。日本では高度経済成長期に福祉国家を目指した政策によって社会福祉が制度化されるまで，宗教団体が主体もしくは支え手として社会事業を進めてきたが，現在は宗教法人から独立して社会福祉・学校・医療の法人として事業を展開している。

　福祉が社会制度化されたことで宗教による社会事業が地域福祉の後景に退いたが，①全国にそれぞれ8万以上の法人がある地域の神社・寺院（コンビニエンスストアより多い）は鎮守の森や境内によって環境保全やコミュニティの核となる可能性を有し，そうした活動を行うところは少なくない。②ホスピスや緩和ケア，独居高齢者や生活困窮者への支援活動を行う宗教者，教会も多い。さらに，③東日本大震災では，被災地において避難所を提供し，緊急時の支援活動を行った寺社が大半であり，宗派・教派が支援物資や人員を送り込んだ。④被災者の慰霊やグリーフケア，いのちの電話相談や自死者家族へのケアに取り組む僧侶もいる。⑤新宗教団体においても，災禍時の支援活動や社会的弱者の支援に取り組む団体が少なくない。総じてメディアに取り上げられることも少なく，一般市民が意識することがないものの，ソーシャル・サポートにおいて宗教者，宗教団体の役割は決して小さいわけではないのである。

　宗教には元来互恵性や他者・社会への信頼を涵養する仕組みがあり，宗教団体のネットワークはソーシャル・サポートに機能的である。ただし，日本では7割の一般無宗教市民にどう接していくのかを常に頭に入れ，独善性や宗派主義に陥ることなく，社会支援を展開する知恵と経験を蓄積する必要がある。現代社会における絆の創出，互恵性の回復という課題に向けて宗教になにができるのか，注意深く見守りたい。

（櫻井義秀）

▷4　筆者は東北タイの地域開発と上座仏教との関係を研究してきたが，僧侶，寺院，村落社会が築いてきたソーシャル・キャピタルの上で地域開発の実践が行われてきたことを，100名を超える開発に従事した僧侶たちの実践例から分析した。そこでは，①文化的資源（僧侶の信用・宗教的守護力），②歴史・政治的正当性（社会開発のなかで政策に応じながらも僧侶の主体性を維持し，時に行政に批判的な開発実践も志向），③社会関係資本（頭陀行により情報の伝達者・媒介者となる僧侶と僧やサンガのネットワーク）の利用があることを示した。櫻井義秀，2008，『東北タイの開発僧——宗教と社会貢献』梓出版社。

▷5　稲場圭信，2011，『利他主義と宗教』弘文堂。

参考文献

櫻井義秀・濱田陽編，2012，『叢書宗教とソーシャル・キャピタル1——アジアの宗教とソーシャル・キャピタル』明石書店。

大谷栄一・藤本頼生編，2012，『叢書宗教とソーシャル・キャピタル2——地域社会をつくる宗教』明石書店。

葛西賢太・板井正斉編，2013，『叢書宗教とソーシャル・キャピタル3——ケアとしての宗教』明石書店。

稲場圭信・黒崎浩行編，2013，『叢書宗教とソーシャル・キャピタル4——震災復興と宗教』明石書店。

III　宗教と現代

ファンダメンタリズムと宗教
アメリカ・イスラーム

1　通俗的な理解とその問題

　ファンダメンタリズム（原理主義）という言葉が一般に認知されるようになったのは，1979年のホメイニーによるイラン・イスラーム革命以降であった。ゆえに日本では，「イスラーム原理主義」という言葉が用いられることが多く，あたかも「原理主義」といえばイスラームのものであるかのような言説が振り撒かれている。

　しかし「原理主義」といわれる思想や世界観は，19世紀後半にアメリカのキリスト教神学のなかから少しずつ生じ，その後もアメリカ社会のなかで発展してきたものであった。それに対して「イスラーム原理主義」という言葉が生まれたのは，たかだか1980年代以降のことに過ぎない。そもそもイスラームには，「原理主義」にあたる言葉さえ存在しなかった。ムスリム（イスラーム教徒）からすれば「原理主義」という言葉は，アメリカをはじめ，西洋社会の人間によって押し付けられたレッテル以外のなにものでもないのである。

　具体的に「イスラーム原理主義組織」とメディアで呼ばれるのは，9.11同時多発テロを計画実行したといわれる国際テロ組織アル・カーイダや，アフガニスタンの内戦のなかで生まれた武装勢力ターリバーン，レバノンの内戦のなかで勢力を拡大した民兵組織ヒズブ・アッラー（ヒズボラ），パレスチナをイスラームの共有地であると主張する政治団体ハマースなどである。そして，そうした組織が掲げる「イスラーム原理主義」とは，シャリーア（イスラーム法）に基づいた国家の樹立を目指し，そのためには暴力の行使さえも辞さない思想や運動のことだとされている。つまり一般的に「イスラーム原理主義者」と呼ばれるのは，イスラーム過激派のことだと言ってよい。しかし，もちろんそれは，現代のイスラームの潮流のすべてを特徴づけるものではない。

　1970年代からイスラーム世界をはじめ，ムスリム移民の多いヨーロッパの国々でも「イスラーム復興」の潮流が生じてきた。また，イスラーム国家を樹立しようとする「イスラーム主義」のイデオロギーも生まれている。しかし，そうした文化運動や政治運動にかかわる人たちも，イスラーム過激派にたいしては批判的であることが多い。それにもかかわらず「原理主義」をイスラームと結びつけるような理解は，イスラーム世界における多様性を一色に塗りつぶしかねないだろう。

▷1　現代のアラビア語には，「原理主義」を意味する言葉として「ウスーリーヤ」という語がある。しかし，これは「ファンダメンタリズム」を直訳した新しい造語で，1980年代になって使われるようになったものである。

▷2　「イスラム原理主義」という概念は早い段階から「学問的概念としては厳密性を欠く」とされた（臼杵陽，1999，『原理主義』岩波書店）。また，メディアでは「イスラム」と表記されるものも，研究では「イスラーム」を用いる。

▷3　大塚和夫，2004，『イスラーム主義とは何か』岩波書店。

▷4　1919年には「世界キリスト者原理協会」が結成され，この協会によって教派を越えたネットワークが形成されていく。そして1920年になって「ファンダメンタル」に「イズム」を付けた「ファンダメンタリズム」という言葉が生まれた。

▷5　聖書批評学とは，聖書を客観的にとらえ批判的に研究する学問で，宗教における近代主義の要素のひとつ。聖書は「神の言葉」ではなく，歴史的な文献・

154

2 神学思想から社会思想へ

　実のところ原理主義という言葉は，1910年から1915年にかけてアメリカで出版された *The Fundamentals* という雑誌名に由来している。その思想や世界観は，1910年代から20年代にかけてアメリカで発展してきたのであった。

　この時期の原理主義の特徴は，「聖書無謬説」と「千年王国説」にある。前者は，聖書を神の言葉として理解し，聖書に誤りはない，と主張する。後者は，終末論の一種で，世界の終わりが訪れる前に，千年ほど続く王国が実現する，と唱える。これらの思想や世界観は，19世紀後半にアメリカで隆盛してきた「聖書批評学」や「進化論」などの「近代主義」に対抗するためのものであった。

　神による世界の創造を否定した「進化論」教育は，聖書を家庭における教育の拠り所としている信徒からすれば，家族を崩壊させるものにほかならない。ゆえに信徒たちは，公立学校で進化論を教えることを禁じる「反進化論法」の成立を目指すようになる。1925年には，反進化論法をめぐって，いわゆる「モンキー裁判」が起こり，原理主義者が勝訴した。しかし，これ以降アメリカで「ファンダメンタリズム」といえば，科学などの近代的な考え方を認めない「時代錯誤で反動的な考え方」という見方が広がっていき，社会の表舞台からは退いていくことになった。

3 社会思想から政治思想へ

　しかし1980年代頃から，再び原理主義と呼ばれる思想や集団がアメリカ社会で広まるようになる。そうした思想や集団は，従来の原理主義（者）に重なる部分がありながらも，新しい特徴や広がりをもっていた。この第2期の原理主義（者）は，保守的な信仰理解を共有する人々が，各自の教派を横断してつながった「福音派 Evangelicals」というグループを母体としている。福音派は，1960年代にアメリカで広がった道徳的荒廃への反感を背景にして1970年代に伸長してきた。そして1980年の大統領選挙の頃には，その一部が政治化し，原理主義（者）であるとか宗教右派と呼ばれるようになったのである。

　原理主義者は，道徳的荒廃に対処するためにも，善悪の基準を示してくれるものとして聖書をなにより重視する。また，基本的な価値基準を聖書におけば，歴史観にも特徴が生じてくる。歴史は，聖書にある通り，ハルマゲドンとしての世界戦争を経たのち，最終的には千年王国に向かうと考えるのである。したがって，原理主義者の世界観には，聖書に基づく善悪二元論と，終末思想に基づく歴史観が色濃く刻み込まれていると言えるだろう。

　原理主義の組織は，21世紀に入ってから政治的結束力を弱めているが，大きな社会的影響力をもっていることに変わりはない。

（藤本龍児）

資料のひとつとされる。

▷6 *The Fundamentals* が発刊されていた時期には，そこに投稿した神学者やそれに賛同する人々が「原理主義者」だった。しかし1920年代になると，原理主義をめぐる論争の舞台は，神学の領域から社会の領域へ移っていく。

▷7 テネシー州の生物学教師ジョン・スコープスが，進化論を教えていることをあえて表明し，進化論教育の是非をめぐり引き起こした裁判。

▷8 「福音派」については，Ⅲ-7 も参照。

▷9 Marty, M. E., and Appleby, R. S., eds., 1995, *Fundamentalism Comprehended*, The University of Chicago Press. この研究プロジェクトでは，原理主義がもつイデオロギー上の特徴として他に，選択的態度，道徳的二元論，絶対主義・無謬性，千年王国主義・メシア待望論が挙げられている。

▷10 こうした思想や世界観の具体的影響は，レーガン政権時代にソ連を「悪の帝国」と呼び，ブッシュ Jr. 政権時代にはイラク・イラン・北朝鮮を「悪の枢軸」と呼んで世界最終戦争の敵と見立てた外交政策に表れている。代表的な組織としては，1979年にジェリー・ファルウェルが創設した「モラル・マジョリティ」や，1989年にパット・ロバートソンが結成した「クリスチャン連合」などが挙げられる。

Ⅲ 宗教と現代

5 震災と宗教

① 東日本大震災が突きつける問い

　2011年3月11日に発生した東日本大震災は，それまで築き上げられてきた生活世界を一変させてしまった。仕事・家庭・学校などの生活の場，かけがえのない時間と思い出，そして家族や友人とのつながり。「なぜこのような出来事が起こってしまったのか」，「なぜ彼（女）らは死んでしまったのか」，あるいは「なぜ私（たち）は生き残ってしまったのか」。震災は，これら容易に答えることのできない問いを人々に突きつける出来事であったといえる。

　「なぜ苦しむのか」というこれらの問いに対して，宗教はその意味づけの方法を提供してきたと，社会学者のM.ウェーバーは述べる。災害，貧困，病いなど，不幸にも訪れる苦しみに首尾一貫した意味を与える思想体系をウェーバーは苦難の神義論と呼んだ。仏教，キリスト教など普遍宗教と呼ばれる宗教思想は，「いま・ここ」で経験される苦しみを，前世の報い（因果応報）や，神の計画の一部として理解せしめる解釈の枠組みを提供してきたという。ただし宗教離れが進む現代日本において，それら特定の宗教思想による説明によって苦難を受けいれることは困難であろう。では苦しみの意味をめぐる問いに，現代社会の宗教はどのように応答しているのだろうか。以下では慰霊祭や追悼式といった現象を通して，震災のもたらす苦しみの意味と宗教のかかわりについて考えてみたい。

▷1　ヴェーバー，M., 大塚久雄・生松敬三訳, 1972, 『宗教社会学論選』みすず書房。

▷2　むろん震災に対する宗教者の応答は，慰霊や追悼に限られるものではない。宗教の復興支援活動をまとめたものとして，稲場圭信・黒崎浩行編著, 2013, 『叢書宗教とソーシャル・キャピタル4──震災復興と宗教』明石書店を参照。

② 諸宗教合同の「祈りの集い」と行政主催の無宗教の慰霊祭・追悼式

　東日本大震災最大の被災自治体のひとつである石巻市では，震災から5ヶ月後の8月13日に，「東日本大震災石巻祈りの集い」という諸宗教合同の追悼行事が行われた。神道，仏教，キリスト教，そして新宗教など各教団教派が集い，順番にそれぞれの慰霊・追悼儀礼を行った。宮司や僧侶，牧師などの聖職者らは，仙台湾を見下ろす日和山の神社境内より，未だ見つからない多くの行方不明者が眠る海に向かって，祝詞や読経，聖書朗読や手かざしなど犠牲者の霊を慰める諸々の儀礼を行い，最後に，犠牲者の慰霊と復興への祈願をこめて，合同で黙祷が捧げられた。

　「石巻祈りの集い」が，報道陣を含め100人あまりの参加者を集めたのに対し，より多くの人々を集めたのは，市町村単位で行われた無宗教式の慰霊祭や追悼

▷3　「石巻祈りの集い」のほかにも，それぞれの寺社仏閣・教会などで，震災の犠牲者を悼むさまざまな慰霊・追悼を目的とした集まりが（とりわけ初盆を迎える8月半ば頃には）行われていたが，数百人単位の大規模なものは多くない。

式であった。石巻市は、震災から100日目にあたる6月18日、および1年後の3月11日に慰霊祭と追悼式を主催している。慰霊祭と追悼式は、それぞれ4000人、2500人という大人数が集う式典であった。式典会場中央には、「東日本大震災石巻市犠牲者之霊」と書かれた標柱が立てられ、死者に向かって市長や議員、また遺族の代表者が儀礼を行った。そこでは宗教的色彩を帯びた儀礼や装飾は一切排除され、代わりに黙祷や献花、追悼の辞などの無宗教式と呼ばれる慰霊・追悼が行われていた。

図Ⅲ-5-1　石巻祈りの集い（2011年8月13日）
出所：筆者撮影

3　東日本大震災をめぐる慰霊祭・追悼式にみられる「救い」のあり方

　上述した通り、宗教者や自治体はそれぞれ死者と向き合う集合的儀礼の場をつくりだしていた。これら震災に関連する集いは、宗教者の関与の有無によって互いに区別することができる一方で、そこには共通する特徴も見いだすことができる。それはいずれの行事でも、震災のもたらした苦しみの意味を説明・解釈する世界観が（少なくとも明示的には）みられなかったことにある。

　ただし過去を説明する宗教的神義論にかわり、苦しみの意味をなんらかの実践によって将来見いだそうとする試みをこれらの儀礼には認めることができる。慰霊祭や追悼式における式辞や遺族代表の言葉などの語りは、震災によって傷ついた石巻を再建・復興させることで、死者の無念に報いていくことを霊前に約束する。悔やみきれない思いを越えて、そこに（「あの死が無駄ではなかった」という意味での）救いがあるとすれば、震災以前の街並を再び築きあげるとともに、この教訓を後世に継承し、二度と同じ悲劇を繰り返さないことである。人々はこれを死者の前に誓う。実現すべき未来を死者に約束することによってはじめて、生き残った人々は震災と向き合い、死者を供養し、苦難のなかにある種の救い（意味）を見いだそうと試みるのである。このように現世の救いに向けた実践を通して、苦しみの意味を見いだそうとする点に、現代社会における震災への応答のあり方を見いだすことができよう。これら（狭義の）「宗教」という枠組みではとらえきることのできない、現代社会の救いのあり方を、東日本大震災をめぐる慰霊祭や追悼式は示しているといえる。　　　　　（福田　雄）

参考文献

三木英編著, 2001,『復興と宗教──震災後の人と社会を癒すもの』東方出版。

Ⅲ 宗教と現代

宗教の社会貢献

宗教の社会貢献とは

　洋の東西を問わず、宗教はその固有の価値観に基づき積極的に社会の諸課題に取り組む傾向がある。とりわけ世界の主要な宗教である仏教、キリスト教、イスラームは奉仕活動に従事することと救済理念が密接に結びついており、社会に与えるインパクトは大きい。

　例えば「アガペー」（隣人愛）という概念はキリスト教の根幹をなす重要な教えである。こうしたことからキリスト教と各種の社会貢献活動との結びつきは非常に強い。カトリックに基盤をもつ国際カリタスやプロテスタントの教派である救世軍は世界規模で活動を展開する慈善組織として知られる。

　イスラームでは「ザカート」という喜捨行為が重視されている。これはイスラーム教徒の基本的義務である五行のひとつであり、地域社会の互恵性の構築に多大な影響を及ぼしている。また、仏教も「慈悲」の精神に基づき衆生の救済に取り組む伝統がある。

　こうした宗教伝統に裏打ちされた利他的行為は「宗教的利他主義」と呼ぶことができ、福祉事業、コミュニティ活動、NPO／NGO の基盤にもなっている。近年は宗教の相違を越えてこれらの実践を把握するために Faith-Based Organization (FBO) や Faith-Based Social Service といった概念が頻繁に用いられるようになっている。

　宗教社会学者の稲場圭信は、「宗教者、宗教団体、あるいは宗教と関連する文化や思想などが、社会のさまざまな領域における問題解決に寄与したり、人々の生活の質の維持・向上に寄与したりすること」を宗教の社会貢献だと定義している。稲場は「社会貢献」という用語を使用することは日本社会の中であまり認知されていない宗教の社会的機能を浮き彫りにするだけでなく、宗教団体に対してもその自己認識を深める契機をつくる上で意義があると述べている。また、宗教社会学者の櫻井義秀は「宗教の社会に対する正の機能を評価した言葉」として宗教の社会貢献をとらえ、宗教に「正負の機能があるとすれば、正の機能が発現される条件を検討し、それが可能となる社会を展望することこそ、社会科学が当然なすべきことではないだろうか」と述べている。

　このテーマに関する代表的な著書『社会貢献する宗教』では「宗教の社会貢献」に関する具体的な領域として、①緊急災害時救援活動、②発展途上国支援

▷1　稲場圭信・櫻井義秀編、2009、『社会貢献する宗教』明石書店。

▷2　稲場圭信・櫻井義秀編、2009、『社会貢献する宗教』世界思想社。

活動,③人権・多文化共生・平和運動・宗教間対話,④環境への取り組み,⑤地域での奉仕活動,⑥医療・福祉活動,⑦教育・文化振興・人材育成,⑧宗教的儀礼・行為・救済が挙げられている。

2 「宗教の社会貢献」研究が進められる背景

宗教研究者たちが「宗教の社会貢献」に着眼するようになった背景として,社会問題や臨床現場に携わる宗教者の台頭を指摘することができる。日本を含む多くの先進諸国では福祉国家の見直しが進むなか,非営利セクターが新たな社会サービスの担い手としてプレゼンスを増してきている。こうした状況を受け,欧米諸国では宗教団体および宗教と関連の深い組織をソーシャル・キャピタルとみなす研究や,ガバナンスの担い手とみなす研究が複数の学問分野で蓄積されている。欧米ほどではないが,日本でも国家役割の相対的縮小や従来の地縁・血縁の衰退(無縁社会)が深刻化するなか,新たなセーフティネットを構築する宗教者,宗教団体,宗教関連団体の存在が顕在化するようになった。こうした活動は対象を信者に限定していないことが多く,現代日本における宗教の役割について再考を迫るインパクトをもっている。特に被災者支援活動,生活困窮者支援活動,外国人支援活動,ターミナルケア,グリーフケアの領域での活動が比較的目立つものとして指摘することができる。

3 「宗教の社会貢献」という概念をめぐる課題

そもそも社会貢献という用語は,公益に資する活動一般を意味するが,公益についての明確な基準があるわけではない。例えば,不法滞在中の外国人を人道的な観点から支援することは,支援される当事者にとっては利益になる活動だが,政府にとっては不利益となりうる。このように複雑な利害関係に埋め込まれた活動には社会貢献という言葉を容易にあてはめることができない。上記の例のように実際の宗教の社会活動の中には未だ公共的な課題になっていない事象に光を当て「社会問題化」していくような開拓的・批判的性格も併せもっている。したがって,社会貢献という用語は多様な宗教の社会活動の一面しかとらえられないという課題を孕んでいるといえるだろう。

また,宗教社会学者の井上順孝は,「社会貢献しようと思っても,布教の一環としてとらえられてしまうのではないか」,「布教という要素を一切抜いての社会貢献というものは必要なのか」という悩みを宗教者や宗教団体が抱きがちであることを指摘している。このように「宗教の社会貢献」という概念は従来の宗教のあり方に新たな観点を付与する魅力的なものだが,未だ萌芽的段階であり,研究面でも実践面でも課題を残している。今後の実証的な研究の蓄積によって概念の精緻化が期待される。

(白波瀬達也)

▶3 現代日本における貧困問題や自殺問題に取り組む僧侶たちを取材したルポルタージュに磯村健太郎,2011,『ルポ仏教——貧困・自殺に挑む』岩波書店がある。また東日本大震災の支援に関わった宗教者の重厚なルポルタージュに北村敏泰,2013,『苦縁——東日本大震災・寄り添う宗教者たち』徳間書店がある。

▶4 井上順孝,2014,「その活動は社会貢献か布教か——思い惑う宗教団体」『中央公論』1月号。

Ⅲ 宗教と現代

政治と宗教(1)
アメリカ・ヨーロッパ

1 ヨーロッパの政治と宗教の実態

　ヨーロッパは，教会出席率や受洗率，信仰心などの統計調査によると「世俗化」していると言われる。また，宗教戦争という負の歴史を反省し，政治と宗教を分離させることで近代社会になった，と説明される。ゆえにヨーロッパ諸国は，「政教分離」を普遍的原則とし，またそれを厳格に分離するように努めることで「信教の自由」を実現している，と考えられる傾向にある。しかし事実は大きく違っており，それは偏見に基づく解釈と言わざるをえない。

　一般に，欧米における政治と宗教の関係は，とりわけ国家と教会という制度的な関係に注目して，おおよそ次のように分類される。第1に，国家が，特定の教会を保護し支援する「国教」制がある。代表として挙げられるイギリスでは，現在でも国王が英国教会の首長をつとめ，一部の聖職者は上院に議席をもち，国政に参加する。この類型に入れられるのは他に，フィンランドやアイスランドなどの北欧諸国，デンマークやギリシャなどである。第2に，ひとつあるいはふたつの教会を公認して優遇したり特権を与えたりする「公認宗教」制がある。国家と教会それぞれの独立性を認めた上で「政教条約」(concordat)を結び，それぞれの担う領域が重なる場合には協調して取り組む。代表として挙げられるドイツでは，カトリックとドイツ福音主義教会が公認され，運営資金となる教会税の徴収が国によって代行されたり，公立学校において宗教が正規の科目として定められたりしている。他に，イタリア，スペインなども同様である。第3に，政治と宗教の関係を一切認めない「厳格分離」制がある。代表的なフランスでは，公共領域から宗教を排除する「ライシテ」の原則が掲げられている。他には，アメリカや日本，トルコなどがこの類型に入れられる。▶1

　以上を公平にみれば，欧米に厳格分離制の国はほとんどないとわかるだろう。また大半の国には，キリスト教を理念とする政党が存在し，政権につく場合もある。▶2国教制や公認宗教制など，制度によって政治や公共領域と，宗教の関係を規定している国でも「信教の自由」が侵されているとは考えられていない。逆に，ライシテを掲げるフランスでは，スカーフ問題に見られるように，ムスリムの「信教の自由」が侵されている，という強い批判が生じている。▶3つまり「信教の自由」は共通して目指されているが，その実現に厳格な「政教分離」は必要条件とされていないし，両者が衝突する場合さえあるのである。▶4

▶1　政治と宗教の実態に関する近年の代表的な研究は，カサノヴァ，J.，藤本龍児訳，2011，「公共宗教を論じなおす」『宗教概念の彼方へ』法藏館。

▶2　ヨーロッパにおけるキリスト教政党は，ドイツをはじめ，アイルランド，イギリス，イタリア，オランダ，スイス，スウェーデン，デンマーク，ノルウェー，フィンランド，ベルギー，ルクセンブルクなどに存在する。

▶3　1989年から公立学校におけるスカーフ着用の是非が議論され始め，2004年，いわゆる「宗教シンボル禁止法」が制定された。これによりムスリム女性たちの「信教の自由」を犯し，教育の機会が奪われるなどの問題が生じている。

▶4　こうした問題を反省し，リベラルな国家における厳格分離を修正して，政治と宗教の関係を再定義しようとする試みは，例えばハーバーマス，J.，鏑木政彦訳，2014，「公共圏における宗教」『宗教と公共空間』東京大学出版会。

2 アメリカの「福音派」（Evangelicals）と政治

　さらには，従来第3の類型に入れられていたアメリカも，近年では裁判の判例をはじめ，憲法学の学説においてさえ「厳格分離」ではなく，宗教への「便益供与」を行う国である，と解釈が変わってきた。むろん「国家と教会」よりも広い範囲を含む「政治と宗教」にはいっそう深く多様な関係の歴史がある。現代でも1970年代から「福音派」を中心に新しい動きが生じている。

　もともと福音派とは，宗教改革の精神を受け継いだプロテスタントのことであった。ゆえに聖書の権威を第一とし，キリストの十字架によって人類の罪は贖われた，という良い報せ（福音）を信じる。しかしアメリカの福音派は，離合集散の歴史をへており，もはやプロテスタントと同一視することはできない。現代の福音派は，聖書主義や十字架中心主義に加え，「ボーン・アゲイン」の経験をもつことや積極的に活動する特徴をもつ。また，カトリック信者のなかにも福音派を自称する者が出てきた。ゆえに現代の福音派とは，特定の教派ではなく，保守的な信仰理解を共有する教派横断的集団のことなのである。

　アメリカでは1960年代から1970年代に，性の解放やドラッグといったカウンター・カルチャーによる道徳的荒廃が社会に蔓延した。またその頃に最高裁が「公立学校における祈りの非合法化」や「中絶の合法化」などの判決をくだした。彼らは，それらの動向に反感をもつことで1970年代に伸張し，1980年の大統領選の頃には一部が政治化して，原理主義者や宗教右派，キリスト教右派などと呼ばれるようになったのである。彼らが敵視するのは，「世俗的人間中心主義」や，それに基づいて「厳格分離」を主張する政治勢力である。例えば，女性の選択権を重視して人工妊娠中絶の合法化を主張する「プロチョイス」の勢力や，個人の価値観を至上のものとして同性結婚を合法化しようとする勢力などである。それらに対して彼らは，胎児の生命を守る「プロライフ」（中絶反対）や，従来の夫婦像を守る「プロファミリー」（家族重視）を主張し，公共領域における宗教の意義を強調する。かくして福音派を母体とする政治勢力は，大統領選をはじめアメリカ政治を大きく左右する存在になっている。

　21世紀に入る頃からは，地球温暖化やアフリカの貧困問題，エイズ問題などを積極的にとりあげる福音派も出てきた。ゆえに近年では，福音派の多様性が顕在化し，政治的な結束力は弱くなったが，現在でも大きな社会勢力であることに変わりはない。福音派の基本的な世界観は変わっていないし，その背後には，アメリカ国民の多くが共有する宗教的志向性が存在するからである。

　以上のような実態からして，「厳格分離」は普遍的な原則ではないどころか，「信教の自由」と衝突したり，政治的対立を生んだりするということがわかるだろう。欧米諸国で課題とされているのは，厳格分離ではなく，両者をいかに関わらせるか，という課題であることに注意しなければならない。　　（藤本龍児）

▷5　例えば，塩津徹，2011，『比較憲法学第2版』成文堂，p.178。

▷6　宗教的な体験に基づいて霊的な生まれ変わりをすること。

▷7　福音派の定義は統一されていないが，代表的なものとしては，Bebbington, D. W., 1989, *Evangelicalism in Modern Britain: A History from the 1730s to the 1980s*, Unwin Hyman, pp.1-19 などを参照。

▷8　福音派の多様性については，Noll, M. A., 2001. *American Evangelical Christianity: An Introduction*, Blackwell；青木保憲，2012，『アメリカ福音派の歴史──聖書信仰にみるアメリカ人のアイデンティティ』明石書店。

▷9　Ⅲ-4 も参照。

▷10　アメリカの政治と宗教を，調査データに基づき統計的に跡づけたものとしては，飯山雅史，2013，『アメリカ福音派の変容と政治──1960年代からの政党再編成』名古屋大学出版会。

▷11　これを「市民宗教」という。市民宗教は，多様な文化的背景をもつアメリカ国民に共通する感情と集団的目標を与え，連帯感や倫理観の源泉となってきた。森孝一，1996，『宗教からよむ「アメリカ」』講談社を参照。

Ⅲ 宗教と現代

政治と宗教(2)
日本

1 前提と類型

政治と宗教という問題系を日本において考える場合に、まず確認しておく必要があるのはそれが憲法に規定されているという点である。日本における政教関係を規定しているのは具体的には日本国憲法第20条第1項後段、第3項ならびに第89条である。こうした憲法に規定された日本の政教関係において、政治と宗教、とりわけ宗教団体の政治関与には次の3つの類型がみられる。

第1に、宗教団体が時局的な問題に言及し、独自の国民運動を展開することにより、ロビー活動や一種の圧力団体のような形で、自らの宗教的価値観を反映するような政党や政治家を支援する類型である。これには「神道政治連盟」（神政連。神社本庁を母体とし1969年に結成）、「日本会議」（「日本を守る国民会議」と「日本を守る会」とが1997年に統合）、「国際勝共連合」（世界基督教統一神霊協会を母体。1968年に結成）などがある。ホームページなどでこれらの団体の政治的な主張を確認することができるが、多くの場合、憲法改正や伝統的な価値観を主張し、それを反映するような保守的な政党を支援している。また、「生長の家政治連合」（生政連）のように、既存の政党（自由民主党）の公認候補を擁立する場合もある。第2に、自らの宗教的な理念を政治的に実現するために宗教団体が独自の政党の母体となる場合である。これには、創価学会を母体とした公明党、幸福の科学を母体とした幸福実現党などがある。創価学会と公明党については以下に詳述する。第3に、直接的な政党支援というよりも、むしろ信教の自由の擁護や、生命倫理などの問題に関して、宗教界への社会的な要請に応えようとする団体である。これには公益財団法人日本宗教連盟（略称「日宗連」、教派神道連合会、公益財団法人全日本仏教会、日本キリスト教連合会、神社本庁、公益財団法人新日本宗教団体連合会等が協賛団体となる）などがある。

2 創価学会と公明党

創価学会は1961年に政治団体公明政治連盟を結成し、1964年に公明党を結成した。当初は国立戒壇の建立という宗教的な目的を掲げた政党であったが、政教分離の原則に違反するとして社会から批判を受けた。こうした批判をうけて、1970年に創価学会と組織的にも財政的にも分離し、公明党はまったくの世俗的な政党となった。しかし、現在でも創価学会は公明党の強力な支持母体である

▷1 「日本国憲法第20条」：1．信教の自由は、何人に対してもこれを保障する。いかなる宗教団体も、国から特権を受け、又は政治上の権力を行使してはならない。3．国及びその機関は、宗教教育その他いかなる宗教的活動もしてはならない。
「日本国憲法第89条」：公金その他の公の財産は、宗教上の組織若しくは団体の使用、便宜若しくは維持のため、……これを支出し、又はその利用に供してはならない。

▷2 創価学会のいう戒壇とは、「本尊をまつり信仰の中心とする場所」であり、戸田城聖第2代会長期（1951～58年）には、信仰の興隆によって「国立戒壇」が形成されることを目指していたが、「国家からの特権」を受けることで政教分離の原則に違反するとの日本共産党からの批判を受け、信者の総意として建立する民衆立の意で、国家権力とは無関係である旨の見解を公にした。

ことから，憲法には抵触しなくとも，メディアや他の政治勢力から繰り返し批判されることがある。現在の創価学会の基本的な立場は，「学会員個人の政党支持は自由」であり，政治や社会に関わるのは「信仰が単に個人の内面の変革にとどまらず，具体的行動を通じて社会の繁栄に貢献していくのが，仏法本来の在り方である」というものである。支持母体である創価学会が提示し，また会員によって育まれてきた宗教的な理念と，現実の政党としての公明党の政策とは必ずしも一致するとは限らない。それが先鋭化したのがイラク戦争（2003～2010年）であった。当時政権与党であった公明党はこの戦争を支持し，自衛隊の派遣を容認した。これは戦争自体を「絶対悪」とする創価学会の会員の多くがもっていた平和理念とは相反するものであった。このように，公明党と創価学会との関係は蜜月的なものから，ある種の緊張関係へ移行する場合もある。しかし本来，政党と宗教団体との関係は常に一定の緊張関係にあり，またそうあるべきであろう。

3　脱私事化と公共圏

1970年代，とりわけイラン革命以降，近代化のプロセスにおいて，社会の世俗化とともに徐々に宗教は政治などの公的領域から私的な領域へと撤退するというテーゼが疑問視されるようになった。政治における宗教的な要因は無視することができないばかりか，主要な政治的アクターとなっている場合が多くみられ，とりわけ20世紀末以降，「宗教復興」や「宗教ナショナリズム」などと概念化されるような現象が数多く報告され，現在の宗教社会学では，「脱世俗化」や「脱私事化」が論じられている。

日本において公的な領域における宗教性が問われる局面として靖国神社や戦没者追悼の問題がある。近代国家が軍隊や警察などの暴力装置をもっている限り，どのような形にせよ国家への犠牲は必ず発生し，その慰霊・顕彰は常に問題となる。遺族に対する補償をし，戦没者あるいは殉職者の存在をいかに公的に認識あるいは顕彰し，追悼を行うのかという問題が近代国家には問われている。こうして，たとえ世俗国家であっても，成員の死になんらかの解釈を示す必要が生まれ，宗教の領域に足を踏み入れてくることとなる。戦没者を追悼記念する施設や記念日，記念式典など，そうした象徴的な装置を国家は維持しており，特定の象徴的行為や一群の慣習的実践の体系を生み出している。また政治と宗教の関係は，社会はいかにあるべきかという理念と個人がいかにあるべきかという理念との接点であり，現代的なアイデンティティ・ポリティクスという回路を通じて，「公共圏と宗教」の問題系に連なっている。　　（粟津賢太）

▷3　1994年11月10日の第35回総務会で決定された。

▷4　Haynes, J., ed. 2010, *Religion and Politics*, I-IV, Routledge.

▷5　「脱世俗化」については Berger, P., ed. 1999, *The Desecularization of the World: Resurgent Religion and World Politics*, Eedemans Publishing Co. を，日本語で読める「脱私事化」の議論については近藤光博，2005,「宗教復興と世俗的近代――現代インドのヒンドゥー・ナショナリズムの事例から」国際宗教研究所編『現代宗教2005』国際宗教研究所；岡本亮輔，2007,「私事化論再考――個人主義モデルから文脈依存モデルへ」『宗教研究』81(1)等を参照。

▷6　近年この問題を中心的に論じているチャールズ・テイラーによると，「社会的想像」(Social Imagery)とは，「人が自分の社会的な実存について想像する仕方」であり，あるべき秩序についてのイメージである。そして脱埋め込み，世俗化の進んだ社会においては，「聖なるものの現前のあり方は，呪術的な世界に現前する形式からアイデンティティの中に現前する形式へと変化した」。テイラー，C., 上野成利訳，2011,『近代――想像された社会の系譜』岩波書店。

III 宗教と現代

9 ナショナリズムと宗教
血と土への信仰

▷1 モッセ, G. L., 佐藤卓己・佐藤八寿子訳, 1996, 『ナショナリズムとセクシュアリティ――市民道徳とナチズム』柏書房。

▷2 宗教が人間にコスモス（秩序だった意味の体系）を与えるように、世俗的なナショナリズムもあるべき政治的コスモスを提供するものであり、その意味で、原理的な競合関係にある。ユルゲンスマイヤー, M., 阿部美哉訳, 1995, 『ナショナリズムの世俗性と宗教性』玉川大学出版部。

▷3 Kohn, H., 1961, *The Idea of Nationalism*, Macmillan.; Kohn, H., 1965, *Nationalism : Its Meaning and History*, Van Nost. Reinhold.

▷4 スミス, A., 巣山清司ほか訳, 1999, 『ネイションとエスニシティ――歴史社会学的考察』名古屋大学出版会。なおナショナリズムは、アメリカにおける市民宗教や日本における日本人論などのように文化的な形で再生産・再構成さ

　ナショナリズムは、政治的領土とその文化と成員とがぴったりと重なり合うべきものとする観念であり、人間をカテゴライズする近代的な形態である。こうしたカテゴリーは、疑問視されることのない「市民的道徳」や、「正常」とされる性道徳などの中に深く根を張っており、「現代最強のイデオロギー」とさえいわれる。また、ナショナリズムにおける、いわゆる「血と土」（Blood and Soil）に対する信仰と言いうるような愛着、言いかえれば、原初的（primordial）な要素への愛着は、ナショナリズムを単に世俗的な政治思想としてではなく、宗教的な観念として特徴づけるものである。M. ユルゲンスマイヤーは、宗教とナショナリズムはともに「秩序のイデオロギー」であって、潜在的には競合関係にあることを指摘している。H. コーンによれば、ナショナリズムとは、「個人の最高の忠誠が国民国家に対するものであると感じる、ある心的状態」である。ここではコーンの研究を軸にして、ナショナリズムと宗教の関係を整理してみよう。

1 ナショナリズムとはなにか

　ナショナリズムの第1の特徴は、その近代性である。伝統への言及や歴史的正当性の主張とは裏腹に、ナショナリズムは歴史的にみて、きわめて近代的な理念である。生まれた土地、地方的な伝統、古くからの領土的権威に対する深い愛着は、さまざまな形で歴史の中に存在してきたが、18世紀の終わりになるまでは、今日的な意味でのナショナリズムが広く認められる感情になったことはなかった。個々のナショナリティは自らの国家を作り上げるべきであり、国家はナショナリティの全体を包含すべきであると要求されるようになったのはつい最近のことである。

　第2に、その定義上の難しさが挙げられる。ナショナリティを形成する集団はきわめて複雑であり、一意な定義を拒むものである。そうした集団の多くは、共通の先祖、言語、領土、政治的実体、慣習そして伝統あるいは宗教などの、他のナショナリティから自分たちを識別するなんらかの指標を用いる。しかし、そのどれをとっても、ナショナリティやその定義にとって決定的なものはない。これらの要素がナショナリティの形成に非常に重要ではあったとしても、最も本質的な要素は統合への現実の意思である。

　第3に、ナショナリズムのもつ情緒的で不寛容な性質、あるいは原初的な性

質がある。その近代性にもかかわらず，ナショナリズムの根本的な特質は長い時間をかけて発展してきたものであり，①選ばれた民というアイデア，②過去と未来の希望についての共通の記憶，③民族的なメシアニズムという，ヘブライの3つの伝統をみることができる。ナショナリズムを，太古から連綿と続いた文化であり，さらには民族の「血」であるとする「原初主義」的立場に対して，これを産業社会をささえるイデオロギーとし，その歴史的に構成されてきたものであるとする「近代主義」の立場からの批判がなされてきたが，こうしたふたつの解釈は，ナショナリズムの文化的特質に着目したA.スミスの論によって整理することができる。

2 流動化する秩序と宗教的ナショナリズム

しかし，現実の秩序が流動化する場合に，ナショナリズムと宗教は強烈に結合することも多い。その一例がボスニアであろう。冷戦体制崩壊後の連邦解体の過程で，旧ユーゴスラビアでは，1991年から2000年にかけて紛争が継続し，内戦状態にあった。ボスニア・ヘルツェゴビナでは，当時の住民約430万人（ボシュニャク人（ムスリム）44％，セルビア人（セルビア正教会）33％，クロアチア人（カトリック）17％）は，それぞれの民族を隣人として平和に暮らしていた。「イスラーム教徒はモスクに行かないボスニア人で，クロアチア人は大聖堂に行かないボスニア人で，セルビア人は正教会に行かないボスニア人」だといわれたように，宗教的な意識が強調されることはなく，三者間の婚姻も多くあった。1992年3月のボスニアの分離独立後，また「ユーゴスラビア」という共通認識の崩壊後，曖昧であった宗教的なアイデンティティが意味をもつようになり，紛争が始まると次第にそれが強化されていった。セルビア人は正教会に，クロアチア人はカトリックに，ボシュニャク人はイスラームにより強くアイデンティティを帰属させ，自己規定するようになり，民族主義的な指導者たちの扇動もあって，それぞれが領土を主張し戦闘を始めたのである。また，パレスチナとイスラエルとの対立も，1980年代までは宗教戦争とはみなされていなかったが，紛争が神聖化されるにつれ，宗教色を帯び，双方の過激派にとってユルゲンスマイヤーのいう「コスモス戦争」であると理解されるようになった。

これらの観点からは以下のことが明らかであろう。ナショナリズムは近代の構築物であるが，起源的には宗教性を内包している。それゆえナショナリズムの思想と運動は，あるひとつの偏差（ヴァリエーション）の中に置くことが可能である。すなわち一方の極に世俗的ナショナリズムを置き，他方の極に宗教的ナショナリズムを置くことができる。そしてさまざまな条件によって秩序が流動化する場合に，宗教とナショナリズムは極端な形態において結合することは多くの歴史的な事例から明らかである。

（粟津賢太）

れることもあり，それを文化宗教や文化ナショナリズムとして分析する研究もある。統合された近代国家であっても，スコットランドやスペインなどのように，分離主義的な政治目標を掲げているものもある。そこでは，宗教が独立の第一義的な原因ではなく，領土や経済の問題に起因している。近代日本においても明治維新期における「復古」は，神道を国民性の原理と読み替えるものであり，天皇制は西欧列強による植民地化の危機への応答として近代国家を作り上げることを目標とした改革の原理でもあった。同様のことがタイにおける仏教と王の場合にもあてはまるだろう。これらさまざまな事例については，中野毅・山中弘・飯田剛史編，1997，『宗教とナショナリズム』世界思想社などを参照。

▷5 以下の事例については，星川啓慈・石川明人，2014，『人はなぜ平和を祈りながら戦うのか？――私たちの戦争と宗教』並木書房；イグナティエフ，M.，幸田敦子訳，1996，『民族はなぜ殺しあうのか――新ナショナリズム6つの旅』河出書房新社等を参照。

▷6 1992年から95年まで全土で戦闘が繰り広げられ，民族浄化（エスニック・クレンジング）と呼ばれる他民族の虐殺や強制移住，レイプなどが行われ，死者20万，難民200万が発生し，第2次世界大戦後のヨーロッパで最悪の紛争であるといわれる。

Ⅲ 宗教と現代

教育と宗教

1 宗教教育とは

　宗教教育は，一般にその教育内容から「宗派教育」，「宗教知識教育」，「宗教情操教育」，の3つに分類される。宗派教育は，特定の宗教の立場に立ち，その儀礼や教えなどを学び，実践する。狭義の宗教教育は，この宗派教育を指す。宗教知識教育とは，教祖の名前や年代，書籍の名前といった歴史的な事実を中心に教えていく教育である。宗教情操教育は，いのちの大切さや，人間の力を超えたものに対する畏敬の念なども含めた教育である。宗派教育は，公教育で行うことはできないが，私立学校では可能である。現在日本には，900校余の宗教立の学校があり，過半数がキリスト教系の学校となっている。その多くでクリスマスの礼拝などが行われているが，それは宗派教育といえる。[1]

2 公教育と宗教

　近代国家のはじまりは，国家による国民の教育のはじまりも意味したと言っていいだろう。その公教育が宗教をどう取り扱うかは，特に政教分離の問題と関わることである。

　例えばフランスでは，公的な空間から宗教性を排除し，私的な空間での信教の自由を保障する「ライシテ」（脱宗教性，非宗教性）に基づいた教育が行われる。宗派教育だけでなく公立学校に宗教的なシンボルを持ち込むことも禁じられる。1989年にはパリ郊外の公立中学校で，イスラームのスカーフを着用した女子生徒3名に対し，それを脱ぐように校長が命じ，従わない生徒に授業を受けさせなかったことが大きな論争に発展した。その後2004年には，公立学校でこれみよがしな宗教的標章の着用を禁止する法律が成立した。この「これみよがしな宗教的標章」には，イスラームのスカーフのほか，大きな十字架や，ユダヤ教のキッパ（帽子）も含まれる。公教育と宗教をきわめて厳密に分ける例である。[2]

　国民の90％以上が仏教徒であるタイでは，状況はまったく異なる。2001年の基礎教育カリキュラムの目標で，「仏教または自分が信仰する宗教の教えに基づいて行動」することなどが挙げられた。そしてその基礎教育期間の達成すべき学習水準には，「仏教または自分が信仰する宗教」の教義や儀礼，価値観に基づいて行動することができるようになると記される。宗教知識教育だけでは

▷1　井上順孝, 2005,「宗教教育」井上順孝編『現代宗教事典』弘文堂, p.14。

▷2　内藤正典・阪口正二郎編, 2007,『神の法 vs. 人の法──スカーフ論争からみる西欧とイスラームの断層』日本評論社。

表Ⅲ-10-1　宗教別の学校数

	大学・短大	高等学校	中学校	小学校	合計（％）
キリスト教系	144	218	174	85	621(67.4)
仏教系	75	117	46	10	248(26.9)
神道系	4	5	3	0	12(1.3)
新宗教系	4	18	14	4	40(4.3)
合計	227	358	237	99	921

出所：國學院大學日本文化研究所編，1997，『宗教と教育──日本の宗教教育の歴史と現状』弘文堂。

なく，宗教情操教育も公教育で担っているといえよう。

日本では，憲法第20条で信教の自由が定められ，さらに「いかなる宗教団体も，国から特権を受け，又は政治上の権力を行使してはならない」とされる。第3項では，「国及びその機関は，宗教教育その他いかなる宗教的活動もしてはならない」とあり，公教育での宗教教育を禁止していると理解されている。

2006年に改正された教育基本法では，第15条で宗教教育について次のように定めた。「宗教に関する寛容の態度，宗教に関する一般的な教養及び宗教の社会生活における地位は，教育上尊重されなければならない。2　国及び地方公共団体が設置する学校は，特定の宗教のための宗教教育その他宗教的活動をしてはならない」。第1項の「宗教に関する一般的な教養」とは，2006年の改正で新たに付け加わった文言である。グローバル化が進み，国内外で日本人が多様な宗教文化と関わることが増えていくなか，宗教を学ぶことの必要性が認識されてきたことのあらわれといえよう。第2項の「特定の宗教のための宗教教育その他宗教的活動」がどの程度までを含むのかは，特に定められているわけではない。先に述べたように宗派教育は行えないが，修学旅行で社寺を訪れ，僧侶の話を聞いたりすることは，特段問題視されることはないようである。それは日本の伝統文化の尊重という理念との関わりからであろう。ただどこからを伝統的な宗教文化であるとするのか，基準を決めることは難しいだろう。

3　宗教文化教育という視点

では公教育で許容されるのはどういった宗教教育であろうか。宗教知識教育のみとする意見がある一方で，道徳教育として宗教情操教育も行うべきとする立場もある。だが，特定の宗教的価値観に偏らない宗教情操を教えられるとする考えには反対も大きい。その行き詰まりのなかででてきたのが「宗教文化教育」という概念である。知識教育をより広くとらえ，自文化の宗教伝統への理解と異文化宗教への理解を深めることで多文化共生社会，グローバル化時代にも対応した教育を行うことが目指されており，今後，教育方法についての議論の積み重ねや教材開発の充実が期待される。

（平藤喜久子）

▷3　森下稔，2003，「タイの公教育における宗教教育の位置」江原武一編『世界の公教育と宗教』東信堂。

▷4　杉原誠四郎・大崎素史・貝塚茂樹，2004，『日本の宗教教育と宗教文化』博文社，p.133。

▷5　井上順孝，2005，「宗教教育」井上順孝編『現代宗教事典』弘文堂，p.14参照。

III 宗教と現代

カルト問題

1 カルト問題とはなにか

カルト問題は，**カルト**[1]によって起こされた事件や社会問題といった意味合いで用いられるが，①法律に反する行為を批判する用法と，②既存の制度や常識（公序良俗）に収まらない行為に対する批判との境目はそれほど明確ではない。特に，②の場合，カルト視された集団や新宗教は，多数派による少数派の抑圧あるいはラベリングでしかないといい，信教の自由や宗教的寛容を主張する。他方で，当該の団体を批判する側は，批判の論拠が個別の利害関係を超えて社会全体の問題であるとアピールする。

カルト／マインド・コントロール論争を簡単に説明しよう。マインド・コントロールとは，広義には承諾誘導や説得を行うための社会心理学的技術であるが，特定集団によって情報・感情・行動・環境が支配され，**認知的不協和**[2]の状態が意図的に作り出されることによって，徐々に個人の人格や態度が変容させられるという。このような手法によって，カルトが一般市民の資産を収奪し，信奉者にして人権侵害（性的危害や労力搾取）を行うという批判である[3]。

マインド・コントロールを解き，精神の自由と侵害された人権や財産権を回復するというのがカルト批判者（心理学者，宗教者，カウンセラー，弁護士等）であり，他方，信者側の自発的入信を教団側は主張し，宗教的少数派の権利擁護を説く宗教学者や社会学者，法律家も少なくない。アメリカでは双方が法廷において専門家証言を行い，30年以上論争を続けているが，決着はつかない。

その理由は，現実の入信・回心，教化のプロセスにおいて，100％マインド・コントロールか100％自由意志かという状況はなく，信者側の志向性と教団側の働きかけが必ずあるということである。多くの裁判において問題となるケースでは，元信者が正体を隠すなどの詐欺や不安を煽るなどの強迫的要素が濃厚な勧誘・教化をなす団体によって心ならずも入信し，違法な勧誘・資金調達や殺人・傷害に従事させられたことを不当として訴えている。このような被害者性と加害者性をもつカルト信者になったプロセスの理解としてマインド・コントロール論は活用されていると考えられる。当然のことながら，カルト視される団体では自己の信仰と活動の正当性を主張するためにはマインド・コントロールを認めるわけにはいかない。しかも，カルト視される団体も教説や組織構造，活動内容において個別性が強く，カルトの一般化は難しい。さらに，

▷ 1 カルト

カルト（cult）とは，ラテン語の cultus（耕作，養育，教養，尊敬，祭祀）に由来する英語（米語）で，ランダムハウス英和辞典にはおおよそ，①宗教的崇拝や儀式（原義），②人や事物への熱狂（派生的用法），③崇拝者の群れ（異端に対する神学者の用法），④新宗教運動（カリスマの教祖とゆるやかな組織に着目する社会学者の用法），⑤人権を侵害し，社会秩序を破壊する組織への標識（近年のマスメディアの用法）といった意味や用法が列記されている。なお，③〜⑤の宗教団体を意味する用法になると，ヨーロッパではセクト（sect, secte, secta, Sekte）という。

▷ 2 認知的不協和

フェスティンガーによれば，人は自己の認知と矛盾した状況に直面したときに認知的不協和（cognitive dissonance）を感じ，その居心地の悪さを解消するために，状況に合わせて自己の認知を変えることがあるという。空飛ぶ円盤が現れて自分たちを乗せて大洪水から救ってくれるという UFO カルトの教祖の予言が外れた時，信者たちは動揺し，事態の解釈に苦慮した。しかし，

どのような行為を具体的に批判するのか（どれが違法行為もしくはグレーゾーンにある行為なのか）を明確にしない批判も少なくないので、カルト／マインド・コントロール論争は、争点が見えにくいという問題があった。

❷ カルト問題と公共性

　カルト問題で問い直されているのは、精神の自由や人権をどう考えるのか、宗教的理念と社会秩序の関係をどう調整するのかといった高度に公共的な課題である。カルトの隆盛は現代的な社会現象ととらえられることが多いが、「宗教」ではない「カルト」が出現したわけではない。日本において公共性に対する意識が鋭敏になったことで、従来は見過ごされてきた特定団体の宗教実践や社会活動が問題視されるようになり、同時に支援者や告発者として宗教者やメンタルヘルス・法律の専門家が問題に介入し、「カルト」「マインド・コントロール」という概念を用いて社会問題としてのアピールを行ったのである。

　日本では統一教会への入信・脱会をめぐってマインド・コントロール概念が1990年代前半に導入され、カルト概念は1995年の地下鉄サリン事件以降、オウム真理教の教団や信者の逸脱的・違法行為を説明する際に使用され、他教団への適用が進んできた。しかし、マスメディアやカルト批判運動で用いられる論理が法律論や裁判の判例にすんなりと組み入れられているわけではない。むしろ、思考や判断、自由や責任をめぐって認知心理学や精神医学の研究が進み、カルト被害の事例が蓄積されるにつれて、自律的個人を前提とした法理とケースとの齟齬が顕わになる判例が目につく。

　統一教会による一人暮らし高齢者を狙った資産収奪事件において、高齢者の記憶の曖昧さ（教会がメモの焼却を指示）、献金要請に抗った証拠の不在（信者の間は献金とされがち）、ソフトな勧誘・教化戦略（威迫ではない）という理由で被害がなかなか認められないというケースもある。また、オウムによるサリン事件、信徒・反対者殺害等の実行犯は1名の無期懲役（自供による捜査協力）を除き全員死刑判決を受けたが、その際弁護側のマインド・コントロール論に依拠した減刑は認められなかった。

　オウム（現・アレフ）は、2014年時点で信者数約1400名、全国に拠点をもち新規信者を勧誘するなど活発に活動しているし（公安調査庁調べ）、統一教会については1988年から2012年まで約1147億円の被害が消費者センターや弁護士会に寄せられているが（全国霊感商法対策弁護士連絡会調べ）、宗教法人本体と関係団体の活動は依然として続いている。こうした諸団体にどう対応していくのか、自分や家族が巻き込まれる可能性を前提に他人事ではなく自分のこととして考えていくことが必要ではないだろうか。

（櫻井義秀）

いつしか信者の祈りによって神が救ってくれたのだというまことしやかな話が信じられるようになり、教団はさらに成長したという事例である。フェスティンガー, L., シャクター, S., リーケン, H. W., 水野博介訳, 1995, 『予言がはずれるとき——この世の破滅を予知した現代のある集団を解明する』勁草書房。

▶3　ハッサン, S., 浅見定雄訳, 1993, 『マインド・コントロールの恐怖』恒友出版；チャルディーニ, R. B., 社会行動研究会訳, 2007, 『影響力の武器——なぜ、人は動かされるのか[第二版]』誠信書房。

参考文献

櫻井義秀, 2006, 『「カルト」を問い直す』中央公論新社。

櫻井義秀, 2009, 『霊と金——スピリチュアル・ビジネスの構造』新潮社。

櫻井義秀・中西尋子, 2010, 『統一教会——日本宣教の戦略と韓日祝福』北海道大学出版会。

櫻井義秀, 2014, 『カルト問題と公共性——裁判・メディア・宗教研究はどう論じたか』北海道大学出版会。

Ⅲ 宗教と現代

ジェンダーと宗教

1 ジェンダーの観点から見る宗教

　ジェンダー（gender）とは，ある社会において運用されている性別のあり方，性別に付与されている意味のあり方を指す概念である。男女ふたつの性のみを認める性別二元論も，男女に付随する「らしさ」や役割の具体的内容もジェンダーである。ジェンダーの観点は，**フェミニズム**▷1による問題提起を通して形成された。そのため，ジェンダーの観点から宗教を読み解く作業は，人々の間の自由と平等，公正な社会を実現することに向けて行われるものである。

　フェミニズムは，男性中心主義による女性支配の構造を「家父長制」と呼び，批判してきた。一方，宗教はしばしば家父長制による不平等・不公正を正当化する論理として用いられてきたため，ジェンダーの観点からみると宗教は批判の対象となる傾向がある。しかし，宗教とジェンダーの関係はその社会の歴史や伝統，政治的対立や経済的な問題などと密接に絡み合っているため，単に宗教の差別性を糾弾するだけでは問題をとらえきれないことが多い。

2 家父長制下における諸宗教

　仏教は本来，平等を志向する宗教であるが，その経典や伝承，信仰共同体の運営実態の中には各地域・時代の家父長的な文化の影響を受け，性差別的な内容・慣習がみられる。仏教がもつ禁欲主義は女性を排除し周辺化する要因となるが，日本仏教では妻帯がなされ，寺院継承は世襲であることが多い▷2。だが，妻帯により禁欲主義が解消されたはずの日本仏教でも女性は排除・周辺化されている。曹洞宗など出家主義を建前とする男性僧侶の配偶者は寺院行事等でも不可欠な役割を担い，寺院継承者を生み育てることも期待される，寺院の運営・維持に欠かせない存在である。にもかかわらず，建前上は僧侶には妻も子どもも存在しないことになっているため，非常に曖昧で不安定な立場に立たされている。住職の配偶者として長年寺院を支えてきた女性が，住職が亡くなった後に寺院を追い出される例もある。一方，妻帯を認める真宗でも女性は周辺化されている。ただし，教理・規則は女性を周辺化する主要因ではなく，日本社会の男尊女卑文化，性別役割分業規範の影響が大きいと思われる。そのため仏教本来の平等思想を受け取った女性たちはその教えに勇気を得て，現実の仏教組織のあり方を変革する活動・運動を起こしている▷3。

▷1　**フェミニズム**
女性解放思想・運動。その具体的な思想・運動の内容は時代や社会，論者・運動の社会的背景等によって，非常に多様な主張や立場がある。

▷2　川橋範子，2012，『妻帯仏教の民族誌――ジェンダー宗教学からのアプローチ』人文書院。

▷3　川橋範子，2012，『妻帯仏教の民族誌――ジェンダー宗教学からのアプローチ』人文書院。

キリスト教では，神聖な領域からの女性排除，女性を男性より劣った存在とみること，女性宗教指導者の否定など，家父長制的な聖書解釈に基づき性差別を正当化してきた。女性宗教指導者の否定については，現代のキリスト教諸宗派は，女性に資格を認める方向に変化してきた。しかし，カトリック教会では，現在も女性司祭を認めていない。女性司祭の認可を求める声は絶えず，フェミニスト神学の成果などからは，これまでの男性中心的な聖書解釈の問題点を指摘し女性司祭を否定する聖書的根拠はないという見解も出されている。女性司祭を認めない理由として「イエスは女性を使徒に選出しなかった」等が聖書的根拠として挙げられるが，地域支配層の女性蔑視思想が女性司祭否認の主な背景にあると考えられる。例えば，初期教会においては，女性信徒が男性信徒と同等かそれ以上の指導的役割を果たしていたとみられるが，その後のローマによるキリスト教の取り込みの結果として，ローマ法の中にある性差別的，男性中心的価値観がキリスト教会や聖書解釈に大きな影響を与えた側面が指摘される。

イスラームは，女性を差別し抑圧する宗教というイメージをもたれている。だが，性差別の例とされるスカーフ着用問題は必ずしもイスラーム由来の問題ではない。フランスにおけるスカーフ着用をめぐる問題についても，イスラームの性差別が問題であるかのように受け止められる場合がある。しかし，話は逆で，フランスの自由と平等の理念の正しさを強調するために，イスラーム女性のスカーフ着用を女性への抑圧の象徴として敵視してきた側面があることが指摘されている。その背景には，フランスの元植民地であった北アフリカ出自の移民に対するフランス社会からの社会的排除の動きがある。結果的にイスラーム信徒に対する社会的排除を正当化する手段としてイスラームのジェンダーに対する批判が利用されている。これにより最も不利益を被るのは，フランスに暮らすイスラーム女性である。一方，イスラーム女性も社会的排除への抵抗としてスカーフ着用を選択していく側面もある。宗教とジェンダーの関係がポストコロニアルな状況の中にあることをこの事例は教えている。

③ 現代における諸問題

現代でも宗教における性に関わる不公正は根強く残っている。例えば，大峰山の女人禁制など聖なる領域からの女性の排除，急進的イスラーム勢力による殺人を含めた暴力による女性の活動への抑圧，リプロダクションやセクシュアリティへの干渉や抑圧などである。その影響が及ぶ範囲は人々の生活のあらゆる側面，社会構造を支える根幹部分と深くかかわっている。家父長制の影響下でそれを強化してきた宗教は多い。その一方で，宗教のあり方は多様であり，家父長制の影響に抵抗する宗教もある。宗教の中には，男女平等なジェンダーを実現する可能性が含まれていることも見逃してはならない。

（猪瀬優理）

▷4 ワインガース，J., 伊従直子訳，2005，『女性はなぜ司祭になれないのか——カトリック教会における女性の人権』明石書店。

▷5 フェミニスト神学
家父長制下にある差別と抑圧から人々を解放することを目的とした神学。

▷6 ワインガース，J., 伊従直子訳，2005，『女性はなぜ司祭になれないのか——カトリック教会における女性の人権』明石書店。

▷7 スコット，J., 李孝徳訳，2012，『ヴェールの政治学』みすず書房。

▷8 ポストコロニアル
植民地主義が批判の対象となった後でも，元宗主国と元植民地国，それらにかかわる経済や文化，政治といった関係性の中にその影響が根深く残っていること。

(参考文献)
川橋範子・黒木雅子，2004，『混在するめぐみ——ポストコロニアル時代の宗教とフェミニズム』人文書院。
川橋範子・田中雅一編著，2007，『ジェンダーで学ぶ宗教学』世界思想社。

Ⅲ　宗教と現代

13　宗教と経営

1　経営とはなにか

　宗教学において，「経営」という概念は目新しいものである。一般に経営という言葉は，営利目的や利潤追求というイメージに結びつきやすく，本来，営利を目的としない宗教とは相容れないものと考えられる傾向がある。これは，（例外はあるにせよ）経営学が企業を研究対象としてきたことにもよる。しかし，経営を「特定の目的に向けた集団・組織の管理・運営」ととらえれば，経営学が対象とするような企業が登場する近代以前の集団・組織，さらには企業以外にも経営の概念を適用することができる。したがって，宗教集団・組織に対して経営の概念を適用することは，一般的なイメージとは異なり，学問的に不適切なことではない。その意味で，宗教学において経営の考え方が潜在的にはあったと考えられ，宗教学と経営学の知見を相互に応用しあうことは重要である。

2　宗教教団と企業の類似性

　「宗教教団は企業とは根本的に異なる」という先入観をのぞけば，同じ人間の営みとして，宗教教団と企業には多くの共通点がみられる。例えば，創始者・教祖と創業者・経営者，教義と経営理念，聖典と社史，儀礼と行事などである。

　創始者・教祖と創業者・経営者については，リーダーシップやカリスマ性の観点から，ある程度，共通の分析が可能である。また，宗教学におけるシャーマンとプリーストの関係を，企業における独創的な経営者と，その考えをわかりやすく社員に翻訳して伝える，参謀役の関係に置き換えて考えることもできる。独創的な経営者の思想や言葉は，シャーマンの託宣に似て，しばしば特殊な用語で語られ，難解なものとしてとらえられる。それを組織内に浸透させるためには，参謀役による翻訳が重要となる。さらに，宗教教団の後継者問題は，企業の事業承継問題とも共通する。後継者選びや組織の発展段階に応じた後継者の役割について，宗教教団と企業の比較研究が求められる。

3　教義と経営理念の浸透

　宗教教団と企業にとって，教義や経営理念を組織内に浸透させることは，メ

▷1　実際，チャーチやセクトをはじめとした教団類型論は別として，宗教学では（皆無ではないにせよ）集団・組織の運営に関する独自の理論があまり発達しなかったため，社会学，心理学や経営学の集団論・組織論が援用されてきた。

▷2　Demerath III, N. J. et. al., 1998, *Sacred Companies : Organizational Aspects of Religion and Religious Aspects of Organizations*, Oxford University Press：中牧弘允・スミス，W. 編，2013，『グローバル化するアジア系宗教——経営とマーケティング』東方出版。

▷3　一般的に，社是は企業の経営上の方針をさし，社訓は社員が守るべき行動規範をさす。

ンバーにアイデンティティを付与するとともに，組織の結束を固める上で重要である。通常，宗教教団では，教祖や教師による説教・法話など口頭と，聖典やその他の文書を通して教義が信者に伝えられる。これ以外にも，さまざまな儀礼や布教活動などの実践を通して，信者は教義の内容を再認識する。一方，企業の場合，研修で経営理念を社員に教え込むほかに，朝礼における社是・社訓の唱和，さまざまな行事などを通して，経営理念の浸透がはかられている。また，「クレド」(Credo) と呼ばれる，価値観や行動規範を簡潔にまとめたものをカードに記し，社員がそれを携帯することで，経営理念の浸透をはかる企業もある。

　これらの方法以外に，宗教教団においては，物語やたとえ話が教義を有効に伝える手段として使われてきた。多くの新宗教教団において，信者同士が宗教体験を語る集会が設定されている。個人の宗教体験を語ることは，信仰と信者としてのアイデンティティを確立するのに役立つだけでなく，教団特有の用語を修得するのにも役立つ。信者は，他の信者の体験談を通して用語の使い方や意味を学習し，その用語を用いて自身の体験を語ることで，用語の修得が強化される。企業の経営においても，伝えたい思いやコンセプトを，体験談やエピソードを引用しながら，記憶に残るように物語る「ストーリーテリング」が，近年注目されている。このような物語に参照されるのは，宗教教団では，教祖伝をはじめとする文書や語り継がれてきた教祖や信者のエピソードであり，企業では，会社の歴史をまとめた社史や，社史には書かれない創業者・経営者や社員に関するエピソードである。

　以上のように，儀礼や行事などの実践・行動，聖典や社史といった文書，さらに物語という手法を通して，宗教教団や企業において教義や経営理念の浸透がはかられており，宗教教団と企業の経営には共通点が多く，宗教学と経営学の知見を相互に応用することが重要となる。ただし，宗教教団が信者数の最大化を目指し，布教対象をすべて潜在的な信者とみなすのに対して，企業は利潤の最大化を目指し，社員と顧客の区別を明確にするという差異が見られる。また，組織を支える活動においても，宗教教団はボランティアと奉仕活動を基本とするのに対して，企業は賃金労働を基本としている点でも相違点が見られる。

　最後に，宗教と経営に関する近年の研究動向についてふれる。中牧弘允らは，経営概念を企業以外にも広く適用するとともに，文化人類学のフィールドワークやインタビュー等の研究手法を用いた「経営人類学」という分野を開拓した。その研究対象には，社葬（会社が執り行う葬儀）や祭りの運営などが含まれ，宗教学とも関係が深い。また，住原則也らは，企業の経営理念の生成・伝播・継承について，経営人類学的に研究している。その研究対象には，宗教思想を背景とした企業に関する分析も含まれている。これらの研究は，宗教と経営に関する研究を深めるのに役立つと考えられる。

(岩井　洋)

▷4　ジョンソン・エンド・ジョンソン (Johnson & Johnson) （医療機器，医薬品やヘルスケア関連製品メーカー）の「我が信条」(Our Credo) や高級ホテルチェーンであるザ・リッツ・カールトン (The Ritz-Carlton) の「ゴールド・スタンダード」(Gold Standards) などが有名。

▷5　ブラウン, J. S. ほか，高橋正泰・高井俊次訳，2007，『ストーリーテリングが経営を変える――組織変革の新しい鍵』同文館出版。

▷6　元世界銀行プログラム・ディレクターのスティーヴ・デニング (Steve Denning) が，「ザンビアにおけるマラリア治療法のストーリー」を使い，世界銀行におけるナレッジ・マネジメントのシステム構築の重要性が認められた例がしばしば引用される。これは，ザンビアの一小村の医療・保健関係者が，偶然にアメリカ疾病予防管理センターのウェブサイトからマラリア治療の有益な情報を得たというものであり，知識・情報共有の重要性を示唆している。

▷7　中牧弘允・日置弘一郎編，1997，『経営人類学ことはじめ――会社とサラリーマン』東方出版。

▷8　住原則也・三井泉・渡邊祐介編，2008，『経営理念――継承と伝播の経営人類学的研究』ＰＨＰ研究所；三井泉編著，2013，『アジア企業の経営理念――生成・伝播・継承のダイナミズム』文眞堂。

III 宗教と現代

 移民と宗教

1 移民の増加

　2013年12月時点で日本には206万6445人の外国籍住民が暮らす。1965年には66万5989人であったから、半世紀で3倍増である。中国籍が64万8980人で最も多く、韓国・朝鮮籍がそれに次ぎ（51万9737人）、フィリピン（20万9137人）、ブラジル（18万1268人）、ベトナム（7万2238人）、アメリカ（4万9979人）、ペルー（4万8580人）、タイ（4万1204人）と続く。ここまでで全体の86％を占める。

　彼らは移民、すなわち「出生した国あるいは市民権のある国を離れて他国へ移動し、そこで1年以上を暮らす人」である。その在留資格「永住者」「日本人の配偶者等」「永住者の配偶者等」「定住者」さらに「**特別永住者**」の該当者を合算すれば136万4732人にも上る。そして「技能実習」に係る資格をもつ15万5206人と「**人文知識・国際業務**」の7万2319人を合わせれば22万7525人となり、「留学」は19万3073人を数える。移民は日本人にとって遠い存在ではない。彼らは隣人であり、職場・学校で接する近しい人々である。

2 増加を促した要因

　1990年の「出入国管理及び難民認定法」改定が、移民急増のきっかけとなった。「定住者」資格を新設し、海外に住む日本人の配偶者およびその家族が来日して（居住地・職種の制限なく）就労することを認めたそれは、日系3世までを想定しており、特に南米からの移民をうながしたのである。

　その背景には労働力不足という問題があった。少子高齢化によって労働人口は減少を続けており、加えて高学歴化した若い世代の間には過酷で単調な労働を敬遠する風潮が生まれていた。法改定は、国力低下につながるこの事態を打開するための施策なのであった。技能実習制度が整備されたのも、日本の進んだ技術の途上国への移植という本来的な意図からだけでなく、そこに国内の第2次産業さらには第1次産業における深刻な労働力不足への対処という側面のあることは否定できない。

　グローバル化が進展するなか、国境を越えての人の移動は地球レベルで活発となっている。先進国たる日本が海外から人材を受け入れることは、国際社会の要請するところである。もちろん、移民を送り出す国の側の不安定な経済・政治状況も要因として大きい。国内そして国際的な情勢は今後も、日本への移

▷1　特別永住者
第2次世界大戦以前から日本に住み、サンフランシスコ講和条約によって日本国籍を離脱した後も日本に在留する台湾・朝鮮半島出身者とその子孫を指す。

▷2　人文知識・国際業務
文系を専攻して大学を卒業した外国人が日本企業に就職した場合等に必要な在留資格である。

民の増加に作用すると予想される。

3 移民たちの宗教

　移民たちのなかには熱心な信仰心をもつ者が数多くいた。篤信ではなかった者も，異国で生活するなか，悩みを抱えて母国の宗教に救いを求めることもあった。その彼らが言語・文化を同じくする者同士で集まりをもつようになり，かくして国内に日本人には馴染み薄い新来の宗教の施設が設けられる。

　群馬・静岡・愛知県他の工業地帯に集住する日系ブラジル人たちは，聖霊の働きを重視する福音主義的なキリスト教会を居住地近くに設立し，その総数は300前後と推計される。イスラームの祈りの場であるマスジド（モスク）の数も急増して，いま全国で70を優に超える。近年では，国立大学で研究に勤しむイスラーム教徒がキャンパス近くにマスジドを開堂するケースが増えており，いずれマスジドのない都道府県はなくなるかもしれない。台湾仏教の寺院は10に近く，タイ仏教の寺院数もすでに10を超えた。ベトナム仏教の寺は4つである。フィリピンのキリスト教系新宗教イグレシア・ニ・クリストの拠点は40に達しようとしており，韓国からのニューカマーたちが集まる韓国系キリスト教会の進出も目覚ましい。

　それら施設は祈りの場であるにとどまらず，情報を交換し，支え合い，自らのアイデンティティを確認し，次代を育てる場でもある。そこに集う移民たちにとっては不可欠なものであるが，それが近隣に存在することを知る日本人は少ない。知ってはいても，自分たちには無縁なものとして関心を寄せることはほとんどない。ニューカマー宗教の施設に出入りする日本人も少なく，外国出身者を配偶者とする日本人の姿が若干見られる程度である。移民による宗教的な社会と日本社会とは，ほぼ交差していない。

　とはいえ，移民第2世代が成長しつつあり，彼らは日本語・日本文化に精通した存在となる。その彼らが父祖から伝えられた宗教を大切に思う限り，その宗教について日本人に向け発信しようとすることは自然なことである。また，互いの価値観を理解し合うことが良好な人間関係構築の前提であると考えれば，日本人が移民たちの信仰を理解することも必要となってこよう。

　日本人と移民との交流が盛んになってゆけば，付随的に日本人が移民の宗教に接する機会は増えてゆくだろう。この接触経験が日本社会や日本宗教に，さらには移民から成る宗教集団にいかなる影響を及ぼすかは，考究に値する問題である。フランスは2004年に，公立学校生徒に誇示的な宗教的標章（特にイスラーム信者女性のスカーフ）の着用を禁じる法律を公布している。イスラーム圏からの移民増加を受けてのことである。同様なことは日本では起こらないと思われるが，移民とその宗教に対する学問的注視の意義を強調するため，ここに実例として言及することは適切であろう。

（三木　英）

▶3　フランスは政教分離法に則って，国家の非宗教性（ライシテ）を厳しく規定している。政教分離原則は，宗教による強力な権力行使また宗教戦争の歴史をもつヨーロッパ諸国が近代法体系に組み込んだもので，日本もそれを採る。もっとも国と宗教との関わりを制限する度合いは多様で，イギリスのように国教を定めている国もある。日本はフランスと並んで厳格分離派といえる。

参考文献

梶田孝道・丹野清人・樋口直人，2005，『顔の見えない定住化』名古屋大学出版会。

三木英・櫻井義秀編著，2012，『日本に生きる移民たちの宗教生活』ミネルヴァ書房。

III 宗教と現代

慰霊

1 慰霊とはなにか

慰霊とは，文字通りには「霊を慰める」行為のことであり，そのための儀礼や施設を指す。「亡魂を慰む」等の用例は後漢書段熲伝に登場するほど古いが，「慰霊」という名詞的表現は意外と新しいものである。日清戦争期の戦死者儀礼は「吊魂祭」「慰魂祭」とも称されたが，「慰霊祭」が定着したのは日露戦争後のことである。慰霊に類する死者儀礼は世界中に見られるが，慰霊という表現を無批判に適用してよいかどうか注意が必要である。[1]

靖国神社や忠魂碑をめぐる違憲訴訟や学問的議論において，「追悼」[2]が故人に哀悼の意を示す世俗的行為であるのに対し，「慰霊」は霊魂観念を前提とし特定の宗教に基づくものであるという理解がなされてきた。しかし，実際にはそうした違いが意識されない場合が多い。例えば，毎年8月15日に日本武道館で行われる政府主催の全国戦没者追悼式は，宗教的に中立な形式を採るとされているが，壇上には「全国戦没者之霊」という標柱が掲げられている。[3]また，多くの場合，「特定の宗教」として指摘されるのは神道であるが，慰霊の源流のひとつと考えられる招魂祭式は，儒教の礼式に由来したものと言える。

いずれにせよ，慰霊の対象となるのは，戦争や災害，事件，事故など社会的に強い関心がもたれる出来事によって死を被った者である。

2 戦死者の慰霊

特に戦死者の慰霊は，近代社会において大きな関心事のひとつとなった。その背景には富国強兵策による数次にわたる対外戦争の遂行と，その結果としての膨大な戦死者数があるだろう。例えば，幕末からの国事殉難者や戦死者を祀る靖国神社の合祀者数は，246万6000人以上にのぼる。

靖国神社は，幕末に水戸藩などで行われていた楠木正成を顕彰する楠公祭に際して，殉難志士を合わせて祀ったことがひとつの起源とされており，臨時に招魂祭を行っていた場所が恒常化した施設として招魂社が造られた。特に1868年に出された太政官布告によって戊辰戦争の死者と以後の死者を京都東山の霊山に招魂社を設けて祀ることとされた。[4]実際には東京が首都となったこともあって，翌1869年に東京招魂社が建立され，1879年には靖国神社と改称されて**別格官幣社**[5]に列された。先の太政官布告では，各藩でも同様に祭祀するよう指

▷1 西村明，2008，「慰霊再考——『シズメ』と『フルイ』の視点から」國學院大學研究開発推進センター編『慰霊と顕彰の間——近現代日本の戦死者観をめぐって』錦正社，pp. 115-130。

▷2 戦死者の慰霊や記念を目的とした石造物は，忠魂碑の他に納骨施設を伴う忠霊塔などもある。粟津賢太，2013，「地域における戦没者碑の成立と展開」村上興匡・西村明編『慰霊の系譜——死者を記憶する共同体』森話社，pp.159-188。

▷3 川村邦光編，2003，『戦死者のゆくえ——語りと表象から』青弓社。

▷4 正式には「伏見戦争以来の戦死者の霊を東山に祭祀の件」。

▷5 **別格官幣社**
国家に功績のあった歴史上の人物を祭神として祀った神社に対して，明治初期に与えられた社格。楠木正成を祀る湊川神社などがある。

示されたため、全国に招魂社が設けられ、各都道府県や旧藩単位の護国神社の前身となった。戦後になると、それまで陸・海軍省が管轄する国営の施設であった靖国神社が、敗戦後の占領政策を受けて、一宗教法人となった。その後も、そのあり方や政府との関係性をめぐって多くの議論が争われている。

特に靖国神社国家護持法案は、戦前期のように靖国神社の国家管理化を目指すもので、結局廃案となるものの、宗教者や左派政党支持者のなかには、そうした動きが軍国主義体制の復活や、信教の自由や政教分離をうたう日本国憲法違反につながると見て、玉串料の公金支出や首相の参拝が憲法の政教分離に反するとして訴訟がたびたび起こされてきた。

3 慰霊の多様性

しかし、慰霊について考えようとするならば、靖国神社をめぐる動きばかりではなく、慰霊現象の多様性についても見ておく必要があるだろう。

まず、戦死者の慰霊についてよりローカルなレベルに目を向けるならば、例えば、戦死者の遺族は靖国神社ばかりではなく、各道府県の護国神社や各市町村・各集落レベルで見られる忠魂碑や忠霊塔、慰霊碑の類、各家の墓や仏壇などにも戦死者の存在を感じ慰霊の場としてきたことが視野に入ってくる。

こうした慰霊の形は敗戦前まではある程度政府の規制があったが、戦後、特に占領期後には建碑や儀礼の自由度が増し、かなりの多様性が表れた。ただしそうした多様性の背後にはまた、地上戦が展開された沖縄をはじめ、総力戦体制と航空機による戦略爆撃や魚雷攻撃などによって、戦闘員ばかりではない民間人の戦争死者も多く登場したという事実がある。沖縄以外でも、かつて特攻兵が飛び立った航空基地が所在した九州南部を中心とする地域、戦艦大和などの軍艦や輸送船・疎開船が沈んだ海域を望む地域、広島・長崎の原爆被災地、全国各地の空襲戦災都市などにおいて、実にさまざまな慰霊の形が見られる。

さらに海外にも視野を広げれば、太平洋諸島、東南アジアの諸地域での慰霊巡拝や遺骨収集が遺族会や戦友会、宗教者などによって行われている。

他方で、2011年の東日本大震災や1995年の阪神・淡路大震災をはじめ、1985年の日航機墜落事故、2005年のJR西日本福知山線脱線事故など、地震、水害、噴火などの自然災害や事件・事故の犠牲者のための慰霊・追悼も存在する。

これらの慰霊現象は単に多様であるばかりではなく、相互に影響も認められる。例えば、福岡市博多区にある川端飢人地蔵尊は、1732年に西日本を襲った享保の大飢饉の犠牲者を供養するために建立されたものだが、戦後には戦死者や福岡空襲の戦災死者も併せて祀っている。あるいは、戦後の行政による追悼式のあり方は、戦中までの戦死者の公葬を形式的に踏襲している。

宗教学の視点からは、これらの儀礼や出来事の記憶が世代を越えて、どのように継承されているかということも重要な主題となる。

(西村 明)

▷6　1969年から5年間自民党により毎年法案が国会に提出されたが、いずれも廃案や審議未了となり結局は成立しなかった。

▷7　岩田重則、2003、『戦死者霊魂のゆくえ──戦争と民俗』吉川弘文館。

▷8　多様な慰霊の諸相については、以下を参照。村上興匡・西村明編、2013、『慰霊の系譜──死者を記憶する共同体』森話社；西村明、2006、『戦後日本と戦争死者慰霊──シズメとフルイのダイナミズム』有志舎；西村明、2008、「遺骨への想い、戦地への想い──戦死者と生存者たちの戦後」『国立歴史民俗博物館研究報告』147：pp.77-91、西村明、2011、「徳之島と戦争死者──戦局・環境複合の慰霊論」鹿児島大学鹿児島環境学研究会編『鹿児島環境学Ⅲ』南方新社、pp.132-150。

Ⅲ　宗教と現代

　スピリチュアリティ

1　スピリチュアリティと宗教

　スピリチュアリティは，宗教的であっても，宗教教団や伝統に拘束されない，個人的・非制度的な宗教意識を指し示す用語。一般に霊性，精神性と訳される。この新しい意識を標榜する文化現象は，1960年代・70年代にアメリカに起きたカウンターカルチャー，ヒューマンポテンシャルムーブメント，ニューエイジ運動の影響を受け，現在，世界的に進行しつつある。

　同時にスピリチュアリティに対する注目のきっかけのひとつは1998年の世界保健機関（WHO）執行理事会において，WHO 憲章全体の見直し作業の中で，従来の肉体的（physical），精神的（mental），社会的（social）により良い状態という健康の定義に，スピリチュアルを加えることが議論されたことに求めることができる。結果として定義改正にはいたらなかったが，スピリチュアリティは宗教とは離れた次元で脚光を集めるようになった。

2　スピリチュアリティの分野

　このようにスピリチュアリティをめぐる議論は宗教とともに，それを超えた分野で展開されている。特に先の WHO の健康定義の見直しもあって，医療・看護ではスピリチュアルケアという分野が確立している。スピリチュアルケアについて，村田久行はスピリチュアルペインを「自己の存在と意味の消滅から生じる苦痛」と定義し，「傾聴」と「共にいる」という基盤から，「生の回顧」と「本来の自己の探求・発見」を手がかりにし，ケアの実践を模索するものだという。さらに村田は死を次の世界への旅立ちと考えること，残していく人への別れと感謝，先に逝った人のコミュニケーションに意識を向けさせることが患者の心の平安と安定に寄与するとする。

　もともと欧米では1970年代のホスピス運動の中でスピリチュアリティが注目され，日本では1990年代後半になってターミナルケアの領域でスピリチュアリティの語が見られるようになった。2007年には日本スピリチュアルケア学会が設立されて，2012年度から人材養成プログラムや資格者の認定を行っている。同じ2012年には医療機関や福祉施設などで公共的な役割を果たす宗教者を養成する臨床宗教師研修が，東日本大震災をきっかけに東北大学実践宗教学寄附講座において開始。スピリチュアルケアに関わる人材育成が目指され，臨床宗教

▷1　村田久行，2003，「スピリチュアルケアの原理と実践」日本死の臨床研究会編『死の臨床10──スピリチュアルケア』人間と歴史社，pp.170-173。

師会が結成となり，地方支部活動も行われている。

　教育分野においては，1980年代末に北米ではじまり，1990年代後半に日本でも展開するホリスティック教育でもスピリチュアリティにウエイトを置いている。ホリスティック教育は人間をその全体性においてとらえようとするが，中川吉晴はホリスティック教育の人間モデルを身体・精神・心・魂・スピリットの5次元から説明し，後二者を霊性（スピリチュアリティ）の次元とする。しかもスピリチュアリティの教育は宗教教育と区別されているのが特徴である。

　一方，日本では1980年代に「死の準備教育」「デス・エデュケーション」の紹介から進んで，1990年代末になると青少年の道徳性の涵養として「いのちの教育」が教育界でクローズアップされる。教育実践の現場ではスピリチュアリティの語が使用されることは少ないが，得丸定子が指摘するようにクラスで「いのち」「生きがい」「いのちのつながり」について自分の言葉で語ることをスピリチュアリティの教育と理解するなら，ホリスティック教育と同様，いのちの教育もスピリチュアリィと密接に関わるものと見なしてよいだろう。

　医療・看護，教育と並んで，日本のジャーナリズムでは「スピリチュアルブーム」が見られた。新聞記事のデータベースを検索すればスピリチュアルに関わる記事数は2000年から上昇し2006年をピークに後は下降線をたどっている。その中心にいるのはテレビ番組「オーラの泉」（2005年～2009年）で有名となったスピリチュアルカウンセラーの江原啓之であり，その他の記事としては土地の霊性や観光とスピリチュアリティに関わるものが目立つ。後者は2010年から「パワースポット」として人気を博するものの，そこではスピリチュアリティの語は大きく後退し，同系統の内容ながらスピリチュアルブームがパワースポットブームにとって代わったと見てよいだろう。パワースポットの場合は地方自治体や観光協会が関わっている点が，スピリチュアルブームの担い手と異なる点である。

３　スピリチュアリティのゆくえ

　以上のように，スピリチュアリティは宗教教団から切り離され，非宗教的セクターで用いられるようになったものの，スピリチュアルブームは終息あるいは装いを新たにしつつあるように見える。同時に医療・看護や教育現場ではブームとしてのスピリチュアリティに対する忌避感もある。消費者問題としてスピリチュアリティをめぐるトラブルが「開運商法」と呼ばれているように，スピリチュアリティに関わる潮流には常に注意が喚起されている。しかし人間と向き合う分野で，人間の内面や魂についての議論がなくなることはなく，スピリチュアルケアやスピリチュアリティの教育が今後より確かな地歩を築くかどうかは，スピリチュアリティに関する文化現象がどのように展開するかとともに検討を進めていく必要があるだろう。

（弓山達也）

▷2　中川吉晴，2005，『ホリスティック臨床教育学』せせらぎ出版，pp. 19-21。

▷3　得丸定子，2009，「学校で行う『スピリチュアル教育』の手がかり」カール・ベッカーほか編『いのち　教育　スピリチュアリティ』大正大学出版会，p.72。

Ⅲ 宗教と現代

 # 進化論

▷1 **C. ダーウィン**（Charles Robert Darwin, 1809-1882）
イギリスの自然科学者である。ビーグル号に乗って大西洋、インド洋、太平洋を航海した。この航海で、生物の多様性について実際に体験する。とりわけガラパゴス諸島で、南米の生物との類似性と異質な面を見出したことは、種が環境に適応していくことへの発想を得るきっかけとなった。その後研究を進め、1859年に有名な『種の起源』を刊行し、大きな反響を呼ぶこととなった。

▷2 **J. ラマルク**（Chevalier de Lamarck, 1744-1829）
フランスの博物学者。用不用説で知られるが、獲得した形質が遺伝するという考えを示した。キリンが高い木の枝に届くように首を伸ばしているうちに、だんだん長くなったというような考え方である。

▷3 **半神半人**
ギリシア神話では、ヘラクレスはゼウス神と人間の女性であるアルクメネとの間に生まれたとしている。またアキレウスは、プティア王ペレウスと海の女神テティスとの間に生まれたとしている。

　進化論とは生物が現在の多様な生物分布を示すようになったメカニズムについての学説である。もともと生物に関する理論であったけれども、社会形態や文化の形態の発展にも応用されるようになった。神学的な世界理解と正面から対立したり、宗教進化論に援用されたりしたことで、宗教研究にも大きな影響をもつこととなった。

　進化論は19世紀半ばに **C. ダーウィン**▷1 によって示された突然変異と自然淘汰説に基づくものが主流である。それ以前には **J. ラマルク**▷2 の獲得形質の遺伝という発想があったが、これは現在では基本的には否定されている。進化論の基本的考えを示した『種の起源』が1859年に刊行されると、これを画期的な学説として宗教研究にも応用しようとする一方で、キリスト教の創造説を否定することになるとして、キリスト教神学者などからは強い反論も出された。イスラームの法学者たちにとっても、進化論は受け入れられるものではない。

1 進化論の発想

　進化論は人間という存在を他の動物や生物の流れの中に位置付けている。生物の一種として論じられるときは「ヒト」と表記されるのが普通である。ヒトの形成を特別扱いしないという点で、アブラハムの宗教とも呼ばれる一神教（ユダヤ教、キリスト教、イスラーム）の教典に描かれた「人間」の誕生とは異なる立場にある。キリスト教の旧約聖書（ヘブライ語聖書）では、神は自分の姿に似せて人間を作ったとあり、人間は神によって造られた特別な被造物になる。

　しかし神話や伝説の中には、人間を神から連続して生じた存在として描き、被造物とはしない考えもある。日本神話では神と人間は連続しており、境界線は曖昧でさえある。ギリシア神話には神と人間の婚姻で**半神半人**▷3 が生まれる話がある。

　進化論と根本的に対立せざるをえない宗教的世界観というのは、神が人間を含めすべての生きものを現在の姿の通りに造ったというような考えである。これが進化論の対極にある考えになる。進化論では、生命が誕生したのち、動物、植物などが分岐し、動物が多様化するなかに哺乳類が生まれ、さらに霊長類があらわれたと理解する。霊長類が進化したひとつがヒトである。注意すべきは進化の最先端に人類がいるとみなすわけではないという点である。植物は植物として進化して多様な種を生んできている。哺乳類以外の動物もそれぞれに進

化を遂げる。すべての生物種のうち3分の2ほどを占める昆虫類も、それぞれに進化して現在にいたる。哺乳類が進化していくなかに、そのひとつの系統として誕生したのが現在の現生人類（ホモ・サピエンス）である。

❷ 進化論の否定

こうした進化論に対し、最も強い警戒を示し、それを否定する動きを続けてきているのはキリスト教の中でも原理主義的な立場をとる人々である。そうした人たちによる進化論の否定や批判は、さまざまな形でなされてきており、現在なおそれは続いている。20世紀前半で特に注目を浴びた反進化論に基づく事件として、1925年にアメリカのテネシー州で起こったスコープス裁判がある。この裁判は人間とサルとの違いが話題になったことから、モンキー裁判とも呼ばれている。高校で生物を教えていたスコープスが進化論を生徒たちに紹介したことで、法律違反とされ裁判となったものである。教師は有罪となったが、この裁判は全米で報道され、訴訟に関わる論争の過程で、進化論を否定する原理主義的な立場の人たちの考え方の古さが浮き彫りになるという結果をもたらした。なお、この事件は『風の行方』（1999年）という映画で描かれている。

20世紀後半にもアメリカの原理主義的キリスト教者などを中心とした進化論への批判は止むことがない。また進化論に対して科学的な装いをもって対抗しようとする動きが創造科学と呼ばれる流れとしてあらわれた。その中でも1990年代に登場したID（インテリジェント・デザイン）論[4]は、科学者の一部にも支持を得ている。R. ドーキンス[5]などはこれを強く批判して、逆に『神は妄想である』などといった強い宗教批判の書をあらわしている。

❸ 進化生物学・進化心理学などの影響

19世紀の進化論に比べて、20世紀後半から急速に展開した進化生物学や進化心理学などの影響は、これから宗教研究にも及んでくると考えられる。進化生物学は、生物の進化を文化の展開にも関連付けて議論しているからである。進化生物学、進化心理学など、進化論を大前提とする研究では、人間の宗教行動や宗教意識を司るような宗教的遺伝子というものは想定しない。宗教というものが多様な姿をとるのは、それが複数の遺伝子の要素と環境的要因、文化的要因といった複雑な要因に影響を受けるからであると考える。

これらの研究では、文化の国ごと、民族ごとの違いといったものよりも、人間の文化的営みに共通する進化上の要因を見つけていくことに重点が置かれる。人間の思考や行動が動物のそれと断絶したものと考えていない。なぜ宗教現象というものが生まれたかに関しての生物学的条件について、いくつかの参考とすべき見解を提供してきている。

（井上順孝）

▷4　ID論
宇宙や生命に見られる精緻なシステムは知性ある何かによって設計されたとする説。神とは言わないが、創造科学のひとつとして扱われている。

▷5　R. ドーキンス（Richard Dawkins, 1941- ）
イギリスの進化生物学者。ダーウィンの進化論に基づき、利己的遺伝子という概念を提唱した。さらに文化的遺伝子とも言うべきミームという概念も提起した。

参考文献

ダーウイン，C., 1990, 八杉竜一訳『種の起源』岩波文庫

ドーキンス，R., 1980, 日高敏隆・岸由二・羽田節子訳『生物＝生存機械論──利己主義と利他主義の生物学』紀伊國屋書店（1992年に『利己的な遺伝子』と改題）

長谷川寿一・長谷川真理子，2000,『進化と人間行動』東京大学出版会。

Ⅲ 宗教と現代

18 いのちと宗教

1 スピリチュアルケアの展開と緩和ケア

「人としてどう生きるのか」「死にどう向き合うか」といった問題は，有史以来の人間の課題，宗教上の最大のテーマであり，さまざまな伝統宗教による死生観・来世観がその意味づけを行ってきた。古代から宗教と治療行為は密接に関わっていたが，次第に医療が独自の職業集団による「医の倫理」を有する領域へと発展していき，特に科学研究を重視する近代的な医療制度が確立されて以降は，宗教と医療は別の領域に属するものとしてとらえられてきた。

1960年代に入ると自然科学的なアプローチに基づく近代医学の負の側面が認識され始め，特に医療の現場において死にゆく人たちをどうケアすればよいかが問われるようになってきた。その流れの中で，死にいたるまでのよりよい生を過ごすための**ターミナルケア**を提供することを主とした施設であるホスピスがイギリスに誕生し，ホスピス運動が世界的に普及した。ターミナルケアにおいては，積極的な延命治療を中心とするのではなく，患者の人格や家族の意思を尊重し，肉体的・精神的な痛みや死に対する恐怖を緩和し，残された人生のQOL（クオリティ・オブ・ライフ：生活の質）を高めることが目的とされてきた。死という生の有限性を突きつけられた時，死にゆく人とその関係者は，いのちのとらえ方や死の受容等にまつわる目に見えない領域に関する，合理的な言葉の説明では納得が困難なスピリチュアルな問いに直面することになる。そうした自己存在の根本的な意味や価値に関わる，より深いレベルの痛みであるスピリチュアルペインをケアする担い手として，医療の場に宗教家が要請されるようになり，英米圏では，チャプレンと呼ばれる病院付きの牧師や神父がスピリチュアルケアの専門家として活躍するようになっていった。

世界的なホスピス運動の影響を受けて，日本でも1970年代からキリスト教系の病院を中心にターミナルケアの考え方が導入され，80年代にはホスピスの設立やターミナルケアに取り組む病院が現れ始め，キリスト教の聖職者に限らず仏教僧侶などの宗教家が積極的に発言をするようになっていった。90年代に入り，医療制度の改定以降，ターミナルケアを提供する施設は飛躍的に増加し，1992年には仏教を基盤としたホスピスとしてのビハーラも誕生した。宗教的な背景をもたないホスピス数の増加により，宗教家に限らず，医療者やカウンセラー，福祉関係者など患者に関わるあらゆる人がケアの担い手として携わり，

▷1 特に1950年代以降，遺伝子構造の発見，臓器移植や生殖技術の実現化，人工臓器の開発など，生命科学研究や技術の進化とともに医療も飛躍的に発展した。

▷2 ターミナルケア
ターミナルケア（終末期医療）とは，がんや老衰，慢性疾患などの進行により，あらゆる手段を尽くしても治癒にいたらない状態で，治療行為が不適切とされ余命約6ヶ月以内（終末期）と診断された患者に対する医療・看護のこと。

▷3 スピリチュアルな問いの具体例として，「死をどう受け止めたらよいのか」，「死までの限られた時間をどう生きたらよいのか」，「死後の生はあるのか」，「これまでの生をどう意味づけられるのか」といったような問いが挙げられる。

▷4 神谷綾子，2000，「スピリチュアルケアとい

必ずしも特定の宗教に依らずとも提供できるのがスピリチュアルケアであるといったとらえ方が普及し，スピリチュアルケアの包含する裾野が次第に拡大し続けてきた。また，近年では，ターミナルケアを「緩和ケア」の概念の一部として包含し病期の早い段階から考慮すべきケアとしてとらえる傾向もある。

② 死生学と生命倫理

死を非日常的なものとして忌避して死をタブー視してきた近代以降の傾向に対して，死に対する心構えという観点から生の価値をあらためて問い直す試みから，1960年代以降の英米圏において死生学（death studies）が活発に論じられるようになる。世界的なホスピス運動も，死生学の大きな推進力となってきた。その影響を受け，日本においても，「死の臨床において患者や家族に対する真の援助の道を全人的立場より研究していくこと」を目的として，医療者，宗教家，心理学者，ボランティア，一般者などさまざまな立場の者が携わる「日本死の臨床研究会」が1977年に創立され，日本におけるホスピスやターミナルケアに関する研究会の先駆けとなった。その後も，自身の苦しみを互いに語り合うことによって生と死の意味を考える作業や**グリーフワーク**への取り組み，死への準備教育の啓発を目的とする「生と死を考える会」，死の学びやいのちの教育に関する研究・啓発活動を主に仏教者が携わる形で行う「ビハーラ研究会」の発足など，死に関することや死を通して生を学ぶことを人々が模索し始めるようになっていった。先に述べた宗教者による医療への参入といった現象と連動して，「緩和ケア」に携わる医療者等が，スピリチュアルケアの臨床に必要な知見を身につけるべく，伝統的な宗教・文化的死生観をはじめとした死生学の学びを深めてきている。「緩和ケア」の下での宗教と医療の相互連携が，現代の死生学の臨床的な課題として注目されている。

スピリチュアルケアと同様，20世紀後半以降において宗教者による医療への提言・介入が見られるのは，生命倫理の領域である。伝統的な医療の現場では，医療者と患者の当事者間の納得によって倫理的な問題の解決が図られてきたが，医療技術の発達に伴い，医療界の中だけでは解決不能な倫理的問題が1950年代後半から浮上してきた。特に欧米では，人工妊娠中絶や体外受精など生殖への人為的操作が伝統的な宗教の教義に抵触する生命の尊厳に関わる問題として，その倫理的な是非をめぐって論争が生じ，政治的な対立へと影響を及ぼす等，世論を二分するような議論も展開されてきた。欧米における宗教者や哲学者による生命倫理への発言力に比べ，日本における宗教者の影響力は弱かったと言わざるをえないが，90年代に脳死・臓器移植の是非をめぐる議論が活発化し，仏教界を筆頭に宗教家が積極的に生命倫理の議論に参入していくようになった。以降，宗教の伝統的見地や教義を踏まえた生命倫理的課題に関する提言や主張が個々の宗教家やさまざまな宗教団体からなされている。　　　　（山本栄美子）

うこと」カール・ベッカー編『生と死のケアを考える』法蔵館，pp.230-246。

▷5　終末期に限らず，早期から身体的な痛みやスピリチュアルペインの緩和に取りくむことで患者にとってのQOLを総合的に高めることが目指されている。

▷6　日本死の臨床研究会（http://www.jard.info/）

▷7　グリーフワーク
グリーフワークとは，死別などの喪失体験に基づくグリーフ（悲嘆）からの立ち直りを目的とした適応作業のこと。

▷8　デーケン，A., ・曽野綾子，1984，『生と死を考える』春秋社。

▷9　ビハーラ研究会の正式名称を「死そして生を考える研究会」と言う。

▷10　例えば，脳死者からの臓器移植が可能になると従来の死の定義に変更が迫られるといった事態が発生する等の問題である。

▷11　教団的態度を明確にしている例として，カトリックによる人工妊娠中絶への反対表明や生殖補助医療への提言，大本の脳死・臓器移植反対運動や生命倫理活動，浄土真宗本願寺派による「脳死を人の死とすることに警鐘をならす」立場から首相に要請文を送る等の対応が挙げられる。2005年以降には，日本宗教連盟の主催で，「宗教と生命倫理シンポジウム」が定期的に開催されている。

Ⅲ 宗教と現代

19 ケアと宗教
スピリチュアルケア

▷1 ホスピス（hospice）
近代以前においてはキリスト教会に付属する慈善的な医療・福祉施設。日本では終末期がん患者とHIV患者のための医療施設として知られている。厚生労働省は宗教性を帯びない「緩和ケア病棟」という名称を用いる。

▷2 ビハーラ（vihāra）
原語は「僧院，休息の場」を意味するサンスクリット語。「仏教ホスピス」という木に竹を接ぐような言葉に代えて提唱された。近年では「仏教を基礎にした医療・福祉やそこに携わる活動」を指す言葉として使用されることが多い。

▷3 田宮仁，2007，『「ビハーラ」の提唱と展開』学文社，pp.1-5。田宮は，「ホスピス」はキリスト教文化を背景としていると評し，日本に定着させるには "日本の代表的宗教である" 仏教に基礎を置く理念が必要で，その施設を「ビハーラ」と呼ぶことを提唱した。

▷4 チャプレン（chaplain）
さまざまな施設で生活・仕事に従事している，普段の教会に参加できない人たちのために，宗教的サービスを提供する宗教者。キリス

1 日本でのスピリチュアルケアの展開

spiritual という語は，呪術や霊魂の話から哲学的な問いまで，かなり多義的である。ここでは，主として日本の医療界で語られてきた「スピリチュアルケア」について紹介する。

日本では1970年代に**ホスピス**運動が始まり，終末期がん患者を支えるアプローチのひとつとして，スピリチュアルケアが必要だとされるようになったが，当時は，ホスピスには宗教者の関与が必要だという程度の認識で，ケアの内容や方法については手探りの状況だった。80年代後半になると，"日本的" をキーワードに仏教からの取り組みも始まり，「**ビハーラ**運動」が各地で展開されるようになった。

"宗教者がスピリチュアルケアを担うべきだ" という期待はいまでもあるが，現実的には，医療と宗教の間にある溝や，医療に関与するための専門的知識をもつ宗教者が不足していたことなどにより，一部の施設を除いて実現されてこなかった。2000年代になると，"宗教性を伴わないスピリチュアルケア" が主流となり，歴史的には宗教者が担っていたはずのケアを，看護師や医師たちが担うようになった。

欧米では，人生の苦悩全般に対応する神父・牧師の伝統を背景として，**チャプレン**の活動範囲は，軍隊，警察，消防，刑務所，学校，医療，福祉，企業，スポーツなど多岐にわたる。一方，日本ではホスピスの医療者によるケアが主流となったために，スピリチュアルケアとはすなわち死を目の前にした人たちのためだけに必要で，宗教性はあまり問わなくてよい，という理解が広がっている。なお，**教誨師**は刑務所チャプレンであるが，スピリチュアルケアの議論に登場することはほとんどない。

2 東日本大震災後の変化

2011年の東日本大震災では，宗教者の特性を活かした支援活動が注目されるようになった。特に，宗教宗派の違いを越えてケアに取り組む姿は，災害チャプレンと言うべきもので，医療界からもチャプレンに対する期待感が再び高まるきっかけにもなった。

偶然の産物という側面もあるが，日本スピリチュアルケア学会による「スピ

リチュアルケア師」資格認定制度や，日本版チャプレンとしての「臨床宗教師」や仏教版の「臨床仏教師」の養成プログラムも，震災後に始まっている。これらに共通する特徴は，特定の宗教宗派を標榜せずに，布教伝道を目的としないことである。

　また，大量死や地域性など理由はさまざまに想定できるが，緩和ケア従事者を中心に「宗教的ケア」が再評価されている。儀礼などの宗教伝統や宗教的資源を心のケアに活用することは，古代から連綿と続けられてきたにもかかわらず，近年，特に1995年のオウム事件以降看過されてきたようだ。なお，儀礼や祭具の使用などの宗教的行為そのものが，そのまま宗教的ケアとなるとは限らない。対人援助としてのケアが成立するためには，ケア対象者（患者や被災者など）とケア提供者（宗教者など）の良好な関係が前提となる。

3 スピリチュアルケアと宗教的ケア

　ふたつのケアは，ともに人間の宗教性や価値観が深く関わるので，混同されやすい。共通点に基づいて定義するならば，両ケアとも「自分の支えとなるものを再確認・再発見することで，生きる力を取り戻す援助もしくはセルフケア」とすることができる。

　最も明確な相違点は，対人援助場面でのケア対象者とケア提供者の関係性に表れる。宗教的ケアの場合，ケア対象者は自分のそれまでの価値観・世界観では対応できない危機的状況において，自分の外に"支え"を求めて，宗教的な価値観・世界観を受容しようとする。したがってケア提供者には，助言や回答を対象者に提示することが求められる。他方，スピリチュアルケアの場合は，ケア対象者は自分の価値観・世界観の外に目を向けようとしないので，"支え"を探すために，ケア提供者はケア対象者の価値観・世界観に耳を傾けなくてはならない。よってケア提供者は傾聴を基本とし，助言をすることはあまりない。どちらのケアが必要なのかは，対話の展開に応じて，ケア対象者とケア提供者の間の了解に基づいて提供者が適切に判断して提供されるべきである。

　また，セルフケアの場合はケア提供者が存在せず，ケア対象者が自ら選択した方法（読書，芸術，参拝など）を通して"支え"を見つけ出す。例えば，読書によって自分の"支え"を発見することがスピリチュアルケアになり，祈りを捧げることが宗教的ケアになる。両ケアは，言葉としては馴染みがないかもしれないが，実際には生活の中で昔から行われてきたものである。死などの究極的な危機状況だけでなく，受験の失敗，失恋，リストラ，病気やケガ，離婚，将来への不安など，岐路に立たされたときに必要とされるケアなのであり，誰もが両ケアの対象者になり得る。

（谷山洋三）

▶ ト者以外では，例えば「ムスリム・チャプレン」と呼ばれる。日本では「ビハーラ僧」と呼ばれることもある。

▶ 5　**教誨師**（prison chaplain）
受刑者の徳性を涵養し，精神的安定をもたらすことを目的とした宗教者。日本では明治時代初期に浄土真宗僧侶が始め，第2次世界大戦後に他の宗教宗派にも拡大された。

▶ 6　谷山洋三，2008，「スピリチュアルケアにおける祖先崇拝的側面──近親の故人への追慕」『臨床死生学』13(1)：p.59。

III　宗教と現代

文学と宗教

▷1　このような変化は「宗教」が個人の内面を重視するようになったことと軌を一にしている。近代文学の特質について，柄谷行人，1988，『日本近代文学の起源』講談社文芸文庫。
▷2　例えば『悪魔の詩』をめぐる事件は，フィクションである「文学」が表現の「自由」を獲得した代わりに，政治・社会・宗教の世界では力をもたない人畜無害なものになったことを逆説的に明らかにした。ベンスラマ，F.，西谷修訳，1994，『物騒なフィクション』筑摩書房。
▷3　日本文学と「宗教」との関わりについて記したものは多いが，例えば仏教について，白土わか，2012，『日本の仏教と文学』大蔵出版がある。
▷4　近代以前は「仏法」という語が一般的で，寺院や僧侶とその活動（儀礼）をすべて含んでいた。「仏教」はそのうちの一部（仏の教説）を指すに過ぎない。「仏教」というと思想的・哲学的側面ばかりを考えがちであるが，その文化的側面にもっと注目していく必要がある。
▷5　説話集を含む日本古代・中世の文学史について，小峯和明編著，2013，『日本文学史――古代・中世編』ミネルヴァ書房を参照。
▷6　『和漢朗詠集』「仏

　「文学」と「宗教」とはどのように関係しているのか。それぞれが自律した領域となったのは近代以降のことであり，前近代においては両者の境界は必ずしも明確でなかった。かつて「文学」は，目に見えない存在としての神や仏および死者の世界を描くものであった。近代以降はこころ（内面・心理）が重視されるようになるが，長い間，「文学」と「宗教」とは切り離せないものであった。現代の日本では，「文学」がもつ「宗教」性にはあまり目が向けられないし，「宗教」色の強いものは「文学」として高く評価されない傾向がある。しかし，それは「文学」の意義を過小評価することにもなる。今後はむしろ，「文学」と「宗教」との重なりを見ていく方が生産的ではないか。「文学」は，その「宗教」性を見なくては魅力を十分に味わうことはできない。「宗教」の知識があってこそ，よりよく「文学」を読むことができる。

1　仏教と「文学」

　日本文学と「宗教」との関係性を考える際，仏教が果たした役割はやはり見逃せない。膨大な数の仏教経典は，きらめくような言葉の数々で，この世界（神仏の世界を含む）を記述してみせるものであった。日本に伝来した仏教は，神祇信仰や陰陽道を吸収しつつ，世界を言葉で分節するモデルを提供した。日本最初の仏教説話集で薬師寺の景戒の手になる『日本霊異記』は，この世で起きた不思議な「霊異」を記したものであるが，書名に「日本」を含むことが示すように，漢（中国）における同種の書物（般若験記など）を意識して作られた。仏教的世界観から「日本」が語られていくことになったのである。平安時代，源信の『往生要集』は地獄の様を克明に描いて見せたが，これは日本人の世界観に決定的影響を与えた。地獄を描いた文学作品は枚挙に暇が無いが，文学的想像力を働かせる場が『往生要集』によって与えられたと言える。日本で最大の説話集である『今昔物語集』は全世界の記述を目指した野心的な作品であるが，天竺（インド）・震旦（中国）・本朝（日本）の三部構成で，さらにそれぞれを「仏法部」と「世俗部」に分けている。このような世界認識も仏教に基づくものであった。そもそも「説話」は，僧侶が説経（経典の教えを解説する行為）で用いる話という意味を含むが，聴衆の興味を惹きつける表現技術も仏教によってもたらされたと言える。仏教の世界観と表現方法は日本の「文学」に計り知れないほどの豊かさをもたらした。

❷ 仏教の「文学」観

上に記したような説話集が仏教の強い影響下にあるのは当然のことで、そうでない「文学」もあるのではないかという見解もあるかもしれない。実際,「宗教」とは別のところに「文学」を位置づけようとする言説が日本でも早くから存在した。具体的に言えば,「狂言綺語」観が平安時代に登場している。和歌や物語は,「そらごと」やうわべを飾った言葉によって人々を惑わせるものであるとする考え方である。これは一見すると仏教の立場から「文学」を否定しているように見えるが、実は「文学」の価値を肯定的に評価しようとするものでもあった。すなわち,「狂言綺語」は罪深いがそれゆえにこそ、仏道と縁を結ぶ契機となる。あるいは,「狂言綺語」は実は物事の深い道理を内包しているとも言われた。物語や和歌を通してこそ逆に仏教世界に入っていくことができるというのである。このような言説の背景には、平安後期における仏教の影響力の拡大があろうが、それだけではない。「宗教」書や「哲学」書の分野に固有の古典をもたない日本では、和歌や物語などの「文学」書を古典化する必要があったのである。だが、そのためには和歌や物語が「宗教」の側から古典にふさわしいものとして承認される必要があった。そのような要請の中で登場してきたのが「狂言綺語」観であった。

❸ 「日本」の「文学」

日本の「文学」を仏教側から肯定する「狂言綺語」観の登場を促したのは『源氏物語』であろう。この物語は、恋愛や結婚、罪障意識から出家に及ぶ宗教などさまざまな問題を扱っているが,「文学」の意義について自覚的であった。有名な蛍巻の物語論は、紫式部自身の物語観を光源氏の口をかりて述べたものである。それによれば、物語はよいことも悪いことも、さまざまな語り方で語るが、それは仏がときには方便を用いつつ唯一の教えに導くようなもので、物語も最終的には人間の真実を開示していくものだとする。仏の説く御法と物語とを同列に扱っている。紫式部は「宗教」を強く意識しながら『源氏物語』を生み出したのである。類い希な完成度を誇る『源氏物語』はやがて古典として崇められていくが,「狂言綺語」観により仏教側から肯定されることによって、不動の地位を獲得することになる。『源氏物語』以降は、この物語によって開かれた道の上に数々のテクストが生み出されていった。『大鏡』は語りの場を雲林院の菩提講に設定し、大宅世継の語りは法会における講師の説法に准えられた。「祇園精舎の鐘の声」で始まる『平家物語』は仏教の枠組みを利用して王朝の歴史を語ろうとした。ともに『源氏物語』で獲得された方法を継承して物語を紡ぎ出している。日本の「文学」は「宗教」の存在があってこそ可能となったと言える。

(牧野淳司)

▷6 事」にも採られた白楽天の詩の一節,「願はくは今生世俗の文字の業狂言綺語の誤りをもって、翻して当来世々讃仏乗の因転法輪の縁とせむ」を拠り所とする。

▷7 平安時代後期の歌壇において指導的立場にあった藤原俊成はその歌論『古来風躰抄』で、和歌は究極的には「法の道」に通じると言っている。

▷8 日本における古典について、前田雅之, 2013,「古典の注釈と学芸・学問」小峯和明編著『日本文学史──古代・中世編』ミネルヴァ書房, pp.330-356を参照。古典は美の基準であり、生活の規範となる書物である。

▷9 仏教との関わりについて、日向一雅編, 2009,『源氏物語と仏教』青簡舎を参照。

▷10 紫式部は『源氏物語』を書いたために地獄に落ちたとされたが(『今物語』『宝物集』など)、紫式部を供養することで紫式部も読者も救済され仏道へおもむくことができるとされ(澄憲「源氏一品経供養表白」)、よって紫式部は実は観音の化身であったという説が、ほぼ同時に登場している(『今鏡』など)。

▷11 阿部泰郎, 2013,『中世日本の宗教テクスト体系』名古屋大学出版会は,「テクスト」を,「狭義の文字資料としての文献に限らない、文化の所産であり媒体として創出されるところの記号と表象の体系」ととらえた上で、日本の「宗教テクスト」の豊かさを示した。ここでは「文学」は「宗教テクスト」の一部を構成するものである。

III　宗教と現代

美術と宗教

「形」と呪術

　人はいつから形を造り始めたのだろうか。西南フランス，ペシュ・メルル洞窟の《馬と手形》（ペリゴール期）や北西スペイン，アルタミラの洞窟に描かれた《巨大な牡牛ビゾン》（マドレーヌ期）はともに旧石器時代後期の壁画として知られる。年代としては紀元前3万年頃から9000年頃であるが，輪郭線を主とした描写に始まり，やがて，色彩の濃淡や2色以上の彩色によって，立体感ばかりでなく，動物の肉体の温度や皮膚の質感までも表現できるようになる。この2万余年の期間にわたり，人は暗い洞窟で最初の形を描いていたのである。

　これらの動物は，人の居住空間である洞窟の入口近くではなく，奥まった箇所に描かれ，また手型とともに描かれた場合もあるため，生きる糧となる獲物を手に入れたいと願う呪術であったことがわかる。また掌を壁面に当て，周囲に色をおいて手の部分を陰型として残す手型は，人間が自分の存在の痕跡を残そうとする最も古いやり方とされる。生命維持への切なる願望が，稀有な造形の才を人間に与えたといえよう。

　こうして造形という行為は，なによりまず，生命維持と種族繁栄のため，豊穣多産への祈願のあらわれとして誕生した。そしてこの呪術と祈りから生まれた造形は，細部の写実よりむしろ，本質的なものの抽象化，誇張，ないしはデフォルメによって，芸術の展開を予告している。

死後世界への祈り

　豊穣多産への祈願を「生の芸術」とするならば，人間が最初に「死の芸術」というべき「墓」を造ったのは旧石器時代後期，紀元前50万年から同20万年前とされ，生の芸術の誕生よりさかのぼる。最初は穴を掘り，死骸の上に小石や骨を積み上げるなど，死者を埋葬した痕跡が認められ，やがて貝殻や石でできた装身具や工具などを一緒に埋葬するようになる。さらに紀元前1万年以降の新石器時代には，簡素な土盛から，洞窟内を利用した墓室に加えて，ドルメン，地下道，塚などの人為的な「墓」が造られる。そこには，死者が恐怖の対象から哀惜の対象へと変化し，死後も生き続け，死者の住処を形成するにいたる過程が認められる。

　ついで死者の住処は壮麗に仕立て上げられ，内部は装飾されるようになるが，

▷1　一方，同じく旧石器時代後期に，例えば《ヴィレンドルフのヴィーナス》（ウィーン美術史美術館）など「ヴィーナス」と総称される女性をかたどった像が，ピレネー山脈からシベリアにいたる広域で発見されている。それらは，乳房，臀部，そして生殖器などの部位だけが強調され，顔の詳細な造形はない。ちなみにこの時期，男性像は発見されていない。

その端的な例として古代地中海世界に範をとるならば，紀元前3000年頃から統一的な文明を築き上げた古代エジプトを思い浮かべればよいだろう。最古の地中海文明であるメソポタミアの遺物は少なく，文字資料も限られているとはいえ，この古代文明のほとんどが死者に捧げられた壮麗な「葬礼芸術」を残していることは，宗教と芸術を考える上できわめて重要である。

3 見えないものの可視化

ところで，超越的存在である「神」の可視化，すなわち造形化は，宗教と美術の本質的な問題をはらんでいる。そもそも神とは見えるのか。この問いに対して，神人同形をもって神々の世界を可視化したのがヘレニズム世界であるなら，ユダヤ的世界は絶対的な否をもって対峙した。すなわち，神は目に見えず，したがって可視化・造形化できない，と。とはいえ，文字を解さない多くの人々に「神」をいかにして伝えるのか。この教育と普及にあたって，古代ギリシア哲学の理論を援用しながら造形美術への道を開いたのがキリスト教であった。キリスト教は，ギリシア・ローマ神話と並んでヨーロッパ美術の表現基盤となっているが，見えないものの可視化という課題を抱えて今日にいたる長い歴史を歩んできた。

そもそも，ビザンティン帝国（正教）側と西方（カトリック）側では，それぞれ長い議論の歴史をたどって東西教会分裂にいたり，さらにカトリック内部では，プロテスタントによる議論の複雑化という大問題もあるが，ここではその詳細には一切ふれず，ただ，見えない神の造形がいかに果たされたのか，その論拠をごく手短に述べておく。キリスト教では神の視覚化・造形化を支える「受肉論」に加え，神を人の姿として表現するには，『創世記』に依拠し，神と子と人との「相似の関係性」が適用され，とくに西ヨーロッパのキリスト教美術では，人の姿をしたキリストばかりでなく，創造主たる神の姿さえ人として表現されるにいたるのである。

美術，広く芸術は，可視的であり物質的である。しかし造形により不可視の世界を表象するという営みを，人間はなにより自らの想像力で全うしてきたといえよう。近代諸科学の台頭によってめまぐるしく世界が変貌した19世紀後期，写実主義の旗手であったギュスターヴ・クールベは「僕は見えないものは描かない。だから天使は描かない」と言う一方，真実の世界は象徴にあるとしたオディロン・ルドンは「見えないものしか描かない」と語った。仮想世界が大きく展開する今日，美術と宗教は新たな局面を迎えているが，造形という行為においては，常に人間の想像力が大きな力をもっていることを忘れてはなるまい。

（小池寿子）

▷2 古代オリエントでは，動物や鳥類，両生類，そして人間との混合など，異種混淆の多様な神々が生み出され，造形化されて神殿を飾った。それらは呪術から宗教への展開をうながした神々であり，自然，世界，そしてその現象を人々がどのようにとらえていたのかを如実に物語っている。やがて，より絶大な力を有する神概念の形成は，オリエント世界に数多くみられる，支配者や神官たちの大きく目を見開いた「祈る人像」を生み出す一方，「神」そのものの造形をも生み出してゆくのである。

▷3 神の可視化を支える理論の骨子は次の通りである。神（創造主・父なる神）は不可視であるが，聖霊によって身ごもった処女マリアの胎を経ることによって生まれた子イエス・キリストは，肉をもっている（受肉している）ために可視的存在である，というのである。

参考文献

ゴンブリッジ，E. H.，友部直訳，1983，『改定新版 美術の歩み』（上・下）美術出版社。
千足伸行監修，1999，『新西洋美術史』西村書店。
ジャンソン，H. W.・ジャンソン，A. F.，木村重信・藤田治彦訳，2001，『西洋美術の歴史』創元社。

III 宗教と現代

 # 音楽と宗教

▷1 藤井知昭監修, 1990-91, 『儀礼と音楽1・2』東京書籍。

▷2 オルフェウス
ギリシャ神話に登場する竪琴の名手。音楽の力により数々の奇跡を行ったとされる。

▷3 音楽一般の美的性質については国安洋, 1981, 『音楽美学入門』春秋社。

▷4 ブードゥー教
ハイチの民間信仰。アフリカの原始宗教とカトリックが混交した呪術的宗教。

▷5 イスラーム神秘主義
スーフィズム。神への神秘的な愛を強調し, ひたすら歌い踊ることを通じて神との合一へいたろうとする。

▷6 多くのアフリカ系アメリカ人教会は例外に属する。

▷7 アザーン
礼拝の時を告げる呼びかけ。

▷8 ポリフォニー
独立した複数の旋律が織り合わされて成り立つ音楽様式。多声音楽。

▷9 モテット
聖書や宗教的な歌詞一般に作曲された声楽曲だが, 世俗的な曲もある。

▷10 ミサ曲
ミサで毎回歌われる典礼文に作曲された声楽曲。

▷11 カンタータ
礼拝で用いられる声楽と器楽による宗教音楽。

1 「音」および音楽の特質と根源的な宗教性

古今東西を問わず, なんらかの音楽的要素を儀礼や行事に用いない宗教は皆無といってもよい。それほど音楽と宗教は密接に結びついている。このことは, 音楽に用いられる「音」という素材がもつ神秘的な側面に負っていよう。多くの生物が音を発することから, 音の鳴り響きは何物かが「活性化」された状態を暗示し, ひいてはそこになんらかの生命力が宿っているという直観に結びつく。地域を問わず古くからの伝統において, しばしば打楽器 (とりわけ動物の皮を用いた太鼓) が一種神聖視されてきたのは, 主としてこの理由による。

また, 目に見え, 手にふれられる媒体なしにエネルギーが遠く離れた場所まで伝わる音響現象は, 神秘的なものとして感受された。そこから, 音楽が目に見えない存在や, 感覚を越えた世界にまで働きかけ, そうした世界との間の媒介としての役割を果たしうるという見解は, 世界のあらゆる民族において共通のものとなった。死んだ妻を追って冥界へ下った**オルフェウス**の神話は, そうした事情を端的に象徴するものである。

もうひとつの音楽の特性は, 聴覚器官を通じ, 時間に沿って働きかける芸術だという点である。これは, 対象との間に必ず空間的距離があり, 視覚を通じた能動的鑑賞を前提とする絵画や彫刻等の造形芸術と対照的である。聴覚は他の感覚器官, 特に視覚と比して圧倒的に受動的な器官であり, たとえ耳を塞いでも, 自分を取り巻く環境から発せられる音刺激から完全に逃れることはできない。間近で音楽を聞くとき, われわれの身体は音の響きに否応なく包み込まれ, 音の発生源との間の空間的距離はいわば消滅する。さらに, 音楽は時間の流れに沿って展開するため, 人間の心理状態に深く持続的な作用を及ぼし, 人間の感情を昂ぶらせたり, 沈静化させたりする。これらすべては, 人知を超えた存在からの呼びかけや, それに対する全人格的な応答なり関与なりといった宗教の感情生活面において, 音楽が重要な役割を果たす所以である。

2 世界の諸宗教における音楽

古来より, 宗教的職能者は, 音楽家として超越的世界と日常的世界とを媒介してきた。彼らは音楽によって神的存在を呼び出し, 楽しませ (音楽や舞踊による饗応), 賞賛や感謝, 祈願を行う一方, 神託や教えも音楽的に朗唱された。

音楽は，特にシャーマニズムにおいてトランス状態と結びついており，これは例えばハイチの**ブードゥー教**やバリの儀礼に見られるように，強烈なビートをもつ打楽器に伴奏される舞踊等によって引き起こされる。必ずしもトランスという形はとらなくとも，音楽への没入それ自体が神認識や神との合一，ないし「悟りの境地」へいたる道であるとの思想は，インドのバラモン教における古典音楽，**イスラーム神秘主義**，日本の普化宗尺八などにおいても見られる。

だがキリスト教やイスラームの少なくとも正統派においては，音楽による極端な忘我状態は魔術的・異教的なものとして退けられた。このうち西アジアのイスラームではクルアーンの読誦や**アザーン**などの例外を除いて音楽の儀式的使用は制限されたが，キリスト教はその歴史の最初から，ユダヤ教の典礼音楽を土台として豊かな単旋律の典礼聖歌を発達させた（グレゴリオ聖歌，ビザンティン聖歌等）。この典礼聖歌という土壌の上に，西方教会では中世以来，高度な**ポリフォニー**芸術（**モテット**，**ミサ曲**など）が発達し，さらにバロック時代には器楽やオペラ的手法も取り入れられ，ドラマティックで絢爛たる宗教音楽（**カンタータ**，**オラトリオ**等）が花開いた。その後，社会全体の世俗化や，芸術の「自律的価値」の解放が進むにつれ，特別な機会のための典礼作品や演奏会用作品を除き，明示的・機能的な意味での宗教音楽は音楽シーンの中心から退いた。

一方，アジアの広い地域に広がった仏教の場合，経典の読誦を中心に非常に多様な歌唱の諸形式が発達した（日本では「声明」と呼ばれる）。地域や教派にもよるが，大規模な法会では打楽器を中心に多種類の楽器が用いられ，複雑に発達した法式の大部分が豊かな音楽的要素に担われて進行する。併せて舞楽等の舞台芸術が上演されることも多い（日本ではこの際，神道と密着した宮中儀礼で用いられる雅楽が奏される）。

③ 制度的宗教の外における「宗教的」音楽

伝統的宗教制度の枠外でも，音楽は人間のもつ宗教性／霊性の根幹にふれる役割を果たしている。音楽が魂を至高の領域へと引き上げ，無限なるものへの憧憬を満たすという19世紀ロマン主義の観念は，音楽が演奏されるサロンやホールを宗教的礼拝の場へと変えた。その端的な例がヴァーグナーの「舞台祝祭劇」である。20世紀の前衛音楽のなかには，作曲家の表現意図や自己主張を極力排除しようとする傾向を示すものも多いが，これは音の中に世界の根源的な神秘の現前を聴き取る試みと解釈できる。ポピュラー音楽でも，**J. コルトレーン**の**フリー・ジャズ**や**ニューエイジ系／ヒーリング系**の音楽，**トランス系テクノ**における**レイヴ**など，瞑想に誘ったり，他者・自然・宇宙・神と一体化する体験と密着した音楽の中には，近代の科学合理主義と管理社会へのアンチテーゼとしての宗教性／霊性への希求を見て取ることができよう。　　（大角欣矢）

▷12　オラトリオ
劇場等で演奏される，聖人の物語など宗教的な筋書きをもつ劇的声楽曲。

▷13　金澤正剛，2005，『キリスト教音楽の歴史』日本キリスト教団出版局。

▷14　東洋音楽学会編，1972，『仏教音楽』音楽之友社。

▷15　ダールハウス，C.，杉橋陽一訳，1986，『絶対音楽の理念』シンフォニア；西原稔，1990，『聖なるイメージの音楽』音楽之友社。

▷16　P. ブーレーズ(1925-)らのセリー音楽のように音の出現が極度にシステマティックに管理されるものも，J. ケージ（1912-1992）らの偶然性の音楽のように音の出現がある程度偶然に任せられるものも，作曲家の主観的意図が制限されるという意味では同じである。

▷17　J. コルトレーン (1926-1967)
アメリカのジャズ・サクソフォーン奏者。従来の語法を脱却した集団即興演奏（フリー・ジャズ）による晩年の作品群には宗教性が濃厚に表れている。

▷18　心地よく美しい響きやメロディをもつ，瞑想的な傾向の音楽。ジョージ・ウィンストン，エンヤ，喜多郎，エニグマなどが代表格。

▷19　電子音を多用し，うねるような旋律と強烈なビート感を特徴とするダンス・ミュージックの一種。

▷20　野外で行われる大規模ダンス・パーティー。

Ⅲ　宗教と現代

23　映画と宗教

▷1　宗教映画や宗教に関わるテーマを扱った映画のデータベースは，次のサイトにある。宗教別のリストや主な映画の簡単な内容紹介がある。(https://sites.google.com/site/cercfilms/)

▷2　パッション
イエス・キリストが十字架にかかって死ぬ最後の1日は，パッション（受難）と呼ばれる。これを題材にしたメル・ギブソン監督の映画である。ギブソン監督は保守的なカトリック信者とされている。

▷3　ザ・メッセージ
アメリカ，モロッコ他の共同制作，1976年。イスラームの預言者ムハンマドの生涯を扱った映画。この映画ではムハンマドの姿は映されず，声も発せられない。すべてムハンマドの前に立った人物の態度と言葉から，ムハンマドが何をし，何を語ったかを想像させる作りになっている。

▷4　リトル・ブッダ
キアヌ・リーブスがブッダ役を演じている。「四門出遊」や苦行，中道の悟り，悪魔の誘いを退けての最終的な悟りといった場面が挿入されている。

▷5　禅ZEN
曹洞宗の開祖道元の生涯を

　宗教映画と呼ばれるものの他にも，宗教に関わるテーマを扱った映画は数多くある。個別の宗教に関わる歴史的出来事が描かれているものもあれば，死や死後の世界，年中行事，人生儀礼，呪術などを描く中に，宗教に関わるテーマが含まれているものなどがある。宗教文化の理解に役立つものが少なくない。

1　宗教映画

　宗教映画のうち創始者を扱った映画としては，イエス・キリストを題材としたものが最も多い。初期のものは，新約聖書の記述に忠実に従おうとする姿勢があり，イエスは神の子として扱われるようなものが多い。『ゴルゴダの丘』(1935)，『キング・オブ・キングス』(1931，1961)がそうである。『奇跡の丘』(1964)，『偉大な生涯の物語』(1965)も，これに含まれる。

　変化が訪れるのは1970年代で，『ジーザス・クライスト・スーパースター』(1973)というミュージカルは，イエスの内面の葛藤を描くようになっている。さらに『最後の誘惑』(1988)は十字架上のイエスがマグダラのマリアとの性的交わりを幻想するシーンがあって，一部に上映禁止運動が起こるほど反響を呼んだ。つまり，「神の子イエス」から「人間イエス」を描くものへとの展開である。こうした変化を経て登場した『パッション』(2004)は，聖書に忠実であろうとするが，イエスの人間としての葛藤も組み込んだものとなっている。

　イエス映画の多さに比べて，イスラームの創始者ムハンマドを正面切って描いた映画は少ない。偶像崇拝禁止の教えが関係している。その中で『ザ・メッセージ』(1977)はムハンマドの生涯を描いた数少ない例である。ブッダについてもあまり多くない。少し変わった視点からのものとして『リトル・ブッダ』(1993)がある。ストーリーの中に一般的な仏伝で描かれたブッダの生涯が織り込まれている。

　日本の仏教宗派の開祖を描いた映画としては，『空海』(1984)，『親鸞　白い道』(1987)，『日蓮』(1979)，『禅ZEN』(2009)などがある。近代新宗教の教祖を描いたものとして，天理教の教祖中山みきを描く『扉はひらかれた』(1975)，金光教の教祖金光大神を描く『おかげは和賀心にあり』(1983)などがある。教祖ではないが，創価学会創始者牧口常三郎の他，戸田城聖，池田大作が登場するのが『人間革命』(1973)である。

❷ 宗教史に関わる映画

　宗教史上の大きな出来事を扱った映画も，圧倒的にキリスト教関連が多い。『**キングダム・オブ・ヘブン**』(2005)は十字軍がテーマだが，キリスト教側とイスラーム側のどちらかに特に偏るということのない描き方である。『エリザベス』(1998)はヘンリー8世の娘でのち女王となったエリザベス1世の話だが，英国国教会の確立に関わる話である。近現代の宗教紛争や宗教テロをテーマに，その背景を鋭く描いた作品に，『麦の穂をゆらす風』(1998)がある。1920年代のアイルランド南部の町コークを舞台に北アイルランド紛争がどのような人間関係をもたらしたかを描く。9.11を題材にした『**セプテンバー11**』(2002)は11人の監督がそれぞれの立場から寄せた短編が集められていて，同じ事件に対する多角的な視点を知れる。修道院をテーマにしたものは数多いが，それぞれに多様な側面が描かれる。例えば『尼僧物語』(1958)はシリアスに描いているが，『天使にラブソングを…』(1992)はコミカルな描き方である。

　中東紛争は多くの映画がある。現代の紛争の歴史的な背景は，『アラビアのロレンス』(1962)に描かれている。パレスチナ紛争など現代における中東の厳しい現実は，『パレスチナ1948　NAKBA』(2008)，『シリアの花嫁』(2004)，『約束の旅路』(2005)などが重いメッセージをたずさえている。

　インドにおけるヒンドゥー教徒とムスリムの対立は『ガンジー』(1982)にも描かれる。『僕の国，パパの国』(1999)や，『おじいちゃんの里帰り』(2013)では，ムスリムが増えたヨーロッパでの幾多の課題がうかがい知れる。

❸ 宗教的テーマ

　宗教儀礼というより年中行事化しているクリスマスだが，これを扱った映画は数知れない。ディケンズの小説が原作の『クリスマス・キャロル』(1951，1970，2009など)は何度も映画化されている。『三十四丁目の奇跡』(1947，1994)もリメイク版が出ている。最近は巡礼がブームだが，『**サン・ジャックへの道**』(2005)は，巡礼者たちを現代的な視点で描いて話題になった。

　日本映画の宗教的テーマとしては，死を描いたものや葬儀を扱ったものが比較的多い。『お葬式』(1984)，『おくりびと』(2008)などは葬儀の場で僧侶が主導的な位置にはいなくなってきていることを描く結果になっている。2011年3月11日の東日本大震災の際，遺体安置所で実際に起こったことをもとにしている『遺体　明日への十日間』(2013)はあえて厳しい場面を選んでいる。

　映画は通常は真実を描くことを使命としていないので，そこに出てくる宗教や宗教的テーマの描写をそのまま受け取ることは危険である。なぜそのような描き方がされることになったかに焦点を当ててみるなら，宗教ごとの文化的差異や個人の感性の違いを考える上での大きな手掛かりになる。　　(井上順孝)

扱った映画である。中村勘太郎（現・勘九郎）が道元役を演じている。

▷6　**キングダム・オブ・ヘブン**
12世紀のエルサレムにおける十字軍とサラディン軍の闘いを描く。

▷7　**セプテンバー11**
11分からなる11人の監督による短編が収められている。ケン・ローチ，ショーン・ペン，ユーセフ・シャヒーンなど著名な監督が名を連ねている。

▷8　**サン・ジャックへの道**
聖ヤコブの遺体が葬られ，カトリックで第三の聖地とされているサンチャゴ・デ・コンポステーラへの巡礼が主題である。原題は「サン・ジャック…ラ・メック」，つまり聖ヤコブとメッカという取り合わせ。ムスリムも誤解して巡礼に加わっていることを描いている。

▷9　なお，渡辺直樹編『宗教と現代が分かる本』(2007年創刊)所収の井上順孝「宗教がわかる映画ガイド」では，2007年以後毎年10本前後の宗教関連の映画・DVDが紹介されている。

参考文献
井上順孝編著，2006，『映画で学ぶ現代宗教』弘文堂。

III 宗教と現代

観光と宗教

▷1　I-14参照。

▷2　コルバン，A.，渡辺響子訳，2000，『レジャーの誕生』藤原書店。

▷3　コルバン，A.，小倉和子訳，2001，『感性の歴史家アラン・コルバン』藤原書店。

1 巡礼と観光のあいだで

　信仰や宗教儀礼によって規定される旅「巡礼」と，世俗化されたレジャーとしての旅「観光」の間で，「宗教ツーリズム」と呼ばれる新しい領域が誕生している。

　観光は，西欧における産業革命を経た19世紀に，労働時間が短縮され，それまで休息に充てるしかなかった労働の余剰時間をレジャーに割り当てられるようになったのに伴い広まった。ガイドブックの登場や交通網の発展により，観光は急速に大衆化，集団化してゆく。自己と向き合い，信仰や（知識階級としての）教養を再確認するための行為であった旅は，日常と非日常の間を短時間で円環するレジャーの一ジャンル「観光」として確立された。心性史の専門家コルバンは，観光は時間や空間の「世俗化」に伴って発生したと述べる。近代以降，宗教指導者が引き続き信徒を監視し，時間や空間にかかわる秩序を自らの手で再構築するために，観光を含むレジャーの普及・監督に積極的に関与しようとした一方で，行政や教育機関，企業もそれぞれの思惑をもって観光への関与を深めた。そして，人々の観光への欲望は現在にいたるまで留まることを知らない。そのような主体のせめぎあうところで，消費行動としての観光の（少なくともひとつの）目的が宗教である「宗教ツーリズム」が成立している。

　そういった意味で，観光は「近代」の申し子であり，観光と宗教の関係性について考察することは，近代性（モダニティ）と宗教の関係を考えるための重要な題材になると言えるだろう。

2 宗教ツーリズムの対象：観光と宗教の交わるところ

　宗教ツーリズムの前提として，一定の宗教性を帯びた訪問先，すなわち「聖地」の存在は欠かせない。例えば，中世からの歴史をもつ古典的な聖地エルサレムやメッカ，サンティアゴ・デ・コンポステラ，日本国内であれば，四国遍路や富士山，熊野古道などは，かつてもいまも多くの人々が訪問する「聖地」である。また，ヴァチカン，伊勢神宮や永平寺，本願寺，天理市など，宗教教団の本拠地も，（現代では，教団行政の中枢という政治的役割が大きくなっているものの）信者を中心に，「聖地」として意義づけられている。

　同時に，新しい聖地も誕生している。欧州では，ルルドやファティマ，メ

ジュゴリエなど，聖母マリアが「出現」したとされる場所が新たな聖地として人々の関心を集めている。一方，世俗の側から聖地を生み出す原動力の一例は，ユネスコ世界遺産の登録である。従来，あまり価値を認識されていなかった宗教施設が世界遺産に登録されることで，宗教と民族意識の関係，国家や地域の歴史における宗教の位置づけが描き直される可能性もある。また，ブッダガヤのように，政府や観光業界の後押しで，聖地の整備や観光開発が進められる例も増加している。

その他にも，宗教と観光の交差する領域で新たな聖地が誕生している。宗教とナショナリズムとが混交する戦死者の慰霊・追悼や祈りの場としての災害・事故現場に着目した**ダーク・ツーリズム**。伝承や民間信仰，スピリチュアリズムなどと関連するパワースポット観光も急速に市民権を得ている。また，昨今の日本では，アニメやマンガの舞台となった場所をめぐるコンテンツ・ツーリズムが，俗に「聖地巡礼」と称されるなど，観光を通じて，現代人の信仰や聖性の認識，ひいては宗教の定義そのものを再検討する契機が訪れている。

3 宗教ツーリズムにおける観光体験

観光研究においては，ゲストとホストの関係性について長らく議論されているが，宗教ツーリズムにも同様の枠組み（聖職者を含む信者と信者ではない観光客という二項対立）を援用することができる。そこでは，観光客の存在が日常的な宗教実践の妨げになったり，ある種の服装や言動が宗教に対する冒涜ととらえられるようなトラブルの可能性も指摘される。そういったことを観光客自身のモラルの問題に帰することは簡単であるが，宗教ツーリズムにおいては，宗教的空間に厳然として存在する他者，つまり信者ではない観光客の存在を前提にしてしか宗教を語りえないことをあらかじめ認識する必要がある。

また，宗教ツーリズムにおいて特徴的なのは，宗教者（教団）と観光客として聖地を訪問する信者との間での，教義や儀礼の「真正性」をめぐるせめぎあいである。観光客は限られた時間の中で，可能な限り濃密で印象的な体験をしたいと望み，イベント化した祭礼や過剰に演出された儀礼，模擬的な「苦行」などに人気が集まる。そういった観光の場での非日常体験が印象的であればあるほど，それにまつわる記憶や感情は，信者の日常的な宗教実践や所属する信仰共同体で維持されている儀礼の形態や意味づけを揺るがす可能性をもつようになる。宗教ツーリズムは，現代社会において，宗教を外部からだけでなく，内部から変容させる力学のひとつになりうる。

「世俗化」によって観光が普及したとされるなか，現代人の観光への欲望が再び宗教的な対象に向かっているというのは逆説的に響くかもしれない。しかし，それが前近代への回帰ではないことは明らかで，（後期）近代の中で変化を続ける宗教のありようを理解する手がかりを示している。　　　（加藤久子）

▷4　関一敏，1993，『聖母の出現』日本エディタースクール出版部；寺戸淳子，2006，『ルルド傷病者巡礼の世界』知泉書館。

▷5　宗教文化教育推進センター（CERC）が運営するGoogleサイト「世界遺産と宗教文化」（https://sites.google.com/site/cercreligiousculture/）

▷6　ダーク・ツーリズム
戦争，思想弾圧，奴隷制，大規模事故など，死や暴力の痕跡，あるいは悲嘆（グリーフ）や心的外傷（トラウマ）の原因となった「負の遺産」を訪ねる旅。
追悼や慰霊，平和学習などを目的とする「巡礼」に近い性質のものもあれば，歴史や語りを「悲劇」として消費し，カタルシスを得る「観光」に近い性質のものもある。

参考文献
山中弘編，2012，『宗教とツーリズム──聖なるものの変容と持続』世界思想社。
星野英紀・山中弘・岡本亮輔編，2012，『聖地巡礼ツーリズム』弘文堂。

Ⅲ 宗教と現代

　ポップカルチャーと宗教

　ポップカルチャーが伝える宗教文化

　宗教絵画や宗教音楽といった言葉もあるように，芸術と宗教は深く関わってきた。その歴史を振り返れば，媒体も時代とともに変化していることがわかる。現代であれば，マンガやアニメ，コンピュータ・ゲームといったいわゆるポップカルチャーの作品にも宗教との関わりが深いものを多数みることができる。

　関わりかたには，いくつかのタイプがある。例えば宗教団体が，教えをわかりやすく伝えたり，若者にアピールしたりするためにマンガやアニメを活用するというものである。例えばかつてオウム真理教（現・アレフ）は布教を目的として『超越世界』『超越神力』といったマンガ，アニメを制作した。幸福の科学も『太陽の法』『黄金の法』『永遠の法』シリーズや，『仏陀再誕』といったアニメやマンガを多数制作している。伝統宗教でも浄土宗の『わたくしたちの法然さま』や浄土真宗の『世界の光　親鸞聖人』といったアニメ作品が作られ，布教，教化活動に使われてきた。

　他方で，教団と直接関わらずに，宗教者を主要な登場人物として取り上げる作品もある。手塚治虫のマンガ『ブッダ』（潮出版）はその代表であろう。2011年にはアニメ化の第1部『手塚治虫のブッダ――赤い砂漠よ！美しく』が，2014年に第2部「BUDDDHA2手塚治虫のブッダ――終わりなき旅」が公開されている。中村光のマンガ『聖☆おにいさん』（講談社）は，イエスとブッダが東京の立川で過ごすバカンスを描いている。聖書や仏典の内容をもとにしたコミカルなエピソードが描かれ，イエスやブッダの生涯への関心を呼び起こすことに一役買っている。2013年にはアニメ版が公開された。

　また，宗教や宗教者そのものを主題とするのではないが，宗教的な世界観や民俗信仰，神話が取り上げられる作品も多くある。ゲームと神話の関係をみてみよう。このふたつの接点は，トールキンの『指輪物語』にある。この物語は，ホビットやエルフ，ドワーフといった創作の存在が北欧，ケルト神話を受け継ぐ神話的空間で活躍をする。この世界観はアメリカで1970～80年代流行したテーブルトーク・ロールプレイングゲーム（TRPG）に影響を与え，例えば「ダンジョンズ＆ドラゴンズ」は，『指輪物語』の世界観を引き継いだものといえる。その流れは1980年代になるとコンピュータ用RPGに引き継がれ，さらに日本のファミリーコンピュータ用ソフト「ドラゴンクエスト」（1986）や

▷1 『ブッダ』を刊行している潮出版社は，創価学会系の出版社であるが，本作は特に創価学会の布教を目的としているわけではない。

「ファイナルファンタジー」(1987)に受け継がれていった。日本ではなじみの薄かったラグナロクやオーディンといった北欧神話に関連する言葉はゲームをきっかけに知られるようになったのである。現在流行している携帯用ゲーム「パズル&ドラゴンズ」もモンスターを集め、ダンジョンへ行き、敵を倒すという内容だが、そのモンスターにはギリシア神話、インド神話、日本神話などから神々が名を連ねている。ハードウェアはファミコンから携帯、スマートフォンへと変化しても神話はゲームの主要なコンテンツを供給し続けている。

▷2 平藤喜久子、2013、「ゲーム世代と神話」『宗教と現代がわかる本2013』平凡社、pp.142-145。

2 宮崎アニメにみる宗教、神話

　宮崎駿のアニメ作品にも、民俗信仰や神話の要素を見いだすことができる。特にアニミズムとの関連が注目される。『となりのトトロ』(1988)は、サツキとメイ姉妹が「森の主」であるトトロと出会う。彼女たちは森のそばに住み、「まっくろくろすけ」や「ねこバス」といった異界の存在に出会う。『もののけ姫』(1997)も森が舞台である。「タタリ神」の呪いを受けた主人公アシタカは、西へ向かい、「ししがみの森」へたどり着く。そこで山林を切り開き鉄を作るタタラという民から森を守ろうとする少女サンと出会う。森に住む「もののけ」としてコダマが登場するが、作品後半では森の破壊とともに大量のコダマの死が描かれる。そして最後に森の再生の予兆として再びコダマが現れる。無生物とされる森の破壊と再生を、魂をもつコダマの死と再生で表現することで、より強く印象づけることができている。

　『千と千尋の神隠し』(2001)は、主人公千尋（千）が、異界へ迷い込み、八百万の神々が疲れを癒しに来る湯屋で働く。そこはナマハゲやオシラサマなど民俗宗教の神々があらわれる世界であった。千尋の両親は異界の食べ物を食べたために、その土地の姿（豚）に変わる。食べなかった千尋は、体が透けていき、少年ハクにこの土地の食べ物を食べないと消えてなくなってしまうと言われ、与えられた食べ物を食べる。これは日本神話で黄泉の国に行ったイザナミが黄泉の国で食事をしたために、もとの国に戻れないという話を想起させる。

　神話との関わりでいうと、宮崎作品のなかには神話に由来する名をもつ登場人物が散見される。宮崎が関わった初期の作品に『太陽の王子　ホルスの大冒険』(1968)があるが、エジプトの太陽神ホルスが思い浮かぶ。『風の谷のナウシカ』(1984)のナウシカとは、ギリシアの「オデュッセイア」に登場するスケリア島の王女ナウシカアからきている。『崖の上のポニョ』(2008)でポニョと呼ばれる女の子は本当の名をブリュンヒルデという。北欧神話の女神の名である。エジプト神話もギリシア神話も北欧神話も、作品と直接関わるわけではないが、名を使うことでその神のイメージや性格を呼び込み、キャラクターに厚みをもたせる効果が得られるのではないだろうか。作品が日本だけではなく、海外でも広く受容されることを考えるとその意味は大きい。　　（平藤喜久子）

世界の宗教地図

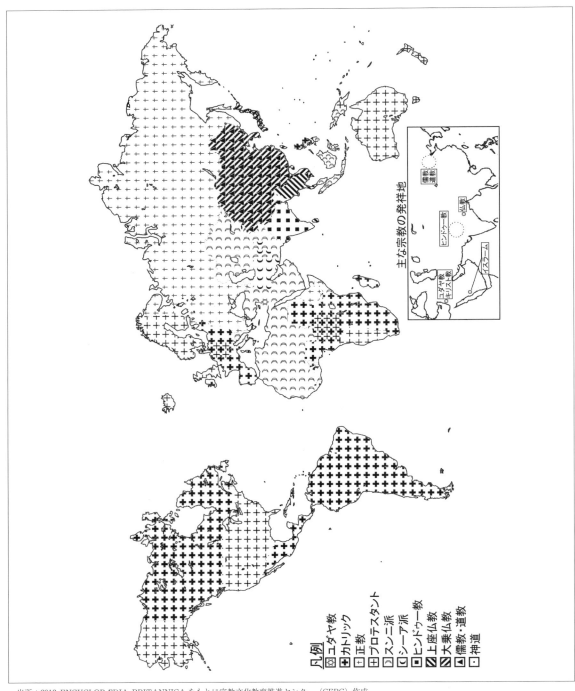

出所：2013 ENCYCLOPÆDIA BRITANNICA をもとに宗教文化教育推進センター（CERC）作成。

世界の宗教年表

年	事項	参照	
前26世紀後半〜	エジプトで太陽神ラーが信仰を集める。	II-1	
前16世紀〜	エジプトでアメンが事実上の国家神となる。	II-1	
前12〜10世紀	「リグ・ヴェーダ」の成立。	I-10 II-16	II-15
前10世紀頃	エルサレム神殿が建てられ，聖地となる。	I-14	
前8世紀後半	ホメロス「イリアス」，「オデュッセイア」の成立。	I-10	
前8〜7世紀	ヘシオドス「仕事と日々」，「神統記」の成立。	I-10	
前586	バビロン捕囚。	II-4	
前551	孔子の誕生。	II-27	
前6世紀頃	ジャイナ教，仏教の登場。ヒンドゥー教の原型が作られる。	II-16	II-17
前515	エルサレム第二神殿の再建。	II-4	
前463	ゴータマ・シッダールタ（シャカ）の誕生（〜前383）。	II-21	
前3世紀	アショーカ王がマヒンダを送り，スリランカに上座部仏教が伝えられる。	II-21	II-22
前6〜4年	イエスの誕生。	II-6	
紀元前後	仏教が中国に伝えられる。	II-24	
30年頃	イエス，エルサレムに上る。	II-6	
70	エルサレム第二神殿の破壊。	II-4 II-6	II-5
2世紀半ば	仏教経典が漢訳されるようになる。	II-24	
184	黄巾の乱。	II-28	
2〜3世紀	ナーガール・ジュナ（竜樹）により，大乗仏教が大成される。	II-21	II-23
313	ローマのコンスタティヌス帝がミラノ勅令を出し，キリスト教を公認。	II-6	II-7
320	グプタ朝が成立し，バラモン教が復興。	II-21	
381	コンスタンティノポリス公会議で三位一体論が確立。	II-6	
5世紀初	大乗仏教が中国に伝えられる。	II-21	
6世紀初	ベネディクトゥスがイタリア，モンテ・カッシーノに修道院を建てる。	II-7	
6世紀半ば	日本に仏教伝来。	II-37	
6世紀末	蘇我氏により飛鳥寺（法興寺）が建立される。	II-37	
610	ムハンマドにアッラーの啓示が下る。	II-11	
622	ムハンマドがマッカからマディーナに移住（聖遷：ヒジュラ）。ヒジュラ暦元年。	II-11	
7世紀	密教がインド全域に広まる。	II-23	
	チベットに仏教が伝えられる（ソンツェン・ガムポ王の頃）。	II-21	II-25
7世紀半ば	イスラームが中国に伝わる。	II-26	
	エルサレム神殿の跡に岩のドームが建てられる。	I-14	
	大嘗祭，神宮の式年遷宮が制度化。	II-34	
690	伊勢の内宮で第一回式年遷宮が行われる（持統朝）。	II-34	
701	僧尼令を制定。僧綱を設ける。	II-37	
712	「古事記」の編纂。	I-10	
720	「日本書紀」の編纂。	I-10	
8世紀前半〜	神仏習合がみられるようになる。	II-40	
	大秦景教流行中国碑，ネストリウス派の伝来碑文。	II-28	
845	唐の武宗，廃仏政策を行う（会昌の廃仏）。	II-24	
9世紀	オセアニアにヒンドゥー教が入る。	II-31	
1054	東西キリスト教会の分裂。	II-8	

年代	出来事	参照
12世紀〜	サンティアゴ・デ・コンポステラ巡礼が盛んになる。	Ⅰ-14
15〜18世紀	オセアニアにキリスト教が入る。	Ⅱ-31
1453	オスマン帝国によるコンスタンティノポリス陥落。	Ⅱ-8　Ⅱ-14
1492	スペイン王国の成立。ユダヤ教徒を国内から追放。	Ⅱ-4
	グラナダ陥落。イスラーム勢力が西欧から駆逐される。	Ⅱ-14
1517	マルティン・ルターが「95箇条の提題」を張り出す。宗教改革がはじまる。	Ⅱ-9
1529	ルター派を制限しようとするカール5世に，諸侯が「プロテスト」（プロテスタントの由来）。	Ⅱ-9
1549	フランシスコ・ザビエルがキリスト教の日本伝道をはじめる。	Ⅱ-41
16世紀	オセアニアにイスラームが入る。	Ⅱ-31
	中南米の先住民がキリスト教に改宗する。	Ⅱ-29
	ナーナクによりスィク教が創始。	Ⅱ-19
16世紀後半	マテオ・リッチが中国でカトリックの布教を行う。	Ⅱ-26
	キリシタン大名が登場。ローマに天正遣欧使節を送る。	Ⅱ-41
1587	豊臣秀吉が伴天連追放令を出す。	Ⅱ-41
1597	豊臣秀吉により，キリシタン26人が殉教（日本26聖人）。	Ⅱ-41
17世紀〜	イギリスのピューリタン主義，ドイツの敬虔主義が盛んとなる。	Ⅱ-9
1614	徳川幕府，すべての地域でのキリスト教信仰を禁止する。	Ⅱ-41
1637	島原・天草の乱。	Ⅱ-41
17世紀半ば	シャブタイ・ツヴィによるメシア運動が広まる。	Ⅱ-4
1771	ゾロアスター教のアヴェスタが西欧語に翻訳される。	Ⅰ-4
1814	黒住宗忠により黒住教創立。	Ⅱ-45　Ⅱ-46　Ⅱ-48
1822	ロゼッタストーンの解読。	Ⅰ-4
1838	中山みきにより天理教創立。	Ⅱ-45　Ⅱ-46
1853	ペリー来航。	Ⅱ-42
1854	アッシリア王アッシュルバニバルの図書館発見。	Ⅰ-4
1857	本門佛立講創立（現・本門佛立宗）。	Ⅱ-45　Ⅱ-46
1859	ダーウィン『種の起源』刊行。	Ⅰ-4　Ⅰ-8　Ⅲ-17
1859	金光大神（赤沢文治）により金光教創立。	Ⅱ-45　Ⅱ-46
1865	長崎でキリシタンが発覚。浦上四番崩れが起こる。	Ⅱ-42
	ブースによりイギリスに救世軍創立。	Ⅱ-49
1867	王政復古の大号令。	Ⅱ-36
1868	神仏分離の令が出される。	Ⅱ-36　Ⅱ-39　Ⅱ-40
1869	東京招魂社が建立，1879年靖国神社と改称。	Ⅲ-15
1871	タイラー『原始文化』刊行。	Ⅰ-8
1872	日本基督公会（日本最初のプロテスタント教会）設立。	Ⅱ-42
1873	神社が「国家ノ宗祀」となる。	Ⅱ-36
	明治政府がキリシタン禁止の高札を撤去。	Ⅱ-42
1879	マックス・ミュラーによる『東方聖典集』刊行はじまる。	Ⅰ-4
	アメリカでクリスチャンサイエンス創立。	Ⅱ-49
1891	内村鑑三不敬事件。	Ⅱ-42
1892	大本創立。	Ⅱ-47
1894	ドレフュス事件。	Ⅱ-4
1906	神社整理が行われる（〜1917年）。	Ⅱ-36
1913	ほんみち創立。	Ⅱ-47
1921	第一次大本事件。	Ⅱ-47
1922	オスマン朝トルコ崩壊。	Ⅱ-14
1924	ひとのみち教創立（現・パーフェクト・リバティー教団）。	Ⅱ-47
1925	アメリカで進化論をめぐって「スコープス裁判」（モンキー裁判）が起こる。	Ⅲ-4　Ⅲ-17

1928	霊友会創立。	Ⅱ-47
1930	日本宗教学会が設立される（初代会長は姉崎正治）。	Ⅰ-7
	アメリカ，デトロイトでネーションオブ・イスラームが結成。	Ⅱ-14　Ⅱ-49
	創価学会創立。	Ⅱ-47
1935	第二次大本事件。	Ⅱ-47
1939	宗教団体法施行（日本）。	Ⅰ-20
1940	神祇院が設置される。	Ⅱ-36
1945	宗教法人令施行（日本）。	Ⅰ-20
	GHQより神道指令が出される。神祇院の廃止。	Ⅱ-36
1946	宗教法人神社本庁が発足。	Ⅱ-36
1948	世界教会協議会（World Council of Churches）創設。	Ⅱ-9　Ⅱ-10
1949	イスラエル国家の成立。	Ⅱ-4
1951	宗教法人法が制定（日本）。	Ⅰ-20　Ⅱ-39
1952	サイエントロジー創立。	Ⅱ-45
1954	全日本仏教会の発足。	Ⅱ-39
1959	ダライ・ラマ14世，チベットからインドへ亡命。	Ⅱ-25
1962～65年	第2ヴァチカン公会議。	Ⅱ-7　Ⅱ-29
1964	創価学会が公明党を結成（1970年分離）。	Ⅲ-8
1965	ローマ教皇パウルス6世と世界総主教アテナゴラスが破門状態を解除。	Ⅱ-8
1966	ハレ・クリシュナがアメリカで布教を開始。	Ⅱ-17
1969	アル＝アクサー・モスク襲撃事件（エルサレム）。	Ⅱ-13
1978	人民寺院，ガイアナで集団自殺（914人死亡）。	Ⅲ-11
1979	イラン・イスラーム革命。	Ⅱ-3　Ⅲ-1　Ⅲ-4
1989	フランスでスカーフ論争が起こる。	Ⅱ-14　Ⅲ-7　Ⅲ-10　Ⅲ-12
1992	インド北部でアヨーディヤー事件。	Ⅱ-17
1993	「宗教と社会」学会が設立される。	Ⅰ-7
1995	1月　阪神・淡路大震災。	Ⅰ-6　Ⅱ-48　Ⅲ-15
	3月　オウム真理教地下鉄サリン事件（13名死亡約6000名の負傷者）。	Ⅰ-6　Ⅰ-16　Ⅱ-48　Ⅲ-11　Ⅲ-19
2001	フランスで反セクト法成立。	Ⅲ-2　Ⅲ-11
	9.11アメリカ同時多発テロ事件。	Ⅱ-14　Ⅲ-4　Ⅲ-23
2002	グジャラート暴動。	Ⅱ-17
2004	フランスの公立学校でこれみよがしな宗教的標章の着用禁止法成立。	Ⅲ-7　Ⅲ-10　Ⅲ-14
2006	宗教法人法改正（日本）。	Ⅰ-20　Ⅲ-10
2011	宗教文化教育推進センターの設立。宗教文化士の資格創設。	はじめに　Ⅰ-2
	3月　東日本大震災。	Ⅰ-6　Ⅱ-48　Ⅲ-3　Ⅲ-5　Ⅲ-15　Ⅲ-16　Ⅲ-19　Ⅲ-23
2012	東北大学で臨床宗教師研修はじまる。	Ⅲ-16　Ⅲ-19
2013	訪日外国人が1000万人を超える。	Ⅰ-2

宗教文化士試験問題例と解説

【選択問題解説】

◎第1回の試験問題より

問46　宗教社会学において行われてきた研究について適切に記述してあるものを，次から2つ選びなさい。

ア　宗教社会学は，宗教を研究対象とするとともに，ウェーバーやデュルケームなどの理論も積極的に取り入れてきた。

イ　宗教社会学は教団の研究や宗教運動の研究が中心であったので，心理学や人類学の研究には関心をはらってこなかった。

ウ　宗教社会学は今でも神学の影響を強く受けているので，神の存在を否定するような人は宗教社会学者にはいない。

エ　20世紀初頭に，宗教社会学を確立させた代表的な学者として，ルドルフ・オットーとミルチャ・エリアーデがあげられる。

オ　日本の宗教社会学においては，新宗教も研究対象にされてきた。

　正答はアとオである。イが適切でない理由は，アにあるデュルケームが『宗教生活の原初形態』においてアボリジニによるトーテミズムをもとに，宗教が集合的沸騰によって社会的統合を生み出す機能を明らかにしようとしたことから誤りである。ウも不適切である。宗教社会学は神学的な発想を廃して宗教を社会学的に考察しようという視座と方法論を有しているが，宗教社会学者の中には信仰者もいれば，無信仰のものもいる。エのルドルフ・オットーは宗教現象学，ミルチャ・エリアーデは宗教学・宗教史学の泰斗であるので誤りである。

〈関連項目〉　Ⅰ-5

◎第4回の試験問題より

大学で宗教学を学んでいる後輩が，図書館で宗教学の基本的な本を読んでいるのを見かけて声をかけた。その内容が適切であったものを，次から2つ選びなさい。

ア　E. B. タイラーの『原始文化』を読んでいたので，「アニミズムという考えがどういうものかに関心がある人には面白いと思うよ」と声をかけた。

イ　J. G. フレーザーの『金枝篇』を読んでいたので，「近代の宗教制度を知るにはとても役に立つよね」と声をかけた。

ウ　R. ベラーの『徳川時代の宗教』を読んでいたので，「宗教と近代化の問題を考えるとき参考になる本だね」と声をかけた。

エ　É. デュルケームの『宗教生活の原初形態』を読んでいたので，「創唱宗教の教典成立過程を調べるのに役に立つね」と声をかけた。

オ　R. オットーの『聖なるもの』を読んでいたので，「無神論を正面から扱っているので参考になる本だね」と声をかけた。

　正解はアとウ。イの『金枝篇』は，世界各地の神話や伝説，呪術，儀礼の事例を集め，呪術と宗教の問題や穀物神の死と再生の問題などを広く論じているので，近代の宗教制度を知ることには直接的にはつながらない。エの『宗教生活の原初形態』は，トーテミズム研究を手がかりに宗教現象を社会との関わりのなかで明らかにしようとした宗教社会学の基本書。創唱宗教が主題ではない。なお『宗教生活の原初形態』の「原初」という訳語については，もともとのデュルケームの意図を正しく伝えていないと指摘されてきた。2014年には新しい翻訳『宗教生活の基本形態』山崎亮訳（ちくま学芸文庫）が出版されている。今後は『宗教生活の基本形態』と呼ばれるようになるだろう。オの『聖なるもの』は，神学者であったオットーが聖なるものにある非合理性を論じ，それが直感的にとらえられるものであることを述べた宗教現象学の古典である。無神論を論じたものではない。

〈関連項目〉　Ⅰ-5

◎第5回の試験問題より
キリスト教の聖地に関する次の記述として適切なものを，次から2つ選びなさい。
ア　フランス南西部の町ルルドが病気治しの泉のある聖地として知られるようになったのは，19世紀後半のことである。
イ　エルサレムにある聖墳墓教会の中心には，十二使徒の一人であるペテロの墓がある。
ウ　世界遺産に登録されているサンティアゴ・デ・コンポステーラは，スペインの北西部に位置する。
エ　正教会の修道院があるアトス山は長らく女人禁制であったが，世界遺産登録後は女性も訪れることができるようになった。
オ　バチカンにキリスト教会が建てられたのは，異邦人伝道を行ない，初代教皇と位置づけられるパウロの殉教した土地という言い伝えがあったからである。

　正解はアとウである。十二使徒のペテロ（ペトロ）は，ローマで伝道活動を行い，皇帝ネロの迫害により逆さ十字にかけられて殉教したと伝えられる。ペテロはイエスから「天の国の鍵」を預かったとされ，初代のローマ教皇とされ，彼の墓所に教会が建てられた。それがバチカンの基礎となった。よってイとオは正しくない。聖墳墓教会のなかにはイエスの墓と伝えられる聖堂がある。ギリシャのアトス山は，峻厳な崖や岩場によるアトス半島にそびえる。いまでも多くの修道士が暮らし，ギリシャ国内とはいえ自治が認められており，現在も女人禁制が厳しく定められている。
〈関連項目〉 Ⅰ-14　Ⅱ-7　Ⅱ-8

◎第6回の試験問題より
問17　中国の宗教政策の説明として適切なものを，次から2つ選びなさい。
ア　現在の中国では儒教，仏教，ヒンドゥー教，カトリック，プロテスタントの五教を公認宗教としている。
イ　中国の西域にはイスラム教徒（ムスリム）が多いが，イスラム教を信じることは認められている。
ウ　中国はロシアとの友好関係に配慮して，ロシア人のキリスト教宣教師には特別に布教活動を認めている。
エ　中国は20世紀末以来，バチカンとは友好関係を保っているので，ローマ教皇が任命した司教をそのまま認めている。
オ　中国では公認された宗教の関係者であっても，宗教家が政治に介入することは禁じられている。

　正答はイとオである。現代中国において公認宗教とされているのが，仏教・道教・イスラーム・カトリック・プロテスタントであることから，アは誤りである。ウのような事実はないので誤りである。エはまったく逆であり，中国の宗教政策の基本は，中国宗教の自律，すなわち外国からの影響力を受けないことにあるため，カトリックのローマ教皇庁による司教叙任の権限を無視して，中国のカトリック教会で独自に司教を選出させた経緯がある。中国では信教の自由が認められているものの，共産党員は無神論をむねとし，政治的指導が公認宗教である五団体になされている。しかしながら，公認されていない施設を用いるプロテスタントの地下教会（家庭教会）は激増しており，仏教寺院の復興もめざましい。
〈関連項目〉 Ⅱ-26

【論述式】
◎第1回の試験問題より
問　次の5人が現代日本の宗教教育について話し合っている。どの人の話が共感をもてるか，あるいは説得的と感じるかを明確にしたうえで，そのテーマに関する自分の意見を，600字以上800字程度で述べなさい。
A　「宗教のことを中学校や高校で教えるのは難しいから，積極的に考えなくていい。宗教のことは自分の考えがしっかりしてから学んだ方がいい。大学ならいいかもしれない。」
B　「教科書には宗教に関することが書いてあるよ。歴史や地理の教科書にも倫理の教科書にも書いてある。だから，もう十分学んでいるから，今のままであまり問題はないと思う。」
C　「それは言葉だけ教わっているんで，あんまり実際の理解になっていないんじゃないか。高校くらいだったら，お坊さんとか，牧師さんとか，神主さんとかを教室に招いて，そうした人の話を聞くような機会があってもいいんじゃないかな。」
D　「宗教家を招くのはどうかと思うけど，日本にもいろんな国の人が来るようになったから，中学や高校では実際の生活

に結び付いた宗教について，もっと学ぶ機会を増やした方がいいと思うよ。」
E 「私は，むしろアブナイと言われているような宗教について，しっかりと教えた方がいいと思う。専門家を呼んだりして，どんな宗教に注意したらいいのか，意見を聞く機会が必要だと思う。」

　どの意見であっても一理はあるので事例を使ったり，自分なりの議論を展開して説得的な論説をまとめられるのであればそれでよい。しかし，AとBは若干議論として不十分になる恐れがある。Aについて言えば，確かに価値観を扱う宗教の問題を初等・中等教育で扱うのは難しいのだが，日本人の若者の二人に一人がこの段階で教育を終えることを考えると，難しくとも宗教に関わる知識をしっかり教えておくことは重要であると思われる。Bの意見では，教科書に諸宗教に関する十分な記述があるということだが，やはり歴史的・地誌的な知識，あるいは宗教の倫理的な側面だけでは宗教を十分に考察されたものとは言えない。
　C，D，Eの方が建設的な意見と言える。Cにおいて適切な宗教家を招いて話を聞くことは有用な情報を得られると思うが，学校で宗教だけの話を講話としてもらうことはいささか難しいかもしれない。Dの考えをもう少し広げてみると，宗教の多様な側面を生活の場で確認するということだが，この発想はお勧めできる。イスラム教徒といっても生活する地域によって風俗や文化もかなり異なる。Eの話はカルト問題に関わるが，大学などで正体を隠して勧誘する宗教団体の情報は知っておいて損はない。
　どの観点で考えるにせよ，正答が一つということではないので，宗教の幅と奥行きを捉えられるような議論を展開すればよいのではないかと思われる。

◎第２回の試験問題より
問　宗教文化は日常生活のさまざまな面にかかわっている。これについて，次のA～Eの５つの意見のうち，自分が強く共感するもの，あるいは納得するものを１つあるいは２つ選び，なぜそう考えるのかについて，必ず具体的事例をあげながら，600字以上800字程度で述べなさい。
A 「年中行事や人生儀礼といった儀礼的な習俗には，それぞれの国の宗教文化の特徴を考えるいい手がかりがある。」
B 「宗教を描いた映画を観ることが，その宗教に関連した宗教文化を具体的に知る上で大変役に立つ。」
C 「宗教建築というものは，それぞれの宗教の世界観を示しているし，目指そうとするものが見えてくるので，宗教文化の理解には有益である。」
D 「絵画，彫刻，音楽といったものの中には，宗教的なモチーフが非常に多い。宗教文化が実際に人々に与えた影響をみていくとき，芸術作品はとても重要である。」
E 「宗教文化を深く理解しようとするとき，文学作品はきわめて重要である。文学には宗教思想だけでなく，宗教が実際に人々の生き方にどのような影響を与えたかを描いたものが多い。」

　ふだんはとくに意識していなくとも，生活のなかで宗教文化に触れる機会は多い。どう宗教と関わっているのだろうか，と少しアンテナを敏感にすることで，新たな発見をすることも多いだろう。旅先で訪れた寺や神社，教会の建築の意匠もその背景にある思想を理解していると，細かい気づきが得られる。また宗教の知識を知っていると，映画をみたときや美術館に行ったとき，小説を読んだときにその感動や印象がぐっと深まってくる。
　この課題には，それらについて具体例を挙げて論じることが求められている。Aについては，日本を取り上げるなら，初詣，お彼岸，お盆，十五夜などの年中行事や七五三，結婚式，葬式などの人生儀礼と日本の宗教の関係について書くことができるだろう。バレンタインデーやクリスマス，キリスト教式の結婚式についても，日本人の宗教意識との関係で論じることが可能だ。Cの宗教建築についてが，比較的難易度が高いだろう。教会のステンドグラスや仏教寺院の伽藍配置などのほか，神道については本殿をもたずに神体山を直接拝むような神社を取り上げ，建築だけではなく立地も含めた記述にしてもいいのではないだろうか。
　B，D，Eについては，本書のなかにある映画と宗教，美術と宗教，文学と宗教の項目で具体的な作品を挙げて説明がなされている。設問にはないが音楽も宗教文化と深く関わり合いながら展開してきた。また最近のポップカルチャーは宗教の影響を受けたものがとても多い。これらについても目を配っておいて欲しい。
〈関連項目〉　Ⅲ-20　Ⅲ-21　Ⅲ-22　Ⅲ-23　Ⅲ-24　Ⅲ-25

資料

資料1　ユダヤ教の主要な年中行事

太陽暦	ヘブライ暦	祝祭名	意味づけ／行事内容	聖書の典拠
9－10月	ティシュレイ月1日	ローシュ・ハ・シャナ	新年祭／リンゴ，蜂蜜で祝う	レビ記23:24-25，民数記29:1-6
9－10月	同　10日	ヨム・キップール	大贖罪日／断食，シナゴーグでの祈り	レビ記16章，同23:26－32
9－10月	同　15日	スッコート（仮庵祭）	出エジプトでの放浪，秋の収穫祭／仮庵を作り，その中で8日間祝う。コヘレトの朗読。	レビ記23:39-43他
12月	キスレヴ月25日	ハヌカー	紀元前2世紀ハスモン家による神殿奉献／灯火をともす。油ものを食す。	第1，2マカバイ記
2－3月	アダル月14日	プリム	ペルシア時代のユダヤ人救済／エステル記の朗読，仮装。	エステル記
3－4月	ニサン月14日	ペサハ（過越祭）	出エジプト・春の収穫祭／酵母の除去，セデル	出エジプト記12章，同23:14他
5－6月	シヴァン月6日	シャブオート（五旬祭）	トーラー授与・初夏の穀物収穫祭／乳製品を食す，草花で装飾。ルツ記の朗読	出エジプト記23:16 レビ記23:15-21他
7－8月	アヴ月9日	ティシャ・ベ・アヴ	エルサレム第二神殿崩壊／断食，哀歌の朗読	

出所：筆者作成。

資料2　サンチャゴ巡礼路・フランス「ル・ピュイの道」 Ⅰ-14

撮影：平藤喜久子

資料3　フィレンツェ・シナゴーグ Ⅱ-4 Ⅱ-5

撮影：平藤喜久子

資料4　アムステルダム・シナゴーグ内部 Ⅱ-4 Ⅱ-5

撮影：平藤喜久子

資料5　バチカン・サンピエトロ広場 Ⅱ-7

撮影：平藤喜久子

資料6　神戸・ジャイナ教寺院　[Ⅱ-18]

撮影：平藤喜久子

資料7　雲岡石窟　[Ⅱ-24]

撮影：平藤喜久子

資料8　長崎・大浦天主堂　[Ⅱ-41]

撮影：平藤喜久子

資料9　ボストン・クリスチャンサイエンス　[Ⅱ-49]

撮影：平藤喜久子

人名さくいん

あ行

赤沢文治（金光大神） 30, 138, 192
赤松智城 14
秋葉隆 14
アクィナス，トマス 61
アサド，T. 2, 7, 12, 23
麻原彰晃（松本智津夫） 143
アソーカ王（アショーカ王） 86, 90, 92
姉崎正治 14, 132
アブラハム 28, 54, 180
荒木美智雄 31
アンベードカル 86
イエス 192
イエス（キリスト） 26, 28, 30, 34, 53, 58, 60, 161, 189, 192
井門富二夫 15
池上良正 132
池田大作 192
磯前順一 12
伊藤真乗 30
伊藤幹治 15
稲場圭信 158
井上哲次郎 131
井上順孝 136, 159
イングルハート，R. 151
ヴァーグナー，R. 191
ヴァリニャーノ，A. 128
ヴァルダマーナ 88
ヴィヴェーカーナンダ 81
ウィルソン，B. 40, 107, 148
ウェーバー，M. 15, 31, 40, 148, 156
植村正久 131
ウスマーン 69
内村鑑三 130
宇野円空 14
エヴァンズ＝プリチャード，E.E. 10
エリアーデ，M. 3, 11, 27
エリザベス1世 193
王陽明 101
岡田茂吉 30
オジェ，M. 107

か行

オットー，R. 3, 11
オラス，B. 107

賀川豊彦 131
カサノヴァ，J. 149
荷田春満 117
カニシカ王 92
賀茂真淵 117
カルヴァン，J. 64
川村邦光 31
鑑真 121
ガンディー，M. 81
岸本能武太 14, 15
岸本英夫 6, 15
北村サヨ 141
行基 121
清沢満之 124
キング，M.L. 67
空海 30, 121, 127, 192
空也 121
クールベ，G. 189
鳩摩羅什 89, 98
公文俊平 15
クラーク，W.S. 130
黒住宗忠 30, 138
賢首大師法蔵 95
玄奘 95, 98
源信 121
玄昉 121
孔子 99, 100
孝本貢 43
ゴータマ・シッダールタ 88
コーン，H. 164
小澤浩 31
コマロフ，J. 107
コルトレーン，J. 191
コンスタンティヌス大帝 59

さ行

最澄 30, 121, 127
櫻井徳太郎 15
櫻井義秀 158
佐々井秀嶺 87
佐々木宏幹 46
佐藤誠三郎 15

ザビエル，フランシスコ 61, 128
サンガラクシタ 87
サンドクラー，B. 107
ジェイムズ，W. 11, 34
ジェーンズ，L.L. 130
慈恩大師基 95
島地黙雷 124
島薗進 30, 142
釈迦（シャカ） 27, 34, 88
釈雲照 124
シャブタイ・ツヴィ 55
シャンカラ 77, 79
朱熹 100
シュミット，C. 153
シュミット，W. 19
荀子 100
聖徳太子 120
シン，J. 67
ジンナー，M. 81
親鸞 30, 122, 192
鈴木範久 7
スターク，R. 150
スターバック，E.D. 9, 11
スミス，A. 165
スミス，R.J. 43
スミス，W.R. 9
聖明王 120
世親 93
善導 95
ゾロアスター（ザラスシュトラ） 30, 52
ソンツェン・ガムポ王 96

た行

ダーウィン，C. 8, 180
ターナー，V. 23, 29
タイラー，E.B. 9, 10, 16, 18, 19
高木顕明 124
谷口雅春 30
ダヤーナンダ・サラスヴァティー 81
ダライ・ラマ 97, 99
ダライ・ラマ14世 97
千々石ミゲル 129
ツツ，D. 67

	デ・ロヨラ，I. 61		バルト，K. 66		マルコムX 75
	テイラー，C. 163		パンチェン・ラマ 97		マレット，R.R. 17
	出口王仁三郎 30, 140		ヒューム，D. 16, 18		御木徳一 140
	出口なお 30, 140		平田篤胤 117		源頼朝 116
	手塚治虫 196		ファード，W. 144		宮崎駿 197
	デューイ，J. 18		ファン・デル・レーウ，G. 11		ミュラー，F.M. 8, 14, 21, 44
	デュルケム，É. 3, 6, 10, 14, 15, 23, 45, 148		ファン・ヘネップ，A. 22, 29		無著 93
	ド・ブロス，C. 16		ブース，W. 145		ムハンマド 26, 30, 68, 192
	道鏡 121		フォーテス，M. 42		村上重良 31
	道宣 95		フォックス，J. 107, 151		村上泰亮 15
	ドーキンス，R. 181		福田行誡 124		村田久行 178
	トールキン，J.R.R. 196		ブッダ 30, 53		孟子 100
	徳川家康 117		ブラウン，P. 51		モーセ 54
	戸田城聖 192		ブラバツキー夫人 144		本居宣長 117
	ドベラーレ，K. 149		プリニウス 59		森岡清美 15, 137
	トレルチ，E. 40		古野清人 14		
な行	ナーガール・ジュナ（竜樹）89, 92, 93		フルベッキ，G.H.F. 130	や行	安丸良夫 15, 31
	ナーナク 30, 84		フレイザー，J.G. 10, 17, 21		山崎闇斎 117
	内藤莞爾 15		フロイト，S. 11, 17, 21		ヤン，F. 151
	中浦ジュリアン 129		ベインブリッジ，W.S. 150		ユルゲンスマイヤー，M. 164
	中山みき 30, 138, 192		ヘシオドス 21, 50		ユング，C.G. 11, 21
	ニコライ 62		ペトロ 58		吉田兼倶 116
	西田幾多郎 14		ベネディクトゥス 60		吉野作造 131
	西山茂 136, 142		ヘボン，J.C. 130		ヨハネ 58
	日蓮 192		ベラー，R.N. 15, 17		ラーマーヌジャ 79
	新渡戸稲造 130		ヘンリー8世 64, 193		
	ノックス，J. 64		法然 30, 122	ら行・わ行	ラシ 55
	ノリス，P. 151		ホメイニー 154		ラドクリフ・ブラウン，A. 10
は行	バーガー，P. 15, 148		ホメロス 20, 50		ラマルク，J. 180
	パーソンズ，T. 10, 15		堀一郎 15		ラム・モホン・ラエ 81
	パウロ 34, 59		ボンヘッファー，D. 66		ラング，A. 19
	パスパ 95	ま行	マーニー 53		リッチ，M. 99
	パットナム，R. 152		マイモニデス 55		ルソー，J.J. 18
	バハーオッラー 30		牧口常三郎 192		ルター，M. 64
	林羅山 117		マドヴァ 79		ルックマン，T. 15, 149
	バラ，J.H. 130		マハーヴィーラ 30, 82		ルドン，O. 189
	バランディエ，J. 107		マリア 58, 61, 189, 195		蓮如 122
			マグダラのマリア 192		老子 102
			マリノフスキー，B.K. 10, 14		脇本平也 18
			マルクス，K. 148		

事項さくいん

あ行

アートマン 77, 79
アーラヤ識 89
アーランニャカ 78
アーリヤ・サマージ 81
ID（インテリジェント・デザイン）論 181
アイヌ民族 39, 47, 134
アヴェスター 8, 9, 52
アガペー 158
『阿含経』 93
阿含宗 142
アザーン 191
飛鳥寺（法興寺） 120
アズハル学院 71
愛宕や秋葉（火除けの神） 117
アッラー 33
アドヴァイタ・ヴェーダーンタ学派 79
アトス 63
アナバプテスト（再洗礼派） 64
アニミズム 9, 16, 18, 104, 134, 197
——論 44
アノミー 148
アフラ・マズダー 52
阿弥陀 94
『阿弥陀経』 93
アメリカ先住民教会 144
アヨーディヤー事件 81
アラカン 92
アル・カイーダ 154
アルメニア教会 62
アレイオス論争 59
アレフ 169, 196
安息日 56
アンラ・マンユ 52
イースター 59
イエズス会 61, 99, 128
家制度 43
家墓 43
いえモデル 41
イギリス国教会 61, 64
イグレシア・ニ・クリスト 175
異言 105

イスラーム 18, 25-27, 30, 33, 39, 70, 72, 74, 78, 81, 84, 98, 106, 109, 147, 152, 154, 158, 165, 166, 171, 175, 180, 191-193
——学者（ウラマー） 69
——革命 149, 154
——金融 73
——圏 55
——神秘主義 191
——法学（フィクフ） 69
フォーク・—— 72
イスラム教徒 28
イスラム原理主義 154
イスラモフォビア 75
伊勢神宮 126, 194
——式年遷宮 114, 116
伊勢神道 116
イタコ 46, 133
位置同一性 29
位置との同一化 23
一宮 115
一貫道 99, 147, 149
一向一揆 122
一神教 16-18, 49, 180
イナウ 135
稲荷神社 116
いのちの教育 179
位牌 42
移民 174
——の宗教 175
イヨマンテ「霊送り」 135
慰霊 13, 109, 153, 156, 163, 176
岩のドーム 28
インサイトメディテーション教会 144
隠修士 60
インディアン・シェイカー教会 144
陰陽五行説 100, 116
陰陽説 102
「ヴィーナス」 188
ヴィシュヌ派 81
ヴードゥー（ブードゥー） 105, 191

ヴェーダ 9, 77, 78, 80, 88, 126
円仏教（ウォンゴルギョ） 110
氏神 41
氏子 32, 41
内村鑑三不敬事件 130
優婆夷 33
優婆塞 33
ウパニシャッド 76-78
浦上四番崩れ 130
占い・霊断 47
ウラマー 71
ウンバンダ 105
永平寺 194
エウヘメリズム 21
エートス論 15
易 99
エキュメニズム 61, 65, 67
エクレシア 40
エジプトの神話世界 49
SGI（創価学会インターナショナル） 145
SDA 107
エスニック・チャーチ 149
エディプス・コンプレックス 11
恵比須（商業神，漁業神） 117
ものみの塔聖書冊子協会（エホバの証人） 107, 137, 143
エルサレム 194
——神殿 28
『往生要集』 121, 186
オウム真理教 142, 143, 169, 196
——事件 13, 15, 185
『大鏡』 187
大峯山 127
大本 30, 140, 142
おかげ参り 117
御師 117
オシラサマ 197
恐山 133
音 190
オナカマ 46
お宮参り 22
おやこモデル 41
オラトリオ 191

209

オリエンタリスト 80
オリシャ 105
オルフェウス 190
御岳教 139
陰陽師 115

か行

カーゴカルト 109
カースト制 86, 92
カアバ 68
開運商法 179
改革派 64
　——ウラマー 71
　——教会 64
改宗 35
会衆制 41
回心 9, 11, 34, 168
「解放の神学」 105
戒律 5, 91, 96
雅楽 191
カクレキリシタン 129
カシュルート 56
家族葬 43
カトリック 33, 37, 39, 62, 66, 99, 104, 110, 112, 158, 161, 165, 189
　——教会 24, 37, 60, 64, 104, 129, 149, 171
　——信者 104
「神々のラッシュアワー」 141
カミサン 47
カムイ（神） 134
賀茂祭（葵祭） 115, 116
カリスマ 31, 148, 172
　——刷新運動 105
カリフ 69
カルケドン信条 60, 62
カルト 32, 39, 41, 149, 168
　——/マインド・コントロール論争 168
　——問題 13
カルメル会 61
韓国系キリスト教会 175
韓国プロテスタント 111
勧請 116
カンタータ 191
監督制 41
カンドンブレ 105
灌仏会 88
緩和ケア 183

気功 99, 103
吉祥天（ラクシュミー女神） 80
祈年祭 114
機能主義 10
QOL（クオリティ・オブ・ライフ：生活の質） 182
95箇条の提題 64
救世軍（The Salvation Army） 107, 145, 158
9.11同時多発テロ 154
旧約聖書（ヘブライ語聖書） 9, 48, 54, 56, 180
経 96
教育基本法 167
　——第15条 167
教育勅語 131
教誨師 184
教会税 149, 160
狂言綺語 187
教祖 30
　——伝 31
教典 24
　——宗教 25
教導職 118, 124, 138
共同体（ウンマ） 27
教派神道 118, 138
教派神道十三派 119, 138
教父 63
教部省 124
キリシタン 123, 128, 130
　——禁制 123
　——大名 128
　——版 128
　潜伏—— 129
キリスト 59
　——教 2, 12, 18, 25-28, 30, 35, 39, 41, 51, 58-60, 66, 74, 78, 98, 103, 104, 106, 107, 109, 110, 112, 118, 131, 136, 144, 147, 152, 156, 158, 166, 171, 180, 189193
　——教会 24, 34, 119, 175
　——教圏 55
　——教徒 67, 80
ギルガメッシュ叙事詩 8, 48
儀礼 22
　——象徴論 23
義和団 99
『金枝篇』 10, 17

グアダルーペ 29
寓意説 21
空衣派 83
偶像崇拝 18
供犠 50
苦行 195
クシャトリア 88
グジャラート暴動 81
具足戒 121
苦難の神義論 156
グノーシス 59
熊野
　——古道 194
　——三山 115, 127
　——三社 126
　——神社 116
供養 133, 157
　——主義 43
グリーフケア 153, 159
グリーフワーク 183
クリシュナ 79
　——意識国際協会（ハレ・クリシュナ） 137
クリスチャン 33
　——サイエンス（Church of Christ, Scientist） 145
　——連合 155
クリスマス 27, 58, 144
クリュニー会 60
クルアーン（コーラン） 25, 68, 191
グルー 84
クレタ文明 50
グローバリゼーション 70
グローバル化 2, 4, 148, 167, 174
黒住教 30, 136, 138, 142
クワンザー 144
経営 172
　——人類学 173
敬虔主義（ハスィディズム） 55, 65
傾聴 185
『華厳経』 93
華厳宗 95
化身ラマ 96, 97
解脱 77, 82, 126
結集 89
血盟団 125
外典 24

事項さくいん

外道 93
ゲルク派 97
「厳格分離」制 160
研究者の立場性 11
顕教 96
元型 11, 21
原罪 61
原始一神教 19
原始宗教 16
『源氏物語』 187
顕密仏教 121, 122
原理主義 154, 181
　──者 161
業 77
公共圏 163
黄巾の乱 99, 102
皇帝礼拝 51
皇典講究所 119
公同教会 64
孝道教団 141
「公認宗教」制 160
幸福実現党 162
幸福の科学 162, 196
公明党 141, 162
合理的選択理論 150
五戒 33, 89, 91
五行説 102
国学 117, 123
国際カリタス 158
国際勝共連合 162
国立戒壇 141, 162
護国神社 177
御座立て 47
五山・十刹・諸山 122
『古事記』 20
五旬祭 58
個人的無意識 21
コスモス戦争 165
瞽女 47
五大宗教 99, 151
「古代末期」論 51
告解（confession） 37
国家神道 41, 125
五斗米道 102
護摩 79
ゴミソ 47
コミュナリズム 81, 149
コミュニスタ 29
コンクラーベ（教皇選挙） 67

さ行

権現 126
金光教 19, 30, 136, 138, 142, 147, 192
『今昔物語集』 186

サーンキヤ学派 77
サーンキャ・ヨガ学派 79
災因論 106, 141
サイエントロジー 136
在家講 138
サイババ・ブーム 80
蔵王権現 127
ザカート 158
サラフィー主義 71
三一権実論争 121
サンガ 40, 90, 91
三学 91
山岳信仰 115
三教帰一 103
散骨 43
三蔵 89, 91
サンティアゴ 104
　──信仰 104
　──・デ・コンポステラ 28, 194
サンテリーア 105
山王一実神道 117
サンヒター 78
三宝 91
三法印 88
三位一体論 59
GLA 142
シヴァ派 81
ジェンダー（gender） 170
シオニズム運動 55
四国遍路 28, 194
持斎 114
慈済会 113
思親会 141
死生学（death studies） 183
自然宗教 48, 134
自然葬 43
四諦八正道 88
寺檀制度 41
十界修行 127
実行教 139
シトー会 60
ジナ 82
シナゴーグ 56, 57

島原・天草の乱 129
市民宗教 164
シャーマニズム 99, 110, 134, 191
シャーマン（shaman） 30, 46, 110, 172
ジャイナ教 30, 77, 79, 80, 82, 88
　──徒 5, 9, 80
社会鍋 145
社格 118
折伏 38, 141
邪視 106
邪術 106
社葬 173
シャハーダ（信仰告白） 33
沙弥 91
シャリーア（イスラーム法） 154
宗教右派 67, 155, 161
宗教映画 192
宗教教育 3, 166
宗教現象学 11
宗教社会学 9, 17, 30, 163
　──研究会 15
宗教情操教育 166
宗教的情操教育 3
宗教進化論 16
『宗教心理学』 9
宗教心理学 11
宗教知識教育 3, 166
宗教ツーリズム 194
「宗教と社会」学会 15
『宗教年鑑』 32, 40
宗教のイデオロギー性 10
宗教の個人化 41
宗教の発展段階 17
宗教文化 2
　──士 5
宗教文化教育 5, 167
　──推進センター 5
宗教法人 40, 177
　──法 40, 125, 141
従軍僧 124
習合神道系 138
集合的無意識 21
十字軍 28, 60, 74, 193
自由主義神学 66
十善戒 124
修道院 63, 193
修道会 60

211

修道士　128
修道制　60, 63
宗派教育　3, 166
終末観　52
終末思想　155
終末論　52
宗門改め制度　129
宗門人別改帳　123
儒学　123
　　──思想　100
儒教　42, 95, 99-101, 110, 176
修験道　127
守護不入権　123
朱子学　95, 100, 110
呪術　16, 17, 109, 142, 188
出エジプト　57
受肉論　189
『種の起源』　8, 16, 180
呪物崇拝（フェティシズム）　16, 45
純福音教会　111, 137
巡礼　28, 193, 194
　　──者　193
招魂社　176
上座部　89, 90
　　──仏教　144
上座仏教　5, 90, 99, 152, 153
　　──寺院　149
唱題　141
浄土教　95, 121
浄土思想　93
浄土宗　30
浄土信仰　94
浄土真宗　30
少年使節団　128
情報化　4
声明　191
浄霊　149
贖宥状　64
諸社禰宜神主法度　117
諸書（クトゥヴィーム）　56
真耶蘇教会　113
進化心理学　45, 181
進化生物学　21, 45, 181
進化論　45, 155, 180
人間仏教　95, 113
神祇院　119
信教の自由　130, 141, 160, 162, 177

神宮教　139
神宮寺　126
シンクレティズム　104-106
信仰治療　37
人工妊娠中絶　183
新興仏教青年同盟　125
信仰復興（リバイバル）運動　39
新興類似宗教　125
神国思想　123
真言　122, 127
　　──宗　30, 96
　　──密教　121
信者　32, 40
神社　41
　　──神道　32
　　──整理　119
　　──本庁　119
真宗　122, 125
新宗教　11, 13, 19, 30, 47, 135, 136, 138, 142, 144, 146, 156, 192
　　新──　142
　　仏教系──　141
神習教　139
新宗教運動　35, 136, 144, 168
『新宗教事典』　15
神職　41
神身離脱　126
人生儀礼　19
神仙思想　98, 102
神智学　144
神道　18, 44, 114, 116, 118, 123, 127, 136, 156, 176
　　──五部書　116
　　──指令　119, 125
　　──政治連盟　162
　　垂加──　117
　　復古──　117
　　理当心地──　117
　　両部──　115, 116
真如苑　30
神父　39
神仏習合　116, 126
神仏分離　127
神仏分離令　118, 124
人民寺院　136
新約聖書　192
新約文書　58
神理教　139

神話　19, 20, 109
　　インド──　197
　　ギリシア・ローマ──　189
　　ギリシア──　20, 180, 197
　　日本──　20, 180, 197
　　北欧──　197
神話学　21
スィク教　30, 85
　　──徒　80, 85
崇教真光　142
スーフィー　84
スーフィズム　75
スカーフ問題　75, 160
過越祭　57
スコープス裁判　181
スティグマ　31
スピリチュアリズム　47, 195
スピリチュアリティ　13, 149, 178
　　──・ブーム　47
スピリチュアル　182
　　──ケア　178, 182, 184
　　──ケア師　184
　　──ブーム　45, 179
　　──ペイン　178, 182
スプンタ・マンユ　53
スンナ　69
　　──派　69
正教　189
　　──会　33, 165
政教条約（concordat）　160
政教分離　107, 125, 141, 160, 162, 166, 177
聖公会　39, 41, 67
性差別　170
聖餐論争　64
聖書無謬説　155
成人式　22
聖人崇拝　104
聖遷（ヒジュラ）　68
聖俗二分法　3
聖地　28, 194
　　──巡礼　195
生長の家　30, 105, 140, 142, 147
　　──政治連合　162
正典　24
聖典　24
聖なる天蓋　148
西方教会　62

212

事項さくいん

生命主義的救済観　137
生命倫理　183
精霊　106
聖霊　58
　　──運動　105
『聖☆おにいさん』　196
世界救世教　30, 105, 143, 149
世界教会協議会　65
世界基督教統一神霊協会（統一教会）　137, 143
世界宗教　19
世界宗教会議　81
世界真光文明教団　142
セクト　40, 107, 168, 172
世俗化（secularization）　148, 160, 194, 195
説教　39
セルフケア　185
禅　192
宣教　38
　　──師　130
禅宗　95, 103, 122
専修念仏　122
全真教　103
先祖
　　──供養　5
　　──祭祀　42, 141
　　──崇拝　42
全日本仏教会　125
千年王国運動　107
千年王国説　155
戦没者追悼　163
洗礼（バプテスマ）　33
創価学会　105, 112, 125, 140, 141, 143, 149, 162, 192
曹渓宗　110
僧綱　120
葬式　22
　　──仏教　43
創唱宗教　19, 26, 137, 138
『創世記』　189
曹洞宗　95, 132
僧尼令　120
葬礼芸術　189
ソーシャル・キャピタル（social capital）　152, 159
組織宗教　132
祖先崇拝　16, 43, 51
祖霊　42, 106

た行

ゾロアスター教　8, 30, 52
ダーク・ツーリズム　195
ターミナルケア　159, 178, 182
ターリバーン　154
体外受精　183
大教院　124, 138
大元宮　116
大社教　139
大衆部　89, 90
大嘗祭　114
『大正新脩大蔵経』　125
大乗仏教　89, 92
大成教　139
大蔵経　98
第2バチカン公会議　61, 67, 105
タイ仏教　175
太平天国　99
太平道　99, 102
多神教　18, 48, 50
脱魂（ecstasy）型　46
脱魔術化と合理化　148
ダッワ運動　72
田の神　42
タブー　17, 108
ダルマ（法）　78
タルムード　25
檀家　32, 33, 146
　　──制度　123
タンキー（童乩）　46
地下（家庭）教会　151
地下鉄サリン事件　32, 143, 169
チベット仏教　96, 99
チベット密教　143
チャーチ　40, 172
チャプレン　182, 184
中観　93
　　──派　89, 96
中国共産党が公認する宗教　99
忠魂碑　176
中台禅寺　113
甑山教（チュンサンギョ）　110
鳥葬　53
長老教会　113
長老派教会　64
長老制　41
直葬　43
天道教（チョンドギョ）　110
通過儀礼　23

　　──論　22
月次祭　114
デス・エデュケーション　179
テゼ共同体　67
デノミネーション　40
手元供養　43
寺請制度　123, 129, 146
テレビ伝道　39
テレビ霊能者　47
天師道（正一道）　102
天正遣欧使節　129
天照皇大神宮教　141, 143
天神（学問の神）　117
天台　121, 122, 127
　　──宗　30, 96
伝道（mission）　34, 38, 39
天満神社　116
天理教　19, 30, 105, 136, 138, 142, 147, 192, 194
典礼聖歌　191
統一教会　13, 147, 169
東学　146
道学　95
道家思想　102
道教　9, 98, 99, 101, 102, 112
東京招魂社　176
道士　103
道徳教育　3, 101, 148, 167
東方教会　62
東方正教　27
　　──会　62
トゥルスクル　134
トーテミズム　45
トーテム（totem）　45
トーラー　25, 54, 56
　　口伝──　55, 56
ドミニコ会　60, 99, 129
トランス　191
ドレフュス事件　55

な行

なかま-官僚制連結モデル　41
ナショナリズム　164
　　宗教──　163
ナショナリティ　164
七つの秘跡　61
ナマハゲ　197
南都六宗　121, 122
新嘗祭　114
ニカイア・コンスタンティノポリ

213

ス信条　60
ニカイア信条　60
日蓮宗　125
日光東照宮　117
日本国憲法第20条　162, 167
日本国憲法第89条　162
日本死の臨床研究会　183
日本宗教学会　14
『日本書紀』　20
日本人論　164
日本ハリストス正教会　62
『日本霊異記』　186
ニヤーヤ学派　77
ニューエイジ　47, 142, 149
　　──運動　75, 109, 132, 178
　　──系　191
ニューカマー宗教　175
入信　35
女人禁制　171
認知的不協和の状態　168
抜け参り　117
ヌミノーゼ　11
ネーション・オブ・イスラーム
　　（Nation of Islam）　75, 144
ネオゲルマン異教グループ　144
ネストリウス派（景教）　98
年忌法要　42
年中行事　19, 22
脳科学　11, 21
脳死・臓器移植　183

は行
バーガヴァタ・プラーナ　79
パーフェクト・リバティー教団
　　（PL教団）　105, 140, 143
パールシー　53
廃仏毀釈　124, 127
廃仏政策　123
墓　188
　　──参り　7
バガヴァッド・ギーター　79
バチカン　194
八幡信仰　116
八幡神社　116
八戒　91
ハッジ（メッカ大巡礼）　28
八正道　91
初詣　5, 7
ハディース　25, 68, 69, 71
伴天連追放令　128

バハーイー教　30
バビロン捕囚　54
バプテスト教会　105
ハマース　154
ハラール　5
　　──産業　73
祓　116
バラモン　77, 88, 93
　　──教　80, 82, 88, 89, 191
ハレ・クリシュナ　136
　　──運動　80
パレスチナ紛争　193
パワースポット　45, 179, 195
阪神・淡路大震災　13, 143, 177
万人祭司　65
半神半人　180
バンド　130
『般若経』　93
ヒーリング系　191
ヒエログリフ　8
ヒエロファニー　11
比較宗教学　9, 21
東日本大震災　13, 143, 153, 156,
　　177, 184, 193
比丘　33, 91
比丘尼　33
ヒジュラ歴　68
ヒズブ・アッラー（ヒズボラ）
　　154
非聖化（laicization）　149
　　──政策　148
ひとのみち教団　140, 142
火の儀式（ホーマ）　79
ビハーラ　182
　　──運動　184
白衣派　83
白蓮教　99
ヒューマンポテンシャルムーブメ
　　ント　178
ピューリタン　65
　　──主義　65
廟会　103
廟産興学　103
憑霊（possession）型　46
ヒンドゥー　84
　　──教　18, 27, 39, 78, 80, 81,
　　　86, 89, 92, 109
　　──教徒　5, 193
ファティマ　194

ファリサイ派　58
ファンダメンタリズム　154, 155
フィクフ　71
フィリオクェ論争　62
風水　99
Faith-Based Organization（FBO）
　　158
フェミニスト神学　171
フェミニズム　170
不可触民　86
布教　38
福音（gospel）　38, 60
　　──書　58
福音派（Evangelicals）　155, 161
不授不施　123
布施　76
扶桑教　139
仏教　9, 18, 27, 30, 39, 77, 79, 80,
　　86, 88, 92, 94, 98, 101, 109,
　　110, 112, 115, 118, 120, 127,
　　136, 143, 144, 147, 156, 158,
　　170, 186
　　──寺院　32
　　台湾──　175
　　南伝──　93
　　部派──　89, 92, 93
　　ベトナム──　175
　　北伝──　93
仏教徒　80, 91
佛光山　113, 147
仏所護念会　141
仏身論　126
ブッダ（仏陀）　88, 91, 93, 192
『ブッダ』　196
普遍的無意識（集合的無意識）
　　11
ブラーフマナ　76, 78
ブラフマン　77
フランシスコ会　60, 129
プレアニミズム　16
触頭制　124
プロチョイス　161
プロテスタント　5, 61, 62, 64, 66,
　　67, 99, 110, 112, 158, 189
　　──教会　65, 104
　　──系　24
　　──諸教派　39, 40
プロライフ　161
文化大革命　97, 151

214

事項さくいん

文化多元主義 149
幣帛 115
ベネディクト会 60
ヘレニズム 189
弁財天（サラスヴァティー女神）80
変性意識状態（trance）46
ペンテコステ派 105, 107
奉幣 117
『抱朴子』102
法輪功 151
ボーン・アゲイン 161
牧師 39
『法華経』93, 126
菩薩 92
ポストコロニアル 171
　——の批判 11
ホスピス 182
　——運動 178, 184
法鼓山 113
法華宗 122
法相宗 95
ホリスティック教育 179
ポリフォニー芸術 191
ホルス 49, 197
ボン（ポン）教 96
本願寺 122, 125, 194
本地垂迹 115, 126
本末制度 123
ほんみち 140
本門佛立講 136, 138, 140
本門佛立宗 142

ま行

マインド・コントロール 13, 168
マインドフルネスストレス低減法 37
マスジド（モスク）175
媽祖 112
マッカ（メッカ）68
末日聖徒イエス・キリスト教会（モルモン教）5, 137, 143, 145
末法 121
マディーナ（メディナ）68
マナ 17, 45, 108
　——イズム 45
　——識 89
マニ教 53
『マヌ法典』86
マハー・ヴィハーラ 90

真光系教団 142
丸山教 139
ミーマーンサー学派 78
ミケーネ文明 50
ミコ 46
ミサ曲 191
ミシュナ 25
禊 114
禊教 139
密儀 50
密教 27, 89, 95, 96, 116, 121, 127
ミッション・スクール 131
水戸学 123
名神 115
妙智會 141
ミラノ勅令 59
弥勒教 99
民間信仰 132
民族宗教 19
民俗信仰 132
ムーダン 46, 110
無常瑜伽タントラ 97
無神的宗教 18
無神論 151
ムスリム 5, 33, 70, 72, 74, 78, 80, 98, 160, 193
　ボーン・—— 75
『無量寿経』93, 94
瞑想 37
メガチャーチ 150
メシア運動 55
メシアニズム 165
メジュゴリエ 194
メソジスト教会 65, 105
メッカ 194
モーセ五書 56
モスク 36
モラル・マジョリティ 155
モンキー裁判 155, 181

や行

靖国神社 163, 176
ヤハウェ 54
唯識 93
　——思想 93
　——説 89
有信の宗教 18
ユタ 47
ユダヤ教 18, 25, 54, 74, 166, 180
　——徒 5, 28

ユダヤ人 54
　——大虐殺（ショア）55
　——迫害（ポグロム）55
ユピテル 51
『指輪物語』196
ユング派 27
妖術 106
ヨガ 80, 109
預言書（ネヴィイーム）56
吉田神道 116
依代 44

ら行

ラー 49
ラーマ 79
ラーマーヤナ 79
ラーマクリシュナ・ミッション 81
ライシテ 75, 107, 160, 166, 175
ラジニーシ 136
　——瞑想センター 137
ラスタファリ運動 105
ラビ 54
ラマ 96
　——教 95
ラマダーン月 33
ラマッ（霊魂）134
リグ・ヴェーダ 20, 44, 76, 78
律 96
律宗 122
　南山—— 95
立正佼成会 125, 141, 143
律法 56
臨済宗 95
　——教師 178, 185
臨床仏教師 185
輪廻 77, 79, 82, 91
　六道—— 126
ルター派 41, 64
ルルド 29, 194
霊感商法 143
礼拝（サラー）33
霊友会 140, 141
レコンキスタ（国土回復運動）74
蓮門教 139
老子化胡説 126
老荘 95
　——思想 116
ローマ・カトリック 74

215

| ──教会　40, 41, 60
| ローマ教会　60
| ローマ教皇　74, 99
| 六信・五行　33, 69
| 六波羅蜜　92

| ロシア正教　62, 99, 135
| ──会　66
| 六派哲学　77
| ロマン主義　191
| ロン　109

わ行
| ワカ　46
| ワッハーブ派　71

執筆者紹介（氏名／よみがな／生年／現職／業績／執筆担当／宗教学を学ぶ読者へのメッセージ）　　＊は編著者

阿部友紀（あべ・とものり／1970年生まれ）
東北大学文学部研究助教
「現代祈祷寺院における仏教行事の成立」『論集』34号，2008年
「庄内地方の漁民と海の信仰」『地方史研究』第61巻5号，2011年
Ⅱ-43
足元を見直してみること。そこから立ち現われる宗教民俗学があります。

粟津賢太（あわづ・けんた／1965年生まれ）
上智大学グリーフケア研究所客員研究員
『記憶と追悼の宗教社会学――戦没者祭祀の成立と変容』（単著，北海道大学出版会，2017年）
The Cultural Aspects of Disaster in Japan: Silent Tributes to the Dead and Memorial Rocks, *Asian Journal of Religion and Society*, Vol. 4, No. 1., 2016, pp. 53-77.
Ⅲ-8　Ⅲ-9
人びとのつながりを見えない次元で支えている宗教性があります。その点に宗教学の現代的な意義もあります。

飯坂晃治（いいさか・こうじ／1974年生まれ）
別府大学文学部准教授
『ローマ帝国の統治構造――皇帝権力とイタリア都市』（単著，北海道大学出版会，2014年）
Ⅱ-2
古代ギリシア・ローマの「市民社会」が宗教と密接に結びついていた点は重要だと考えています。

飯嶋秀治（いいじま・しゅうじ／1969年生まれ）
九州大学大学院人間環境学研究院准教授
『社会的包摂／排除の人類学――開発・難民・福祉』（共著，昭和堂，2014年）
『オーストラリア先住民と日本――先住民学・交流・表象』（共著，御茶の水書房，2014年）
Ⅱ-31
宗教はつきあい方次第で毒にも薬にもなりますから，各自の学び方を見つけて下さい。

井上順孝（いのうえ・のぶたか／1948年生まれ）
國學院大學名誉教授
『本当にわかる宗教学』（単著，日本実業出版社，2011年）
『図解雑学宗教　最新版』（単著，ナツメ社，2011年）
Ⅰ-2　Ⅰ-8　Ⅲ-17　Ⅲ-23
正確な知識を得ようとする態度を養っておけば，新しい局面にぶつかっても適切な判断ができるようになる。

猪瀬優理（いのせ・ゆり／1974年生まれ）
龍谷大学社会学部准教授
『信仰はどのように継承されるか』（単著，北海道大学出版会，2011年）
『カルトとスピリチュアリティ』（共著，ミネルヴァ書房，2009年）
Ⅲ-12
積極的に本書を活用して下さい。

岩井　洋（いわい・ひろし／1962年生まれ）
帝塚山大学全学教育開発センター教授
『目からウロコの宗教』（単著，PHPエディターズグループ，2002年）
『アジア企業の経営理念』（共著，文眞堂，2013年）
Ⅲ-13
宗教に対する理解はグローバルに活躍するための第一歩です。本書でぜひ宗教への理解を深めて下さい。

岩野祐介（いわの・ゆうすけ／1971年生まれ）
関西学院大学神学部教授
『無教会としての教会――内村鑑三における「個人・信仰共同体・社会」』（単著，教文館，2013年）
「内村鑑三の神学批判と藤井武の神学研究」『日本の神学』51号，日本キリスト教学会，2012年
Ⅱ-41　Ⅱ-42
日本のキリスト教にはほんの短い歴史しかありませんので，むしろ将来に注目していただければと思います。

打樋啓史（うてび・けいじ／1967年生まれ）
関西学院大学社会学部教授
『現代世界における霊性と倫理――宗教の根底にあるもの』（共著，行路社，2005年）
「ユスティノスにおける聖餐聖別の概念」『宗教研究』348，2006年
Ⅱ-10
本書が，「宗教を学ぶのは本当に面白い」ということに気づくきっかけになりますように。

大角欣矢（おおすみ・きんや／1960年生まれ）
東京藝術大学音楽学部楽理科教授
『憶えよ，汝死すべきを』（共著，日本キリスト教団出版局，2009年）
「ヤーコプ・マイラントの《カンツィオネス・サクレ》(1564年）について――その音楽様式・改訂・歌詞選択」『音楽学』，2013年
Ⅲ-22
音楽と宗教は切っても切れない関係にあります。ぜひこの面からいろいろな音楽を聴き直してみて下さい。

大谷栄一（おおたに・えいいち／1968年生まれ）
佛教大学社会学部教授
『近代日本の日蓮主義運動』（単著，法藏館，2001年）
『近代仏教という視座』（単著，ぺりかん社，2012年）
Ⅱ-45　Ⅱ-46　Ⅱ-48
本書を通じて，宗教の正確な知識と，誤った宗教情報を批判的に読み解く力を身につけてもらえればと思います。

置田清和（おきた・きよかず／1980年生まれ）
上智大学国際教養学部助教
Hindu Theology in Early Modern South Asia（単著，

執筆者紹介（氏名／よみがな／生年／現職／業績／執筆担当／宗教学を学ぶ読者へのメッセージ）　　＊は編著者

オックスフォード大学出版局，2014年）
Caitanya Vaiṣṇava Philosophy; Tradition, Reason, and Devotion（共著，Ashgate，2014年）
Ⅱ-16
この本をきっかけに，幅広く奥深いヒンドゥー教に興味を持っていただければ幸いです。

越智三和（おち・みわ／1978年生まれ）
三島神社権禰宜
「幕末期の斎宮再興についての一考察」『神道宗教』2014年
『神道はどこへいくか』（共著，ぺりかん社，2010年）
Ⅱ-35
本書が奥深い学びの道の助けとなりますことを願っています。

葛西賢太（かさい・けんた／1966年生まれ）
上智大学大学院実践宗教学研究科教授
『仏教心理学キーワード事典』（共編，春秋社，2012年）
『現代瞑想論――変性意識がひらく世界』（単著，春秋社，2010年）
Ⅰ-17　Ⅰ-18　Ⅱ-49
瞑想や傾聴が心身にもたらす「何か」を「非」脳科学的にもみていきたいと思っています。

加瀬直弥（かせ・なおや／1975年生まれ）
國學院大學神道文化学部准教授
『日本神道史』（共著，吉川弘文館，2010年）
Ⅱ-34
学問の入り口になるよう願っています。

勝又悦子（かつまた・えつこ／1965年生まれ）
同志社大学神学部教授
Priests and Priesthood in the Aramaic Targums to the Pentateuch（単著，Lambert，2011）
「ユダヤ教における『唯一の神』の意義――『シェマア・イスラエル』を通して」『福音と世界』新教出版，2014年
Ⅱ-4　Ⅱ-5
宗教を知ることは世界を知ること。グローバル時代の今こそ，他者の価値観を理解する力が必要です。

加藤久子（かとう・ひさこ／1975年生まれ）
東京外国語大学世界言語社会教育センター特任助教
『教皇ヨハネ・パウロ二世のことば――一九七九年，初めての祖国巡礼』（単著，東洋書店，2014年）
『宗教とツーリズム――聖なるものの変容と持続』（共著，世界思想社，2012年）
Ⅲ-24
異文化への旅が人を鍛え育てるように，学問領域の境界を越えることもまた，人を育てると思っています。

川上新二（かわかみ・しんじ／1962年生まれ）
岐阜市立女子短期大学教授
『韓国文化シンボル事典』（編訳，平凡社，2006年）

『死者と生者の民俗誌――韓国・珍島 巫女の世界』（単著，岩田書院，2011年）
Ⅱ-32
世界の人々と共に生きる私たちは，さまざまな宗教と出会うでしょう。宗教は世界を知るための窓の一つです。

川田　進（かわた・すすむ／1962年生まれ）
大阪工業大学教授
『中国のプロパガンダ芸術』（共著，岩波書店，2000年）
『東チベットの宗教空間』（単著，北海道大学出版会，2015年）
Ⅱ-25
東チベットでフィールドワークに従事。ひたすら現場を歩き，研究資料を発掘した後のビールは格別だ。

河野　訓（かわの・さとし／1957年生まれ）
皇學館大学学長
『初期漢訳仏典の研究』（単著，皇學館大学出版部，2006年）
『中国の仏教 受容とその展開』（単著，皇學館大学出版部，2008年）
Ⅱ-21　Ⅱ-23　Ⅱ-24
この本をきっかけに，寺院や仏塔，石窟，経典などの世界遺産にも視野を広げて下さい。

川又俊則（かわまた・としのり／1966年生まれ）
鈴鹿大学こども教育学部教授
『近現代日本の宗教変動――実証的宗教社会学の視座から』（共編著，ハーベスト社，2016年）
『仏教の底力――現代に求められる社会的役割』（共著，明石書店，2020年）
Ⅰ-19　Ⅰ-20
三重で17年調査して，大いに学びました。思い込みで見過していたものを発見し，人生を豊かにしましょう。

北原次郎太・モコットゥナシ（きたはら・じろうた・モコットゥナシ／1976年生まれ）
北海道大学アイヌ・先住民研究センター准教授
『アイヌの祭具・イナウの研究』（単著，北海道大学出版会，2014年）
Ⅱ-44
アイヌの宗教を含め，アジアの諸宗教を比較することで多くの発見があると思います。本書をきっかけにアイヌの信仰にもふれてみてください。

小池寿子（こいけ・ひさこ／1956年生まれ）
國學院大學文学部教授
『「死の舞踏」への旅』（単著，中央公論新社，2010年）
『内臓の発見――西洋美術における身体とイメージ』（単著，筑摩選書，2011年）
Ⅲ-21
できるだけ多くの芸術に接し，それをじっくりと見つめてほしいと思います。作品は必ずや，それが作られた時代や環境，そして作った人々の営みを語ってくれます。

執筆者紹介（氏名／よみがな／生年／現職／業績／執筆担当／宗教学を学ぶ読者へのメッセージ）　　＊は編著者

小杉麻李亜（こすぎ・まりあ／1981年生まれ）
関西大学文学部准教授
『イスラーム　書物の歴史』（共著，名古屋大学出版会，2014年）
「イスラームにおけるサラー（礼拝）の総合的理解をめざして——中東と東南アジアの事例を中心に」『イスラーム世界研究』1(2)，2007年
Ⅱ-12　Ⅱ-14
イスラームはこれからのグローバル世界のツボです。さまざまな地域や文化に広がっていて，奥が深いです。

小林奈央子（こばやし・なおこ／1973年生まれ）
愛知学院大学文学部准教授
『「講」研究の可能性』（共著，慶友社，2013年）
『木曽御嶽信仰とアジアの憑霊文化』（共著，岩田書院，2012年）
Ⅱ-40
古今東西の宗教を学ぶことによって，自分自身の生き方のヒントが見つかることもありますよ。

近藤俊太郎（こんどう・しゅんたろう／1980年生まれ）
本願寺史料研究所研究員
『天皇制国家と「精神主義」——清沢満之とその門下』（単著，法藏館，2013年）
「戦後親鸞論への道程——マルクス主義という経験を中心に」『龍谷大学仏教文化研究所紀要』第52集，2014年
Ⅱ-37　Ⅱ-38　Ⅱ-39
現実の世界が宗教と不可分であることを知ってください。生き方が変わりますよ。

榊　和良（さかき・かずよ／1954年生まれ）
北海道武蔵女子短期大学非常勤講師
The Historical Development of the Bhakti Movement in India, Theory & Practice（共著，Manohar, 2011）
「『甘露の水瓶（*Amṛtakuṇḍa*）』とスーフィー修法」『東洋文化研究所紀要』第139冊，2000年
Ⅱ-19
宗教は世界を変える力もあり逆に世界の力に翻弄されます。偏見を離れ各々の生き方を尊重していきましょう。

＊**櫻井義秀**（さくらい・よしひで／1961年生まれ）
北海道大学大学院文学研究院教授
『タイ上座仏教と社会的包摂——ソーシャル・キャピタルとしての宗教』（単著，明石書店，2013年）
『カルト問題と公共性——裁判・メディア・宗教研究はどう論じたか』（単著，北海道大学出版会，2014年）
Ⅰ-5　Ⅰ-6　Ⅰ-7　Ⅰ-23　Ⅲ-1　Ⅲ-3　Ⅲ-11
現代宗教を理解するためには宗教文化の多様性と諸宗教の歴史を把握しておくことが求められます。本書がその一助になればと考えます。

白波瀬達也（しらはせ・たつや／1979年生まれ）
桃山学院大学社会学部准教授
「釜ヶ崎におけるホームレス伝道の社会学的考察——もうひとつの野宿者支援」『宗教と社会』13，2007年
「沖縄におけるキリスト教系NPOによるホームレス支援——Faith-Related Organizationの4象限モデルを用いた考察」『宗教と社会貢献』2(2)，2012年
Ⅲ-6
社会との多様な関わりのなかで宗教を捉えると，新しい発見がいくつもあると思います。

高尾賢一郎（たかお・けんいちろう／1978年生まれ）
公益財団法人中東調査会研究員
『イスラーム宗教警察』（単著，亜紀書房，2018年）
『サウジアラビア——「イスラーム世界の盟主」の正体』（単著，中公新書，2021年）
Ⅱ-11
長い歴史，多くの言語，広大な地域を対象とする宗教である，イスラームに関心を持って頂ければ幸いです。

谷山洋三（たにやま・ようぞう／1972年生まれ）
東北大学大学院文学研究科教授
『仏教とスピリチュアルケア』（編著，東方出版，2008年）
『医療者と宗教者のためのスピリチュアルケア——臨床宗教師の視点から』（単著，中外医学社，2016年）
Ⅲ-19
スピリチュアルケアは，本来，医療の中だけで議論すべきものではなく，宗教がそうであるように世の様々な苦悩への対応の一つとして考えていただきたいと思います。

土屋　博（つちや・ひろし／1938年生まれ）
北海道大学名誉教授
『教典になった宗教』（単著，北海道大学出版会，2002年）
『宗教文化論の地平——日本社会におけるキリスト教の可能性』（単著，北海道大学出版会，2013年）
Ⅰ-1　Ⅰ-12
多様な情報が入手可能になった今日，伝統的な宗教概念や既成宗教のイメージがどう変わるかを考えてみましょう。

寺田喜朗（てらだ・よしろう／1972年生まれ）
大正大学文学部教授
『旧植民地における日系新宗教の受容』（単著，ハーベスト社，2009年）
『シリーズ日蓮4——近現代の法華運動と在家教団』（共著，春秋社，2014年）
Ⅱ-50
アジアの近代化と新宗教の密接なかかわりについて研究を進めていきたいと思っています。

寺戸淳子（てらど・じゅんこ／1962年生まれ）
国際ファッション専門職大学准教授
『ルルド傷病者巡礼の世界』（単著，知泉書館，2006年）
『映像にやどる宗教，宗教をうつす映像』（共著，せりか書房，2011年）
Ⅰ-11　Ⅰ-14
「よくわかる」ためには，最短距離を行こうとするのでは

執筆者紹介（氏名／よみがな／生年／現職／業績／執筆担当／宗教学を学ぶ読者へのメッセージ）　＊は編著者

なく，道草を楽しむことをお勧めします。

土井健司（どい・けんじ／1962年生まれ）
関西学院大学神学部教授
『神認識とエペクタシス』（単著，創文社，1998年）
『愛と意志と生成の神』（単著，教文館，2005年）
Ⅱ-6
宗教を学ぶことは，人間というものの多様性，善，深淵，死，愛憎，そうしたゴチャゴチャしたすべてにかかわることを学ぶこと。その醍醐味を味わってください。

外川昌彦（とがわ・まさひこ／1964年生まれ）
東京外国語大学アジア・アフリカ言語文化研究所教授
『聖者たちの国へ──ベンガルの宗教文化誌』（単著，NHKブックス，2008年）
『ヒンドゥー女神と村落社会──インド・ベンガル地方の宗教民俗誌』（単著，風響社，2003年）
Ⅱ-17
宗教は，複雑な現代世界の一部です。宗教を通して，世界の奥深さが見えてきます。

長谷千代子（ながたに・ちよこ／1970年生まれ）
九州大学大学院比較社会文化研究院准教授
『文化の政治と生活の詩学──雲南省徳宏タイ族の日常的実践』（単著，風響社，2007年）
『シャンムーン──雲南省・徳宏タイ劇の世界』（共著，雄山閣，2014年）
Ⅱ-26　Ⅱ-27　Ⅱ-28
信じなければ宗教は理解できないというのは迷信です。信じずとも十分啓発的な知慧の宝庫に触れて下さい。

中道基夫（なかみち・もとお／1960年生まれ）
関西学院大学神学部教授
『現代ドイツ教会事情』（単著，キリスト新聞社，2007年）
『天国での再会──日本におけるキリスト教葬儀式文のインカルチュレーション』単著，日本基督教団出版局，2015年）
Ⅱ-9
歴史的にも社会的にも互いに関連し合った宗教を総合的に学ぶことは，世界を理解する上において必須です。

西村　明（にしむら・あきら／1973年生まれ）
東京大学大学院人文社会系研究科准教授
『戦後日本と戦争死者慰霊──シズメとフルイのダイナミズム』（単著，有志舎，2006年）
『慰霊の系譜──死者を記憶する共同体』（共著，森話社，2013年）
Ⅲ-15
宗教学の独特な視点を身につけることで，古今東西が見通せるばかりでなく，未来の展望も開けるでしょう。

＊**平藤喜久子**（ひらふじ・きくこ／1972年生まれ）
國學院大學神道文化学部教授
『神話学と日本の神々』（単著，弘文堂，2004年）
『神の文化史事典』（共編著，白水社，2013年）
Ⅰ-3　Ⅰ-4　Ⅰ-5　Ⅰ-7　Ⅰ-9　Ⅰ-10　Ⅰ-22　Ⅲ-10
Ⅲ-25
世界の宗教を学び，人と宗教の関わりを知って，より広い視点から社会や歴史を観察する力をつけて下さい。

深谷雅嗣（ふかや・まさし／1977年生まれ）
愛知県立大学多文化共生研究所客員共同研究員
Socio-religious functions of three Theban festivals in the New Kingdom: The Festivals of Opet, the Valley, and the New Year.（博士論文，University of Oxford, 2014）
'Oracular sessions and the installations of priests and officials at the Opet Festival', Orient 47, 2012.
Ⅱ-1
人類史揺籃期の古代オリエント文明は遠い存在ですが，その数千年の持続性から多くを学んで欲しいと思います。

福島康博（ふくしま・やすひろ／1973年生まれ）
立教大学アジア地域研究所特任研究員
『東南アジアのイスラーム』（共編著，東京外国語大学出版会，2012年）
Ⅱ-13
ハラール食品やムスリム訪日旅行が注目される中，日本でのイスラームへの理解が深まることを願っています。

福田　雄（ふくだ・ゆう／1981年生まれ）
ノートルダム清心女子大学文学部講師
「苦難の神義論と災禍をめぐる記念式典」『宗教と社会』24，2018年
『われわれが災禍を悼むとき──慰霊祭・追悼式の社会学』（単著，慶應義塾大学出版会，2020年）
Ⅲ-5
宗教は，わたしたちがともに生／死と向き合うための，最もクリエイティブな営みの一つだと思います。

藤本頼生（ふじもと・よりお／1974年生まれ）
國學院大學神道文化学部准教授
『神道と社会事業の近代史』（単著，弘文堂，2009年）
『神社と神様がよ～くわかる本』（単著，秀和システム，2014年）
Ⅱ-36
宗教を知る上でヒト・コト・モノという視点は重要ですので，その歴史とともにぜひ考えてみてください。

藤本龍児（ふじもと・りゅうじ／1976年生まれ）
帝京大学文学部社会学科准教授
『アメリカの公共宗教──多元社会における精神性』（単著，NTT出版，2009年）
『「ポスト・アメリカニズム」の世紀──転換期のキリスト教文明』（単著，筑摩選書，2021年）

執筆者紹介（氏名／よみがな／生年／現職／業績／執筆担当／宗教学を学ぶ読者へのメッセージ）　　＊は編著者

Ⅲ-4　Ⅲ-7
現代の宗教を理解するためには「政教分離＝政治と宗教の厳格な分離」という偏見を正すことが欠かせません。

舟橋健太（ふなはし・けんた／1973年生まれ）
龍谷大学社会学部准教授
『現代インドに生きる〈改宗仏教徒〉――新たなアイデンティティを求める「不可触民」』（単著，昭和堂，2014年）
『宗教の人類学』（共著，春風社，2010年）
Ⅱ-20
ぜひ実際に、さまざまな地域で、さまざまな人びとに信仰・実践されている数多の宗教に触れてください。

堀田和義（ほった・かずよし／1977年生まれ）
岡山理科大学基盤教育センター准教授
「宗教的生命倫理に基づく食のタブー――禁止された食物と不殺生」『死生学研究』16号，2011年
『奥田聖應先生頌寿記念インド学仏教学論集』（共著，佼成出版社，2014年）
Ⅱ-18
いずれの分野でも、興味を持たれたら参考文献を読み進め、積極的に学びを深めて下さい。

堀　雅彦（ほり・まさひこ／1967年生まれ）
北星学園大学ほか非常勤講師
『スピリチュアリティの宗教史』（共著，リトン，2010年）
『よくわかる宗教社会学』（共著，ミネルヴァ書房，2007年）
Ⅰ-13
〈宗教に負けない何か〉を自分なりに築くこと――宗教学はきっとその一助となる、と私は信じています。

牧野淳司（まきの・あつし）
明治大学文学部教授
「表白論の射程――寺社文化圏と世俗社会との交錯」『アジア遊学』174号，2014年
Ⅲ-20
宗教がわかると文学ももっとわかります。

三木　英（みき・ひずる／1958年生まれ）
大阪国際大学グローバルビジネス学部教授
『宗教集団の社会学』（単著，北海道大学出版会，2014年）
『日本に生きる移民たちの宗教生活』（共編著，ミネルヴァ書房，2012年）
Ⅲ-14
宗教を知ることは、人と社会を知ることだと思います。

溝口大助（みぞぐち・だいすけ／1973年生まれ）
日本学術振興会ナイロビ・センターセンター長
『マルセル・モースの世界』（共著，平凡社新書，2011年）
『夢と幻視の宗教史』（共著，リトン，2012年）
Ⅱ-30
本書を通じて、アフリカ大陸の宗教の深みと多様性に関心をもっていただければ幸甚です。

宮本要太郎（みやもと・ようたろう／1960年生まれ）
関西大学文学部教授
『聖伝の構造に関する宗教学的研究』（単著，大学教育出版，2003年）
「悲しみから生まれる幸せについて」『宗教研究』，2014年
Ⅰ-15　Ⅰ-16
悩み苦しむ人間を慰め、生きる指針を与えてきた宗教を学ぶことは、人間の深い理解に通じるでしょう。

村島健司（むらしま・けんじ／1978年生まれ）
関西学院大学先端社会研究所専任研究員
『震災復興と宗教』（共著，明石書店，2013年）
「台湾における生の保障と宗教――慈済会による社会的支援を中心に」『関西学院大学社会学部紀要』114，2012年
Ⅱ-33
台湾宗教の多様性を通じて、台湾の社会や台湾の人びとの多様性に触れてみてください。

柳澤田実（やなぎさわ・たみ）
関西学院大学神学部准教授
『ディポジション――配置としての世界』（共編著，現代企画室，2006年）
『倫理――人類のアフォーダンス』（共著，東京大学出版会，2013年）
Ⅱ-7　Ⅱ-8
人間はまったく理性的でもなければ合理的でもありません。そんな人間の不合理さと合理のせめぎ合いが宗教という現象にはあからさまに見いだされます。

矢野秀武（やの・ひでたけ／1966年生まれ）
駒澤大学総合教育研究部教授
『現代タイにおける仏教運動――タンマガーイ式瞑想とタイ社会の変容』（単著，東信堂，2006年）
Ⅱ-22
宗教についての自分の疑問や悩みを意識しつつ本書を読んでみましょう。答えへのヒントが見つかるかも。

山田庄太郎（やまだ・しょうたろう／1982年生まれ）
聖心女子大学現代教養学部哲学科講師
「ファウストゥスのマニ教理解について――アウグスティヌス時代のマニ教の一側面」『宗教研究』84(3)，2010年
「アウグスティヌス『告白』の時間論が有する諸特徴について――アリストテレス、プロティノスとの比較から」『中世思想研究』54，2012年
Ⅱ-3
宗教の歴史と人類の歴史は切り離すことができません。宗教を知ることは人間を知ることにつながります。

山田政信（やまだ・まさのぶ／1959年生まれ）
天理大学国際学部教授
『創造するコミュニティ　ラテンアメリカの社会関係資本』（共著，晃洋書房，2014年）

執筆者紹介 （氏名／よみがな／生年／現職／業績／執筆担当／宗教学を学ぶ読者へのメッセージ）　＊は編著者

Transnational Faith（共著，Ashgate，2014年）
Ⅱ-29
宗教は，他の社会運動同様，いつも変動・変容しています。人間のオモシロさもそこに現れているようです。

山畑倫志（やまはた・ともゆき／1979年生まれ）
北海道大学高等教育推進機構講師
『奥田聖應先生頌寿記念インド学仏教学論集』（共著，佼成出版社，2014年）
The Classification of Apabhraṃśa：A Corpus-based Approach of the Study of Middle Indo-Aryan', *Corpus-based Analysis and Diachronic Linguistics*, John Benjamins Publishing, 2012
Ⅱ-15
絶え間ない議論のもと，多様な宗教思想を育んだインドの宗教に興味を持っていただければ幸いです。

山本栄美子（やまもと・えみこ／1977年生まれ）
東京大学大学院人文社会系研究科死生学・応用倫理センター研究員
「哲学者のバイオエシックスへの参入──「倫理の布教使」を実践する哲学者ピーター・シンガーについての考察」『東京大学宗教学年報』ⅩⅩⅤ，2007年
「「倫理的な生き方」を提唱するピーター・シンガーの死生観」『死生学研究』第10号，2008年
Ⅲ-18
宗教の学びは，生まれつき死の有限性に抗えない人生をどう生きていくのかを考える第一歩になると思います。

弓山達也（ゆみやま・たつや／1963年生まれ）
東京工業大学リベラルアーツ研究教育院教授
『東日本大震災直後の宗教とコミュニティ』（共著，ハーベスト社，2019年）
『天啓のゆくえ──宗教が分派するとき』（単著，日本地域社会研究所，2005年）
Ⅲ-16
目に見えない世界や次元を感じることができるなら，人生はもっと豊かで深くなるに違いない。

やわらかアカデミズム・〈わかる〉シリーズ
よくわかる宗教学

| 2015年3月10日 | 初版第1刷発行 | 〈検印省略〉 |
| 2021年12月20日 | 初版第7刷発行 | |

定価はカバーに
表示しています

編著者　櫻　井　義　秀
　　　　平　藤　喜久子
発行者　杉　田　啓　三
印刷者　藤　森　英　夫

発行所　株式会社　ミネルヴァ書房
　　　607-8494　京都市山科区日ノ岡堤谷町1
　　　　　　　電話代表（075）581-5191
　　　　　　　振替口座　01020-0-8076

©櫻井義秀・平藤喜久子，2015　　亜細亜印刷・新生製本

ISBN978-4-623-07275-0
Printed in Japan

やわらかアカデミズム・〈わかる〉シリーズ

よくわかる社会学	宇都宮京子・西澤晃彦編著	本体 2500円
よくわかる都市社会学	中筋直哉・五十嵐泰正編著	本体 2800円
よくわかる教育社会学	酒井朗・多賀太・中村高康編著	本体 2600円
よくわかる環境社会学	鳥越皓之・帯谷博明編著	本体 2600円
よくわかる国際社会学	樽本英樹著	本体 2800円
よくわかる宗教社会学	櫻井義秀・三木英編著	本体 2400円
よくわかる医療社会学	中川輝彦・黒田浩一郎編著	本体 2500円
よくわかる産業社会学	上林千恵子編著	本体 2600円
よくわかる観光社会学	安村克己・堀野正人・遠藤英樹・寺岡伸悟編著	本体 2600円
よくわかる社会学史	早川洋行編著	本体 2800円
よくわかる現代家族	神原文子・杉井潤子・竹田美知編著	本体 2500円
よくわかるスポーツ文化論	井上俊・菊幸一編著	本体 2500円
よくわかるメディア・スタディーズ	伊藤守編著	本体 2500円
よくわかるコミュニケーション学	板場良久・池田理知子編著	本体 2500円
よくわかる異文化コミュニケーション	池田理知子編著	本体 2500円
よくわかる質的社会調査 技法編	谷富夫・芦田徹郎編	本体 2500円
よくわかる質的社会調査 プロセス編	谷富夫・山本努編著	本体 2500円
よくわかる統計学 Ⅰ 基礎編	金子治平・上藤一郎編	本体 2600円
よくわかる統計学 Ⅱ 経済統計編	御園謙吉・良永康平編	本体 2600円
よくわかる社会政策	石畑良太郎・牧野富夫編著	本体 2600円
よくわかる都市地理学	藤井正・神谷浩夫編著	本体 2600円
よくわかる心理学	無藤隆・森敏昭・池上知子・福丸由佳編	本体 3000円
よくわかる社会心理学	山田一成・北村英哉・結城雅樹編著	本体 2500円
よくわかる学びの技法	田中共子編	本体 2200円
よくわかる卒論の書き方	白井利明・高橋一郎著	本体 2500円

── ミネルヴァ書房 ──
http://www.minervashobo.co.jp/

3